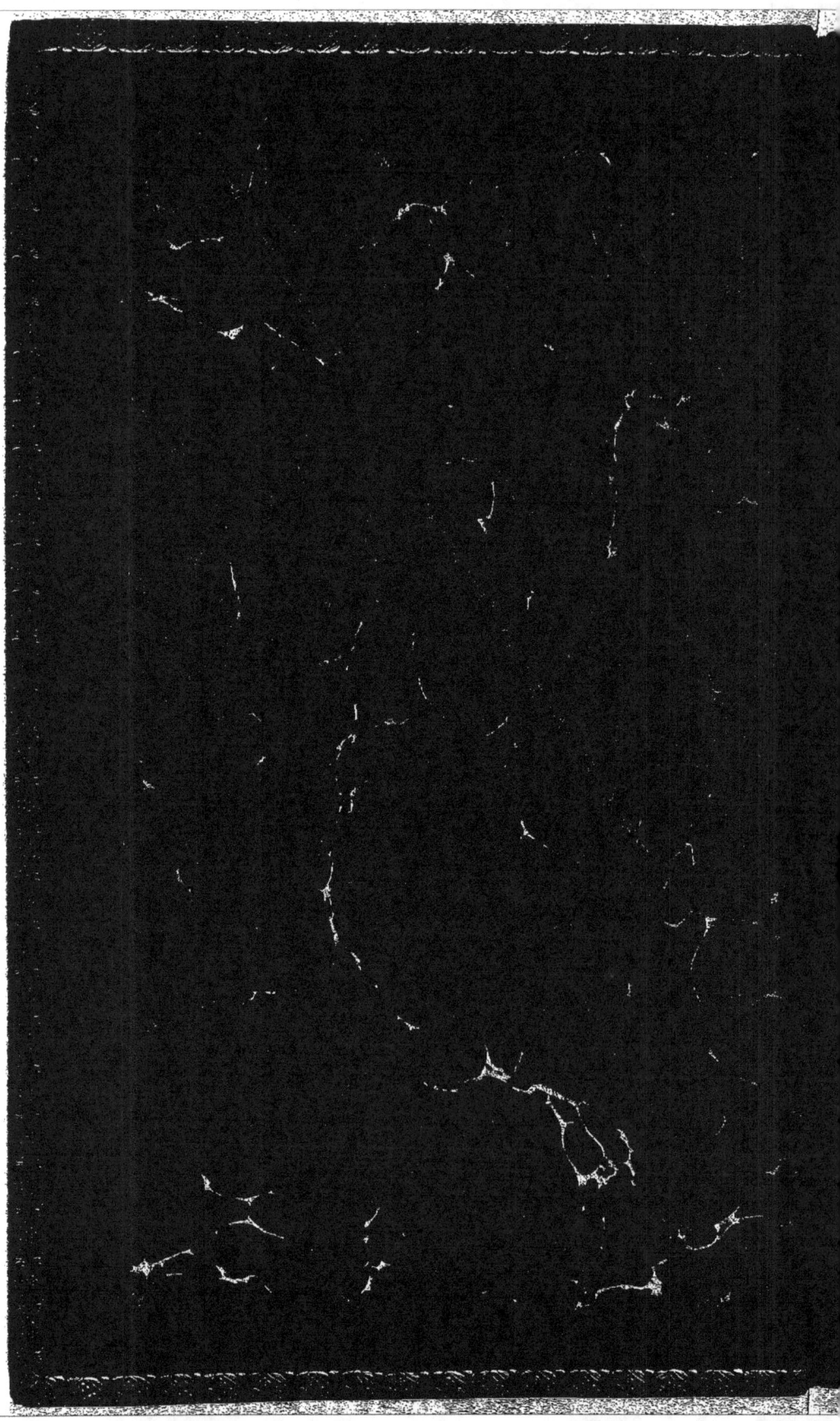

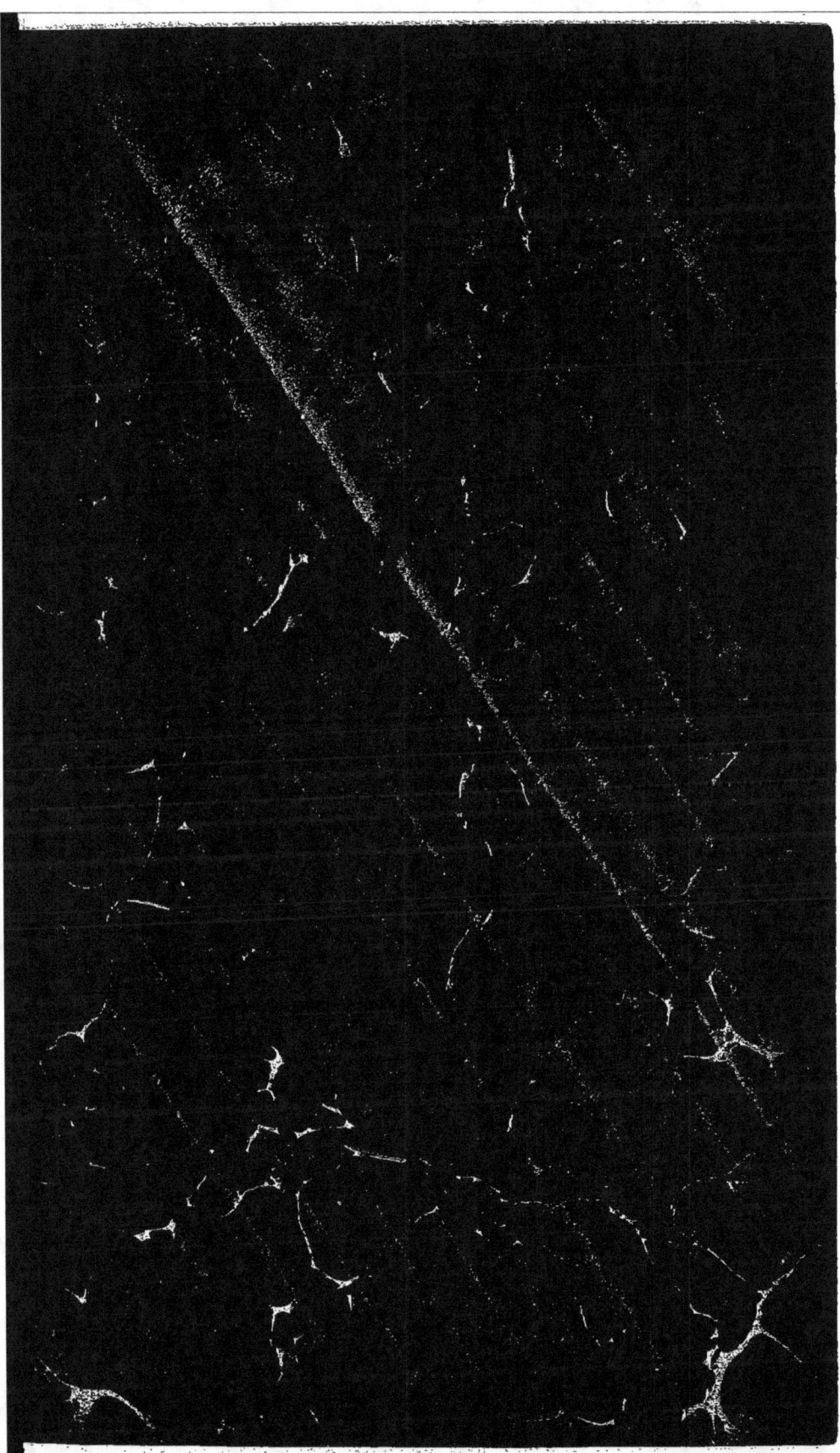

HISTOIRE

DE

LA LOUISIANE.

HISTOIRE

DE

LA LOUISIANE,

PAR

CHARLES GAYARRÉ.

"Si je réglais mes conditions sur ce que ces vastes territoires vaudront aux Etats-Unis, les indemnités n'auraient point de bornes.
NAPOLÉON (*Traité de cession de la Louisiane, par Barbé-Marbois.*)

PREMIER VOLUME.

NOUVELLE-ORLÉANS.

IMPRIMÉ PAR MAGNE & WEISSE,
81, rue de Chartres.

1846.

Entered according to Act of Congress, in the year 1846,
By CHARLES GAYARRÉ,
In the Clerk's Office of the District Court of Louisiana.

HISTOIRE
DE
LA LOUISIANE,

PAR

CHARLES GAYARRÉ.

"Si je réglais mes conditions sur ce que ces vastes territoires vaudront aux Etats-Unis, les indemnités n'auraient point de bornes.
NAPOLÉON (*Traité de cession de la Louisiane, par Barbé-Marbois.*)

PREMIER VOLUME.

NOUVELLE-ORLÉANS.
IMPRIMÉ PAR MAGNE & WEISSE,
81, rue de Chartres.
—
1846.

Entered according to Act of Congress, in the year 1846,
By CHARLES GAYARRÉ,
In the Clerk's Office of the District Court of Louisiana.

PRÉFACE.

Je hais les préfaces, et cependant j'en fais une. Mais où est l'ouvrage qui n'en soit pourvu !... C'est qu'on aime à parler de soi, et qu'il n'y a pas d'auteur exempt de ce défaut. Pourquoi donc aurais-je la prétention de faire exception à la règle générale ? Pourquoi n'apprendrais-je pas au public, qui l'a oublié sans doute depuis si long-temps, que j'ai composé en 1830 un Essai historique sur la Louisiane ? On s'apercevait facilement, au style et aux autres imperfections de cet opuscule, que, lors de sa composition, j'étais fort jeune, et que je manquais de matériaux. Pourquoi ne dirais-je pas que je crois maintenant avoir mieux réussi, puisqu'à mon esprit plus mûr ont été soumis de nombreux documents, que je n'avais pas auparavant ? Si je me trompe, le lecteur aura le plaisir de se moquer de moi, et probablement me saura gré de lui en avoir fourni l'occasion. Pourquoi ne me donnerais-je pas la satisfaction de regarder mon lecteur en face, si j'ai le bonheur d'en rencontrer un, et de lui expliquer les règles que j'ai suivies dans la composition de cet ouvrage ? Pourquoi n'irais-je pas au-devant de ses critiques pour les émousser ? Si le lecteur est prévenu en ma faveur, il aimera à m'écouter. Si, au contraire, il est disposé à lire d'un œil bilieux les pages que je lui soumets, il est d'autant plus important pour moi de chercher à capter ses bonnes grâces. C'est ma propre cause que je vais plaider et que je tiens à gagner. Ainsi, j'entre en matière.

Je commencerai par être juste envers les autres, afin qu'on le soit envers moi. J'éprouve donc le besoin de dire que je dois beaucoup à l'excellent ouvrage du juge Martin sur la Louisiane. Pour ce qui concerne la fameuse expédition de Soto, j'ai surtout pris pour guide l'intéressant ouvrage de Garcilasso de la Vega. Pendant le long séjour qu'une maladie douloureuse m'a forcé de faire en France, j'ai aussi feuilleté quelques ouvrages, consulté quelques archives, et pris des notes que j'ai utilisées plus tard. J'ai trouvé quelques éclaircissements dans mes papiers de famille, et je me plais à déclarer que je dois plus d'un renseignement à quelques anciens habitants du pays. Mais c'est surtout un besoin pour moi de faire connaître, que j'ai puisé les principaux documents dont je me suis servi, dans un recueil dû au patriotique labeur de M. Magne, l'un des éditeurs de l'Abeille de la Nouvelle-Orléans. M. Magne a compulsé, avec un soin minutieux et un tact qui lui fait honneur, les cartons du ministère de la marine en France, et en a extrait tous les documents relatifs à la Louisiane, dont il a fait un choix judicieux et une copie exacte. Le gouverneur Mouton, ayant eu connaissance de ce recueil, s'empressa, en magistrat éclairé, dont le devoir était de rassembler tout ce qui pouvait jeter un jour plus grand sur l'histoire de son pays, d'en faire l'acquisition pour le compte de l'Etat. Outre le mérite de ses autres actes administratifs, il aura eu celui d'avoir enrichi les archives de l'Etat d'une collection de matériaux historiques qui, par la suite, pourront être travaillés par des mains plus habiles que les miennes, de manière à former une bonne histoire de la Louisiane. Le pays lui en doit de la reconnaissance, et moi, des remercîments, pour le libre accès qu'il m'a donné à ces documents.

Je voulais d'abord écrire cet ouvrage en anglais. La raison en est toute simple : c'est la langue du pays, et ensuite, l'ouvrage aurait eu la chance d'une circulation plus étendue. Mais quand j'en vins au mode de composition, je fus arrêté dans la détermination que j'avais prise. Qu'on lise l'ouvrage, et l'on comprendra facilement pourquoi je modifiai ma résolution primitive. On verra que, comme écrivain, je me suis effacé complètement, et que j'ai cherché à faire raconter l'histoire par les contemporains eux-mêmes. J'ai cherché à faire revivre tous les acteurs qui se sont succédés dans le pays. Ce sont eux qui agissent, qui parlent, qui rapportent ce qu'ils ont vu, ce qu'ils ont fait, et qui se montrent encore dans toute l'actualité de leurs vertus, de leurs vices, de leurs préjugés, de leurs passions, de leurs affections et de leurs haines S'il est vrai de dire que le style est l'homme, j'aurai bien fait d'avoir reproduit dans toute leur identité les dépêches de tous ceux qui ont joué un rôle saillant dans l'histoire de la Louisiane. Ainsi, dix lignes de la main de M. de Bienville en apprendront davantage au lecteur sur le compte de ce personnage qu'aucune appréciation faite par l'auteur lui-même. Ainsi, en reproduisant les différents styles des principaux fonctionnaires publics, à qui les destinées de la Louisiane ont été confiées, je les aurai replacés vivants devant le lecteur. Mon but était de faire reparaître chaque époque avec sa couleur locale, et, en quelque sorte, chaque personnage avec le costume du temps. Je sentis que mon ouvrage en anglais serait dépourvu de ce charme que je lui donnais, à mes yeux du moins, en empruntant le langage des premiers colons.

J'eus une autre raison pour employer la langue française. Qu'est-ce qu'écrire l'histoire ? C'est faire le portrait de ce qu'était un pays à différentes époques, à sa naissance, dans son adolescence, dans sa virilité et dans sa vieillesse, si toutefois il a traversé toutes ces phases de l'existence. Or, il y a deux manières de peindre un portrait : soit à larges coups de pinceaux, en négligeant les détails et en se contentant de saisir les principaux traits et ce jeu de physionomie qui constitue la ressemblance ; c'est la manière qui produit le plus d'effet. Ou bien, soit en calquant en quelque sorte la personne que l'on veut reproduire et en n'omettant ni une mèche de cheveux ni une ligne veineuse ; c'est ce qu'on peut appeler de la peinture anatomique.

Or, lorsque je fus entouré de tous les documents relatifs à la Louisiane, il me sembla que je la voyais se dresser devant moi, telle qu'elle était sous Louis XIV, sous le Régent, sous Louis XV et sous Charles III d'Espagne. Je saisis mes pinceaux et je me mis à l'œuvre. Il fallait opter entre les deux manières de peindre. Mon choix ne fut pas douteux. Mon cœur me dit que c'était notre mère, à nous Franco et Hispano-Américains, qui était là devant moi. Mon cœur me dit que dans le portrait de l'objet aimé, on regrettait toujours l'omission de la moindre minutie, d'un signe, d'une marque presque imperceptible pour un œil indifférent, même d'un pli de vêtement. Ainsi, j'entrai dans des détails qui nuiront peut-être à l'effet de l'ensemble. Je sentis que je travaillais, non pas seulement pour satisfaire le goût ou l'esprit, mais le cœur. J'avoue donc que je me suis plu à contempler la Louisiane avec un microscope, et à la reproduire comme je l'avais vue. C'est-à-dire que, pour le moment, c'est un portrait de famille que j'ai voulu faire, et, je le répète, je suis entré dans des détails qui ne seront nullement intéressants pour l'étranger. Mais j'ai jugé mes compatriotes d'après moi-même, et j'ai pensé que, dans l'inventaire que j'ai fait des souvenirs laissés par leurs ancêtres, ils me sauraient gré de n'en avoir pas omis même les plus insignifiants et d'en avoir par là complété la série. De là, des redites et des longueurs. J'ai donné mon excuse.

La Louisiane est une étrangère pour les Anglo-Américains jusqu'en 1803. Ce n'est qu'à cette époque, qu'elle est entrée par adoption dans cette grande et glorieuse famille à laquelle elle appartient maintenant. Je dis donc que de 1540 à 1803, la Louisiane, au lieu d'être une mère ou une sœur, était, pour les Anglo-Américains, une étrangère, et même souvent une ennemie. Pour eux, par conséquent, ce n'est pas un portrait qu'il faut faire, mais un tableau..... un tableau d'histoire. Pour eux, il faut négliger les détails, ne faire que largement grouper les principaux traits, masser largement les couleurs, tout en les harmoniant, et ne s'attacher qu'aux grands effets de lumière.

Je compte continuer cet ouvrage jusqu'à l'époque actuelle, si Dieu me prête vie. Lorsque je l'aurai complété en français, je le referai en anglais pour mes compatriotes Anglo-Américains. Je dis refaire, pour les raisons que j'ai déjà données, et parce que j'ai une aversion toute particulière pour les traductions. L'ouvrage que je composerai en anglais sera beaucoup plus concis et jeté dans un moule différent. Tout peuple à son style particulier comme sa physionomie. Il faut donc en prendre le style, quand on écrit pour lui, comme on doit chercher à se revêtir de sa physionomie, qnand on veut s'en faire adopter.

Je ne sais trop si je dois avouer que j'ai eu une autre raison pour écrire en français. Je crains, en la faisant connaître, d'être accusé de m'être flatté d'obtenir une bonne fortune que je ne mérite pas. Mais enfin l'aveu m'en échappe malgré moi. Je dirai donc que, sachant que la plupart de nos Louisianaises ne lisent guère l'anglais, j'ai pensé qu'en écrivant dans la langue qui leur est familière, elles seraient tentées, par un sentiment de curiosité, de jeter les yeux sur les pages de cette histoire, et peut-être de les lire jusqu'au bout. Comment pouvais-je résister à cette considération? C'était pour moi plus qu'une raison. C'était une séduction.

Maintenant, lecteur, que je me suis servi de cette préface, comme d'une avenue, pour vous conduire aux premières marches de l'édifice dont je suis l'architecte, je prends congé de vous et vous dis: Entrez et jugez; en vous assurant que je me garderai bien d'écouter aux portes, de peur d'être puni de mon indiscrétion.

TABLE DES MATIÈRES

CONTENUES DANS LE PREMIER VOLUME.

CHAPITRE Ier.

Découverte de l'Amérique.—Premiers établissements.—Expédition de Soto 1

CHAPITRE II.

Expédition au Canada.—Expédition de Marquette et de Joliet à la Louisiane.—Descente du Mississippi par Lasalle jusqu'à son embouchure 23

CHAPITRE III.

Seconde expédition de Lasalle.—Sa mort. 49

CHAPITRE IV.

Fondation de la colonie de la Louisiane par Iberville. — Sa mort.—Sauvolle, premier Gouverneur.— Sa mort.— Bienville lui succède.—Lasalle, premier commissaire-ordonnateur.—Diron d'Artaguette le remplace. 62

CHAPITRE V.

M. de Lamothe Cadillac, Gouverneur.—Charte de concession de la Louisiane à Crozat.—Duclos, commissaire-ordonnateur 92

CHAPITRE VI.

Mémoire du curé de la Vente.—Première guerre contre les Natchez.—Expédition de St. Denis jusqu'à Mexico, par terre.—M. de Lamothe Cadillac et M. Duclos sont destitués. 117

CHAPITRE VII.

M. de l'Epinay, quatrième Gouverneur.—Hubert, commissaire-ordonnateur.—Crozat remet au roi la charte qui lui concédait la Louisiane, ... 153

CHAPITRE VIII.

Création de la Compagnie des Indes ou du Mississippi.—Bienville est nommé gouverneur de la Louisiane.—Il fonde la Nouvelle-Orléans . . . . 160.

CHAPITRE IX.

Le siége du Gouvernement est transféré à la Nouvelle-Orléans.—Ouragans terribles.—Seconde guerre contre les Natchez.—Bienville est destitué de nouveau et rappelé en France . 186

CHAPITRE X.

M. Périer est nommé Gouverneur.—Arrivée des Ursulines et des Jésuites à la Louisiane.—M. de la Chaise, commissaire-ordonnateur.—Massacre des Français par les Natchez. .. 219

CHAPITRE XI.

Les Français et les Chactas réunis attaquent les Natchez. . 242

CHAPITRE XII.

Fuite des Natchez.—Ils s'incorporent à la nation des Chickassas.—Dernière expédition des Français contre les Natchez.—La Compagnie des Indes remet au Roi la Charte qui lui concédait la Louisiane 268

CHAPITRE XIII.

Le gouverneur Périer est rappelé en France.—Bienville est renommé au gouvernement de la Louisiane. — Salmon, commissaire-ordonnateur.—Démoralisation et désastres qui sont le résultat de l'introduction du système de papier-monnaie dans la colonie.—Quel fut le premier Créole. . 290

CHAPITRE XIV.

Malheureuse expédition de M. de Bienville contre les Chickassas.—Défaite de M. d'Artaguette par les Chickassas. —Il est pris et brûlé 310

CHAPITRE XV.

Fondation d'un Hôpital à la Nouvelle-Orléans, par un matelot, nommé Jean Louis.—Expédition des Français sous le commandement de messieurs de Bienville et de Noailles d'Aime contre les Chickassas 337

CHAPITRE XVI.

Disette affreuse.—Mémoire sur le Cirier.—Bienville demande en vain l'établissement d'un Collége.—Il donne sa démission qui est acceptée.—Le marquis de Vaudreuil est nommé gouverneur de la Louisiane 359

FIN DE LA TABLE DU PREMIER VOLUME.

HISTOIRE

DE LA

LOUISIANE.

CHAPITRE I.

DÉCOUVERTE DE L'AMÉRIQUE.—PREMIERS ÉTABLISSEMENTS
EXPÉDITION DE SOTO.

Il est, dans le cours des siècles, des époques marquées 1492.
par la toute-puissance divine pour l'arrivée de ces
grands événements qui sont destinés à changer la face
du monde. Des accidents ordinaires se succèdent pendant des âges, des massacres se multiplient, des conquêtes vulgaires s'accomplissent, des rois sont déposés, des
royaumes se fondent, d'autres disparaissent, la civilisation fait fuir l'ignorance qui souvent revient sur ses
pas, ou qui, se portant ailleurs, fait succéder les ténèbres
aux lumières. Tels sont les tableaux que nous présentent toutes les histoires, et leur uniformité en détruit en
quelque sorte l'effet aux yeux de la postérité. Cependant il est de ces événements qui ont opéré une telle
révolution dans le sort de l'homme, que la méditation y
trouve sans cesse de nouveaux sujets d'admiration. L'i-

1492. magination elle-même recule étonnée devant le grandiose des perspectives qui s'étendent devant elle, et la raison humaine, malgré son scepticisme, admirant la connexité et la marche progressive des magnifiques innovations qui ont eu lieu dans l'ancien régime du monde, est obligée de désavouer la puissance du hasard, et d'admettre l'action d'une Providence directrice.

Les annales du genre humain n'offrent rien de plus grand que la découverte de l'Amérique, non seulement par le fait de cette découverte elle-même, mais par ses résultats déjà connus et par ceux que promet l'avenir. Les différents peuples de la terre, ceux du moins qui étaient arrivés à quelque degré de civilisation, croyaient connaître à peu près les limites de notre globe et les races d'hommes qui l'habitaient, lorsque tout à coup une voix a retenti dans l'Europe. Elle annonce aux peuples de l'ancien monde un monde nouveau et des nations jusqu'alors ignorées. Cette voix est celle d'un homme obscur qui porte le nom de Christophe Colomb. Son génie a deviné que par de-là l'Atlantique, il existe des régions fécondes, vierges encore, qui appellent les travaux et les lumières de la civilisation. Il se sent destiné, par un instinct vague, par une sorte d'inspiration, par ces pressentiments et par ces émotions du cœur que les grands hommes seuls connaissent, à exécuter les desseins de la Providence. Il frappe à la porte de tous les Grands de la terre ; les fatigues, les mépris de tous les genres, rien ne rebute son courage. Il se présente à la cour de tous les rois, il ne demande qu'un vaisseau, et en revanche, il donnera des royaumes sans bornes et des richesses infinies. Ces promesses sublimes sont regardées comme les paroles d'un fou, et Colomb va peut-être céder au désespoir, lorsqu'il tente un dernier effort auprès des majestés royales de Castille et d'Aragon. Il presse, il supplie, il réussit enfin ; ses vœux sont exaucés par Ferdinand et Isabelle, les mers sont traversées, l'Amérique sort en quelque sorte du sein des ondes, en 1492, sous le 1492. compas créateur d'un mortel, et une nouvelle ère a pris place dans les fastes des hommes.

En effet, depuis cette époque, en moins de trois siècles et demi, il s'est opéré un changement total dans la situation morale, politique et commerciale des peuples et dans leurs rapports internationaux. Quand on examine la physionomie que présentait le monde au quinzième et au seizième siècle et qu'ensuite l'on reporte sa pensée sur le tableau qu'il offre actuellement, l'on ne peut être que frappé de l'influence exercée par la découverte de l'Amérique dans les rapides et immenses modifications qui ont si complètement changé la face du globe. A peine l'Amérique fut-elle connue, que le commerce prit un essor ignoré jusqu'alors. L'Europe grandit en richesse et en puissance; une aisance générale se répandit dans toutes les classes; l'esprit humain, moins occupé de ses besoins matériels, put se tourner vers toutes sortes d'investigations scientifiques; les métaux précieux, si rares auparavant, devinrent communs et chassèrent cette misère qui produit l'ignorance et tue les arts et les lettres. Les peuples de l'Europe fondèrent des colonies; ces colonies créèrent de nouveaux intérêts et appelèrent au dehors et au loin l'attention de leurs fondateurs. Depuis lors, il est curieux de suivre l'importance progressive de ces colonies devenues des nations. Leurs institutions ont réagi sur celles des vieilles familles auxquelles elles avaient appartenu, et les événements, qui se sont passés sur le sol qu'elles occupent, ont eu un tel retentissement en Europe, qu'ils ont fait tomber plus d'une barrière qui s'opposait à la marche des libertés humaines. Enfin, par degrés, l'Amérique, par ses découvertes, par ses besoins, par ses productions, par son influence morale et politique, par les mille réseaux de son commerce, a tellement relié les quatre parties du monde, qu'elles vivent

1492. les unes par les autres, qu'aucune nation importante de la terre ne peut éprouver une grande perturbation sans que les autres ne s'en ressentent, et si une guerre, ce fléau des siècles précédents, éclatait de nos jours, ce ne pourrait être qu'une secousse passagère, parceque tous les peuples se réuniraient, dans leur intérêt particulier comme dans leur intérêt commun, pour la comprimer. Il est donc vrai de dire que le genre humain peut dater de la découverte de l'Amérique comme d'une nouvelle ère de gloire, de bonheur, de paix et de richesse et comme de l'ère la plus importante peut-être après l'ère chrétienne.

Colomb avait ainsi accompli ses prédictions. La découverte principale était connue et avait frappé d'étonnement tous les esprits, mais il en restait encore de partielles à faire. On savait l'existence du continent de l'Amérique, mais il fallait parcourir cette vaste contrée et en prendre possession. Plusieurs nations de l'Europe se disputèrent l'honneur d'y porter les premiers pas. Dans cette lutte d'ambition, un aventurier Espagnol

1513. fut celui qui, le premier, découvrit, en 1513, l'extrémité Sud de l'Amérique du Nord, dans le voisinage immédiat de la Louisiane. Son nom était Juan Ponce de Léon, gentilhomme du royaume de Léon. Parmi les merveilles que l'on débitait sur ces pays sauvages où l'on prétendait que la nature avait caché toutes ses richesses, il avait entendu dire que l'Ile de Bimini, dans l'archipel de Bahama, possédait une fontaine dont les eaux miraculeuses donnaient au corps humain une jeunesse éternelle. Séduit par cette fiction, ou bien obéissant à l'esprit aventureux du siècle, il partit avec deux navires de Puerto Rico, dont il avait été gouverneur, pour aller à la recherche de l'île merveilleuse. Battu par un orage affreux, il fut poussé vers le cap continental, situé au Nord de l'Ile de Cuba. Echappé aux dangers de la tempête, il descendit avec joie sur un rivage fleuri où le printemps se montrait dans toute sa 1513. parure. Ce qui lui fit donner à cette terre le nom charmant de Floride. D'autres prétendent que ce fut parce qu'il y débarqua le jour de Pâques fleuries. Ayant pris possession du pays au nom de son souverain, il se rendit en Espagne pour en demander le gouvernement, qui lui fut facilement accordé. En 1515, il revint à la 1515. Floride avec trois navires, mais au lieu de s'y reposer sur des gazons fleuris et d'y fonder paisiblement les établissements qu'il avait projetés, il eut à combattre des ennemis farouches qui l'attaquèrent avec la plus grande valeur. Il ne put s'échapper qu'avec six de ses compagnons. Arrivé à l'Ile de Cuba, il y mourut en peu de jours d'une blessure qu'il avait reçue à la cuisse, et grandement regretté de tous ceux qui le connaissaient, dit l'historien Cardenas, et qui appréciaient ses brillantes qualités. Sur son tombeau, l'on grava cette épitaphe latine :

> Mole sub hac fortis requiescent ossa Leonis
> Qui vicit factis nomina magna suis.

Sur la même pierre, on en avait inscrit cette traduction en espagnol :

> Aqueste lugar estrecho
> es sepulcro del Varon
> que en el nombre fue Leon,
> y mucho mas, en el hecho.

Avides de toutes les espèces de gloire, les Français tournèrent aussi leurs regards vers le nouveau monde. Ce fut sous le règne chevaleresque de François Ier, qu'ils firent la première tentative de fonder une colonie en Amérique. Un baron de Lévy s'étant mis à la tête de quelques aventuriers, s'établit dans une petite île, située sous le 42me degré de latitude nord, qui est maintenant connue sous le nom de Sable Island, et qui fait partie de la province de la Nouvelle-Ecosse. Cette entreprise n'eut pas des suites heureuses, et le baron, après avoir

1515. perdu plusieurs de ses compagnons, qui moururent de froid, retourna en France avec ceux qui avaient survécu à l'inclémence de l'atmosphère et aux fatigues de ce long voyage.

1524. Cette tentative fut faite par de simples particuliers qui n'avaient consulté que leur courage, et n'avaient agi qu'avec leurs propres ressources. Ce ne fut qu'en 1524 qu'un florentin, nommé Véranzani, fut commissionné par François Ier pour aller explorer l'Amérique, aux dépens de la couronne de France. Il aborda aux environs du cap Hatteras, et fut bien accueilli par les aborigènes. Il fit plusieurs autres voyages, dans un desquels il périt, sans avoir rien accompli
1534. d'utile pour la France. En 1534, une autre expédition, commandée par Cartier, partit de St.-Malo, et entra, après une heureuse navigation, dans une baie située au sud de la rivière St. Laurent. Peu de temps auparavant, un navire espagnol avait naufragé dans ces parages, et quelques matelots avaient échappé à la fureur des vagues. Dès qu'ils virent arriver les navires de Cartier, ils accoururent sur le rivage. Les Français leur ayant demandé quel était le nom du pays dans lequel ils se trouvaient, l'un de ces malheureux qui était pressé par la faim, et qui crut qu'on lui demandait s'il y avait quelque chose à manger, répondit : Aca nada. (Il n'y a rien ici.) Les Français comprirent que cette terre s'appelait Canada, et ce nom lui est resté. Telle fut, si elle est vraie, la plaisante origine du nom donné à un pays dont la Louisiane a été long-temps une dépendance, et dont elle a tiré un grand nombre de ses habitants.

Les Français sont les premiers qui ont fondé une colonie à la Louisiane, et qui lui ont donné le doux nom qu'elle porte. Mais ce fut un Espagnol qui la découvrit, et qui y promena le premier ses regards explorateurs. Il s'appelait Hernando de Soto, et avait été l'un des plus illustres compagnons de Pizarre. Après avoir aidé à la conquête du Pérou, il avait obtenu du roi d'Espagne le 1534 gouvernement de St. Yago de Cuba, avec la permission de porter la guerre dans la Floride et de la subjuguer. Il avait, de plus, le privilège d'en être le gouverneur et capitaine-général, sa vie durant, et d'y établir un marquisat à son choix, de trente lieues de long sur quinze de large. Soto avait acquis dans le Pérou des richesses immenses, mais il était loin de songer à en jouir dans la mollesse et le repos. Il est de ces hommes pour lesquels l'inaction est le plus pénible de tous les tourments. Leur ambition dédaigne la couche de la volupté et les plaisirs sensuels de l'épicurien. Il leur faut le bruit des armes, le son du clairon, le triomphe du guerrier et l'immortalité d'une vie historique. Telles sont les délices de ces ames fortement trempées qui se nourrissent de mouvements et d'émotions. Tel était Hernando de Soto, que fatiguaient les exploits de Pizarre et de Cortès. Nouveau Thémistocle, les lauriers de ses rivaux l'empêchaient de dormir. Aussi cherchait-il de tous côtés le théâtre de ses exploits futurs. Il crut l'avoir trouvé dans la Floride, et il n'aspira plus dès lors qu'à en devenir le conquérant. Il équipa à ses frais une flotte, mille hommes d'infanterie et trois cent cinquante chevaux, avec lesquels il partit de la Havane. Après sept jours de navigation, il aborda à la baie de Santo Spiritu, le 31 mai 1539. Cette petite armée était composée de gens 1539. d'élite, parmi lesquels se trouvaient, dit Garcilasso, six des conquérants du Pérou et beaucoup de gentilshommes d'une haute naissance, que la réputation de Hernando de Soto avait attirés sous son commandement. Il y avait en outre vingt-deux ecclésiastiques, que l'Adelantado ou gouverneur-général emmenait avec lui pour les besoins spirituels de son armée, et pour travailler à la conversion des Indiens.

Peu de tems après qu'il eut pris terre, des onze navires qui composaient sa flotte, il renvoya les sept plus

1539. grands à la Havane avec ordre de les mettre à la disposition d'Isabelle de Bobadilla, sa femme, et il ne garda que quatre embarcations légères ou brigantins qu'il confia au commandement de Pédro Calderon qui, entr'autres mérites, avait celui d'avoir servi sous le grand capitaine, Gonzalve de Cordoue. Arrivé à Hirrihigua, village situé à deux lieues dans l'intérieur, il y séjourna quelques jours pour donner le tems à ses bagages d'arriver, et il continua ensuite sa route vers les Apalaches. Mais chaque pouce du sol lui présenta des difficultés qui paraissaient presque insurmontables. Devant lui se déroulait un océan de forêts entrecoupées de marais impraticables, et chaque arbre semblait receler un indien dont la flèche était dirigée contre sa personne et contre ses compagnons. Le pays était divisé en plusieurs districts, et la ville principale de chaque district portait le nom du district. Plusieurs de ces divisions territoriales étaient gouvernées par des femmes, qui montrèrent un cœur plus compatissant que celui des caciques voisins. Elles exercèrent envers les Espagnols une hospitalité généreuse et leur offrirent toutes les provisions dont ils pouvaient avoir besoin. Garcilasso prétend que l'une d'elles, nommée Cofachiqui, présenta à Soto une incroyable quantité de perles de la plus grande beauté, et il compare l'entrevue de cette reine et de Soto à celle de Cléopâtre et de Marc Antoine, bien qu'elle fût, ajoute-t-il naïvement, inférieure en magnificence et en majesté. Après que ses troupes se fussent un peu rafraîchies, Soto continua sa route. Mais dans l'intervalle de repos qu'il avait pris, plusieurs caciques s'étaient confédérés pour s'opposer à l'ennemi commun, et Soto eut à livrer de nouveaux combats dont il sortit toujours vainqueur. Car les flèches des sauvages ne pouvaient rien contre des hommes dont la plupart étaient couverts d'une armure à l'épreuve des armes offensives de leurs ennemis, tandis que le fer espagnol perçait aisément le corps sans défense de l'enfant des forêts. L'artillerie et les arquebuses multipliaient la mort dans leurs rangs, et ces effrayantes détonnations, répétées par des milliers d'échos, portaient la terreur dans leurs cœurs. Ils croyaient que des enchanteurs avaient fait descendre le feu du ciel pour les dévorer.

1539.

Après avoir surmonté tous les obstacles, Soto pénétra dans les Apalaches, où il résolut de passer l'hiver. Au retour du printemps, Soto s'avança au Nord Ouest, parcourut une partie des Etats actuels de la Georgie, du Tennessee, du Kentucky, et pénétra jusqu'au 37me degré de latitude Nord. De là, il se dirigea Sud Ouest jusqu'à la baie de la Mobile, au travers du territoire des Tuscaloussas, des Mobiliens et des Alabamas. Les Mobiliens firent la plus courageuse résistance à cette invasion étrangère, mais ils furent complètement défaits. Il parait que le carnage fut affreux, car Garcilasso, l'historien de Soto, nous apprend que les Indiens perdirent onze mille hommes, et qu'à la prise de leur capitale, plus de mille femmes qui s'étaient réfugiées dans un édifice, y périrent dans les flammes. Soto laissa son armée reposer un mois parmi les débris de sa triste victoire, et se rendit ensuite dans le pays des Chickassas, parmi lesquels passa l'hiver.

Soto courut les plus grands dangers parmi cette nation belliqueuse. Lorsqu'il arriva sur son territoire, il ne vit autour de lui que des figures sombres et farouches et devina aisément les intentions hostiles des Indiens. Aussi, se tint-il sur ses gardes et ce fut à sa prudence qu'il dut sa conservation et celle de ses compagnons. Les Espagnols arrivèrent au principal village des Chickassas, le 1er Décembre 1540, et le trouvèrent abandonné. Voulant y établir leurs quartiers d'hiver, ils firent provision de vivres et transportèrent des villages voisins toute la paille et tout le bois qui leur étaient néces-

1540.

1540. saires pour se construire des cabanes, car celles qui composaient cette bourgade, quoiqu'elles fussent au nombre de deux cents, ne leur étaient pas suffisantes. Ils y passèrent deux mois assez tranquillement et n'étant inquiétés que par des escarmouches de nuit que leur livraient les Indiens. Toutes ces attaques furent facilement repoussées, mais l'évènement prouva que cette apparente mollesse des Indiens n'était qu'une feinte pour endormir les Espagnols dans une fatale sécurité.

1541. Vers la fin de janvier 1541, les Indiens profitèrent d'un vent de Nord qui soufflait avec violence et qui était favorable à leurs desseins. Ils marchèrent dans le plus profond silence, sur trois colonnes, contre le village que les Espagnols occupaient et qu'ils avaient fortifié. Ils arrivèrent à cent pas des sentinelles sans être aperçus. Il était alors une heure du matin. Ils commencèrent l'attaque en poussant des hurlements affreux et avec grand bruit de toute espèce d'instruments sauvages. Ils étaient munis de torches faites avec une espèce de jonc tressé, qui croît dans le pays et qui, étant allumé, garde le feu et brule comme une mèche d'arquebuse. Lancées dans l'air, ces torches, au lieu de s'éteindre, ne deviennent que plus ardentes. Au bout de leurs flèches, ils avaient attaché des anneaux faits avec ces mêmes joncs, pour incendier les toits en paille des cabanes espagnoles. Le succès couronna un plan aussi bien concerté et en quelques minutes tout le village était en feu.

Bien que pris à l'improviste, les Espagnols ne furent pas déconcertés et la promptitude de la défense répondit à celle de l'attaque. Le gouverneur, qui ne manquait jamais de se tenir toujours prêt contre toutes les surprises de ce genre, fut le premier à cheval. L'attaque des Indiens fut si brusque, qu'elle ne lui donna que le temps de se couvrir d'un bouclier, d'un casque et d'une cotte d'armes de coton ouaté, de trois pouces 1541. d'épaisseur, que l'expérience a prouvé être la meilleure défense contre les flèches. N'ayant d'autre arme offensive que sa lance, Soto courut à l'ennemi, parcequ'il n'avait jamais su ce que c'était que d'avoir peur, dit le chroniqueur de ses exploits. Dix ou douze cavaliers le suivirent de près. Je ne puis mieux faire, pour la description de cette bataille, que d'emprunter le style simple et naïf de Garcilasso. Les Espagnols, dit-il, accoutumés à la féroce bravoure des Indiens, voulurent courir au secours de leur capitaine, mais entr'eux et les indiens qu'ils voulaient aller combattre, il y avait le feu et la fumée que le vent leur poussait au visage. On voyait les uns se trainer sur les genoux pour passer sous les flammes, afin de joindre l'ennemi; d'autres couraient à l'hôpital pour arracher les malades au danger qui les menaçait. La violence de l'incendie avait été telle, que les cavaliers n'avaient pas eu le tems de s'armer et de seller leurs chevaux. Il y en avait qui cherchaient à les sauver en les emmenant par la bride; d'autres fuyaient eux-mêmes devant le feu en abandonnant leurs montures. Il y eut peu de cavaliers qui allèrent soutenir le gouverneur, et cependant, depuis long-temps, il avait à supporter tout le choc des ennemis. Suivant sa coutume de ne jamais souffrir qu'on le devançât en rien, il fut le premier dont la lance abattit un indien dans la mêlée de cette mémorable nuit. Il ne put empêcher néanmoins que deux des colonnes ennemies n'entrassent dans le village et ne missent à mort beaucoup de chevaux, et beaucoup d'Espagnols qui n'avaient pas eu le temps de s'armer.

De cette partie du village qui faisait face au levant, et où l'incendie s'était déclaré avec le plus de violence, quarante ou cinquante Espagnols sortirent en courant et cherchant leur salut dans la fuite. (Chose honteuse, dit Garcilasso, et que l'on n'avait pas encore vue dans

1541. toute cette campagne de la Floride!) Nuño Tobar, une épée nue à la main, et à peine vêtu d'une cotte de mailles qu'il n'avait pas eu le temps d'agrafer, les suivit, en leur criant d'une voix retentissante : "Arrêtez, soldats! retournez sur vos pas. Où courez-vous? Ici ne sont ni Séville, ni Cordoue, pour vous recevoir dans leurs murs. Vous n'avez d'autre protection que votre courage, d'autre espérance de salut que dans la vigueur de vos bras. Droit à l'ennemi, compagnons! droit à l'ennemi! C'est dans ses rangs qu'il y a pour vous sécurité! La fuite vous perd, et le combat vous sauve." Dans ce moment, une trentaine de soldats qui sortaient de la partie sud du village, quartier du capitaine Juan de Guzman, rencontrèrent les fuyards, et leur firent honte de leur lâcheté. Se ralliant à la troupe de Guzman, ils firent tous ensemble le tour du village, que l'incendie ne leur permettait plus de traverser, et tombèrent sur le flanc de la colonne du centre, contre laquelle le gouverneur combattait de front avec tant de désavantage, à cause du petit nombre des siens et de la multitude de ses adversaires. Lorsque cette manœuvre s'opérait, le capitaine Vasconcellos sortait de la partie ouest du village à la tête de vingt-quatre cavaliers portugais, tous gens d'élite, et qui avaient servi sur les frontières d'Afrique. Nuño Tobar, les apercevant, se joignit à eux, quoiqu'il fût à pied, et ils allèrent attaquer l'autre flanc de la colonne du centre, qui, du côté opposé, était déjà assaillie par la troupe de Guzman. Se voyant ainsi secouru et appuyé, Soto voulut en finir par un coup d'éclat. Il avait remarqué un chef indien qui combattait avec la plus grande valeur, et qui, se portant tantôt d'un côté et tantôt de l'autre, mais toujours au premier rang, soutenait le courage des siens par ses paroles et par ses actions. Saisissant le moment favorable, Soto courut sur lui et le perça de sa lance. Mais il avait fait cette charge avec tant d'élan, que selle et cavalier passèrent par-dessus la tête du cheval, et roulèrent au milieu des rangs ennemis. A la vue du danger de leur général, les Espagnols, cavalerie et infanterie, se ruèrent sur les Indiens avec tant de violence et de rapidité, qu'ils réussirent à pénétrer jusqu'à lui, et à empêcher qu'il ne fut tué. Remis en selle, Soto ne recommença le combat qu'avec plus de furie.

1541.

Le gouverneur n'était tombé que parce que ses valets, surpris et effrayés de l'attaque subite des Indiens, avaient, en sellant son cheval, oublié de le sangler. Ce vaillant chevalier s'en était bientôt aperçu, mais se fiant à son adresse, il crut qu'il n'en saurait pas moins conserver ses arçons, et en effet, il avait ainsi combattu pendant plus d'une heure. Les Indiens qui, jusqu'alors, avaient disputé la victoire aux Espagnols avec tant d'opiniâtreté, commencèrent à mollir. D'abord ils battirent en retraite avec beaucoup d'ordre, s'appelant les uns les autres, et s'avertissant d'abandonner le combat. Mais tout d'un coup ils se débandèrent, et se mirent à fuir avec la plus grande agilité. Le gouverneur, à la tête de la cavalerie, poursuivit les fuyards aussi loin que la lueur de l'incendie lui permit de les voir. Ainsi finit ce combat, qui dura deux heures. Lorsque les Espagnols comptèrent leurs pertes, ils trouvèrent qu'ils avaient perdu quarante hommes et cinquante chevaux, ainsi que tous leurs vêtements, et presque toutes leurs armes et leurs munitions de guerre. La perte des Indiens ne fut que de cinq cents hommes. Soto fut obligé d'abandonner le champ de bataille, et d'aller occuper une position plus avantageuse, où les Espagnols se mirent à l'œuvre en toute hâte, pour fabriquer des selles, des lances et des rondaches. Ils furent continuellement harcelés par les Indiens, la nuit et le jour, et si quelque soldat s'éloignait du camp, il tombait sous la flèche ou le tomahauk des sauvages.

Au commencement d'avril, Soto se remit en route pour

1541. continuer ses explorations, et après avoir traversé les parties occidentales des Etats actuels du Mississippi et du Tennessee, il arriva sur les bords de ce fleuve immense, que les Indiens ont surnommé le père des eaux, et qu'ils appelaient de plusieurs noms, tels que Cicuaga, Meschacébé et Mississippi. Soto fut donc le premier Européen qui vit le Mississippi. Ce fut à une très-petite distance au-dessous du premier de ces monticules, connus sous le nom de monticules Chickassas, ou Chickasaw bluffs, et non loin de la présente ville de Memphis. Ayant fait construire des bateaux plats, il s'aventura sur les eaux du roi des fleuves, et porta long-temps des regards étonnés sur la rapidité de ses flots et la majesté de son cours. Passant sur la rive opposée, il remonta le fleuve jusqu'à la rivière Blanche, et de là, il pénétra dans le territoire des Arkansas, où il établit son quartier d'hiver, après avoir éprouvé sur sa route des traitements différents de la part des Indiens, qui le recevaient tantôt en ami, et tantôt en ennemi.

Tant que le printemps dura, l'armée se dirigea vers le Sud à petites journées et sans beaucoup souffrir, mais au commencement de l'été, la famine se fit sentir parmi les Espagnols, et plusieurs moururent de l'excès des fatigues qu'ils avaient supportées, ou succombèrent à des maladies violentes, causées par l'extrême chaleur et les miasmes des marais impurs, que cette petite armée de héros avaient à traverser fréquemment et près desquels ils n'étaient que trop souvent obligés de camper. Après de fréquentes et de longues haltes, elle arriva enfin à l'embouchure de la rivière Rouge, dans les limites actuelles de l'Etat de la Louisiane. Là, Soto fut saisi d'une fièvre qui, dans peu de jours, s'annonça comme devant être mortelle. Il s'aperçut lui-même que la mort n'était pas loin et se prépara à la recevoir en guerrier chrétien. Il s'occupa d'abord du soin de se donner un successeur, et ce fut Luis Muscoso de Alvarado qui eut l'honneur d'être choisi. Ayant convoqué les officiers de 1541. l'armée auprès de son lit de douleurs, et maître encore de son génie et de ses pensées, on le vit, le front serein, converser avec eux sur les mouvements que ferait l'armée, après qu'il aurait cessé de vivre. Puis, faisant appeler tous ses compagnons d'armes, officiers et soldats, il fit à chacun d'eux prêter serment de fidélité entre les mains de son successeur, après leur avoir recommandé à tous d'être obéissants à leurs chefs, affectionnés envers leurs frères d'armes, soumis à la discipline qui leur avait procuré tant de triomphes, et de ne rien négliger pour convertir les Indiens à la foi catholique et pour augmenter les domaines et la puissance de la couronne d'Espagne. "Union et Persévérance", furent les derniers mots qu'il leur adressa. Il expira vers le 30 juin 1542, 1542. dans sa quarante deuxième année. Son corps, enfermé dans un tronc de chêne, creusé et recouvert de planches clouées, fut précipité dans le milieu du fleuve, à un endroit où il a environ un quart de lieue de large et dix-neuf brasses d'eau de profondeur. Les Espagnols pensèrent que c'était le moyen le plus sûr d'empêcher ses restes mortels de tomber entre les mains des Indiens.

C'était un homme de taille moyenne, brun de teint, d'une physionomie ouverte et gaie, et d'aussi bonne mine à pied qu'à cheval. Il était adroit, propre à tout, et plus disposé, dit Garcilasso, à éperonner sa monture qu'à user de la bride pour la retenir. Sa patience et son courage à endurer tous les travaux et toutes les fatigues de la guerre étaient tels, que les soldats, en le voyant à l'œuvre, n'osaient se plaindre de leurs souffrances. Parmi les conquérants de l'Amérique, il était compté au nombre des quatre lances réputées les meilleures. La sienne n'était inférieure qu'à celle de Pizarre, à laquelle, d'un consentement unanime, la supériorité sur toutes les autres avait toujours été accordée. Il était si vaillant que dans toutes les nombreuses batailles où il parut,

1542. il s'ouvrait un si large chemin, que dix de ses hommes d'armes pouvaient le suivre de front. Il fut toujours le premier ou le second à se présenter à l'ennemi, et jamais le troisième. Mais dans toutes les surprises et les combats de nuit, l'on avait remarqué qu'il était toujours le premier à être sur pied et à prendre part à l'action. Tel fut l'homme illustre dont, à juste titre, l'on a donné le nom à une des paroisses de l'Etat. Garcilasso fait la description la plus touchante du désespoir des Espagnols, à la mort de leur général qu'ils adoraient. Ils ne pouvaient surtout se consoler, dit-il, d'avoir donné une sépulture aussi misérable à un chef auquel ils auraient voulu ériger un monument digne de Jules César.

Muscoso, qui avait succédé à Soto, partit le 4 ou le 5 de juillet, et fit remonter la rivière Rouge à ce qui restait de l'armée espagnole, au travers de cette partie de la Louisiane qui s'appelle les Natchitoches. Après avoir parcouru une centaine de lieues depuis le point de son départ, il arriva chez une nation indienne, propriétaire de troupeaux tellement immenses, qu'il lui donna le nom de nation de los Vaqueros (nation des Vachers). Probablement elle habitait cette partie de l'Amérique, connue maintenant sous le nom de province du Texas. Après avoir marché cent milles de plus, Muscoso arriva à un pays montagneux. Il avait pris cette route dans l'espoir de se rendre par terre à Mexico. Mais ayant appris des Indiens qu'il avait encore une étendue immense à parcourir, avant de parvenir au terme de son voyage, il résolut de rétrograder, et de descendre le Mississippi jusqu'à la mer. L'armée, après avoir beaucoup souffert, arriva à l'embouchure de la rivière Rouge, vers la fin de novembre. Garcilasso estime que, dans cette dernière expédition, les Espagnols parcoururent plus de trois cent cinquante lieues de pays dans tous les sens. Elle leur coûta cent hommes et quatre-vingts chevaux, qui moururent de maladie ou furent tués par les Indiens. Les

Espagnols éprouvèrent une si grande joie en revoyant le Mississippi, qu'ils se jetèrent dans les bras les uns des autres, et remercièrent le ciel de les avoir sauvés. Ils s'emparèrent de deux villages indiens pour y établir leur quartier d'hiver. Heureusement, ces villages étaient pourvus de vivres de toute espèce, dont les Espagnols avaient un grand besoin. Mais il arriva que beaucoup d'entre eux, affaiblis par les fatigues, amaigris par la famine dont ils avaient cruellement souffert, abusèrent de l'abondance dans laquelle ils se trouvèrent si subitement, et il en mourut une cinquantaine, entr'autres, le capitaine Vasconcellos de Silva, du sang le plus noble qu'il y eut en Portugal, et le brave Nuño Tobar.

1542.

Au mois de janvier, Muscoso fit commencer la construction d'embarcations capables de transporter son armée par mer au Mexique. Les caciques, qui avaient surveillé ses travaux d'un œil jaloux, craignant que son dessein ne fut d'aller avertir ses compatriotes de la fertilité des vallées du Mississippi et les inviter à venir s'y établir et subjuguer les Indiens, résolurent de se liguer afin de réunir des forces suffisantes pour accabler les Espagnols, ou du moins pour brûler leurs barques. Garcilasso raconte que la ligue était si considérable, que les caciques qui en firent partie, convinrent de lever quarante mille hommes. Cependant, le complot fut découvert; avis en fut donné à Muscoso par des femmes indiennes qui s'étaient attachées à quelques uns des officiers Espagnols, et par un cacique, nommé Anilco, qui avait toujours témoigné beaucoup d'amitié aux Espagnols, auxquels il avait déjà rendu de grands services, en leur fournissant tout ce dont ils avaient eu besoin pour la construction et l'équipement de leurs embarcations. Ainsi averti à temps, Muscoso prit toutes les mesures nécessaires pour résister à l'attaque projetée, et les caciques s'en étant aperçus, plusieurs d'entr'eux se retirèrent de la ligue qu'ils avaient formée. Cette défection ne déconcerta pas ceux qui habitaient sur les bords du fleuve, car excités et encouragés par Quigualtanqui, le chef le plus puissant de tout le pays, ils persistèrent dans leur intention et construisirent un nombre considérable de canots, pour poursuivre les Espagnols sur le fleuve.

1543. Le 24 juin 1543, les Espagnols lancèrent leur flottille sur le Mississippi et l'armée s'embarqua. On avait eu la précaution de tendre des peaux autour des embarcations, afin de se garantir contre les flèches des indiens. La flottille se composait de sept brigantins et de trente canots. Des mille hommes qui avaient débarqué à la baie de Santo Spiritu, il n'en restait plus que trois cent cinquante, et de trois cent cinquante chevaux il n'en restait plus que trente. Le second jour après leur départ, les Espagnols aperçurent la flotte indienne. Garcilasso nous apprend qu'elle était composée de plus de mille pirogues, qui contenaient au moins vingt mille hommes et dont la plus petite avait vingt rameurs. Chaque pirogue était peinte avec goût en bleu, rouge, jaune ou blanc. Les rames, les plumes, les carquois et les flèches des guerriers étaient de la couleur des pirogues qu'ils montaient. Une musique sauvage et martiale faisait retentir les rives du fleuve et les Indiens ramaient en cadence en chantant les exploits de leurs ancêtres. La flotte, partagée en trois divisions, s'avança dans le plus grand ordre, et chacune de ces divisions, en longeant tour à tour les barques espagnoles, fit tomber sur elles une pluie de flèches. Pendant dix jours entiers, ces anciens habitants du sol Louisianais ne cessèrent de livrer bataille aux Espagnols et de poursuivre à outrance ceux qu'ils appelaient les profanateurs de la terre de leurs aïeux. Tantôt, ils invoquaient le Grand Esprit, en le priant de leur livrer ces étrangers vagabonds qui fuyaient devant eux, et tantôt, par des chants belliqueux où le nom de Quigual-

tanqui revenait sans cesse, ils s'excitaient mutuellement 1543.
à se montrer dignes d'un si noble chef.—"Mort, disaient-
ils, mort aux pâles visages! Quigualtanqui le veut. Leurs
regards ont souillé les ossements de nos pères et leurs
lèvres ont profané les eaux du vieux Meschacébé!
qu'ils meurent! ou qu'ils soient esclaves! Quigualtanqui le veut."

Le onzième jour, les Indiens montrèrent moins d'acharnement. Ils se contentèrent de faire des attaques partielles et de harceler les Espagnols pendant six jours
de plus. Le dix-septième jour de la poursuite, au lever
du soleil, ils adorèrent cet astre avec toutes sortes de
solennités et comme s'ils lui rendaient des actions de
grâces pour le triomphe qu'ils avaient obtenu sur leurs
ennemis. Puis, ils se retirèrent après avoir poussé
d'horribles hurlements accompagnés du bruit épouvantable de toute espèce d'instruments sauvages, et après
avoir crié plusieurs fois aux Espagnols de ne pas s'imagi-
ner qu'ils avaient été poursuivis par une ligue de caciques,
parce que ce n'était que leur grand chef Quigualtanqui,
qui leur avait fait la guerre. Dans cette retraite qui
leur fut si vivement disputée, les Espagnols perdirent
tous leurs chevaux, et cinquante deux hommes parmi
lesquels se trouvait le vaillant capitaine Juan de Guzman. Au moment où la poursuite cessa, les Espagnols
étaient presque sans défense, ayant épuisé toute leur
poudre et toutes leurs autres munitions. A l'endroit
où les Indiens, pensant sans doute qu'ils s'étaient avancés trop loin de leur pays, prirent la résolution de rétrograder, le fleuve était si large qu'on n'en voyait pas
les bords. On n'apercevait que des roseaux et l'eau pouvait couvrir à peu près une quinzaine de lieues de pays.
Le vingtième jour de leur navigation, les Espagnols
découvrirent la mer. Avant de s'y aventurer, Muscoso
voulut faire quelques réparations à ses embarcations,

1543. et fit débarquer sa troupe sur une île, située à gauche de l'embouchure du fleuve et formée entièrement de troncs d'arbres que le fleuve chariait en grande quantité. Là, les Espagnols s'arrêtèrent et se reposèrent trois jours.

Vers le milieu du troisième jour, les Espagnols virent sortir des roseaux et venir à eux sept canots remplis d'Indiens. Dans le premier on remarquait un Indien, grand comme un Philistin et noir comme un Ethiopien, dit Garcilasso. Le canot s'arrêta à quelque distance des Espagnols, et l'Indien, se tenant debout à la proue, leur cria d'une voix forte et hautaine : "Voleurs, vagabonds, fainéants sans honte ni vergogne, qui courez ainsi le pays dont vous inquiétez les paisibles habitants, je vous conseille de vous en aller le plus tôt possible par l'une des deux issues que vous offre le fleuve, si vous ne voulez pas que je vous tue tous et que je brûle vos embarcations. Souvenez-vous bien de ceci!... c'est que si vous passez ici la nuit, j'aurai soin qu'il n'en reste pas un de vous pour voir le lever du soleil. Si nous avions des canots aussi grands que les vôtres, nous vous suivrions jusque dans votre pays, nous le prendrions, et nous vous montrerions que nous sommes des hommes qui vous valent bien."

Muscoso, s'étant aperçu qu'il y avait beaucoup de pirogues dans les joncs, et voulant prévenir l'attaque de nuit dont il était menacé, et dont les suites pouvaient être désastreuses, ordonna à une centaine d'hommes de se mettre dans des canots, et d'aller débusquer les ennemis. Il s'en suivit un combat dans lequel beaucoup d'Indiens furent blessés et dix ou douze tués. Quant aux Espagnols, il y en eut un de tué et la plupart furent blessés, entr'autres, les deux capitaines qui les commandaient. Les Indiens ayant été mis en fuite, les Espagnols retournèrent à leurs brigantins ; mais craignant d'être assaillis pendant la nuit, ils se rembarquèrent, et se réfugièrent 1543. dans une île déserte, non loin du lieu qu'ils avaient occupé. Le lendemain, à trois heures de l'après-midi, ils mirent à la voile, et entreprirent leur grand voyage. Ils longèrent la côte en tâtonnant et en s'arrêtant fréquemment, pour faire de l'eau et des vivres et pour réparer leurs embarcations. Enfin, après trois mois de navigation, et après beaucoup d'aventures périlleuses, ils entrèrent dans le port de Panuco, environ à soixante lieues de Mexico, où ils furent bientôt appelés par le vice-roi, don Antonio de Mendoça, qui écouta le récit de leurs aventures avec un extrême intérêt. C'était à qui, dans la ville, ferait un meilleur accueil aux conquérants de la Floride. Parmi ceux qui s'informaient avec le plus d'avidité des détails de cette longue et pénible campagne de la Floride et de la Louisiane, on remarquait don Francisco Mendoça, fils du vice-roi. Lorsqu'on lui raconta tout ce qu'avait fait Quigualtanqui contre les Espagnols, il ne put s'empêcher d'interrompre le narrateur, et se tournant vers ceux qui l'entouraient: "Vraiment, messieurs, dit-il, il faut avouer que ce barbare était un homme de bien et un patriote."

Telle fut la fin de cette expédition, magnifique dans sa conception, glorieuse dans son exécution, mais désastreuse dans ses conséquences. Si je la racontais dans tous ses détails, si je disais tous les hauts faits de cette petite troupe de héros, tels qu'ils sont rapportés par des historiens contemporains qui en faisaient partie, ce récit ressemblerait plutôt à un roman de chevalerie qu'à de l'histoire. En effet, quelle audace ne fallût-il pas pour s'aventurer dans ces régions inconnues, et pour ne pas reculer devant les difficultés et les dangers sans nombre présentés par la nature du pays! que de marais! que de lacs! que de fondrières, que de cyprières, que de forêts impénétrables, que de rivières, que de fleuves à traverser! que de nations féroces à combattre, et le jour et la

1543. nuit! que de veilles! que de privations! que de fatigues! que de maladies! que de souffrances de tous genres! Comment n'être pas frappé d'admiration en jetant les yeux sur la carte, et en voyant l'étendue de terrain parcourue par Soto et ses intrépides compagnons!

Soto perdit la vie dans cette entreprise ainsi que des sommes considérables qu'il y avait consacrées. L'Espagne, sa patrie, n'en retira aucun avantage, et, dans cette circonstance, le sang de ses enfans fut stérilement versé. Mais si cette expédition n'eut pour l'Espagne aucun résultat matériel, elle ajouta une page glorieuse aux pages déjà si héroïques et en quelque sorte si romanesques de ses annales. Quant à Hernando de Soto, il est probable qu'il y gagna tout ce qu'il désirait.... L'immortalité! S'il eût vécu, il est à croire, d'après le grand courage et l'esprit de persévérance qui le caractérisaient, qu'il serait revenu à la Floride et à la Louisiane, et qu'il aurait essayé d'y fonder des colonies. Néanmoins il n'est pas présumable qu'elles y auraient pris racine. Le génie guerroyant et poétique de l'Espagnol n'est point propre aux pénibles défrichements, aux combinaisons pratiques, aux lentes et laborieuses opérations qu'exige toute colonisation dans des terres vierges et incultes. Il n'y avait dans ces fertiles contrées ni mines d'or ni mines d'argent à exploiter, et nous savons, par expérience, que les Indiens de l'Amérique du Nord sont d'une nature trop fière et trop énergique pour se résigner aux travaux de l'esclavage, comme les Péruviens et les Mexicains. Pour dépouiller cet immense pays de sa physionomie sauvage, pour en tirer tout le parti possible, et pour y naturaliser la civilisation, il fallait ce qui est arrivé plus tard, l'invasion de la race anglo-saxonne, avec son esprit de froid calcul, son labeur patient, sa hache de pionnier, sa bêche infatigable et son impitoyable carabine.

CHAPITRE II.

ÉTABLISSEMENTS AU CANADA.—EXPÉDITION DE MARQUETTE ET DE JOLIET À LA LOUISIANE.—DESCENTE DU MISSISSIPPI PAR LASALLE, JUSQU'À SON EMBOUCHURE.

Les Français, n'ayant pas réussi dans les tentatives qu'ils avaient faites pour coloniser le Canada, paraissaient avoir renoncé à toute entreprise de ce genre, lorsque François de La Roque, seigneur de Robertval, en Picardie, qui jouissait de la plus haute considération dans cette province, sollicita de François Ier la permission d'aller faire des découvertes en Amérique. Le roi de France accueillit sa demande, et, le 15 janvier 1540, La Roque fut créé vice-roi du Canada. Il partit l'année suivante avec cinq navires, pour prendre possession de son gouvernement, dont il fallait arracher le territoire aux Indiens. Cartier, qui avait déjà fait ces voyages, lui servait de pilote en chef. La traversée fut heureuse, et La Roque, après avoir construit sur le bord du fleuve St.-Laurent un fort, dont il confia le commandement à Cartier, et après avoir ordonné à l'un de ses autres pilotes de chercher au Nord Ouest un passage à la Chine, retourna avec empressement au beau pays qu'il avait quitté pour cette expédition aventureuse.

La colonie que La Roque établit ainsi au Canada fut la première qui présentât une apparence de stabilité, et qui offrît quelque espoir de succès. Cependant le gouvernement français ne s'en occupa nullement, et ce ne

1540.

1540. fut que dans la neuvième année du règne de Henri III, que le marquis de La Roche, ayant obtenu les mêmes pouvoirs que ceux qui avaient été accordés quarante-trois ans auparavant au seigneur de Robertval, passa la
1583. mer, en 1583, pour tenter aussi la fortune, qui jusqu'alors avait peu favorisé ses prédécesseurs. Arrivé à l'île connue maintenant sous le nom de Sable Island, que le baron de Lévy avait visitée avant lui, il y laissa quelques misérables qu'il avait tirés des prisons de Paris, et parcourut ensuite cette partie de l'Amérique du Nord qui est connue aujourd'hui sous le nom d'Acadie ou de Nouvelle Ecosse. Après ces explorations, il retourna en France, où une mort prématurée mit fin à ses desseins de colonisation.

1562. Le sud de l'Amérique du Nord avait aussi attiré les regards des Français, car en 1562, l'amiral Coligny, que persécutait la jalousie ou la haine d'une cour corrompue, avait pensé à se ménager un asile en Amérique, ainsi qu'aux protestants qui voudraient partager son sort. Il fit équiper à Dieppe deux navires, sur lesquels s'embarqua un nombre assez considérable de colons. Il en confia le commandement à Ribaud. Parti au mois de février, Ribaud fit terre à l'embouchure de la rivière Ste. Marie, qui sépare la Georgie de la Floride, et qu'il appela la rivière de Mai, parce qu'il y était arrivé pendant le mois qui porte ce nom. Les Indiens lui firent l'accueil le plus hospitalier. Profitant de leur bonne disposition, il éleva sur le bord de la rivière une colonne sur laquelle il grava les armes de France, en signe de prise de possession. Après un court séjour au lieu de son débarquement, il s'avança vers le Nord, jusqu'à l'embouchure de la rivière Edisto, dans l'Etat actuel de la Caroline du Sud. Là, ayant fondé la colonie qu'il était chargé d'établir, et en ayant remis le commandement à l'un de ses compagnons, nommé Albert, il retourna en France. Coligny, qui depuis long-temps était en disgrace auprès de son souverain, profita, en 1564, de la faveur qui lui était revenue en apparence, pour faire partir une seconde expédition destinée à secourir la colonie qu'il avait fondée, et dont il conféra le commandement à Laudonnière. Ces généreux efforts de Coligny n'eurent point un heureux résultat. Car les Espagnols s'étant emparés de cette colonie naissante, en 1565, et ayant fait la plupart des Français prisonniers, les pendirent aux arbres avec cette inscription : "Pendus comme hérétiques et non comme Français."

1564.

1565.

Il est à remarquer que cet évènement fût le premier acte d'hostilité commis entre deux nations européennes dans le Nouveau Monde.

Dès que cette nouvelle parvint en France, elle excita la plus vive indignation. Dominique de Gourgues, de la province de Gascogne, en éprouva une patriotique colère et jura de tirer de cet outrage une vengeance exemplaire. Il vendit son patrimoine, et, aidé de deux de ses amis, il équipa trois navires dans le port de Bordeaux, enrôla deux cents hommes, et partit des bords de la Garonne, le 2 d'août 1567. De Gourgues arriva heureusement au lieu de sa destination, et ayant gagné par des présents les bonnes grâces des Indiens, il les détermina à se réunir à lui contre les Espagnols, qu'il attaqua immédiatement, et dont il fit un grand carnage. Ceux qu'il fit prisonniers furent attachés au gibet vengeur avec cette inscription : "Pendus comme assassins et non comme Espagnols." Après avoir accompli cet acte de justice, de Gourgues retourna en France, où, au lieu de recevoir une récompense pour avoir vengé la mort de ses concitoyens, il apprit que sa tête avait été mise à prix par le roi catholique Philippe II, avec la courtoise permission du roi très-chrétien Charles IX, et il fut longtemps obligé de cacher cette tête proscrite, qui, si elle eût été découverte, eût roulé sur l'échafaud, pour le bon plaisir d'un despote orgueilleux et féroce.

1567.

4

Depuis la tentative du marquis de La Roche au Canada, plusieurs autres avaient été faites avec plus ou moins de succès, mais ces succès, quels qu'ils furent, étaient, après tout, extrêmement insignifiants, lorsque le 3 juillet 1608, Champlain, qui découvrit plus tard le lac auquel il donna son nom, fonda sur la rive nord du St. Laurent la ville de Québec, à une distance de 360 milles de la mer. L'existence de cette colonie fut constamment menacée par les Indiens, auxquels Champlain eut à livrer des combats nombreux, avant de retourner en France, où il apprit à Henri IV, qui régnait alors, le succès de son expédition. Le roi fut enchanté du récit que lui fit Champlain, et donna le nom de Nouvelle-France à ses domaines américains, qu'il négligea cependant, pour s'occuper de soins plus importants. Car en 1622, Québec, quatorze ans après sa fondation, avait si peu prospéré, que sa population n'était que de cinquante âmes. Québec était encore dans cet état de langueur, lorsqu'elle fut prise par les Anglais en 1628 ; mais ils ne la gardèrent pas long-temps et la rendirent à la France en 1632, en conséquence du traité de paix de St. Germain. Après un grand nombre de succès et de revers, dans lesquels les Iroquois et les Hurons jouent un rôle principal, la Nouvelle-France eut espoir de jouir enfin de quelques jours de prospérité et de puissance, sous le gouvernement du comte de Frontenac, en 1671. Quelques forts furent construits, et les Indiens furent obligés de se tenir à une distance respectueuse des établissements français.

Ce court exposé de la découverte du Canada et de ses premiers établissements était une introduction indispensable à l'histoire de la Louisiane, qui en est en quelque sorte la fille, et dont la population primitive était, pour la plupart, d'origine canadienne. En effet, les Jumonville de Villiers se sont couverts de gloire au Canada, Pierre Boucher de Grand-Pré était gouverneur de Montréal et des trois rivières en 1643, et un Villeré était membre du conseil général et l'un des citoyens les plus distingués de la Nouvelle-France en 1665. Leurs descendants existent encore à la Louisiane.

1671.

Les Indiens avaient appris aux Canadiens que vers l'Ouest il existait un fleuve immense dont le cours était inconnu, et l'on se persuada, qu'en le remontant, on trouverait un passage à la Chine, ou qu'en le descendant, on arriverait au golfe du Mexique. Talon, qui, le premier, fut intendant de la Nouvelle-France, et qui comptait bientôt rentrer dans l'ancienne, résolut, avant son départ, de découvrir le fleuve fameux dont les naturels parlaient comme étant l'une des merveilles du Nouveau Monde. Il chargea de l'accomplissement de ce projet le père Marquette, moine récollet, qui ayant passé de longues années comme missionnaire parmi les Indiens, en parlait parfaitement la langue, et Joliet, un des principaux marchands de Québec, qui avait eu de grandes relations commerciales avec les tribus sauvages. Ces hardis aventuriers, que la grandeur de l'objet qu'ils avaient en vue put seule soutenir parmi les fatigues et les dangers auxquels ils furent exposés, découvrirent le Mississippi, le 7 juillet 1673, cent trente ans après l'arrivée de Soto sur ses bords, où aucun homme blanc n'avait paru depuis cette époque. Les voyageurs s'abandonnèrent au courant du fleuve et ils arrivèrent en peu de temps à un village des Illinois, près de l'embouchure du Missouri. Ces Indiens, qui avaient eu des relations avec les Français du Canada, reçurent ces étrangers avec une touchante hospitalité et prièrent leurs hôtes de leur envoyer des missionnaires pour leur porter la parole du Grand Esprit. Après un court séjour parmi leurs nouveaux amis, les voyageurs continuèrent leur route et parvinrent heureusement à un village des Arkansas. Croyant alors s'être suffisamment assurés que le cours du fleuve était vers le golfe du Mexique, et ayant presque épuisé leurs

1673.

1673. provisions, ils pensèrent qu'il serait inutile et dangereux de s'aventurer plus loin parmi des nations sauvages dont ils ignoraient le caractère et dont il était prudent de se méfier. Ils retournèrent donc à la rivière des Illinois et, l'ayant remontée, se rendirent à Chicago sur le lac Michigan. Là, ils se séparèrent ; l'homme de l'évangile retourna parmi les Indiens sur la rive Nord du lac pour exécuter sa mission sainte, et le marchand descendit jusqu'à Québec pour rendre compte à son chef du succès de l'entreprise. Le comte de Frontenac qui, quoique éloigné de la cour, n'en avait pas oublié la tactique, donna au fleuve le nom de Colbert, en l'honneur du ministre auquel les finances du royaume étaient alors confiées.

La nouvelle de cette découverte répandit la plus grande joie dans le Canada. Les cloches de la cathédrale sonnèrent pendant un jour entier et l'Evêque de Québec, suivi de son clergé et de toute la population de la ville, alla aux pieds de l'autel rendre des actions de grâces à Dieu. On était loin de prévoir alors que le drapeau sans tache disparaitrait devant la bannière étoilée et que le lys royal ne prendrait pas racine sur le sol destiné à nourrir l'arbre seul de la liberté. Les siècles ont roulé, et l'aigle républicaine a pris la place de l'écusson monarchique.

Sur ces entrefaites, le père Marquette étant mort, et Joliet étant trop engagé dans ses opérations commerciales pour s'occuper d'autre chose, la sensation qu'avait causée la découverte du Mississippi, ne fut suivie d'aucune tentative pour en tirer parti. Les esprits n'étaient plus échauffés par des projets de gloire et de fortune, et une sorte d'apathie avait succédé à l'audacieuse activité des premiers aventuriers Français qui avaient abordé en Amérique, lorsque la France dût au courage et à la persévérance d'un homme obscur l'honneur de fonder une colonie dans cette magnifique contrée, à laquelle de si hautes destinées sont réservées. Cet homme était Robert Cavalier de Lasalle, qui était né à Rouen et qui avait appartenu pendant plusieurs années à la Société des Jésuites. Son père et sa mère ayant cessé de vivre, lorsqu'il faisait partie de cet ordre religieux, il ne put, dit-on, obtenir leur héritage, à cause de la mort civile dont il était frappé. Des passions ardentes fermentaient dans le cœur de Lasalle et donnaient une nouvelle vigueur au génie entreprenant dont la nature l'avait doué. Il était un de ces hommes pour qui la vie n'est qu'un fardeau, si elle n'est pas illustrée par la gloire et embellie par les plaisirs que procurent les richesses. Si son ambition était extrême, il avait toutes les qualités qui la font réussir. Son ame était forte, sa persévérance inébranlable, et l'idée des dangers souriait à son audace. Elevé parmi les jésuites, ces hommes déliés l'avaient initié aux mystères du cœur humain dont il connaissait les plus secrets replis. Malheureusement pour lui, cette grande connaissance qu'il en avait acquise lui avait inspiré le plus profond mépris pour les hommes, qu'il ne pouvait s'empêcher de traiter avec une hauteur, souvent capricieuse, lorsqu'il les avait sous ses ordres. Tel était celui qui, dans l'espoir de satisfaire les deux passions dominantes de son cœur, l'amour de la gloire et des richesses, était arrivé au Canada avec l'intention de pousser plus loin les découvertes du père Marquette et de Joliet. Il ne douta pas que le Mississippi ne se déchargeât dans le golfe du Mexique, mais il adopta l'idée qu'en le remontant, on trouverait quelque moyen de communication avec la Chine. Cette conception gigantesque était de nature à flatter un génie tel que le sien, et son imagination ardente voyait déjà les produits de l'industrie chinoise descendre le cours du fleuve.

Lasalle communiqua ses vues et ses espérances au comte de Frontenac, à qui il suggéra qu'il était de

1673.

1673. toute nécessité de construire des forts, de distance en distance, pour protéger les premiers établissements des colons contre les irruptions des Iroquois. Le comte approuva tous ses plans, mais comme leur exécution exigeait des déboursés considérables, il ne voulut rien faire sans l'ordre du ministre et ordonna à Lasalle d'aller lui demander son autorisation. A son arrivée en France, Lasalle fut présenté au prince de Conti, dont il fut assez heureux pour gagner les bonnes graces. Ce prince, ayant goûté ses projets, les fit agréer à la cour. Le roi accorda à l'audacieux aventurier des lettres de noblesse, lui concéda en toute propriété un territoire très étendu aux environs du fort Frontenac, à condition qu'il rebâtirait ce fort en pierres, et le revêtit de tous les pouvoirs nécessaires pour exécuter ses grands desseins de découverte et de commerce avec les Indiens. Le protecteur de Lasalle, le prince de Conti, désira qu'il emmenât avec lui un chevalier de Tonti, officier italien, qui avait servi avec distinction en Sicile. Il était fils de l'inventeur de la Tontine, manière de placer de l'argent à intérêt qui n'est pas inconnue aux Etats-Unis et qui consiste en ceci: plusieurs personnes réunissent leurs capitaux et les font valoir, avec la condition que lorsqu'un des associés meurt, sa part dans le capital commun revient aux survivants.

1678. Lasalle débarqua à Québec le 15 septembre 1678, et s'empressa de se rendre à l'entrée du lac Ontario, appelé alors Frontenac, où il éleva un fort, et construisit une embarcation de quarante tonneaux en si peu de temps, que la colonie conçut la plus haute idée de son activité et de ses talents. La barque fut lancée le 18 novembre, et Lasalle, après une longue et périlleuse traversée, arriva à un village des Iroquois près des chutes du Niagara, où il prit ses quartiers d'hiver. Au retour du printemps, 1679, Lasalle, après avoir fait diverses explorations, construit plusieurs forts, et après s'être engagé dans plusieurs opérations commerciales qui lui furent 1679. très avantageuses, s'avança jusqu'à la rivière des Illinois, à laquelle il donna le nom de Seigneley. Il avait pour compagnons quarante soldats, trois moines et le chevalier de Tonti. Voyageant à petites journées et faisant de fréquentes excursions pour examiner le pays, il arriva vers la fête de Noël à un village de cinq cents huttes. Le village était désert, de sorte que les voyageurs purent le visiter à loisir. Les huttes, grossièrement faites, étaient divisées en deux chambres. Les matériaux n'étaient que de la terre et des joncs tressés. Sous chaque hutte, il y avait un caveau rempli de maïs, dont les Français avaient grand besoin, et dont ils se pourvurent abondamment. Poursuivant leur route, ils arrivèrent, quatre-vingt dix-neuf milles plus loin, à un lac qui avait sept lieues de circonférence, et qui contenait un nombre incroyable de poissons. Traversant ce lac, ils retrouvèrent la rivière des Illinois, dont ils reprirent la navigation, et ils aperçurent bientôt deux camps indiens. Dès que les sauvages virent cette troupe étrangère, ils envoyèrent leurs femmes et leurs enfants dans les bois, et se rangèrent en bataille des deux côtés de la rivière. Lasalle, ayant ordonné à ses compagnons de se mettre en posture de défense, l'un des chefs indiens sortit des rangs et leur demanda quel était le but de leur visite. Lasalle leur répondit par son interprète, que lui et sa troupe étaient des Français, et qu'ils n'avaient d'autre but que de faire connaître à leurs frères rouges le vrai Dieu, le père commun des hommes, le créateur de toutes choses, ainsi que de leur offrir la protection du roi de France, leur souverain, et d'acheter les produits de leurs chasses. Satisfaits de cette réponse, les Illinois proposèrent aux pâles visages de fumer le calumet de la paix, et les traitèrent avec cordialité. Les Français, en retour de provisions et de fourrures de toute espèce, donnèrent à leurs alliés des instruments aratoires et cette liqueur enivrante

1679. que l'on appelle eau-de-vie, mais qui, pour les simples habitants des forêts, devint par la suite un breuvage de mort. Enchantés de Lasalle et de ses compagnons, les Illinois les prièrent de passer quelques mois parmi eux. Lasalle y consentit d'autant plus facilement, que telle était son intention, avant d'en avoir reçu l'invitation. Aussitôt, les Indiens se répandant dans les bois, cherchèrent de tous côtés les fruits les plus délicieux, les racines les plus délicates, firent tomber sous leurs flèches le buffle sauvage et le daim timide, et l'homme de la civilisation s'assit avec joie au banquet hospitalier de l'homme de la nature. Ils ne prévoyaient pas, ces malheureux Indiens, qu'un jour leurs descendants seraient obligés d'emporter les ossements de leurs pères, et de fuir loin de la terre natale! En effet, ils ont disparu sous les agressions de la race européenne, comme la paille légère de leurs savannes est emportée par le souffle orageux du vent du Midi.

Lasalle, croyant qu'il serait utile de leur inspirer une grande crainte de ses armes, fit faire plusieurs décharges de mousqueterie en leur présence. L'étonnement causé par ces foudres d'airain et l'érection d'un fort sur la rive du fleuve produisirent l'effet désiré. Inquiet de n'avoir pas reçu des nouvelles d'une barque qu'il avait envoyée au Niagara avec une riche cargaison de peaux et de fourrures, et d'apercevoir des signes de mécontentement et de révolte parmi ses subordonnés, il donna le nom de Crève-Cœur au fort qu'il avait fait élever.

Jusqu'alors, la fortune l'avait traité en enfant gâté, car il avait parcouru la distance de quinze cents milles sans éprouver le moindre revers et il avait bâti sur sa route un grand nombre de forts, qui servaient à prouver et à garantir la possession qu'il avait prise du pays exploré. La plupart des Indiens lui avaient fait un accueil amical, et ceux qui étaient moins bien disposés lui avaient laissé un passage libre. Mais bientôt l'horizon se couvrit de nuages, et l'heure fatale des malheurs parut avoir sonné pour lui. Son œil pénétrant découvrit qu'un orage se formait et que ses compagnons, fatigués de le suivre, tramaient dans l'ombre quelque complot criminel. En effet, on les entendait se demander, si on continuerait de s'enfoncer dans des régions sauvages, parmi des nations inconnues, auxquelles il était naturel de supposer des intentions hostiles. "Jusques à quand, murmuraient-ils, n'aurons-nous pour guides que les étoiles, et d'autre nourriture que celle que nous dérobons aux rivières et aux forêts? Jusques à quand serons-nous les dupes et les esclaves d'un homme qui se laisse maîtriser par des visions romanesques, et que des espérances imaginaires conduisent ainsi que nous à une perte certaine? Pourquoi nous mène-t-il aux extrémités de la terre pour chercher des mers inaccessibles? La mort, l'esclavage, ou le dernier excès de la misère, tel sera le résultat de nos travaux." C'était ainsi que les compagnons de Lasalle se livraient à des réflexions décourageantes. Quelques hommes pervers qui se trouvaient parmi eux, profitèrent de ces mauvaises dispositions pour les engager à mettre un terme à leurs souffrances, en massacrant leur chef. Mais cette suggestion ayant trouvé peu de partisans, ces scélérats, loin de se rebuter, résolurent de s'adjoindre les sauvages. En conséquence, s'insinuant parmi les Illinois, et fraternisant avec eux, ils leur témoignèrent un surcroît de bienveillance, et leur dirent, qu'en retour des bons traitements qu'ils en avaient éprouvés, ils se croyaient obligés par la reconnaissance de leur apprendre un secret important. Alors, ces hommes perfides, abusant de la crédulité de leurs hôtes, leur assurèrent que les plus grands dangers les menaçaient, parce que Lasalle avait promis avec serment aux Iroquois, leurs ennemis les plus acharnés, de détruire tous les villages des Illinois; qu'il ne s'était avancé dans leur pays que pour prendre connais-

1679. sance de leurs forces, et qu'il n'avait construit le fort de Crève-Cœur que dans l'intention de les subjuguer.

Ces allégations calomnieuses ne furent que trop facilement crues par les Indiens. Lasalle s'aperçut d'un changement extrême dans leurs manières à son égard, et en soupçonna la cause. Sentant qu'il n'avait pas un instant à perdre, il s'adressa au conseil des anciens, et ses supplications et ses plaintes finirent par obtenir que la vérité lui fût découverte. Alors, il fit sentir aux Indiens toute la perfidie de ses compagnons, contre lesquels il réussit à exciter une vive indignation chez des hommes qui, comme toutes les tribus sauvages, concevaient difficilement qu'un inférieur pût être infidèle à son chef. Il leur fit observer qu'il était impossible qu'il eût pu avoir aucune liaison d'amitié avec les Iroquois, qui avaient toujours été les ennemis des Français, et qui, comme des bêtes féroces, n'aspiraient qu'à s'abreuver du sang humain. Enfin, il jura qu'il serait toujours l'ami des Illinois. Ces protestations, auxquelles l'accent de la vérité donnait une force irrésistible, éclaircirent tous les nuages qui s'étaient élevés, et la confiance rentra dans le cœur des Indiens.

Lasalle, après avoir écarté ce danger, de la part des Indiens, convoqua ses compagnons, et leur parla en ces termes, avec indignation : "Soldats, je voulais vous faire partager la gloire et les richesses, qu'avec l'aide de Dieu, j'espère bien acquérir. Je croyais m'être associé des Français et non des assassins. Mais je m'aperçois que j'ai à ma suite des hommes qui ont moins de vertus que les peuplades barbares parmi lesquelles nous avons voyagé. Quelques-uns d'entre vous ont voulu m'assassiner, et n'ont pas même été retenus par l'aspect vénérable de ces hommes pieux qui sont parmi nous, et qui viennent présenter à l'Amérique la pure et douce lumière de notre religion sainte. Eh bien ! retournez dans le monde impur que vous regrettez ! ne venez pas souiller

de votre présence les contrées que je vais parcourir, et 1679.
dont mon génie prévoit les hautes destinées! Laissez-
moi ! je veux vous épargner un crime. J'ai trop à cœur,
qu'il ne soit pas dit que le premier forfait commis en
Amérique par des Européens, ait eu pour instrument la
main d'un Français." A peine avait-il cessé de parler,
que ceux de ses compagnons qui n'avaient pas trempé
dans le complot poussèrent des cris d'enthousiasme, et
jurèrent de suivre leur chef jusqu'au bout du monde.
Ceux qui avaient eu des intentions criminelles n'épar-
gnèrent pas aussi les assurances de dévouement. Feignant d'être satisfait, Lasalle rentra silencieusement
dans sa tente, où de tristes pressentiments vinrent l'as-
saillir.

Le succès qu'il avait obtenu ne fut qu'éphémère; car
à peine la nuit était-elle venue, que de nouveaux dangers
le menaçaient. Les Illinois avaient pour voisins les
Mascoutans, qui avaient été vaincus par les Iroquois, et
qui leur payaient tribut. Il y avait parmi les Mascoutans un Indien, nommé Mansolia, qui, par son adresse,
ses ruses et son éloquence, s'était rendu célèbre. Son
esprit était tellement fécond en ressources et sa voix s'in-
sinuait avec tant d'art dans les cœurs, que les sauvages
prétendaient qu'il avait des intelligences secrètes avec
les génies, et que ses paroles étaient douces comme les
rayons de la lune. Les Iroquois l'avaient engagé à se
rendre chez les Illinois, et à leur persuader d'attaquer les
Français. Mansolia était arrivé dans le voisinage des
Illinois le jour même que Lasalle avait, par ses discours
et la franchise de sa conduite, écarté les soupçons qui
avaient soulevé chez les Indiens un sentiment d'hostilité
contre lui. Mansolia, qui s'était caché, observa tous ces
mouvements, et attendit la protection des ombres de la
nuit. Alors, il se glissa dans le camp des Illinois, circula
de feux en feux, et pria les chefs de se réunir dans la cabane des anciens pour délibérer, parce que, disait-il, "un

1679. serpent les menaçait." Remplis d'inquiétude, les Illinois s'empressèrent de se rendre à son invitation. Dès que le conseil fut formé, cet homme artificieux, après leur avoir offert des présents de la part de sa tribu, leur fit connaître quel était le but de sa mission. Il leur dit : "qu'il était députe vers eux par les Mascoutans, que l'intérêt commun de toutes les nations indiennes avait engagés à faire cette démarche ; qu'il était urgent d'anticiper les coups des Français, qui avaient déjà subjugué toutes les nations établies entre les lacs et la mer, et qui, à cet effet, avaient employé, non seulement leurs armes terribles et le feu du ciel qu'un mauvais génie leur avait donné, mais aussi les flèches des Indiens, qu'ils avaient trouvés divisés entr'eux, et dont ils avaient avec soin excité les haines héréditaires ; que l'alliance des Français avec les Iroquois était une chose bien connue, et qu'ils n'attendaient que leurs confédérés pour commencer leurs agressions, dont l'érection du fort qui venait de s'élever n'était que le prélude. N'attendez pas, continua-t-il, qu'il soit trop tard pour résister, mais profitez du moment favorable, pendant que vos ennemis sont en petit nombre. Bandez vos arcs et levez le tomahauk! Ils iront droit au but, car la flèche et le tomahauk indien aiment le sang de la nation blanche."

Les paroles de Mansolia corroborant les discours des compagnons de Lasalle, les Indiens, frappés d'une pareille coïncidence, se livrèrent de nouveau à tous les soupçons de la veille, et passèrent la nuit en délibérations. Lorsque le jour parut, Lasalle, ayant été, comme de coutume, visiter le camp des sauvages, s'aperçut qu'il s'était opéré quelque étrange révolution dans leurs esprits et que les espérances de sécurité qu'il avait conçues étaient tout-à-fait illusoires. Quelques-uns des chefs le traitèrent avec une froideur marquée, d'autres laissaient percer dans leur maintien une expression de dédain et d'indignation. Etonné d'un changement aussi subit, et après en avoir en vain cherché à deviner la cause, il délibéra s'il ne se retrancherait pas dans le fort. Mais incapable de rester plus long-temps dans cet état de doute et d'alarme, il se laissa aller à toute l'impétuosité de son caractère, et s'avançant hardiment parmi les différents groupes des sauvages, il leur demanda à haute voix et d'un ton de reproche, s'il verrait toujours la méfiance et le soupçon siéger sur le front de ses amis. "Hier, lorsque l'étoile du soir a paru, leur dit-il dans ce style figuré qui plaît tant aux Indiens, nous nous sommes séparés avec des sentiments mutuels de paix et d'amitié, et maintenant je vous vois presque armés et menaçants! seriez-vous aussi légers que la feuille des forêts et aussi inconstants que le vent de l'orage? Eh bien! me voilà sans armes parmi vous, et je vous offre ma tête si vous pouvez me convaincre d'aucunes machinations contre vous."

L'énergie de Lasalle produisit une impression favorable sur les Indiens, qui désignèrent Mansolia comme étant l'auteur des accusations portées contre lui. Lasalle se précipita vers le Mascoutan, la tête haute, le regard enflammé de colère, et l'interpella d'un ton impérieux: "Traître, lui dit-il, tu m'accuses! où sont tes preuves? Donne les....à l'instant, te dis-je, ou tu verras ce que peut ma colère." A peine Lasalle avait-il proféré cette menace, que l'Indien, qui était assis nonchalamment sur le tronc d'un arbre et qui observait d'un œil tranquille ce qui se passait autour de lui, se dressa lentement devant Lasalle et croisa ses bras sur sa poitrine. Il avait l'air d'une statue de bronze, tant son immobilité était parfaite, tant son front altier était calme, tant il était fixe cet œil avec lequel il soutint le regard de Lasalle! Il garda ainsi le silence pendant quelques minutes. Enfin, un demi sourire de mépris vint animer ses lèvres et il répondit en peu de mots:

1679. "que lorsqu'il s'agissait du salut d'une nation, les plus légères preuves suffisaient contre un ennemi supposé, et que, dans la circonstance actuelle, les soupçons étaient légitimes." Les Français, ajouta-t-il, ont eu des relations avec les Iroquois, et si cela ne suffit pas pour les convaincre d'avoir eù des desseins perfides contre les Illinois, comment devons-nous interpréter l'érection de tant de forts? Les Français sont des hommes, et les hommes ne bâtissent pas sur un terrain qu'ils ne veulent pas occuper."

Lasalle, se tournant vers les Illinois, répondit qu'il convenait en effet qu'ils se missent en posture de défense, non contre les Français qui venaient les protéger par l'ordre et au nom du roi de France, mais contre les Iroquois qui avaient déjà subjugué, entr'autres peuplades, la nation des Mascoutans, et qui réservait le même sort aux Illinois, qu'ils n'oseraient cependant attaquer, tant que ceux-ci resteraient unis aux Français. Il ajouta qu'il n'y avait qu'un lâche esclave des Iroquois qui pût se prêter ainsi au rôle infâme de calomniateur. Mansolia ayant disparu pendant ce discours, les Indiens furent convaincus par cette circonstance qu'il était coupable d'imposture et rendirent leur confiance à Lasalle.

Heureux d'avoir rétabli la bonne intelligence qui avait existé entre les Indiens et lui, Lasalle se préparait à se mettre en marche pour continuer ses explorations, lorsque les misérables qui avaient déjà essayé de le faire périr, firent une autre tentative du même genre.

1679. Ce fut le jour de Noël 1679 que ces scélérats choisirent pour exécuter leur crime. Lasalle et ses officiers, en se levant de table, eurent des convulsions et des sueurs froides. Soupçonnant qu'ils étaient empoisonnés, ils prirent, dit-on, de la thériaque, dont l'effet fut salutaire. Les coupables, voyant qu'ils n'avaient pas réussi et qu'ils étaient découverts, prirent la fuite et disparurent dans les bois.

Lasalle, dont la santé n'était peut-être pas parfaitement rétabli, prolongea son séjour dans le fort de Crève-Cœur, où tant d'événements malheureux lui étaient arrivés. Mais pendant l'automne de 1680, il donna le commandement de Crève-Cœur au chevalier de Tonti, et partit pour le fort de Frontenac en novembre. Après avoir fait un grand nombre d'explorations et construit plusieurs forts, il revint à Crève-Cœur au mois de janvier 1681, et, dès que le temps le permit, il s'embarqua sur la rivière des Illinois, qu'il descendit jusqu'au Mississippi, dont il commença la navigation le 6 février 1682, cent quarante et un ans après Soto et sept ans après Joliet et Marquette.

1679.
1680.
1681.
1682.

Voici le récit de cette expédition, tel qu'il a été écrit par le chevalier de Tonti qui en faisait partie :

"Nous arrivâmes, à la fin de janvier 1682, au fleuve Mississippi. L'on y compte de Chicaou 140 lieues. Nous descendîmes ce fleuve et trouvâmes, à six lieues au-dessous, sur la droite, une grande rivière qui vient du côté de l'Ouest. Il y a quantité de nations dessus. Nous couchâmes à l'embouchure. Le lendemain, nous passâmes au village des Tamaroas, à six lieues sur la gauche. Il n'y avait personne, tout le monde étant à l'hivernement dans les bois. Nous y fîmes nos marques, pour faire connaître aux sauvages que nous y avions passé, et continuâmes notre route jusqu'à la rivière de Ouabache, qui est à 80 lieues de la rivière des Illinois. Elle vient de l'Est et elle a plus de 500 lieues de long. C'est par où les Iroquois viennent en guerre contre les nations du Sud. Continuant notre route, nous arrivâmes, à 60 lieues de là, à un lieu qui fut nommé le fort à Prudhomme, parcequ'un de nos gens de ce nom s'y perdit en allant à la chasse, et fut neuf jours dans le bois. (1) Comme on était à le chercher, on prit deux sau-

---

(1.) Le monticule où les Français s'arrêtèrent en cet endroit et où ils élevèrent une espèce de petit fort en terre, s'appelle encore aujourd'hui l'écore

1682. ges, Chickassas de nation, dont le village est à trois lieues de là, dans les terres. Ils sont nombreux de près de 2,000 combattants dont la plupart ont la tête plate. Ce qui est une beauté parmi eux, les femmes ayant soin d'aplatir ainsi la tête à leurs enfants, par le moyen d'un coussin qu'elles leur mettent sur le front et qu'elles sanglent avec une bande sur les berceaux. Ce qui leur fait prendre cette figure ; et quand ils sont grands, ils ont la face aussi grande qu'une grande assiette creuse. Toutes les nations jusqu'au bord de la mer en usent de même. M. de Lasalle en envoya un avec des présents pour les porter à son village, afin que s'ils avaient Prudhomme, ils le renvoyassent. Mais nous le trouvâmes le dixième jour, et comme les Chickassas ne venaient pas, nous continuâmes notre route jusqu'au village de Capa, à 50 lieues de là.

"Nous y arrivâmes par un temps de brume, et comme nous entendîmes battre le tambour, nous traversâmes à l'autre bord, où nous fîmes un fort en moins d'une demi-heure. Les sauvages, ayant été avertis que nous devions descendre, vinrent à la découverte en canot. On les fit aborder, et on envoya deux Français en ôtage à leur village. Le chef nous vint chercher avec le calumet, et nous fûmes chez eux. Ils nous régalèrent pendant six jours de ce qu'ils avaient de meilleur, et, après avoir donné le calumet à M. de Lasalle, ils nous conduisirent au village des Tongangans, de leur nation, à huit lieues de Capa. Ils nous reçurent de même, et de là nous conduisirent au village des Torimans, à deux lieues de là, qui firent la même chose. Il faut remarquer que ces villages, avec un autre nommé Osotouy, qui est à six lieues sur la droite en descendant, s'appellent communément Arkansas. Les trois premiers villages sont situés sur le grand fleuve. M. de Lasalle fit arborer les armes du

---

à Prud'homme. Ce fut là que les Français prirent possession formelle du fleuve pour la première fois.

roi. Ces Indiens ont des cabanes d'écorce de cèdre, 1682. n'ont aucun culte, et adorent toutes sortes d'animaux. Leur pays est fort beau; il y croît quantité de pêchers, pruniers et pommiers. Les vignes sont abondantes; le bœuf, le cerf, l'ours, le chevreuil, les poules d'Inde y sont en fort grande quantité. Ils ont même des poules domestiques et voient fort peu de neige en hiver, et de la glace, l'épaisseur d'un écu. Ils nous donnèrent des guides pour nous mener chez leurs alliés, les Taensas, à soixante lieues de chez eux. La première journée, nous commençâmes à voir et à tuer des crocodiles, qui y sont fréquents et longs de quinze à vingt pieds; et étant arrivés vis-à-vis des Taensas, M. de Lasalle m'ordonna d'aller au village pour en avertir le chef de son arrivée. J'y fus avec nos guides. Il nous fallut porter un canot d'écorce, environ dix arpents, pour tomber dans un petit lac sur lequel est leur village. Je fus surpris de voir leurs cabanes faites de bousillage et couvertes de nattes de cannes. La cabane du chef a quarante pieds en carré; la muraille a environ dix pieds de haut et un pied d'épais. Le comble, qui est fait en manière de rotonde, en a bien quinze. Je ne fus pas moins surpris, en y entrant, de voir le chef assis sur un lit de camp, avec trois de ses femmes à ses côtés, environné de plus de soixante vieillards, couverts avec de grandes couvertes blanches, assez bien travaillées, que les femmes font d'écorce de mûrier. Les femmes sont couvertes de même; chaque fois que le chef leur parle, avant de lui répondre, elles font plusieurs hurlements, en criant plusieurs fois : Hou! hou! hou!... pour marque du respect qu'elles lui portent. Car ils sont aussi considérés que nos rois. Personne ne boit dans la tasse du chef, ni ne mange dans ses plats. On ne passe pas devant lui. Quand il marche, on nettoie la place où il passe, et quand il meurt, on sacrifie sa jeune femme, son premier maître d'hôtel et cent hommes de la nation, pour l'accompagner en l'autre monde. Ils ont un

1682. culte et adorent le soleil. Ils ont un temple vis-à-vis la maison du chef, semblable à sa cabane, excepté trois aigles qui sont plantés sur ce temple et qui regardent le soleil levant. Le temple est enfermé d'un fort de bousillage, où il y a des piques plantées sur la muraille, sur lesquelles ils mettent les têtes de leurs ennemis qu'ils sacrifient au soleil. A la porte du temple, il y a un billot de bois, sur lequel il y a un gros vignot qui est entouré d'une tresse de cheveux de leurs ennemis, grosse comme le bras, longue d'environ vingt toises. Le temple par dedans est nu. Il y a un autel au milieu, et au pied de cet autel sont trois bûches bout à bout, où le feu est entretenu jour et nuit par deux vieux jongleurs, qui sont les maîtres de leur culte. Ces vieillards me montrèrent un petit cabinet, au milieu de la muraille faite de nattes de cannes, et, comme je voulus voir ce qu'il y avait dedans, ces vieillards m'en empêchèrent, me faisant connaître que c'était où était leur Dieu. Mais j'ai appris depuis, que c'est l'endroit où ils mettent toutes leurs richesses, comme perles fines qu'ils pêchent aux environs et marchandises européennes. Tous les déclins de la lune, toutes les cabanes sacrifient un plat plein de mets, de ce qu'ils ont de meilleur, qu'ils posent à la porte du temple, d'où les vieillards ont le soin de les enlever, et d'en faire faire bonne chère à leurs familles. Tous les printemps, ils font un *désert* (1), qu'ils appellent le champ de l'Esprit, où tous les hommes piochent au son du tambour. L'automne, le blé d'Inde se recueille avec cérémonie, et est gardé dans des mannes jusqu'à la lune de juin de l'année suivante, où tout le village s'assemble, et convie même les voisins à cette fête pour manger ce blé. Ils ne partent pas de ce champ qu'ils ne soient venus à bout de tout le blé, faisant pendant ce temps grandes réjouissances. Voilà tout ce que j'ai appris de cette na-

---

(1) Ce mot est sans doute d'origine canadienne, quant à son application, et veut dire un champ cultivé. Il est encore usité à la Louisiane.

tion. Les trois villages qui sont plus bas ont les mêmes 1682.
mœurs. Revenons au chef. Etant dans sa cabane, il me
témoigna, avec un visage riant, la joie qu'il avait de la
venue des Français. Je m'aperçus qu'une de ses femmes
avait un collier de perles au cou. Je lui fis présent de
six brasses de rassade bleue pour l'avoir. Elle fit quelque
difficulté, mais le chef lui ayant dit de me le donner, elle
me le donna. Je l'apportai à M. de Lasalle, lui faisant
rapport de tout ce que j'avais vu, et que le chef devait
venir le voir le lendemain. Ce qu'il fit. Il ne l'eût pas
fait, si c'eût été des sauvages, mais l'espérance d'avoir
des marchandises lui fit prendre ce parti. M. de Lasalle
le reçut avec beaucoup d'honnêteté, et lui fit quelques
présents. Les Indiens nous donnèrent en revanche beaucoup
de vivres et quelques-unes de leurs robes. Le chef
s'en retourna fort content. Nous restâmes là toute la
journée, qui était le 21 mars. Nous prîmes hauteur, et
nous nous trouvâmes par 31 degrés. Nous partîmes, le
22, et fûmes coucher dans une île, à dix lieues de là. Le
lendemain, j'aperçus une pirogue. M. de Lasalle m'ordonna
de lui donner la chasse. Ce que je fis, et comme
j'étais près de la prendre, plus de cent hommes parurent
sur le bord de l'eau, l'arc bandé, pour défendre leurs gens.
M. de Lasalle me cria de me retirer. Ce que je fis, et nous
fûmes camper vis-à-vis d'eux. Ensuite, M. de Lasalle
m'ayant témoigné qu'il souhaitait les aborder en paix, je
m'offris de leur porter le calumet. Je m'embarquai, et
je traversai à l'autre bord. D'abord, ils joignirent leurs
mains, pour marquer qu'ils voulaient être nos amis. Moi,
qui n'avais qu'une main, je dis à nos gens de faire la
même chose qu'eux. Je fis traverser les plus considérables
à l'endroit où était M. de Lasalle, qui fut coucher
avec eux à leur village, à trois lieues dans les terres, avec
une partie de son monde. Le lendemain, il revint avec
le chef du village où il avait couché, lequel chef était
frère du grand chef des Natchez, et nous mena au village

1682. de son frère, qui est situé sur une côte, au bord de l'eau, à six lieues de là. Nous y fûmes très bien reçus. Cette nation est nombreuse de plus de trois mille combattants. Ce sont des hommes qui travaillent tant à la terre qu'à la pêche et à la chasse, aussi bien que les Taensas, et ils ont les mêmes mœurs que ces nations. Nous en partîmes le vendredi-saint, et, après vingt lieues de navigation, nous cabanâmes à l'embouchure d'une grande rivière qui vient de l'ouest. Nous continuâmes notre route, et nous trouvâmes un grand canal qui allait à la mer, du côté de la droite. A trente lieues de là, nous aperçûmes des pêcheurs sur le bord de l'eau. On envoya à la découverte. C'était le village des Quinipissas, qui tirèrent des flèches sur nos découvreurs, lesquels se retirèrent suivant l'ordre qu'ils en avaient. On en envoya d'autres, qui ne furent pas mieux reçus, et se retirèrent aussi ; et comme M. de Lasalle ne voulait combattre aucune nation, il nous fit embarquer. A douze lieues de ce village, nous trouvâmes celui des Tangibas, sur la gauche. Il n'y avait pas huit jours que ce village avait été entièrement défait. Les corps morts étaient les uns sur les autres, et les cabanes brûlées. Nous continuâmes notre route, et, après quarante lieues de chemin, nous arrivâmes, le 7 avril 1682, au bord de la mer. M. de Lasalle expédia des canots pour visiter les chenaux. Partie furent dans le chenal de la droite, partie dans celui de la gauche, et M. de Lasalle choisit celui du milieu. Le soir, chacun fit son rapport, savoir, que les chenaux étaient très beaux, larges et profonds. On cabana à la terre de la droite, où l'on arbora les armes du roi, et on retourna encore plusieurs fois visiter les chenaux. Le même rapport fut fait. Ce fleuve a près de 800 lieues sans rapides, savoir 400 depuis les Sioux, et 400 depuis l'embouchure des Illinois jusqu'à la mer. Les bordages de cette rivière sont presque inhabitables, à cause des inondations du printemps."

On voit que la descente du Mississippi par Lasalle fut 1682. beaucoup moins périlleuse que celle de Muscoso de Alvarado, le successeur de Soto.

Voici en quels termes fut rédigé le procès verbal de la prise de possession. Ce document est assez curieux pour être transcrit ici presque en entier :

"Jacques de la Métairie, notaire du fort Frontenac, à la Nouvelle-France, établi et commis pour exercer les dites fonctions de notaire pour le voyage de la Louisiane en l'Amérique septentrionale par M. de Lasalle, gouverneur pour le roi du fort Frontenac, et commandant dans ladite découverte par la commission de Sa Majesté, donnée à St.-Germain en Laye, le 12me de mai 1678, A tous ceux qui ces présentes lettres verront, salut, et savoir faisons : qu'ayant été requis par M. de Lasalle, 1°. de lui délivrer acte signé de nous et des témoins y nommés de la possession par lui prise du pays de la Louisiane près des trois embouchures du fleuve Colbert, dans le golfe du Mexique, le 9ème avril 1682, au nom de très haut, très puissant, très invincible et victorieux prince, Louis le Grand, par la grace de Dieu, roi de France et de Navarre, quatorzième de nom, et au nom de ses hoirs et successeurs de sa couronne, nous, notaire susdit, avons délivré le dit acte à mon dit sieur de Lasalle, dont la teneur suit."

Ici vient une relation du voyage, que celle faite par Tonti rend inutile, d'autant plus qu'elles sont presque semblables. Le notaire continue en ces termes :

"On continua la navigation jusques au sixième jour d'avril, qu'on arriva aux trois canaux par lesquels le fleuve Colbert se décharge dans la mer. On campa sur le bord du plus occidental, à trois lieues ou environ de l'embouchure. Le septième, M. de Lasalle le fut reconnaître et visiter les côtes de la mer voisine, et M. de Tonti, le grand canal du milieu. Ces deux embouchures s'étant trouvées belles, larges et profondes, le

1682. huitième jour, on remonta pour trouver un lieu sec et qui ne fut point inondé, à environ 27 degrés du pole septentrional. On fit préparer une colonne et une croix, et sur ladite colonne on peignit les armes de France avec cette inscription : "Louis le Grand, roi de France et de Navarre, le 9ème avril 1682." Tout le monde étant sous les armes, on chanta le Te Deum, l'exau..., le Domine salvum fac regem. Puis, après les saluts de mousqueterie et les cris de "vive le roi," M. de Lasalle érigea la colonne debout, et debout près d'elle, dit à haute voix :

"De par très haut, très puissant, très invincible et victorieux prince, Louis le Grand, par la grace de Dieu, roi de France et de Navarre, quatorzième de nom, ce jour-d'hui, 9ème avril 1682, je, en vertu de la commission de Sa Majesté que je tiens en main, prêt à la faire voir à qui il pourrait appartenir, ai pris et prends possession au nom de Sa Majesté et de ses successeurs de la couronne, de ce pays de la Louisiane, mers, hâvres, ports, baies, détroits adjacents, et de toutes les nations, peuples, provinces, villes, bourgs, villages, mines, pêches, fleuves, rivières, compris dans l'étendue de la Louisiane depuis l'embouchure du grand fleuve St.-Louis, du côté de l'Est, appelé autrement Ohio, Olighinsipou ou Chukgua, et ce, *du consentement des Chabanons, Chikassas et autres peuples y demeurants*, avec qui nous avons fait alliance, comme aussi le long du fleuve Colbert ou Mississippi et rivières qui s'y déchargent, depuis sa naissance au de-là du pays des Sioux ou Nadouessioux, et ce, de leur *consentement* et de celui de..... (ici suit une longue série de noms de nations indiennes.).... avec qui nous avons fait alliance par nous ou gens de notre part, jusques à son embouchure dans la mer ou golfe du Mexique, environ les 27 degrés d'élévation du pole septentrional, jusques à l'embouchure des Palmes. *Sur l'assurance que nous avons eue de toutes ces nations que* nous sommes les premiers Européens qui aient descendu 1682. ou remonté le fleuve Colbert, je proteste contre ceux qui voudraient à l'avenir entreprendre de s'emparer de tous ou aucuns desdits pays, peuples, terres, ci-devant spécifiés, au préjudice du droit que Sa Majesté acquiert du *consentement des susdites nations*. De quoi et de tout ce que besoin, pourraient être pris à témoins ceux qui m'écoutent, et en demande acte au notaire présent pour servir ce que de raison.—Après quoi, tout le monde avait répondu par des cris de "vive le roi" et des salves de mousqueterie. De plus, M. de Lasalle avait fait mettre en terre au pied de l'arbre où a été attachée la croix, une plaque de plomb, gravée d'un côté des armes de France avec cette inscription latine :

LVDOVICVS MAGNVS REGNAT.
NONO APRILIS CIƆ IƆC LXXXII.
ROBERTVS CAVELIER, CVM DOMINO DE TONTY, LEGATO, RP. ZENOBIO MEMBRE, RECOLLECTO, ET VIGINTI GALLIS, PRIMVS, HOC FLVMEN, INDE AB ILLINEORVM PAGO, ENAVIGAVIT, EJVSQVE OSTIVM FECIT PERVIVM, NONO APRILIS, ANNI CIƆ IƆC LXXXII."

"Après quoi, M. de Lasalle avait dit que Sa Majesté, comme fils aîné de l'église, n'acquérant pas de pays à sa couronne où son principal soin ne tendît à établir la religion chrétienne, il fallait en planter les marques en celui-ci. Ce qui fut fait aussitôt, en y érigeant une croix devant laquelle on a chanté le Vexilla et le Domine salvum fac regem, par où la cérémonie finit aux cris de vive le roi. De quoi et de tout ce que dessus, mon dit sieur de Lasalle nous ayant demandé acte, le lui avons délivré, signé de nous et des témoins soussignés, le 9ème avril 1682.

"De Lasalle, F. Zénobé (missionnaire récollet.) Henri de Tonti, François de Boisrondet, Jean Bourdon, D'Au-

1682. tray, Jacques Cauchois, Pierre Yon, Gilles Meneret, Jean Michel Chivaryden, Jean Mas, Jean du Lignon, Nicolas de Lasalle, La Métairie, (notaire.")

Tel fut le premier acte notarié passé dans la Louisiane. C'était la civilisation qui préludait à son règne, qui annonçait sa venue et qui enrégistrait ses faits et gestes dès son début dans la carrière. Qu'il devait être solennel ce Te Deum adressé au Créateur par ces hommes courageux, après avoir surmonté tant de difficultés et de dangers! Qu'elle devait être touchante cette cérémonie remplie par de saints missionnaires, brûlant de cet amour divin qui leur faisait ambitionner la couronne du martyr parmi des peuplades barbares! Quelle scène fut jamais plus auguste que celle présentée par cette faible barque où des actions de graces furent rendues à Dieu, en présence des plus grandes merveilles de sa création!... en haut, l'immensité des cieux; d'un côté, l'océan; de l'autre, un monde nouveau!

CHAPITRE III.

SECONDE EXPÉDITION DE LASALLE. — SA MORT.

Lorsque Lasalle remonta le fleuve, pour retourner au Canada, il courut plusieurs fois de grands dangers de la part des Indiens, qui lui dressèrent des embûches, auxquelles il n'échappa que par sa prudence et son courage. Arrivé au fort Prudhomme, Lasalle y fit une longue maladie, qui l'y retint deux mois. Mais destiné à une mort tragique, il recouvra sa santé, et retourna à Québec, où son arrivée, à la fin de septembre, causa la joie la plus vive. On ne se lassait pas de prodiguer des témoignages d'admiration à l'homme courageux qui avait exploré le Mississippi jusqu'à son embouchure. Impatient de revoir la France, et d'y porter la nouvelle de sa grande découverte, il se déroba aux félicitations et à l'enthousiasme des Canadiens, et partit pour aller faire à son souverain l'hommage des contrées immenses qu'il lui avait acquises. Mais à cette époque l'on était loin de se douter de leur importance, ainsi que le prouvent les instructions suivantes, envoyées par le gouvernement français à M. Lefèvre de La Barre, gouverneur du Canada :

"Plusieurs particuliers, habitants du Canada, excités par l'espérance des profits qu'ils trouveraient dans le commerce des pelleteries avec les sauvages, ont entrepris en différents lieux des découvertes dans le pays des Nadouessioux, la rivière Mississippi et autres endroits

1684. de l'Amérique septentrionale ; mais comme Sa Majesté *n'estime pas que ces découvertes soient avantageuses*, et qu'il vaut mieux s'appliquer à la culture de la terre dans les habitations défrichées, Sa Majesté ne veut pas que M. de La Barre continue à donner de ces permissions de découvertes, mais seulement qu'il laisse achever celle commencée par M. de Lasalle, jusques à l'embouchure de la rivière Mississippi, en cas que, par l'examen qu'il en fera avec l'intendant, il estime que *cette découverte puisse être de quelque utilité.*"

    Arrivé en France, Lasalle fut présenté au roi, qui lui fit l'accueil le plus flatteur ; il fut caressé et fêté à l'envi par la grandeur et la beauté. Il y eut réaction dans l'opinion publique, et, au lieu de mettre aucun obstacle aux découvertes, c'était à qui aurait voulu y donner des encouragements, ou même se charger d'en faire. Les récits éloquents de Lasalle furent écoutés avidement, et il ne fut plus question à la cour que des cataractes, des forêts mystérieuses et des mines d'or et d'argent du nouveau monde, enfin de toutes les chimères brillantes que se créent des imaginations ardentes dans des moments d'exaltation. Louis XIV, dont on a dit qu'il avait l'ambition d'un grand roi, s'il n'en avait pas le génie, donna au ministre de la marine, le marquis de Seigneley, fils de l'illustre Colbert, l'ordre de faire préparer une expédition à La Rochelle, destinée à porter une colonie française à la Louisiane, sous le commandement de Lasalle. Il était loin de se douter alors, le plus fastueux et le plus absolu de tous les despotes, que dans ces déserts de l'Amérique, où il envoyait quelques colons, le genre humain retrouverait ses titres perdus depuis si long-temps, et que la voix de la liberté les proclamerait à la face du monde ; qu'au son de cette voix, tous les trônes de l'Europe seraient ébranlés, et que le sien surtout écraserait sous ses ruines la tête couronnée de l'un de ses descendants !

CHAP. III.]   51

Les volontés du roi furent promptement exécutées, et 1684.
le vaisseau le Joli, la frégate l'Aimable, le brick la Belle
et le quaiche le St. François mirent à la voile pour cette
expédition, sous le commandement de Beaujeu. Douze
jeunes gens de bonnes familles accompagnèrent Lasalle
comme volontaires. Le gouvernement lui accorda une
compagnie de cinquante soldats, et avança libéralement
de l'argent, des provisions de toute espèce, et une grande
quantité d'outils aratoires à douze familles qui consentirent à émigrer. Des ouvriers, et cinq ministres de la
religion, parmi lesquels se trouvait un frère de Lasalle,
firent aussi partie de l'expédition. A part les officiers et
les équipages, cette troupe se composait de deux cent cinquante personnes. C'est avec ces faibles moyens que
l'on allait chercher à coloniser un pays dont l'étendue,
comparée à celle de la France, l'eût fait paraître comme
un point dans l'espace.

Il était facile de prévoir, d'après la mésintelligence qui
régnait entre les chefs de cette expédition, qu'elle ne
réussirait pas. On en peut juger par ces deux lettres
adressées au ministre par Beaujeu, qui commandait la
flotte :

BEAUJEU AU MINISTRE,
30 mai 1684.

"Vous m'aviez ordonné, monseigneur, d'apporter toute
la facilité que je pourrais à cette entreprise. J'y contribuerai autant qu'il me sera possible. Mais permettez-moi de m'en faire un grand mérite auprès de vous,
car *j'ai bien de la peine à me soumettre aux ordres du
sieur Lasalle* que je crois brave homme, mais enfin qui
n'a jamais fait la guerre qu'à des sauvages, et qui n'a
aucun caractère, au lieu qu'il y a treize ans que je suis
capitaine de vaisseau et trente ans que je sers tant par
terre que par mer. Outre cela, il m'a dit, monseigneur,
que vous lui aviez substitué au commandement le sieur
de Tonti, en cas qu'il vînt à mourir. En vérité,

1684. cela m'est bien rude, car quoique je n'aie point connaissance de ce pays là, allant sur les lieux, je serais un bien malhabile homme, si je n'en savais pas autant qu'eux au bout d'un mois. Je vous supplie donc, du moins, monseigneur, que je partage le commandement avec eux et qu'il ne s'y fasse rien pour la guerre sans moi, car, *pour leur commerce, je ne veux ni ne prétends en avoir aucune connaissance.* Je crois même que cela sera utile au service du roi, car si nous sommes attaqués par les Espagnols, je ne puis pas me persuader que des gens, qui n'ont jamais fait la guerre, leur puissent résister et s'y servir des avantages que les occasions et l'expérience donnent dans le métier. C'est la grace que vous demande, et suis avec respect, monseigneur, &c., &c."

BEAUJEU AU MINISTRE,

24 juin 1684.

"Le Joli est enfin prêt, et j'espère le descendre demain à la rivière. Il ne tiendra qu'à M. de Lasalle de partir quand il lui plaira. On n'a pu mettre dessus que six mois de vivres pour cent soldats et huit pour soixante et dix matelots. Comme M. de Lasalle, jusqu'ici, ne m'a point fait part de son dessein et qu'il change à tout moment de résolution, je ne puis pas répondre si cela suffira pour son entreprise. C'est un homme si défiant et qui a tellement peur qu'on ne pénètre dans ses secrets, que je n'ose lui rien demander, s'étant scandalisé de ce que je lui dis un jour qu'il serait à propos de savoir de quel côté nous devrions tourner pour choisir un pilote qui ait été sur les lieux. Jusqu'ici, il ne s'est point voulu expliquer clairement, et nous n'en avons point encore. Sa délicatesse a été jusqu'à me dire qu'il fallait empêcher qui que ce soit de prendre hauteur sur le bord, et sur ce que je lui répondis que je retirerais tous les instruments pour cela, mais qu'il était impossible de l'empêcher à des gens du métier, puisque deux bâtons suffisaient, à moins que de cacher le soleil, il me témoigna n'être pas satisfait de ma réponse. Je vous avais représenté, monseigneur, par ma dernière lettre, le tort que cela pourrait me faire d'obéir à M. de Lasalle, qui n'a aucun caractère et qui n'a jamais commandé qu'à des écoliers, et vous priais de partager au moins le commandement entre nous." &c., &c. De Beaujeu.

1684.

On n'eut point égard aux représentations de M. de Beaujeu qui partit de France, le 4 juillet 1684, et se dirigea vers l'île d'Hispaniola. Mais avant d'y arriver, il fut assailli par une tempête affreuse qui dispersa sa petite flotte. L'Aimable, la Belle et le Joli réussirent à entrer dans le port du Petit Goave ; le St.-François, qui était mauvais voilier, fut pris par un corsaire espagnol. Une indisposition assez grave força Lasalle de passer quelque temps au Petit Goave. Dans cet intervalle, ses compagnons dont un climat brûlant faisait fermenter le sang, se livrèrent à toute espèce d'excès et plusieurs en devinrent les victimes. La flotte remit en mer le 25 novembre, et le 27 décembre, elle se trouva dans le 28ème degré de latitude Nord et dans trente brasses d'eau. Lasalle et Beaujeu, s'étant dirigés alors vers le ouest-nord-ouest, aperçurent la terre le 29 et se trouvèrent dans six brasses d'eau.

Personne ne connaissait la côte, et Lasalle, ayant remarqué qu'il y avait un fort courant vers l'Est, présuma qu'il était près des Apalaches. La terre paraissait être très basse et boisée. Continuant de cingler vers le ouest-nord-ouest, il chercha, mais en vain, l'entrée du Mississippi pendant plusieurs jours. Lasalle, craignant d'avoir passé le fleuve, proposa à Beaujeu de rétrograder, mais celui-ci fut d'une opinion différente. Six jours s'écoulèrent sans que les deux chefs eussent pris aucu-

1684. ne détermination. Enfin l'intrépide Lasalle, dont les difficultés ne faisaient qu'accroître l'ardeur au lieu de la diminuer, prit avec lui une douzaine d'hommes d'élite et résolut de chercher, en marchant le long du rivage, ce fleuve majestueux sur lequel il avait en quelque sorte concentré toutes ses espérances et toutes ses affections. La nature ne le favorisa pas dans son entreprise, car le temps était brumeux, la terre était basse, plate et marécageuse et l'eau douce ne se trouvait que dans des étangs impurs. Après avoir erré pendant un jour entier, il retourna à la flotte et continua de faire de vains efforts pour déterminer Beaujeu à rétrograder.

Ne pouvant pas l'y décider, Lasalle prit la résolution de débarquer cent vingt hommes, et leur donna l'ordre de marcher le long du rivage, jusqu'à ce qu'ils arrivassent au Mississippi. La flotte devait suivre la même direction. Il confia le commandement de cette

1685. petite troupe à Joutel, qui arriva le 8 janvier 1685 sur les bords d'une rivière assez large, où il fit halte pour attendre la flotte qui parut bientôt. Beaujeu, ayant sondé l'embouchure de la rivière et la trouvant assez profonde pour admettre sa flotte, voulut l'y faire entrer. Le Joli et la Belle passèrent aisément sur la barre, mais l'Aimable s'échoua. Un vent violent s'étant élevé peu de temps après, le navire fut mis en pièces et Lasalle eut le chagrin de perdre une grande quantité de provisions, de munitions et d'outils. Vers le 15 mars, Beaujeu, qui avait toujours fait tout ce qu'il avait pu pour nuire à l'entreprise de Lasalle, partit pour France dans le Joli. Il laissa à Lasalle douze pièces d'artillerie, mais pas un seul boulet, sous le prétexte qu'ils étaient à fond de cale et qu'il ne pouvait les en retirer sans nuire à la sureté de son vaisseau auquel ils servaient de lest.

Après le départ de Beaujeu, Lasalle fit d'autres tentatives pour découvrir le Mississippi. Etant arrivé, le 15 avril, sur les bords d'une rivière où il trouva un troupeau immense de bêtes à cornes, il la nomma la rivière des Vaches. L'on croit que c'était la rivière que les Espagnols nommèrent depuis : *Rio Colorado de Texas.* Dans le cours de ses explorations, Lasalle avait découvert la baie de St.-Bernard ou Matagorda, et il y avait bâti un fort dans lequel il avait laissé une garnison de cent hommes sous le commandement de Morangiès, son neveu. Ce fut à ce fort qu'il revint après son excursion sur le Colorado.

1685.

Plusieurs rivières se déchargeaient dans la baie de St.-Bernard où cette colonie était établie. Lasalle se flatta qu'elles pouvaient être des branches du Mississippi et résolut de les visiter. Le 13 février 1686, il campa sur les bords d'une rivière tellement large qu'il crut que c'était le fleuve qu'il cherchait, mais ce qu'il apprit des Indiens le convainquit que sa conjecture était erronée.

1686.

Sur ces entrefaites, le chevalier de Tonti, qui avait appris au Canada que Lasalle était parti de France avec une colonie qu'il comptait établir à la Louisiane, descendit le Mississippi jusqu'à la mer pour rejoindre son ancien chef. Mais n'ayant pu découvrir ses traces, et les Indiens lui ayant dit qu'ils n'avaient vu aucun visage blanc depuis long-temps, il s'en retourna avec douleur au Canada après avoir relevé la colonne sur laquelle Lasalle avait fait peindre les armes de France et qu'un orage avait renversée.

De toute la petite flotte que le roi avait mise à la disposition de Lasalle, il ne lui restait que la Belle. Mais la fatale destinée qui le poursuivait lui préparait un nouvel échec. Un ouragan terrible s'éleva, et la Belle fut mise en pièces. Il n'y eut que le chapelain et quatre hommes de l'équipage qui échappèrent du naufrage. Alors, Lasalle résolut d'aller par terre aux Illinois, et se mit en route le 22 mai, accompagné de son frère, de son neveu, Morangiès, de quinze autres Européens, et de

1686. deux Indiens fidèles qui l'avaient suivi du Canada. Au moment du départ, une messe fut dite avec toute la solennité possible, et l'on invoqua la bénédiction du ciel sur le voyage dont on devinait tous les dangers. Le 25, Lasalle rencontra quatre Indiens qui étaient à cheval, et qui appartenaient à la nation des Quoaquis. Ils étaient vêtus de peaux, et ils avaient aussi des espèces de bottines, des selles et des boucliers de peaux. Leurs étriers étaient en bois, et les mors de leurs brides étaient faits avec des dents d'ours ou de loups. Ces Indiens, qui paraissaient être arrivés à un certain degré de civilisation, invitèrent Lasalle à visiter leur village, où ils le traitèrent avec une affectueuse cordialité.

Les voyageurs s'étant remis en route, un jour qu'ils marchaient péniblement au travers d'un bois touffu, l'un des deux Indiens qui accompagnaient Lasalle s'arrêta tout à coup et poussa un cri d'effroi. Aussitôt il tomba, et en peu de minutes enfla d'une manière prodigieuse. L'autre Indien chercha avec empressement quelques herbes, et les ayant trouvées, les mâcha, et les appliqua sur une petite morsure que son compagnon paraissait avoir reçue. Le serpent qui l'avait infligée était celui que nous connaissons aujourd'hui sous le nom de serpent à sonnettes. Cet accident força Lasalle de s'arrêter deux jours. Ce fut la première fois qu'il eut la preuve de la merveilleuse efficacité de l'antidote que possèdent les Indiens contre la morsure des serpents, et dont il avait souvent entendu parler.

Après de longues fatigues, Lasalle arriva au village des Cénis. Au moment où il y entra, les Indiens revenaient d'une partie de chasse. Ils étaient tous à cheval et chacun avait sa femme en croupe. Ces Indiens reçurent très bien les Français, auxquels ils apprirent qu'ils connaissaient déjà les hommes blancs, avec lesquels ils faisaient un grand commerce. En effet, ils montrèrent aux Français des piastres, des fourchettes, des cuillers, de la vaisselle, et une quantité d'autres articles de ce 1687. genre. Lasalle trouva même dans une des cabanes la copie d'une bulle par laquelle le pape dispensait les Mexicains de jeuner pendant tout l'été. Les Indiens tracèrent sur l'écorce d'un arbre la carte de leur pays, et firent comprendre aux Français qu'ils étaient à peu de jours de marche des établissements espagnols.

Lasalle reprit son voyage, après avoir passé six jours au village des Cénis, dont les femmes étaient d'une beauté remarquable. A peine avait-il fait quelques lieues, qu'il s'aperçût que plusieurs de ses compagnons avaient déserté, sans doute pour revoir les belles Cénites. Lorsqu'il parvint au village des Nassonites, lui et son neveu étant tombés malades, et les munitions dont ses compagnons s'étaient pourvus étant épuisées, il fut résolu, d'une voix unanime, de retourner au fort St. Louis, sur la baie de St. Bernard, bien qu'on en fût éloigné de 450 milles en ligne directe. Les voyageurs arrivèrent au fort le 17 octobre 1687, et trouvèrent la colonie dans une situation florissante. Des maisons commodes avaient été bâties, la terre était cultivée avec soin, et les Indiens vivaient en bonne intelligence avec les colons.

Après un séjour de deux mois parmi les colons, Lasalle prit la résolution de retourner au Canada, d'où il comptait partir pour France, afin de solliciter de nouveaux secours. Accompagné de son frère, d'un père récollet, de son neveu, de dix-sept soldats et des deux Indiens ses serviteurs, il reprit la route qu'il avait déjà faite. "Comme ils furent à trois journées des Nouadichés (dit le chevalier de Tonti, qui raconte minutieusement tous les détails de la mort de Lasalle, ainsi qu'il les tenait de témoins oculaires), se trouvant court de vivres, il envoya M. de Morangiès, son laquais et le Chaouanon (c'était un de ses serviteurs indiens), pour chasser dans un bouquet de bois, avec ordre de revenir le soir. Comme ils eurent tué quelques bœufs, ils se mirent après pour saler la viande.

1687. M. de Lasalle était inquiet de ne pas les voir revenir. C'est pourquoi il demanda aux Français quels étaient ceux qui voulaient les aller chercher. Duhaut et Lanquetot projetaient depuis long-temps de tuer M. de Lasalle, parce que, dans un voyage que fit M. de Lasalle le long de la mer, il obligea le frère de Lanquetot, qui ne pouvait suivre, à retourner au camp; lequel, comme il s'en retournait seul, fut massacré par les sauvages. Ce qui fit jurer à Lanquetot qu'il ne pardonnerait jamais la mort de son frère. Comme dans les voyages de long cours il se trouve toujours beaucoup de mécontents dans une troupe, il trouva aisément des partisans. C'est pourquoi il s'offrit avec les siens d'aller chercher M. de Morangiès, afin de faire leur coup. Lorsqu'ils eurent trouvé M. de Morangiès et ses compagnons, il leur dit que M. de Lasalle était en peine d'eux; mais comme ceux-ci lui remontrèrent qu'ils ne pouvaient partir que le lendemain, ils convinrent ensemble de coucher là. Après souper, ils conclurent, pour la faction, que M. de Morangiès commencerait, ensuite le laquais de M. de Lasalle, et après, le Chaouanon. Quand ils eurent fait leur faction, et qu'ils furent endormis, les autres les massacrèrent comme gens attachés à M. de Lasalle. Vers le soir, ils entendirent quelques coups de pistolet que M. de Lasalle, qui venait avec le père récollet, tira pour savoir où ils étaient. Ces misérables, se doutant que c'était lui, se mirent sur le chemin en embuscade, après avoir posté devant eux le laquais de Duhaut. Comme M. de Lasalle fut arrivé à lui, il demanda où était M. de Morangiès. Ce valet lui répondit, le chapeau sur la tête, qu'il était à la dérive. Comme M. de Lasalle se voulut approcher de lui pour le faire rentrer dans son devoir, il reçut trois balles dans la tête, dont il tomba mort. Le père récollet, croyant passer le pas, se jeta à genoux devant les meurtriers, pour leur demander un quart d'heure pour mettre ordre à sa conscience. Ils lui répondirent qu'ils étaient contents, et que, pour lui, il 1687. avait la vie sauve. Ils s'en furent de compagnie où était M. de Cavalier, et, à leur arrivée, ils crièrent : Bas les armes ! M. de Cavalier s'avança au bruit, et, ayant appris la mort de son frère, il se jeta aussi à genoux devant les meurtriers, pour leur demander la même chose que le père récollet. Ils lui accordèrent la vie, mais lui refusèrent la permission d'aller donner la sépulture au défunt. Voilà la destinée d'un des plus grands hommes de ce siècle, d'un esprit admirable, et capable d'entreprendre toutes sortes de découvertes. Ce meurtre donna du chagrin à trois Nouadichés que M. de Lasalle avait trouvés en chasse, et qui voulaient l'accompagner jusqu'au village de leur nation. Après que les meurtriers eurent commis cet assassinat, ils se saisirent de tout l'équipage du défunt, et le reste des Français continua sa route jusqu'au village des Nouadichés, où ils trouvèrent deux Français habitués parmi les sauvages, et qui avaient déserté du temps de M. Lasalle, il y avait deux ans. Après avoir été quelques jours dans le village, les sauvages leur proposèrent d'aller en guerre contre les Quanouatinos. Ce que les Français acceptèrent, de crainte que les sauvages ne les maltraitâssent. Comme ils étaient prêts à partir pour aller à la guerre, un flibustier anglais, que M. de Lasalle avait toujours aimé, dit aux meurtriers que les sauvages allaient bientôt partir en guerre, et qu'il les priait de lui donner, ainsi qu'à ses camarades, quelques chemises. Ils lui refusèrent tout plat. Ce qui donna du chagrin à l'anglais. Il ne put s'empêcher de le témoigner à ses camarades. Ils convinrent ensemble de faire une seconde demande, et s'ils ne l'accordaient, de venger la mort de M. de Lasalle. Ce qu'ils firent quelques jours après.

"L'Anglais ayant pris deux pistolets à sa ceinture, accompagné d'un Français avec un fusil, ils furent de dessein prémédité à la cabane des meurtriers, qu'ils trouvè-

1687. rent dehors, tirant de la flèche. Lanquetot leur donna le bonjour, et leur demanda comment ils se portaient. Ils lui répondirent qu'ils se portaient assez bien, et que pour eux (les meurtriers), il ne fallait pas demander comment ils se portaient, puisqu'ils mangeaient toujours de bons poulets d'Inde et de bon chevreuil. Ensuite, l'Anglais leur demanda s'ils ne voulaient pas donner quelques munitions et quelques chemises, puisqu'ils s'étaient saisis de toutes choses. Ils répondirent que M. de Lasalle leur devait, et que ce qu'ils avaient pris leur appartenait. Vous ne voulez donc pas? dit l'Anglais. Ils répondirent que non. Sur quoi, l'Anglais dit à Lanquetot : Tu es un misérable, tu as tué mon maître! et lui lâcha un coup de pistolet qui le tua tout raide. Duhaut voulut gagner la cabane, mais l'autre Français lui lâcha son coup de pistolet dans les reins. Etant renversé par terre, M. Cavalier et le père Anastase coururent pour lui donner secours. Duhaut à peine se confessa, car le père Anastase ne lui eut pas sitôt donné l'absolution, qu'il fut achevé d'un coup de pistolet à la sollicitation des sauvages (les deux Chaouanons, domestiques de Lasalle), qui ne pouvaient souffrir qu'il vécut après avoir donné la mort à leur chef. L'Anglais resta maître de tout, et en donna une partie à M. Cavalier qui se retira aux Illinois, et l'Anglais resta, lui septième, aux Nouadichés."

Ainsi le crime fut aussitôt vengé que commis. Telle fut la fin malheureuse de celui qui avait bravé tant de fatigues et de dangers pour conquérir un empire immense et en doter la France, sa patrie, qui ne sut pas conserver le plus beau fleuron de sa couronne. Mais si la France n'a pas profité des travaux immortels, des peines et des fatigues sans nombre de ce fils héroïque, si digne de sa mère, du moins ces travaux n'ont pas été sans résultat pour la mémoire de Lasalle. Ils n'ont pas été aussi sans résultat pour le bonheur des générations qui lui ont succédé. Car le génie de la civilisation devait suivre pas à pas les traces de celui qui en fut le pionnier 1688. et l'avant coureur. La ville de Washington dans le Texas s'élève tout près du lieu où il fut assassiné, le 19 mars 1688, et la bannière étoilée, ce symbole et cette garantie des libertés humaines, flotte maintenant, sans interruption, depuis les lacs du Canada jusqu'à cet endroit où Lasalle rendit sa grande âme à Dieu.

CHAPITRE IV.

FONDATION DE LA COLONIE DE LA LOUISIANE PAR IBERVILLE.— SA MORT. — SAUVOLLE, PREMIER GOUVERNEUR. — SA MORT. — BIENVILLE LUI SUCCÈDE. — LASALLE, PREMIER COMMISSAIRE-ORDONNATEUR.—DIRON D'ARTAGUETTE LE REMPLACE.

1688. A l'époque de la mort de M. de Lasalle, voici ce que le chevalier de Tonti écrivait sur les ressources de la Louisiane :

"Je ne saurais exprimer, dit-il dans ses mémoires, la beauté de tous les pays dont j'ai fait mention, et si je les avais pratiqués, je marquerais en quoi ils peuvent être utiles. Pour ce qui est du Mississippi, il peut produire tous les ans pour deux mille écus en pelleteries, quantité de plomb, des bois pour les navires. L'on pourrait y établir un commerce de soie, un port pour retirer les navires et faire la course dans le golfe du Mexique. On trouvera des perles, et, quand même le froment ne pourrait venir en bas, le haut de la rivière en fournirait, et l'on pourrait approvisionner les îles de ce qu'elles auraient besoin, comme planches, légumes, grains et bœufs salés."

Dans ces beaux pays préconisés par Tonti, la France devait éprouver plus tard combien il lui serait difficile d'établir et de faire prospérer des colonies. Le premier essai ne fut pas heureux. Car les colons que Lasalle avait laissés au fort St.-Louis, ne recevant aucuns secours de France et ayant épuisé toutes leurs munitions, ne purent se défendre plus long-temps contre les Indiens, par qui ils furent tous massacrés. En effet,

Louis XIV qui avait eu à combattre l'Europe entière, n'avait pu donner aucune suite à ses projets de colonisation en Amérique. Mais enfin la paix de Ryswick avait donné quelque espoir de repos à la France, que ses victoires avaient épuisée autant que ses défaites, lorsqu'un officier français, nommé Iberville, qui dans plusieurs combats sur terre et sur mer contre les Anglais avait déployé la valeur la plus brillante, offrit au cabinet de Versailles de mettre à exécution les desseins de Lasalle. Sa proposition fut acceptée et le comte de Pontchartrain, ministre de la marine, donna l'ordre que l'on équipât à la Rochelle, pour cette expédition, deux frégates de trente canons et deux autres petits batiments. Iberville eut le commandement de l'une des frégates et celui du reste de la flotte fut donné au comte de Sugères. Ces navires portaient deux cents colons, en comptant les femmes et les enfants. La plupart de ces colons étaient des Canadiens qui s'étaient enrôlés dans les troupes que l'Amérique avaient fournies à la France pendant la guerre et que l'on avait licenciées, lorsque la paix fut signée.

Cette petite flotte partit le 24 septembre 1698 pour le cap Français, dans l'île de St.-Domingue, où elle arriva après une traversée de soixante et douze jours. Là, elle fut renforcée par un vaisseau de cinquante deux canons, commandé par Château Morant, et se remit en route le 1er de l'an 1699. Le 25 janvier, elle jeta l'ancre devant l'île qui porte aujourd'hui le nom de Ste.-Rose, et Iberville envoya une députation à Don André de la Riolle qui venait de s'établir à Pensacola avec trois cents Espagnols, sur l'ancien site qu'occupait la ville des Anchusi, du temps de Soto. Deux batiments de guerre s'y trouvaient à l'ancre sous la protection d'une batterie nouvellement construite. Don André reçut la députation avec beaucoup de civilité, mais, comme ses forces navales étaient très inférieures à celles des Fran-

1699. çais, il ne voulut pas permettre que leur flotte entrât dans le port. En conséquence de ce refus, les Français firent voile vers le sud-ouest et arrivèrent à deux îles appelées aujourd'hui les îles Chandeleur. Là, la flotte jeta l'ancre, et le chenal entre l'île aux Vaisseaux et l'île aux Chats ayant été sondé, les petits batiments de l'expédition y passèrent. Alors, le vaisseau de cinquante deux canons retourna à St.-Domingue et les deux frégates restèrent devant les îles Chandeleur. Iberville débarqua avec une partie de son monde à l'île aux Vaisseaux où il construisit des huttes, et envoya quelques soldats examiner le rivage du continent. Ceux-ci furent bien reçus par des Indiens qui leur apprirent qu'ils appartenaient à la nation des Biloxi. Le jour suivant, ils virent d'autres Indiens qui leur dirent qu'ils étaient de la tribu des Bayagoulas, qu'ils habitaient les bords d'un fleuve immense et que, pour le moment, ils faisaient partie d'une expédition destinée à agir contre les Mobiliens avec qui ils étaient en guerre.

Le 27 février, Iberville et son frère Bienville partirent, chacun dans une barque, pour aller chercher le Mississippi. Ils étaient accompagnés du même père Anastase ou Athanase qui avait suivi Lasalle lorsqu'il descendit et remonta le fleuve, lorsqu'il fit son voyage de France, et qui était encore son compagnon lorsqu'il fut assassiné. Le troisième jour après leur départ, ils entrèrent dans une rivière dont l'eau était trouble et le lit extrêmement profond. Ce qui fit présumer au père Anastase, et avec raison, qu'ils étaient sur les domaines du vieux Meschacébé. Après avoir remonté le fleuve pendant huit ou dix jours, ils arrivèrent au village des Bayagoulas qui les reçurent avec bienveillance et leur montrèrent des vêtements qui avaient appartenu aux compagnons de Lasalle. Cependant Iberville craignait toujours que le fleuve dans lequel il était ne fut pas le Mississippi et que le père Anastase ne se fut trompé, lorsque ses doutes furent dissipés en voyant un livre de 1699. prières sur lequel le nom d'un des compagnons de Lasalle était inscrit. On lui remit aussi une lettre du chevalier de Tonti, datée du village des Quinipissas, le 20 d'avril 1685. Dans cette lettre, le chevalier apprenait à Lasalle que, suivi de vingt Canadiens et de trente sauvages, il avait descendu le fleuve pour rejoindre son ancien chef, et lui exprimait son chagrin d'avoir été déçu dans son attente. Iberville vit aussi une cotte de mailles qu'il conjectura avoir appartenu à la troupe de Soto, d'après une tradition qui circulait parmi les Indiens.

Après avoir passé le bayou Plaquemines et le bayou Manchac, Iberville arriva à une partie de la rive qui s'avançait en ligne courbe dans le fleuve. Au travers de cette jetée naturelle qui avait fait dévier le cours du fleuve, il y avait une issue que les eaux s'étaient frayée, mais qui était cependant encombrée par des arbres. Iberville, l'ayant fait nettoyer, y fit passer ses barges. Cette issue, s'étant agrandie, devint par la suite le lit du fleuve et le morceau de terre qui fut ainsi détaché du reste du sol forma une île que l'on voit encore, et qui est maintenant habitée par une population nombreuse. C'est ce qui fit donner à cette partie des bords du fleuve le nom de Pointe-Coupée.

Continuant leur voyage, Iberville et Bienville arrivèrent ensuite à une autre courbe considérable au travers de laquelle les Indiens avaient fait une route pour transporter leurs pirogues. Cet isthme n'avait environ qu'un arpent de largeur. Les Français lui donnèrent le nom de Portage de la Croix, parce qu'ils y plantèrent une croix en signe de prise de possession. L'on pense que cette partie du fleuve est celle qui est vis-à-vis l'embouchure de la rivière Rouge. Les Indiens Oumas avaient près de là un village considérable où les Français furent reçus avec hospitalité.

1707   Iberville, ne jugeant pas convenable d'aller plus loin pour le moment, redescendit le fleuve en se laissant emporter par le courant jusqu'au bayou Manchac. Là, Iberville et Bienville se séparèrent. Bienville continua de descendre le fleuve jusqu'au golfe. Iberville entra dans le bayou Manchac, et, ayant traversé deux lacs qu'il appela Maurepas et Pontchartrain, il arriva à une baie qu'il nomma St.-Louis. De là, il se rendit à sa flotte où il fut bientôt rejoint par Bienville.

Alors, on tint un grand conseil, dans lequel il fut résolu d'établir le point principal de la colonie à l'extrémité orientale d'une baie qui fut appelée la baie de Biloxi, d'après le nom des Indiens qui demeuraient aux environs. Cette baie est située entre la baie de Pascagoulas et celle de St.-Louis. L'on procéda de suite à la construction d'un fort à quatre bastions qui fut armé de douze pièces d'artillerie. Sauvolle, frère d'Iberville, fut nommé commandant du fort, et Bienville, le plus jeune des trois frères, fut promu au grade de son lieutenant. Les colons s'établirent autour du fort; la bêche creusa la terre et la cognée fit tomber l'arbre antique de la forêt. Dès que les premières maisons furent construites et que la colonie eut pris un air de stabilité, Iberville et le comte de Sugères partirent pour France avec les deux frégates et laissèrent le reste de la flotte pour le service de la colonie.

Sauvolle, après le départ de son frère, expédia l'une de ses embarcations pour St.-Domingue, avec l'ordre de s'y procurer des provisions. Ensuite il tourna son attention vers les sauvages et chercha à se mettre en relations d'amitié avec eux. Dans l'espoir d'atteindre ce but désiré, il envoya son jeune frère Bienville, avec quelques Canadiens et un chef des Bayagoulas, vers les Colapissas qui demeuraient sur le rivage Nord du lac Pontchartrain et qui étaient assez nombreux pour mettre sur pied trois cents guerriers. Lorsque les Cola-

pissas aperçurent Bienville et sa troupe, ils se rangè- 1699.
rent en bataille. Celui-ci s'arrêta, et leur envoya demander ce que signifiaient ces démonstrations d'hostilité. Les Colapissas répondirent que trois jours auparavant, deux hommes blancs, qu'ils supposaient être des Anglais de la Caroline, étaient venus attaquer leur village à la tête de deux cents Chickassas et avaient emmené en esclavage plusieurs de leurs compatriotes; que c'était à cause de cette circonstance qu'ils s'étaient mis en posture de défense, parce qu'ils avaient pris Bienville et ses compagnons pour des Anglais qui revenaient les attaquer. Le chef des Bayagoulas les détrompa et leur apprit que les étrangers qui venaient ainsi leur rendre visite étaient des Français, et, de plus, ennemis des Anglais. Il leur assura que les Français n'avaient d'autre intention que celle de solliciter leur amitié et de contracter alliance avec eux. Alors, les Colapissas mirent bas les armes et chacun se disputa à qui ferait un accueil plus amical aux Français.

Bienville, après avoir cimenté par des présents son union avec les Colapissas, retourna au fort, où il se reposa quelques jours. Ensuite il remonta la rivière Pascagoulas dont les rives étaient habitées par une branche des Biloxi et par la nation des Moélobies, et poussa son voyage jusque chez les Mobiliens. Toutes ces tribus firent un accueil amical aux Français.

Depuis la navigation de Lasalle sur le Mississippi, des chasseurs Canadiens ou coureurs de bois étendaient leurs excursions jusqu'au bord de ce fleuve, et des missionnaires auxquels leur zèle pieux ne permettait pas un instant de repos, tant qu'il y avait des hommes qui ignoraient les bienfaits de la religion du vrai Dieu, s'étaient établis parmi les Indiens sur le Ouabache, les Illinois et d'autres rivières qui versent leurs eaux tributaires dans le Mississippi. Il y en avait même plusieurs qui s'étaient fixés sur les bords du grand fleuve. Le

1699. 1er juillet, Sauvolle eut le plaisir inattendu de recevoir la visite de deux de ces missionnaires qui résidaient chez les Taensas et les Yazous. Ces hommes saints qui étaient venus depuis peu porter la parole de l'Evangile parmi les Oumas, ayant entendu dire qu'il y avait une colonie Française sur le rivage de la mer, s'abandonnèrent au courant du fleuve et arrivèrent au fort de Biloxi, après avoir traversé les lacs. Leurs noms étaient Montigny et Davion. Ce dernier avait son humble cellule sur une éminence située sur la rive orientale du Mississippi, entre les villes actuelles de St.-Francisville et des Natchez. Cette circonstance fit que l'on appela ce monticule la roche à Davion. C'est là que fut construit, depuis, le fort Adams. Ainsi la modeste hutte du solitaire fit place à la caserne du soldat. Sur cette éminence, le pasteur des tribus indiennes remplissait ses fonctions sacerdotales. Là, il enseignait les dogmes du christianisme aux sauvages, et lorsqu'il avait dérobé une ame à l'idolâtrie, il puisait l'eau régénératrice du baptême dans le vieux Meschacébé, et lavant la tache originelle, il versait sur le front du néophyte, l'innocence et l'immortalité du chrétien. Telle était la vénération que les Indiens avaient pour cet homme saint, que, même après sa mort, ils portaient leurs nouveau-nés sur la colline sacrée pour attirer sur leurs têtes les bénédictions du ciel.

Iberville, en remontant le fleuve, avait remarqué trois issues, l'une sur le côté oriental, et deux autres sur le côté occidental, qui furent appelés le bayou des Chétimachas et le bayou Plaquemines. A son départ, il avait recommandé à Sauvolle de les faire explorer. En conséquence, celui-ci ordonna à Bienville et à des Canadiens de partir pour cette expédition.

A son retour, Bienville rencontra un bâtiment de guerre anglais, de seize canons, commandé par le capitaine Bar, qui lui apprit qu'il avait laissé au bas du

fleuve un autre bâtiment de guerre de la même force, et 1699.
que le but de son voyage était de sonder le lit du Mississippi, afin de s'assurer des facilités et des avantages qu'il y aurait à établir des colonies anglaises sur le bord de ce fleuve. Le capitaine anglais demanda à Bienville si le fleuve dans lequel il se trouvait était celui qu'il cherchait. Celui-ci lui répondit que le Mississippi était beaucoup plus à l'ouest, que l'erreur dans laquelle il était tombé l'avait conduit dans une dépendance des colonies françaises du Canada, et que les Français avaient déjà un fort considérable et plusieurs autres établissements très étendus sur les bords du fleuve dans lequel il naviguait. Le trop crédule Anglais ajouta foi à ce que lui dit Bienville, et rebroussa chemin. L'endroit où Bienville fit cette rencontre était une pointe très avancée qui avait forcé le bâtiment anglais à s'arrêter, parce que le vent avait cessé d'être favorable pour la contourner. Telle fut l'origine du nom de *Détour des Anglais*, que porte aujourd'hui cette partie du fleuve, à cause du détour que les Anglais auraient eu à faire pour continuer de le remonter. Bienville réussit ainsi à déjouer les projets du capitaine Bar, qui fut la dupe d'un mensonge heureux.

Lorsque Bienville était à bord du bâtiment anglais, un ingénieur français, qui y était employé, lui remit un mémoire qu'il le pria d'envoyer à la cour de France. Ce mémoire était signé par quatre cents familles protestantes, qui s'étaient réfugiées dans la Caroline après la révocation de l'édit de Nantes. Elles demandaient au gouvernement la permission de s'établir à la Louisiane, à condition que la liberté de conscience leur serait accordée. Le comte de Pontchartrain leur répondit, au nom du roi, son maître, que son souverain n'avait pas chassé les protestants de son royaume en Europe, pour qu'ils formassent une république dans ses domaines américains. C'est sous ces tristes auspices de l'intolérance

1699. religieuse et du despotisme, que la colonie de la Louisiane fut fondée, et c'est leur maligne influence qui l'a fait languir si long-temps dans une douloureuse enfance.

Le 7 décembre 1699, on entendit des coups de canon en mer qui annonçaient l'approche d'une flotte. Cette flotte était française, et apportait la nouvelle que le roi avait nommé Sauvolle gouverneur de la Louisiane, Bienville lieutenant-gouverneur, et Boisbriant major du fort Biloxi.

1700. Iberville, qui était revenu avec cette flotte, ayant appris que les Anglais méditaient un établissement sur le Mississippi, résolut de les prévenir, et partit dans ce dessein le 17 janvier 1700. Sauvolle, donnant au ministre connaissance de cette expédition d'Iberville, s'exprime ainsi dans une dépêche du 1er avril :

"Je souhaite que son bonheur l'accompagne en cette occasion, pour le bien du roi, et qu'il trouve de quoi le dédommager des dépenses qu'il a faites. Je suis sûr que personne ne peut se donner plus de peine qu'il ne fait. Rien ne lui est difficile. S'il y a quelque possibilité d'exécution dans ce qu'il entreprend, on peut y compter sûrement. Je suis outré de n'être point de ce voyage, pour les lumières que j'en eusse pu tirer. J'espère que la cour me mettra à portée, l'année prochaine, si l'on s'établit dans la rivière, de faire quelques découvertes. Ce que je ne saurais faire ici, Biloxi, tant les environs sont peu de chose !"

Sauvolle, en effet, devait être mécontent de l'endroit que l'on avait si maladroitement choisi pour fonder un établissement, car, outre que le pays ne pouvait offrir aucune ressource, il y faisait si chaud au 1er d'avril, que les Français ne pouvaient travailler que deux heures le matin et deux heures le soir pour défricher autour du fort. D'ailleurs, tout le monde était malade de dyssenterie ; si le printemps se montrait sous un aspect aussi peu favorable, l'hiver n'en avait pas été moins rigoureux. Il avait été très venteux et très froid. Le vent 1700. du nord s'était fait sentir très vivement pendant tout le mois de février, et avait tellement refroidi l'atmosphère, que l'eau glaçait dans les verres en les rinçant. Souffrant de ces alternatives de chaleur ou de froid intense, il n'est pas étonnant que les colons, jetés sur une plage sablonneuse et aride, soient tombés dans le découragement. En effet, ils ne devaient savoir quel parti tirer de leur position. Car les populations sauvages qui les environnaient n'étaient pas assez riches pour alimenter un commerce actif. Sauvolle lui-même écrit à ce sujet au ministre : "Plus j'ai de connaissance de ces espèces de nations, plus leur misère me saute aux yeux. Si l'espoir de trouver quelque mine ne réussit point, la cour ne saurait être remboursée des dépenses qu'il lui faut faire, hormis qu'elle ne permette la descente du castor par ici, ce qui ne sera pas ruineux pour le Canada. La laine de bœuf est encore un article à ne pas négliger. Les sauvages en peu de temps en feraient des amas, au lieu de la laisser perdre quand ils ont tué des bêtes, et ils nous les descendraient pour rien ou du moins pour des bagatelles."

Voilà toutes les ressources que Sauvolle découvrait à cette époque dans la Louisiane. Du point de vue où il était placé, du rivage de Biloxi où il était confiné, il ne pouvait en apercevoir d'autres. C'était sur le Mississippi qu'il fallait s'établir, et Iberville avait eu raison d'y porter de suite son attention. Il était donc parti avec cinquante Canadiens pour cette exploration, après avoir ordonné à Bienville de traverser les lacs, et d'aller demander aux Bayagoulas des guides pour lui faire connaître la partie du fleuve la plus rapprochée de la mer, qui ne fut pas sujette aux inondations. Bienville réussit dans sa mission, et fut conduit par les Indiens à une terre haute qui se trouvait à cinquante-quatre milles de la mer. Là, il fut bientôt rejoint par Iberville, qui y ordonna l'érection d'un fort.

1700. Vers le milieu de février, ils avaient eu le plaisir de recevoir parmi eux le chevalier de Tonti, qui avait descendu le fleuve avec sept hommes. Le brave compagnon de Lasalle avait entendu parler d'une colonie française établie à la Louisiane, et était parti pour s'assurer de la réalité du fait. Le chevalier, après s'être reposé trois jours, remonta le fleuve avec Iberville et Bienville. Ils séjournèrent parmi les Bayagoulas jusqu'au 1er de mars, et se rendirent ensuite au village des Oumas, qui les reçurent avec hospitalité. Il existait entre ces deux nations une guerre cruelle que les Français eurent la satisfaction de terminer.

Des Oumas, les Français allèrent aux Natchez. La nation qui portait ce nom avait été extrêmement nombreuse, mais elle avait été réduite par des guerres fréquentes, et ne comptait plus que douze cents guerriers. Un missionnaire, nommé St. Come, était arrivé depuis peu du Canada, et s'était fixé parmi eux. Le roi, ou le grand Soleil de la nation, informé de l'approche des Français, sortit de son palais; porté par quelques-uns de ses sujets, et, suivi de tout son peuple, il s'avança vers les étrangers qu'on lui avait annoncés, et les reçut avec courtoisie. Ces Indiens paraissaient être plus civilisés que toutes les nations qu'Iberville avait vues jusqu'alors. Ils conservaient dans un temple un feu perpétuel, que des prêtres étaient chargés de nourrir avec soin, et déposaient sur un autel consacré au soleil les prémices de leurs chasses.

Il est curieux d'observer les rapprochements qui existent entre les différentes religions des hommes. On ne peut se défendre de quelque sentiment d'étonnement en trouvant dans les forêts de la Louisiane un culte du soleil semblable à celui des anciens Persans et une institution qui rappelle le culte de Vesta chez les Romains. Cependant ces analogies n'ont rien de mystérieux; elles s'expliquent naturellement. Les hommes, en regar-

dant autour d'eux, ont deviné la divinité et l'ont cher- 1700.
chée dans les objets qui les environnaient. De toutes les
merveilles de la création rien ne dut les frapper d'une
admiration plus forte que cet astre superbe qui est l'ame
du monde et qui, suivant un auteur sacré, est l'ombre
de Dieu dans le ciel. Aussi, on lui éleva des autels par
toute la terre et des actions de graces lui furent rendues
avec des rites plus ou moins différents.

Pendant que les Français étaient parmi les Natchez,
une scène épouvantable les glaça d'horreur. L'un des
temples, ayant été frappé par la foudre, devint la proie
des flammes. Les prêtres sollicitèrent les femmes Indiennes de jeter leurs enfants dans le feu pour apaiser
la colère de leur divinité. Ils ne réussirent que trop à
étouffer par le fanatisme la plus puissante des affections,
et des mères précipitèrent dans les brasiers de l'incendie le fruit de leurs entrailles. Quatre de ces innocen-
tes victimes avaient déja péri, lorsque les Français par
des menaces et des prières empêchèrent la continuation
du sacrifice infernal.

Iberville, enchanté du pays des Natchez et convaincu
que c'était la partie de la province qui convenait le
mieux à l'établissement d'une colonie, traça le plan
d'une ville sur une hauteur située au bord du fleuve, et
lui donna le nom de Rosalie que portait la comtesse de
Pontchartrain. Le 22 mars, Iberville retourna au fort
qu'il avait construit sur le Mississippi, et Bienville partit avec quelques Canadiens et un certain nombre d'Indiens pour le pays des Yatassés, qui habitaient la partie
occidentale de la Louisiane. De-là, il poussa ses explorations jusqu'aux Ouachitas et jusqu'aux Natchitoches.
Il n'acquit qu'une connaissance imparfaite du pays et
n'entendit parler d'aucun établissement Espagnol dans
le voisinage.

Sur ces entrefaites, Iberville partit pour France afin
d'y chercher de nouveaux secours et laissa à Bienville

1700. le commandement du fort qu'il avait fait construire sur le Mississippi. Les progrès de la colonie menaçaient d'être extrêmement lents ; les colons ne pensaient qu'à étendre leurs découvertes dans l'espoir d'arriver à quelque mine d'or ou d'argent ; la terre n'était pas cultivée et c'est de St.-Domingue que les colons recevaient leurs moyens de subsistance. Aussi, ils furent souvent en proie à la famine la plus horrible ; la maladie se joignit à la misère et le nombre des colons diminua si rapidement, qu'en décembre 1701, il y avait à peine cent cinquante personnes dans la province.

1701.

Sauvolle lui-même n'avait pu survivre à tant de malheurs. Il mourut le 22 juillet, et Bienville lui succéda comme gouverneur de la colonie. Telle en était la triste situation, lorsque Iberville revint avec deux vaisseaux de ligne et un brick, qui portaient des troupes et une quantité de provisions. D'après les volontés du roi qu'il transmit à Bienville, celui-ci laissa vingt hommes sous les ordres de Boisbriant au fort de Biloxi et transporta le siège principal de la colonie sur le côté occidental de la rivière de la Mobile, à peu près à l'endroit où est située maintenant la ville de la Mobile. Outre ce nouvel établissement sur la rivière de la Mobile, on en fit un autre à l'île du Massacre sur laquelle, lors de sa première découverte, on avait trouvé une très grande quantité d'ossements humains, et que l'on avait appelée pour cette raison l'île du Massacre. Ce nom, qui parut de mauvais augure et qui sonnait mal à l'oreille, fut changé, et fit place à celui de l'île Dauphine. Iberville, sentant qu'il fallait cultiver la terre pour prévenir le retour d'une disette semblable à celle qui avait déjà affligé la colonie, écrivit au gouvernement Français pour lui demander avec instance des laboureurs.—"Il faut trouver les moyens, disait-il, d'envoyer des laboureurs à la Louisiane. Car des gens à leur aise en France ne voudraient pas volontiers y aller.

Ce n'est pas le penchant des Français de quitter pour si 1701. loin leur pays quand ils y ont leurs commodités. Ce qui fait que nos colonies avancent si peu, c'est qu'on n'y envoie que des gueux pour s'y enrichir, qui y passent leur vie avant d'être en état de faire des entreprises et la colonie languit pendant ce temps là."

Iberville, qui mettait si bien le doigt sur la plaie des colonies Françaises, ne fit pas un long séjour dans la Louisiane, à laquelle il avait rendu la vie et l'abondance, mais où il avait eu la douleur de perdre son frère Sauvolle, et se hâta de repartir pour France.

Sur ces entrefaites, la Grande Bretagne avait dé- 1703. claré la guerre à la France et à l'Espagne. L'état de faiblesse dans lequel se trouvait alors la colonie de la Louisiane n'empêcha pas Bienville d'envoyer, en 1703, des secours effectifs en hommes, munitions et provisions aux villes de Pensacola et de St.-Augustin que menaçaient les Anglais de la Caroline du Sud.

En 1704, la colonie éprouva une disette si cruelle 1704. que les habitants furent obligés de se séparer et de se répandre çà et là, le long des côtes, pour vivre du produit de leur pêche. Ils allaient peut-être succomber à l'excès de leur misère, lorsque le gouverneur de Pensacola leur envoya à son tour des secours et paya ainsi la dette de reconnaissance qu'il avait contractée l'année précédente. L'arrivée peu après d'un navire venant de France, sous le commandement de Chateaugné, frère de Bienville et d'Iberville, et chargé de munitions et de provisions, rétablit l'abondance parmi les colons. Ce navire portait aussi dix-sept personnes qui venaient s'établir dans la colonie avec une ample quantité d'instruments aratoires, dont on avait grandement besoin.

Malgré la guerre active qui se faisait en Europe, le gouvernement Français ne perdait pas de vue ses établissements à la Louisiane ; en date du 30 janvier

1704. 1704, le ministre écrivait à Bienville : "Sa Majesté envoie vingt filles pour être mariées aux Canadiens et autres qui ont commencé à se faire habitants de la Mobile, afin que cette colonie puisse s'établir solidement. Toutes ces filles sont élevées dans la vertu et la piété et savent travailler. Ce qui les rendra très utiles à cette colonie en montrant aux filles des sauvages ce qu'elles savent faire. Afin qu'il n'en fut point envoyé que d'une vertu connue et sans reproche, Sa Majesté a chargé l'évêque de Québec de les tirer des endroits qui ne peuvent être soupçonnés d'aucune débauche. Vous aurez soin de les établir le mieux que vous pourrez et de les marier à des hommes capables de les faire subsister avec quelque sorte de commodité."

Cette lettre démontre combien est mal fondée l'impression générale qui admettait comme chose prouvée que, dans la première période de la colonisation, le gouvernement n'envoyait à la Louisiane que des filles perdues, sorties des lieux de prostitution et de tous les réceptacles du vice.

1705. L'année 1705 fut malheureuse pour les colons. S'il leur arriva de France, dans un vaisseau de 50 canons commandé par Decoudray, un surcroît de garnison de soixante-quinze soldats, vingt-trois filles, cinq prêtres, deux sœurs grises qui devaient être chargées du soin de l'hôpital, et une grande quantité de vivres et de munitions de toute espèce, ils n'en eurent pas moins à souffrir des attaques des Indiens qui leur tuèrent quelque monde, et d'une cruelle épidémie qui leur enleva trente-cinq personnes. Ce qui était une perte considérable, vu leur petit nombre. Ils eurent aussi la douleur d'apprendre que les établissements Français sur le Ouabache avaient été entièrement détruits par les Indiens, alliés des Anglais.

1706. L'année 1706 ne commença pas sous de meilleurs auspices. Les Indiens, surtout les Chactas et les Chic-

kassas, se battaient entr'eux avec fureur. Les Fran- 1706.
çais étaient souvent impliqués dans les querelles que
faisaient naître les haines héréditaires des sauvages et
perdaient quelques-uns des leurs dans les escarmouches
qui avaient lieu lorsqu'on s'y attendait le moins. La
disette même se fit sentir, et Bienville écrivit à ce sujet
au ministre : "Les Espagnols n'ont pu nous aider que
de blé d'Inde. Les hommes qui sont à la Louisiane
s'accoutument à en manger, mais les femmes qui sont
pour la plupart Parisiennes en mangent avec peine.
Ce qui les fait beaucoup pester contre monseigneur
l'évêque de Québec, qui leur avait fait entendre qu'elles
seraient dans un pays de promission. Il est venu cinquante hommes du haut du Mississippi avec l'intention
de s'établir ici."

Pour comble de malheur, les colons, au lieu de s'unir
pour résister aux sauvages, et pour combattre la famine
qui les menaçait, se querellaient entr'eux ; la discorde
régnait en souveraine parmi cette poignée d'hommes.
M. de Lasalle, qui était le commissaire ordonnateur de la
colonie, faisait tout ce qu'il pouvait pour nuire à Bienville, et écrivait au ministre, en date du 7 septembre
1706 : "Iberville, Bienville et Chateaugné, les trois frères,
sont coupables de toute espèce de méfaits, et sont des
voleurs et des fripons qui dilapident les effets de Sa Majesté !..."

Comme si ce n'était pas assez de la mésintelligence
qui existait entre le gouverneur et le commissaire-ordonnateur, le curé de la Mobile, M. de la Vente, se mit de la
partie, ainsi qu'en fait foi la dépêche suivante de M. de
Boisbriant, commandant de Biloxi : "Le curé de la Vente
s'est déclaré ouvertement contre le sieur de Bienville
sans en avoir sujet. Je leur aurais laissé vider leur dif-
férend, si le service de Sa Majesté ne s'y trouvait inté-
ressé. Le sieur de la Vente a voulu persuader aux habitants que la misère où ils se trouvent, faute de vivres,

1706. vient de ce que le sieur de Bienville n'a pas informé Sa Majesté de la nécessité qu'il y avait d'envoyer plus souvent des vaisseaux à la Mobile ; mais sur ce qu'il n'a rien pu gagner auprès d'eux, parce que le sieur de Bienville les soulage autant qu'il le peut, et que d'ailleurs ils en sont fort contents, il s'est tourné du côté des soldats, dont un grand nombre est malade, et, sous prétexte d'entrer dans leurs peines, il leur a distribué l'argent qui lui a été remis par le sieur de Lasalle, écrivain, par ordre du dit sieur de Bienville, comme une charité qu'il leur faisait, leur faisant entendre qu'il représentait continuellement leur misère au sieur de Bienville, lequel n'en faisait aucun cas. Le curé se vante à tout le monde de faire rappeler le sieur de Bienville, et il a eu la hardiesse de l'en menacer lui-même, et cela avec de grands emportements ; à quoi M. de Bienville a répondu avec beaucoup de retenue. Tous les ecclésiastiques qui sont avec M. de la Vente souffrent beaucoup de sa mauvaise humeur. Un homme d'un pareil tempérament n'est guère propre pour l'établissement d'une pareille colonie. Tous les habitants demandent avec beaucoup d'empressement qu'il soit rappelé, et il y en a même plusieurs qui auraient quitté s'ils en avaient eu la commodité."

A côté de cette dépêche, dans les cartons du ministère de la marine, il en est une autre que l'on ne peut parcourir sans sourire, et qui fait voir que toutes les puissances de la colonie s'étaient liguées et coalisées contre M. de Bienville. Ainsi, il n'est pas jusqu'à la Supérieure des filles envoyées à la Louisiane qui ne s'avise d'écrire au ministre que M. de Boisbriant, récemment promu au grade de major de la Mobile, avait eu dessein de l'épouser, mais que le sieur de Bienville et son frère l'en avaient empêché. Elle ajoute naïvement : "Il est clair que M. de Bienville n'a pas les qualités nécessaires pour gouverner la colonie."

1707. L'année 1707 n'amena guère d'amélioration dans le

sort des colons. Ils continuèrent de traîner une vie pé- 1707.
nible, et eurent encore le chagrin d'apprendre la mort
de leur infatigable protecteur, Iberville, qui était parti
de France pour attaquer la Jamaïque et Charleston, et
qui s'était arrêté à St. Domingue, où il était mort de la
fièvre jaune. Les Alibamons menaçaient continuellement leur existence, et leurs cœurs étaient attristés par
les guerres terribles des Chickassas et des Chactas, qui
se massacraient avec une férocité inouïe. D'un autre
côté, la guerre intestine entre les autorités de la province ne faisait que croître en intensité. Le père Gra-
vier, jésuite, s'était décidé à prendre fait et cause pour
Bienville, qu'il défendit auprès du ministre par une lettre
du 27 février. Dédaignant toutes ces cabales, Bienville
ne paraissait en avoir aucun souci, et, rendant compte
au ministre de l'état de la colonie, par une dépêche en
date du 20 février, il passa sous silence toutes ces intrigues, à l'exception de l'opposition qui lui était faite par
M. de Lasalle :

"Je prends la liberté, monseigneur, écrivit-il au ministre, de rendre compte à votre grandeur de l'état où se
trouve à présent la colonie. Nous manquons de vivres,
et pourtant il en faut, non seulement pour ma garnison,
mais encore pour les habitants, qui n'ont pas encore fait
d'habitations assez grandes pour subsister d'eux-mêmes.
Ils me représentent souvent leurs peines de n'avoir ni
nègres ni bœufs pour apprêter leurs terres, que ce pays
est très mal sain, et qu'ils se trouvent malades dans des
temps où ils devraient faire leurs semences. Je leur assure que votre grandeur les secourra, et que la guerre
seule leur cause tout le mal qu'ils souffrent. L'espérance
d'un avenir plus heureux les console. Ce qui est certain,
c'est que le retardement des vaisseaux destinés pour la
Louisiane réduit cette colonie à des extrémités fâcheuses, auxquelles on ne peut remédier que par des dépenses
considérables au roi.

1707. "Le fort que je m'étais proposé de faire aux Chickassas, pour m'attacher cette nation, la plus aguerrie de toutes, sera plus long-temps à établir que je ne croyais, et par insuffisance de monde, et par disette de marchandises pour concilier les villages, de manière à assurer la protection du fort.

"Il est d'une indispensable nécessité de faire des présents aux sauvages, qui sont journellement tentés par les Anglais. Ils nous préfèrent, mais l'intérêt est un mobile si puissant, qu'à la fin ils nous échapperont.

"J'apprends la mort de M. de St. Côme, missionnaire des Natchez, qui a été tué en descendant le Mississippi, avec trois Français, par des sauvages de la nation des Tchoumachas établis au sud du Mississippi, à deux journées dans les terres. Cette nation avait déjà tué quatre Français, coureurs de bois, il y a douze ans. On ne se méfiait aucunement d'eux. Tous les sauvages de ce pays sont traîtres. Voilà déjà bien des assassinats, et il y a lieu d'appréhender qu'ils n'en fassent davantage, par le peu d'appréhension qu'ils ont des Français. Ils en ont une si petite idée, que dernièrement les chefs des Chickassas et des Chactas me demandaient, d'un très-grand sérieux, s'il y avait bien autant de monde en France qu'ici. Je voulus leur faire concevoir par de fortes comparaisons ce qui en était. Il me fut impossible de le leur faire croire, quoique j'entende parfaitement bien leur langue. Ils me donnaient pour raison que s'il y avait effectivement autant de monde que je le disais, "il en viendrait ici venger la mort des Français, ou bien vous n'avez pas de naturel, me disaient-ils ; il y a six ans que vous êtes ici.... au lieu d'augmenter, vous diminuez. Les bons hommes meurent, et il ne vient que des enfants à leur place." Ils ont en effet raison. Des soldats que nous avons, les trois quarts sont trop jeunes et incapables de soutenir les guerres de ce pays-ci. Je vous avoue, monseigneur, que je ne sais ce que serait devenue cette colonie, si j'eusse congédié les Canadiens, comme 1707. M. Bégon, intendant de Rochefort, me le mandait. Je pourrais le faire, si j'avais cent cinquante bons soldats. Les Canadiens sont des hommes propres à tout, sur lesquels on peut compter ; au lieu que les soldats et matelots qu'on est obligé d'envoyer à la mer désertent à la première terre espagnole, et on se trouve obligé d'en engager à des prix exorbitants pour ramener les bâtiments. Nous n'avons que quarante-cinq soldats maintenant, de cent que nous devrions avoir dans les deux compagnies que le roi entretient dans ce pays-ci. Il faudrait envoyer des hommes plus forts et moins enfants.

"J'ai fait relever l'établissement du Mississippi, n'ayant pas de monde suffisamment pour le garder. Il serait cependant nécessaire d'en avoir un, pour tenir les sauvages en bride ; lesquels murmurent aujourd'hui, croyant véritablement qu'on les abandonne. Je leur fais espérer que l'on rétablira ce poste. Ce qui m'a le plus déterminé à le relever, c'est de n'avoir point de chaloupe pour y envoyer porter du secours. (En envoyer, s'il vous plaît, au moins trois fortes.)

"Les Espagnols de Pensacola commencent à nous traiter avec moins d'amitié. On fait courir le bruit que nous aurons bientôt la guerre avec eux. Il serait donc nécessaire de fortifier, en cas d'évènement, le fort de l'île du Massacre.

"M. de Lasalle, écrivain, n'a voulu passer aucune compensation à M. de Chateaugné, pour un voyage fait à la Havane pour le service, en vertu d'un ordre de votre grandeur. Cette conduite peut nous être funeste, parce que personne ne voudra plus entreprendre de voyage de cette nature, lorsque nous manquerons de vivres. Il a déchiré mon ordre à ce sujet, ainsi qu'un bon que je donnais pour autoriser un chef de sauvages à prendre quelques hardes. Enfin, il a refusé de payer à

1707. des habitants ce qui leur est dû. Il m'a donné à entendre que maintenant que M. d'Iberville était mort, je n'avais personne qui pût me protéger en cour, et qu'il ne me craignait pas du tout."

L'évènement fit preuve que M. de Bienville avait eu tort de se croire au-dessus de toutes ces intrigues et de ne pas entrer dans une défense plus vive et plus détaillée de sa conduite ; car, le 23 juillet, le ministre lançait pour l'arrestation de Bienville une ordonnance conçue en ces termes :

"Sa Majesté, ayant été instruite par plusieurs lettres écrites de la Louisiane que le sieur de Bienville, qui y commande, a prévariqué dans ses fonctions et qu'il s'est appliqué plusieurs effets appartenant à Sa Majesté, a enjoint au sieur de Muys qu'elle a choisi pour gouverneur de ce pays de vérifier les faits avancés contre lui, suivant les mémoires qui lui sont remis, de le faire arrêter s'ils sont véritables et de l'envoyer prisonnier en France."

Il est à remarquer que le gouvernement préjugeait la question et se prononçait contre Bienville avant de l'avoir admis à faire sa défense. Tant les accusations sont crues facilement lorsqu'elles viennent de loin et qu'elles s'adressent aux jalouses méfiances des gouvernements despotiques ! En effet, il était dérisoire de laisser à *son successeur* le soin de décider s'il y avait lieu de le poursuivre et, dans ce cas, de l'envoyer prisonnier en France. Les plus simples notions de justice voulaient qu'il fut simplement rappelé et sommé de venir rendre compte de sa conduite. La nouvelle de sa disgrace lui étant secrètement parvenue, il voulut se hâter de prévenir le coup qui le menaçait, et, feignant de l'ignorer, il écrivit au gouvernement pour demander son congé et la permission de passer en France. Les habitants de la Mobile, ayant été informés de cette démarche de Bienville, auquel ils étaient extrêmement attachés, adressèrent une requête au ministre, suppliant, 1707. si on accordait à Bienville sa demande, de le renvoyer aussitôt qu'il se pourrait, parce qu'ils en étaient tous très contents et qu'il leur procurait tous les secours dont ils avaient besoin.

Le 25 février 1708, M. de Bienville, ayant appris que 1708. M. de Muys, qui venait pour le remplacer, était mort à la Havane, écrivit au ministre pour lui donner connaissance de cet évènement. M. Diron d'Artaguette, que l'on avait adjoint comme commissaire-ordonnateur à M. de Muys, en remplacement de M. de Lasalle, destitué, avait été plus heureux que son compagnon de voyage et était arrivé sain et sauf à la Louisiane. M. de Bienville, étant alors officiellement informé qu'il avait été porté plusieurs plaintes contre lui et que M. de Muys avait eu l'ordre d'en prendre connaissance, pria M. d'Artaguette, vu la mort de M. de Muys, de s'informer auprès des habitants des faits qui avaient été avancés contre lui et qu'il assurait être faux, attendu qu'il n'avait jamais eu d'autre but que de servir fidèlement Sa Majesté. M. de Bienville, dans la lettre qu'il adresse au ministre, en date du 25 février, pour lui annoncer la demande qu'il a faite à M. d'Artaguette, termine en disant, non sans quelque amertume : *"qu'il n'a pu savoir du sieur d'Artaguette la nature des plaintes portées contre lui, le sieur d'Artaguette lui ayant répondu qu'il avait ordre du gouvernement de ne les point communiquer ; et que, par conséquent, lui, Bienville, se trouve dans la dure nécessité de ne pouvoir se justifier."*

Bienville avait certainement raison de se plaindre de cette manière ténébreuse et inquisitoriale de procéder contre lui, laquelle était si contraire aux principes les plus vulgaires de justice et d'équité. Mais le rapport de d'Artaguette, fait le 26 février, fut loin de lui être défavorable. Ce rapport annonçait au ministre que toutes les accusations portées contre Bienville étaient de

1708 misérables calomnies. Le major Boisbriant y joignit une attestation confirmant les conclusions de d'Artaguette. Mais M. de Lasalle, qui avait été destitué en même temps que Bienville, ne se tint pas pour battu, et, renouvelant ses accusations, affirma que d'Artaguette ne devait pas être cru concernant M. de Bienville, attendu qu'il s'entendait avec lui et que *l'un ne valait pas mieux que l'autre*. Non content d'attaquer avec violence Bienville et d'Artaguette, c'est-à-dire l'accusé et le juge d'enquête, il dénonça au ministre le chirurgien de la colonie, nommé Barrot, et le flétrit des titres : *d'ignorant, d'ivrogne et de voleur qui vend à son profit les remèdes du roi.*

La colonie, pendant que ses chefs luttaient ainsi de haine et d'hostilité, ne pouvait guère prospérer. Voici quel en était l'état, en août 1708, d'après l'exposé suivant, envoyé en France par l'ex-commissaire ordonnateur, M. de Lasalle :

GARNISON.

"14 Officiers majors, compris un garde marine servant de commandant.
76 Soldats, compris quatre officiers soldats.
13 matelots, compris quatre officiers mariniers.
2 Canadiens, servant de commis dans les magasins par les ordres de M. de Bienville, commandant.
1 Maître valet aux magasins.
3 Prêtres, compris 1 curé.
6 Ouvriers.
1 Canadien, servant d'interprète.
6 Mousses, tant pour apprendre les langues sauvages que pour servir en mer et à terre les ouvriers.

122

HABITANTS.

24 Habitants, qui n'ont aucunes concessions de ter-

re assurées. Ce qui empêche la plupart d'ouvrir des habitations.

28 Femmes.
25 Enfans.
80 Esclaves, tant sauvages que sauvagesses, de différentes nations.

157

Total général

279—dont six malades.

Plus, 60 Canadiens errants, qui sont dans les villages sauvages situés le long du fleuve du Mississippi, sans permission d'aucun gouverneur, et qui détruisent par leur mauvaise vie libertine avec les sauvagesses tout ce que messieurs des Missions étrangères et autres leur enseignent sur les mystères de la religion.

BESTIAUX.

50 Vaches à lait.
40 Veaux.
4 Taureaux.
8 Bœufs, dont 4 appartenant au roi.
1400 Cochons et truies.
2000 Poules ou environ."

On verra que la colonie avait fait quelques progrès, si l'on consulte une autre note officielle sur l'état de la colonie, datée du 30 avril 1704, et antérieure de quatre ans à la précédente. Elle est ainsi conçue :

"180 Hommes portant les armes.
2 Familles françaises, qui n'ont que 3 petites filles et 7 jeunes garçons de un à 10 ans.
6 Jeunes garçons sauvages, esclaves, de 15 à 20 ans.
Un peu de terre défrichée aux environs du fort Louis.
80 Maisons de bois à un étage, couvertes en lataniers et en paille.

1708.
    9 Bœufs, dont 5 appartenant au roi.
   14 Vaches.
    4 Taureaux, dont 1 au roi.
    6 Veaux.
 100 Cochons.
    3 Cabris.
 400 Poules."

Il est à remarquer qu'au moment où M. de Lasalle représente, en 1708, les colons de la Louisiane, au nombre de 279 personnes, comme propriétaires de 1400 cochons et truies, 2000 poules, et une centaine de bêtes à cornes, M. de Bienville informait son gouvernement que les habitants mouraient de faim, et qu'ils étaient presque tous nus, parce qu'on ne recevait pas de marchandises de France.

Il est difficile de découvrir la vérité au travers de toutes ces versions contradictoires ; mais ce qui paraîtra toujours inexplicable, à quiconque connaît la facilité avec laquelle on pouvait ensemencer le sol de la colonie, et les prodigieuses ressources que devait offrir le pays en fait de chasse et de pêche, c'est que près de trois cents habitants européens, avec tout le savoir-faire qu'ils avaient dû apporter de ce foyer de haute civilisation qu'ils venaient de laisser, avec toutes les ressources dont les avait pourvus et dont les pourvoyait encore le gouvernement qui les avait envoyés, ne pouvaient subsister à la Louisiane, et étaient tellement dépendants, pour leur nourriture, de St. Domingue, des autres îles voisines et de France, que le gouverneur était réduit à écrire que la colonie, après huit ans d'existence, était dans un si grand état de détresse, que les habitants mouraient de faim ! Pour que ce tableau ne fût pas exagéré, il aurait fallu que les colons eussent été inférieurs aux sauvages en intelligence et en industrie. La vérité est qu'ils n'étaient nullement venus dans l'intention de cultiver la terre, mais dans l'espoir de s'enrichir subitement par la découverte

de mines précieuses et par la pêche des perles. Ils s'é- 1708.
taient habitués à l'idée que, pendant qu'ils se livreraient
à ces recherches, qui flattaient leur imagination, leur
paresse et leur cupidité, le gouvernement fournirait à
tous leurs besoins. De là, leur obstination à ne pas se
suffire à eux-mêmes, et les disettes continuelles qui
étaient la conséquence d'une pareille incurie.

Il est juste de dire que les fièvres dont les habitants
étaient attaqués, et les grandes chaleurs du pays, étaient
de puissantes raisons pour les tenir dans un état d'indolence et d'inactivité. Les fièvres reparaissaient chaque
année, et étaient d'un caractère tellement grave, que le
commissaire-ordonnateur, d'Artaguette, jugea convenable d'informer le gouvernement qu'il était de toute nécessité d'envoyer sur les lieux un médecin du premier
mérite.

Bienville qui, depuis la mort de M. de Muys, et malgré sa destitution, gouvernait la colonie par intérim,
avait trop de sens et de capacité pour ne pas voir qu'elle
ne pouvait prospérer, tant qu'on ne se livrerait pas à la
culture des terres. Mais les blancs qu'il avait sous ses
ordres ne voulaient pas travailler, et les sauvages que
l'on avait cherché à réduire en esclavage n'étaient guère
d'aucune utilité. On ne pouvait leur persuader de prendre des habitudes de travail ; à la moindre apparence
de coercion, ils s'enfuyaient dans les bois. Aussi, afin
d'y obvier, Bienville, dans une dépêche adressée au ministre, en date du 12 octobre, proposait d'échanger des
sauvages pour des noirs avec les habitants des îles. "*On
donnera*, disait-il, *trois sauvages pour deux nègres. Les
sauvages, dans les îles, ne pourraient pas fuir, étant dépaysés, et les noirs ne pourraient aller marrons à la Louisiane, parce que les sauvages les tueraient*."

Il ajoutait :"J'ai ordonné de veiller sur plusieurs habitants de la Rochelle qui sont dans le dessein de sortir du
pays. Ce sont des gens qui ont amassé du bien en te-

1708. nant cabaret. Par conséquent, il serait, ce me semble, juste de les obliger à y rester."

La logique de ce raisonnement est plus que contestable, et cet acte de despotisme ne pouvait avoir que de fâcheuses conséquences pour la colonie. Ce n'était guère le moyen d'attirer des colons, que de proclamer au monde que la Louisiane était une prison, dont les portes se fermaient sur tous ceux qui y entraient et ne s'ouvraient que difficilement pour ceux qui voulaient en sortir.

La demande faite par Bienville au sujet de l'échange des sauvages pour des nègres fut soumise à M. Robert, un des chefs de bureaux du ministère de la marine, lequel répondit par cette note, en date du 26 novembre : "j'ai examiné la proposition de M. de Bienville, appuyée par M. d'Artaguette, de faciliter aux habitants des îles les moyens d'échanger des nègres contre des sauvages. Cet échange ne peut se faire. Les habitants des îles qui ont de bons nègres, les gardent. Le seul moyen d'avoir des nègres, dont le service est en effet fort utile, est de les faire venir de la côte de Guinée ou de les acheter de ceux qui les y vont chercher."

Le sieur de Lasalle, depuis sa destitution, n'en était pas moins resté dans la colonie ; bien qu'il ne fut plus revêtu d'aucun caractère officiel, il ne s'en occupait pas moins des affaires de la colonie, et ne se faisait pas faute d'envoyer dépêche sur dépêche au ministre. Dans celle du 12 mai, il demande qu'il soit envoyé trente filles, pour empêcher par des mariages les désordres et les débauches qui se commettent avec les sauvagesses. "Cela, dit-il, retiendrait un nombre de voyageurs qui ne s'amusent guère qu'à aller chercher des esclaves chez tous les sauvages de la Louisiane qui, par cette raison, sont animés contre nous ; outre que plusieurs de ces libertins se font assommer, ce dont on ne peut tirer vengeance, et ce qui fait mépriser la nation par ces sauvages. Le nommé Labarre, Canadien, vient 1709. d'être assassiné par deux sauvages et une sauvagesse qu'il amenait pour vendre. Il faudrait des nègres."

M. d'Artaguette, qui était un homme intelligent, pensa, comme Iberville et Bienville, qu'il fallait appeler l'attention du gouvernement sur les bords du Mississippi, et écrivit au ministre: "j'ai été au mois de décembre dernier visiter le Mississippi, et l'établissement projeté entre ce fleuve et le lac Pontchartrain. Il y a 5 à 7 habitants qui y ont semé environ, chacun, un arpent de blé, provenant des Illinois, qui est venu fort beau. Le sieur de Bienville a donné 4 arpents de terre sur 36 de profondeur à ces habitants, qui assurent tous que l'on peut placer cent habitants dans cet endroit."

L'emplacement, auquel d'Artaguette fait mention dans cette dépêche, est probablement le plateau connu aujourd'hui sous le nom de Gentilly.

Ce qui sans doute avait empêché le gouvernement de faire le principal établissement de la colonie sur les bords du Mississippi, était la difficulté de le garantir contre les inondations du fleuve. Mais les avantages d'un pareil établissement dans cette localité étaient tellement évidents, surtout pour ceux qui étaient sur les lieux, qu'Iberville, Bienville et d'Artaguette avaient successivement fait des efforts auprès du gouvernement, pour qu'il fît les dépenses nécessaires à la colonisation des bords du fleuve. Malheureusement, l'état précaire dans lequel, depuis neuf ans, se trouvaient les établissements de Biloxi, de la Mobile et de l'île Dauphine, n'encourageait guère le gouvernement à en faire d'autres ailleurs. En effet, la misère des colons était toujours fort grande, s'il faut en croire une dépêche de Bienville, du 1er septembre, dans laquelle il dit:" La détresse est toujours croissante. J'appréhende de ne pouvoir tirer des sauvages assez de blé d'Inde pour la subsistance de la garnison pendant tout l'hiver, en ayant fort peu, et

1709. elle pourra être obligée de commencer dans le mois de janvier à manger du gland."

Que ce fut de la faute du gouverneur ou non, ce n'en était pas moins un fait incontestable : que la colonie, depuis sa fondation, était restée à l'état d'embryon et devait nécessairement périr, si elle ne prenait pas plus de développement. Cet état de choses donnait lieu à de violentes récriminations contre Bienville. Marigny de Mandeville, un des officiers de la garnison, présenta au ministre un mémoire dans lequel il disait : "quand il y aura un gouverneur de tête,et intègre pour les intérêts du roi, il réduira tous les coureurs de bois et la colonie fleurira. Les gens mariés vivent dans la même fainéantise que les Canadiens célibataires,alléguant pour leur excuse qu'ils ne voient rien de solide, et que, lorsqu'ils verront que le roi jettera des troupes dans la colonie et des habitants, ils travailleront, parce que dans le cas contraire, il leur serait fâcheux de défricher des terres et de faire des travaux pour tout abandonner."

Toutes ces plaintes réitérées, portées contre Bienville, avaient fini par l'aigrir, et, sortant du rôle passif où il s'était renfermé jusqu'alors, il commença, à son tour, à répondre avec acrimonie aux attaques de ses adversaires, et, dans une de ses dépêches, il se plaignit amèrement de ce que le curé de la Vente, des missions étrangères, cherchait à ameuter tout le monde contre lui, *"tandis que ce même curé n'avait pas honte de tenir boutique ouverte et vendait comme un juif arabe.*

1710. L'année 1710 arriva, sans apporter aucune modification à l'état de détresse dans lequel végétait la colonie. Car Bienville fut forcé d'annoncer au gouvernement la mauvaise nouvelle ; "qu'il était dans une si extrême pénurie de vivres, qu'il avait été obligé de donner la plus grande partie de ses hommes à nourrir aux sauvages."

L'infatigable curé de la Vente, qui faisait une guerre si vive à Bienville et qui s'occupait pour le moins autant du temporel que du spirituel de la colonie, ne manquait 1710. pas, de son côté, de donner au ministre tous les renseignements qu'il croyait utiles, ou bien capables de servir son animosité contre Bienville. Aussi, il ne négligeait pas d'instruire le gouvernement de la misère dans laquelle se trouvait la colonie, et il écrivait au ministre : "La difficulté que les habitants qui sont au fort St.-Louis de la Mobile ont eu de subsister, faute de secours depuis si long-temps, les a déterminés à jeter les premices d'un établissement à l'île Massacre, dans l'espérance d'être plus promptement secourus, soit par la pêche qui y est abondante, soit par le commerce qui y est plus commode avec Pensacola, de sorte qu'il y a actuellement une vingtaine de maisons bâties asses commodément par les habitants, qui n'attendent plus que les secours que monseigneur leur enverra."

Ici reparaît encore l'idée dominante des colons : celle d'attendre tout ce dont ils pouvaient avoir besoin du gouvernement, sans tenir aucun compte de ce qu'il leur aurait été facile d'améliorer leur position, et de se mettre, au moins, à l'abri de la famine par leurs propres travaux.

CHAPITRE V.

M. DE LAMOTHE CADILLAC, GOUVERNEUR.—CHARTE DE CONCESSION DE LA LOUISIANE A CROZAT. — DUCLOS, COMMISSAIRE-ORDONNATEUR.

1710. Le gouvernement français, croyant sans doute que la non prospérité de la colonie tenait à la mauvaise administration du gouverneur, nomma pour le remplacer, en date du 5 mai 1710, M. de Lamothe Cadillac, qui fut chargé, concurremment avec M. d'Artaguette, d'examiner les comptes de M. de Lasalle, et les plaintes contre M. de Bienville. On ne pouvait guère faire un choix moins judicieux, comme on le verra par la suite.

1711. L'année 1711 s'écoula comme les précédentes pour la colonie. Ce fut toujours pour elle la même languissante et précaire existence. Cependant, une dépêche de Bienville, en date du 27 octobre, de la Mobile, semble indiquer que les colons faisaient quelques efforts pour sortir de leurs habitudes de paresse et d'insouciance. "Les habitants, dit-il, s'adonnent pour la plupart à faire des plantations de tabac, qu'on assure être meilleur que celui de la Virginie. Le terrain que ce fleuve arrose (la rivière de la Mobile) n'est pas propre à d'autres plantations. Le froment y vient fort beau ; mais quand l'épi se forme, les brouillards le font couler, de manière que, jusqu'à présent, il n'est point venu à maturité."

En septembre, un corsaire de la Jamaïque avait opéré un débarquement à l'île Dauphine, et avait pillé les quelques malheureux qui s'y étaient établis. Ce fut la seule attaque faite contre la Louisiane, durant tout le cours de 1711. la guerre que se faisaient depuis long-temps la France et l'Angleterre.

En 1712, le commissaire-ordonnateur, d'Artaguette, 1712. retourna en France. A peine arrivé à Bayonne, il se hâta d'écrire au ministre, pour l'instruire de l'état de la colonie, et fit une affreuse peinture de la misère qui y régnait. "Les soldats, dit-il, désertent aux Anglais de la Caroline. Ils auraient déserté chez les sauvages, si ceux-ci n'avaient eu ordre de les arrêter et de nous les conduire. Les habitants languissent. Ils sont en petit nombre, et ne peuvent rien entreprendre de considérable. D'ailleurs, leurs femmes les ruinent par le luxe. Ils sont naturellement paresseux. Ils n'ont fui le Canada que pour le libertinage et l'oisiveté. Il s'y trouve vingt-huit familles. De celles qui s'attachent à l'agriculture des terres, il n'y en a que dix ou douze. Le reste sont des marchands, des cabaretiers ou des ouvriers. Il est nécessaire d'envoyer des filles et des laboureurs. Je suis persuadé que, lorsqu'on enverra dans le pays des gens qui se connaissent en minéraux, on trouvera facilement des mines."

C'est en effet cette découverte de riches minéraux qui préoccupait tous les esprits, et qui faisait que, treize ans après la fondation de la colonie, on n'y comptait encore que dix ou douze personnes qui songeassent à ensemencer la terre.

Les observations que d'Artaguette avait faites, l'avaient convaincu que Bienville n'avait pas assez de moyens à sa disposition pour faire prospérer la Louisiane, et la rendre une possession importante pour la France. Malheureusement, les représentations qu'il adressa à ce sujet au gouvernement français n'eurent aucun résultat. La Louisiane était destinée à languir encore long-temps sous l'administration lointaine d'un despotisme imbécille, qui la gouvernait au hasard et l'é-

1712. touffait par ignorance, tout en voulant favoriser sa croissance. Mais dès que l'étoile de la liberté parut sur l'horizon, il descendit sur cette terre chérie comme un vent du ciel, qui fit surgir dans son sein une nombreuse population, et germer toutes les plantes productives des richesses. L'industrie, du moment qu'elle fut libre et sans entrave, en hâta le développement, et, rayonnante de prospérité et d'espérances, la Louisiane prit place dans cette grande et glorieuse famille américaine, connue de nos jours sous le nom d'Etats-Unis d'Amérique.

Au moment où d'Artaguette arriva en France, l'astre de Louis XIV, qui avait jeté un éclat si vif pendant un demi-siècle, était près de s'éteindre, et les portes de la vieille cathédrale de St. Denis s'ouvraient déjà dans l'attente du grand monarque, que son âge et ses malheurs poussaient rapidement vers la tombe. La France elle-même était hâletante sous le poids d'une longue et ruineuse guerre. Ce n'était pas le moment des efforts et des entreprises. Aussi, le gouvernement, ayant pris en considération les rapports qu'il avait demandés à d'Artaguette, désespéra de pouvoir jamais réaliser les avantages que la découverte de la Louisiane lui avait fait anticiper, et crut qu'il vaudrait mieux en accorder le commerce exclusif, avec d'autres grands priviléges, à quelque compagnie ou à quelque riche marchand, qui, moyennant la concession de ces avantages, ferait toutes les dépenses qu'exigeait la colonie. Antoine Crozat se présenta, et obtint une charte de concession, datée de Fontainebleau, le 14 septembre 1712.

Le roi, dans cette charte, accordait à Crozat le commerce exclusif de tout le territoire qui appartenait à la France, entre la Caroline, le vieux et le nouveau Mexique, en y comprenant l'île Dauphine, et tout le pays arrosé par le Mississippi, depuis la mer jusqu'aux Illinois, ainsi que par le Ouabache et le Missouri. Tous les lacs, fleuves ou rivières qui, directement ou indirectement, déversaient leurs eaux dans le Mississippi, toutes les terres que l'on pouvait considérer comme dépendantes de ces lacs, fleuves ou rivières, étaient compris dans cette concession. On voit, par les termes de cette concession, que le Texas y était inclus. Des évènements qui se sont passés de nos jours rendent ce fait important.

Le territoire, ainsi décrit d'une manière vague, devait porter le nom de gouvernement de la Louisiane, et devait être une dépendance du gouvernement de la Nouvelle-France. Ce monopole commercial accordé à Crozat était accompagné de beaucoup d'autres privilèges, entr'autres, de celui de posséder et d'exploiter toutes les mines de métaux précieux, à condition que le quart de leurs produits serait réservé pour le roi, et celui d'envoyer un navire une fois par an à la Guinée pour chercher des noirs. Tous ces privilèges devaient durer quinze ans, à condition que Crozat remplirait certaines obligations qui lui étaient imposées, entr'autres, celle d'envoyer de France, tous les ans, deux navires chargés d'un certain nombre de colons.

Il était concédé à Crozat toutes les terres qu'il pourrait établir, toutes les manufactures qu'il pourrait créer, et toutes les constructions quelconques qu'il pourrait élever au dit pays de la Louisiane, pourvu que toutes ces concessions devinssent nulles, si les améliorations entreprises étaient discontinuées et cessaient d'exister.

Les dépenses du gouvernement, pour les salaires des officiers du roi à la Louisiane, étaient fixées à une somme annuelle de cinquante mille livres, qui devaient être payées en France à Crozat, sur les mandats du commissaire-ordonnateur de la colonie. "Mais, (disait le roi dans un des articles de la charte) sera tenu le sieur Crozat, après l'expiration des neuf premières années de sa jouissance, de payer les officiers et la garnison qui seront au dit pays pendant tout le temps que durera son privilège. Il pourra alors présenter ces officiers à notre nomination.

1712. "Nos édits, dit le roi dans l'article 7 de cette même charte, nos ordonnances, les coutumes, et les usages de la Prévoté et Vicomté de Paris, seront observés pour lois et coutumes dans le dit pays de la Louisiane.

Le gouvernement en était confié à un conseil semblable à celui de St.-Domingue et de la Martinique.

Lorsque cette charte fut octroyée à Crozat en 1712, il y avait à la Louisiane deux compagnies d'infanterie de cinquante hommes chacune et soixante quinze Canadiens au service du roi. Le reste de la population n'était composé que de vingt huit familles, et il n'y avait alors que vingt nègres dans la colonie. Enfin, toute la population de la province, en y comprenant les officiers du roi et le clergé, se montait environ à trois cent quatre vingts personnes, qui se trouvaient éparpillées dans cette région immense et séparées entre elles par des lacs et des rivières larges et profondes. Il y avait cinq forts dans la colonie, si l'on peut donner ce nom aux misérables constructions en pieux, en lataniers et en terre, qui existaient à la Mobile, à Biloxi, sur le Mississippi, à l'île aux Vaisseaux et à l'île Dauphine. Voilà à quoi avaient abouti, après treize ans, tous les efforts du gouvernement Français pour coloniser la Louisiane !

Il est probable que des trois cent quatre vingts personnes réparties en 1712 sur une aussi gigantesque échelle, il ne s'en trouvait pas cinquante dans les limites actuelles de l'Etat de la Louisiane. Or maintenant, il est raisonnable de supposer, d'après la progression que l'on remarque entre le recensement de 1830 et celui de 1840, que la population de l'Etat de la Louisiane est d'au moins quatre cent cinquante mille ames en 1845. L'histoire d'aucun peuple, excepté celle des Etats-Unis d'Amérique, ne fournit un autre exemple d'un accroissement aussi rapide, d'une prospérité aussi étonnante, et la postérité, celle du moins qui cherchera à étudier, au travers de mille ans écoulés entre elle et nous, la marche de nos premiers établissements et l'enfance de 1712. notre jeune république, sera peut-être tentée de rejeter parmi les fables, des faits qui sont de la plus stricte vérité.

Si par les effets d'une bonté toute divine et d'une puissance surnaturelle, Bienville pouvait revenir à la vie, quel spectacle ravissant s'offrirait à ses regards ! quels changements se sont opérés dans le cours d'un siècle ! Un désert est devenu un foyer de civilisation et des édifices superbes ont pris la place de la hutte du sauvage ! Quelle joie ineffable inonderait son cœur à la vue de ces états souverains qui, lorsqu'il en posait les fondements, ne pesaient pas la valeur d'une mince bourgade européenne ! Avec quel juste sentiment d'orgueil il verrait son nom figurer dans les glorieuses annales du nouveau monde ! Et si, dans un transport d'admiration, il s'écriait : Toi qui as vu mes travaux et mes dangers, terre chérie, apprends-moi quel Dieu a versé sur toi toutes les faveurs du ciel !.....Du sein des forêts, des fleuves profonds, des campagnes opulentes, des hameaux et des villes, une voix s'élèverait, qui lui dirait : c'est la liberté !

Mais en 1713, époque à laquelle une politique à vue courte présidait aux destinées de la Louisiane, il était 1713. impossible de prévoir la fin de la paralysie dont elle était frappée. Le monopole, ce gothique fléau des peuples, devait encore la fouler long-temps sous ses pieds. De longues années devaient s'écouler avant que la Louisiane eut le bonheur de s'appartenir à elle-même. En 1712, elle avait été donnée à un homme qui devait l'exploiter à son profit, comme on exploite une ferme, en vertu de l'ordonnance royale du 14 septembre. Qui eut dit alors que, cent ans plus tard, précisément en 1812, une faible portion de ce qui était la propriété de Crozat en 1712, serait transformée en un état assez puissant pour prendre sa place dans la confédération des

1713. Etats-Unis d'Amérique ? L'imagination et le cœur aiment à se reposer sur un aussi magnifique contraste.

Mais retournons en 1713. Le 17 mai de cette année, un vaisseau de cinquante canons débarqua à l'île Dauphine les officiers qui étaient chargés de l'administration de la Louisiane, sous la nouvelle charte accordée à Crozat. Les principaux étaient : Lamothe Cadillac, gouverneur, qui passait pour avoir servi avec distinction dans le Canada, Duclos, commissaire ordonnateur, Lebas, contrôleur, Dirigoin et Laloire des Ursins, qui devaient être les directeurs des affaires de Crozat à la Louisiane. Outre cela, Crozat avait eu le soin d'intéresser le gouverneur au succès de ses entreprises, en lui assurant une part dans les profits qu'il comptait faire.

Ce gouverneur n'avait pas été émerveillé du pays en y arrivant, car voici ce qu'il écrivit au ministre, aussitôt après qu'il eut pris possession de son gouvernement : "J'ai vu aussi un jardin sur l'île Dauphine dont on m'avait parlé comme d'un paradis terrestre. Il est vrai qu'il y a une douzaine de figuiers qui sont fort beaux et qui produisent des figues mûries. J'y ai vu trois poiriers sauvageons, trois pommiers de même, un petit prunier d'environ trois pieds de haut qui avait sept mauvaises prunes, environ trente pieds de vigne avec neuf grappes de raisin en tout, dont une partie des grains pourris ou secs, et les autres, un peu mûrs, environ quarante pieds de melons français et quelques citrouilles. Voilà le paradis terrestre de M. d'Artaguette et de plusieurs autres, la Pomone de M. de Raimondville et les îles fortunées de M. Marigny de Mandeville. Leurs mémoires et leurs relations sont de pures fables.

"Le froment ne vient point dans tout ce continent. Ceux qui ont informé la cour que quelques habitants en ont semé sur les terres qui sont vers le lac Pontchartrain se sont fort trompés. J'ai parlé à ces habitants là, qui sont actuellement ici, ayant abandonné leurs terres parce qu'elles n'ont pu produire ni blé ni légumes. Ils conviennent en effet qu'il vient parfaitement bien en herbe, mais qu'il en demeure là sans pouvoir former de grains. Ces gens là m'ont assuré qu'ils en avaient semé tous les mois de l'année, toujours inutilement. Il y a un nommé Lavigne qui m'a dit en avoir fait de même aux Natchez, à 150 lieues dans le haut du Mississippi, sans en avoir jamais pu recueillir une poignée, quoique ce soit pourtant en apparence la meilleure terre qu'on puisse jamais voir. M. de Bienville m'a dit, en arrivant ici, qu'il avait semé du blé de la Vera-Cruz qui avait produit environ treize gerbes de beau blé. L'ayant visité, j'ai vu qu'il était tout rouillé, et les grains si minces qu'ils n'avaient que l'écorce."

1713.

Presque au même moment où la France abandonnait ainsi la Louisiane à Crozat, elle signait le traité d'Utrecht, par lequel elle cédait à la Grande Bretagne la Nouvelle Ecosse ou Acadie, avec ses anciennes limites, ainsi que la ville de Port-Royal connue ensuite sous le nom d'Annapolis. C'était le prélude de ces honteux traités qui plus tard devaient la dépouiller de ses plus magnifiques possessions coloniales.

Les nouveaux officiers, arrivés à la Louisiane, se hâtèrent de faire part au gouvernement de leurs vues et de leurs observations. En date du 15 juillet, le commissaire ordonnateur Duclos écrivait au ministre :

"Il a passé dans le baron de la *** douze filles que M. de Clérembault a fait embarquer au Port Louis, mais si laides et mal faites, que les habitants de ce pays-ci, et surtout les Canadiens, ont fort peu d'empressement pour elles. Il y en a cependant deux de mariées. J'appréhende fort que les autres ne nous restent long-temps sur les bras. Il me paraît que, dans un pareil choix, M. de Clérembault devrait plutôt s'attacher à la figure qu'à la vertu. Les Canadiens, et surtout les voyageurs dont nous avons trouvé ici un grand nombre, qui sont tous

1713. gens bien faits, ne sont pas fort scrupuleux sur la conduite que les filles ont eue avant qu'ils les prennent; et s'ils en eussent trouvé de bien faites et à leur gré, il en serait peut-être resté ici quelques-uns pour les épouser et s'établir. Ce qui augmenterait la colonie. Au lieu qu'ils s'en sont tous retournés, en affirmant qu'ils aimaient encore mieux les sauvagesses, avec lesquelles la plupart d'entr'eux se marient, et surtout aux Illinois, de la main des jésuites qui y sont missionnaires. Nous tâcherons cependant de marier les autres le plus promptement qu'il se pourra. Si tous les voyageurs ou coureurs de bois pouvaient se fixer ici, il serait plus à propos d'envoyer des filles que des garçons, qui sont en bien plus grand nombre que les filles."

Le 25 octobre de la même année, il faisait le rapport suivant : "Je ne saurais trop exalter la manière admirable dont M. de Bienville a su s'emparer de l'esprit des sauvages pour les dominer. Il y a réussi par sa générosité, sa loyauté, sa scrupuleuse exactitude à tenir sa parole et toute promesse faite, ainsi que par la manière ferme et équitable dont il rend la justice entre les différentes nations sauvages qui le prennent pour arbitre. Il s'est surtout concilié leur estime en sévissant contre tout vol ou déprédation commis par les Français, qui sont obligés de faire amende honorable chaque fois qu'ils ont fait quelque injure à un sauvage."

Pour les présents à faire aux sauvages, ce qu'il trouvait indispensable, le commissaire-ordonnateur Duclos affirmait tout crûment au ministre que M. de Lamothe Cadillac les *détournerait à son profit;* il recommandait par conséquent d'imposer au gouverneur l'obligation de s'entendre, pour la distribution des présents, avec le chef comptable et M. de Bienville, *"lequel,* disait-il, *connaît mieux que personne, dans la colonie, la force des nations sauvages, et sait toute l'utilité et l'importance des présents à faire en conséquence."*

On voit, par ce document, que déjà les nouveaux ad- 1713. ministrateurs de la Louisiane étaient en mésintelligence. C'était comme une fatalité, à laquelle aucune administration n'avait pu se dérober, et ne pourrait échapper dorénavant.

Le 25 octobre, M. de Lamothe Cadillac envoya au gouvernement un long mémoire, dont l'extrait suivant est la partie la plus intéressante :

M. DE LAMOTHE A M. DE PONTCHARTRAIN.

"J'ai déjà dit que si les habitants n'ont pas cultivé le tabac et l'indigo, s'ils n'ont pas élevé de vers à soie, c'est qu'ils ne connaissaient rien à ces cultures. Ils ont seulement fait venir du blé d'Inde et des légumes. Les premières années, les récoltes de ces choses ont été abondantes. Ce qui leur a permis d'élever des cochons, des volailles, et de vivre passablement. Mais pendant ces trois dernières années, ni légumes ni maïs n'ont pu venir, par excès d'humidité ou par excès de sécheresse, et la misère est fort grande.

"Il y a entre ceux qui demeurent, tant au fort Louis qu'à l'île Dauphine, y compris officiers, soldats, habitants ou autres, trois cents vaches, bœufs, taureaux, tant grands que petits ; et le nombre des habitants ne dépasse pas trente-cinq, c'est-à-dire trente-cinq chefs de famille, non compris ceux qui sont entretenus au service du roi.

"Tout le commerce n'a guère consisté qu'en planches et en peaux d'ours, chevreuils, chats et autres. Des coureurs de bois allaient chercher des peaux et des esclaves chez les sauvages et vendaient le tout aux habitants. Les peaux étaient revendues aux Espagnols, à Pensacola, ou aux vaisseaux qui venaient de temps à autre, et les esclaves étaient employés à scier des planches et à défricher.

"Les habitants portaient encore à Pensacola, où il n'y a rien de défriché, leurs légumes, blé d'Inde, volail-

1713. les, etc., en sorte que cette traite jetait un peu d'argent dans la Louisiane, et donnait aux habitants le moyen d'acheter ce qui leur venait des îles. Voilà le seul et unique commerce qui a, non pas enrichi les habitants, car ils sont tous fort pauvres, mais qui les a fait subsister avant l'établissement de la compagnie Crozat.

"S'il y a quelque chose d'étonnant, c'est qu'avec tant de pauvreté et si peu de commerce, les habitants aient consenti à rester dans la colonie. Mais il est à remarquer qu'il est bien reconnu que le pays pourrait produire de l'indigo, du tabac, de la soie, quoique les habitants ne les aient pas cultivés par ignorance des procédés de culture, et par la crainte qu'ils ont toujours eue que l'on n'abandonnât la colonie après qu'ils se seraient donné beaucoup de soins.

"La colonie n'a pas augmenté parce que ceux qui avaient de quoi vivre ailleurs s'en sont retirés, et qu'il est venu fort peu de nouveaux colons. Quant à ceux qui sont demeurés parce qu'ils ne pouvaient s'en aller, ils n'ont cultivé que ce qui leur était strictement nécessaire pour vivre, en attendant la paix avec impatience, persuadés qu'une fois la paix faite, il viendrait des vaisseaux (ce qui donnerait un aliment au commerce), et que de la manière dont la garnison serait traitée, on pourrait conclure des intentions ultérieures du gouvernement."

Il est à remarquer qu'à cette époque, Pensacola était le seul débouché et le seul marché pour le commerce de la Nouvelle-Orléans. Le tableau présenté par le gouverneur n'était guère encourageant, et suffisait pour donner au ministre français une assez mauvaise opinion de la Louisiane. Néanmoins, le lendemain même de cette dépêche, c'est-à-dire le 26 octobre, l'humeur de M. de Lamothe Cadillac étant devenue encore plus noire, il écrivit au ministre, que *"c'était un mauvais pays, bon à rien, ne pouvant produire ni tabac, ni blé, ni légumes, même à la hauteur des Natchez."*

Il est clair que M. de Cadillac écrivait ceci dans un moment de boutade, car il oubliait qu'il avait dit, dans sa dépêche de la veille : "*Il est bien reconnu que le pays pourrait produire de l'indigo, du tabac, de la soie, quoique les habitants ne les aient pas cultivés par ignorance des procédés de culture.*"

Mais dans la nouvelle disposition d'esprit où il se trouvait alors, il ajoute : "Selon le proverbe, méchant pays, méchantes gens. On peut dire que c'est un amas de la lie du Canada, gens de sac et de corde, sans subordination, sans respect pour la religion et pour le gouvernement, adonnés au vice, principalement aux femmes sauvagesses qu'ils préfèrent aux Françaises. Il est très-difficile d'y remédier, lorsque Sa Majesté désire qu'on les gouverne avec douceur, et qu'elle veut qu'un gouverneur se conduise de manière que les habitants ne fassent pas de plaintes contre lui.

"En arrivant, j'ai trouvé toute la garnison dans les bois parmi les sauvages, qui l'ont fait vivre tant bien que mal au bout de leurs fusils, et cela faute de vivres, non seulement en pain, mais même en maïs, la récolte ayant manqué pendant deux années consécutives. Quand bien même elle ne manquerait pas, il est nécessaire d'observer que le maïs ne se conserve ici que d'une récolte à l'autre, parce que la vermine le gâte et le ronge entièrement.

"Le lieutenant de roi, Bienville, est venu ici à l'age de 18 ans, sans avoir servi ni au Canada ni en France. Son frère, Chateaugné, est venu encore plus jeune, aussi bien que le major Boisbriant. Il ne s'est trouvé ici personne du métier pour former les soldats. Aussi, sont-ils mal disciplinés.

"Les Canadiens, et les soldats qui ne sont pas mariés, ont des sauvagesses esclaves et prétendent ne pouvoir se dispenser d'en avoir pour les blanchir, pour faire leur marmite et pour garder leurs cabanes. Cette conduite n'est pas tolérable.

1714. "L'indigo ne vient pas, les muriers mêmes sont batards.

"Je ne vois que deux objets pour faire valoir cette colonie : la correspondance du commerce avec les Espagnols, les incursions que l'on pourrait faire sur eux en temps de guerre par terre et par mer, les mines d'or et d'argent qu'on pourra y trouver.

"La colonie ne peut pas être plus pauvre qu'elle ne l'est actuellement. Les Canadiens qui y sont, ne pouvant vivre, s'en retournent au Canada, et cependant sans eux on ne peut faire aucune entreprise. Il en faudrait une cinquantaine aux gages du roi pour faire des découvertes."

M. de Lamothe Cadillac entre ici dans de grands développements et insiste sur l'utilité d'un commerce actif avec le Mexique, mais il avoue qu'il ne peut obtenir l'agrément du vice-roi à cet effet, et doute qu'il puisse jamais réussir à établir ce commerce, parce que, dit-il, *le principal directeur, Dirigoin, n'est point habile homme et le contrôleur Lebas, est fort dissipé et ne songe qu'à ses plaisirs.*

"Si Dieu me donne la santé, ajoute-t-il, je tâcherai de relever cette colonie, qui ne vaut pas un fétu à l'heure qu'il est ; mais si on veut la conserver, il faut au moins cent hommes de troupes bien entretenues, ayant bon pain et bon lard. Il faut des matelots et des Canadiens. Il faudrait qu'il y eut dans les troupes des gens de métier, comme maçons, tailleurs de pieux, charpentiers, menuisiers, &c., &c."

Il demande ensuite la construction d'une église et ajoute : "Je crois que les habitants seraient ravis de n'en avoir point. Au dire de Messieurs les prêtres et missionnaires, la plus grande partie n'ont point approché des sacrements depuis sept à huit ans. Les soldats n'ont point fait leurs pâques, à l'exemple de M. de Bienville, leur commandant, de M. de Boisbriant, major, Baillon, aide-major, Chateaugné, premier capitaine et

Sérigny, petit officier, auxquels j'ai déclaré que j'en informerai votre Grandeur. Ce qui les fait éclater contre moi avec l'appui du commissaire Duclos."

Dans cette longue homélie, il se plaint aussi du capitaine du vaisseau, à bord duquel il est venu, ainsi que de M. de Richebourg, capitaine de dragons. Il reproche au capitaine de vaisseau d'avoir séduit la plupart des filles vertueuses qu'il était de son devoir de transporter intactes à la Louisiane. "C'est peut-être, dit-il, une des raisons pour lesquelles ces filles ne trouvent pas à se marier, à cause que quelques Canadiens, qui étaient dans le vaisseau et qui étaient témoins de ce qui s'est passé à leur sujet, en ont mal parlé après leur débarquement. Elles sont logées chez les habitants qui les ont demandées. Il n'y en a que trois de mariées sur les douze. Cela provient de leur misère; car ces filles sont très pauvres, n'ayant ni linge, ni hardes, ni beauté. Je crois qu'il serait à propos de marier quelques-unes de ces filles avec des soldats qui les recherchent, et cela le plus tôt possible, de crainte qu'elles ne se prostituent, étant toutes nues.

"Je voudrais, suivant vos instructions, déterminer les fortifications, mais le commissaire s'y oppose, ainsi qu'aux présents à donner aux sauvages."

Ici, M. de Lamothe Cadillac revient sur les plaintes qu'il avait déjà portées contre Bienville, Chateaugné et plusieurs autres officiers de la colonie; il ne ménage personne et querelle le ciel et la terre.

"L'établissement du conseil, continue-t-il, n'a pu se faire jusqu'à présent, faute de sujets. M. le commissaire m'en a proposé deux, qui sont les sieurs de Lafrénière et des Lauriers, chirurgien major. Le premier a appris à signer son nom depuis quatre mois, et le second, étant chirurgien, il y a incompatibilité."

En voilà assez pour donner la mesure du caractère, de l'intelligence et des qualités administratives du gou-

1714. verneur qui venait de si loin pour régénérer la Louisiane. Il est évident que M. de Lamothe Cadillac pouvait être un fort brave militaire, mais qu'il n'était nullement à la hauteur des fonctions qu'on lui avait confiées. Il est facile d'en juger par l'incroyable dépêche suivante, datée du 20 février 1714 :

"Ce que M. d'Artaguette dit, aussi bien que Bélanger, ce que M. de Bienville a écrit au sujet de la mine de salpêtre, est une fausseté. M. Crozat n'en fera pas sitôt lester ses vaisseaux.

"M. Crozat a encore été mal conseillé d'établir les Natchez, d'où il ne peut absolument rien tirer. Ceux qui iront là pour s'y établir, y perdront leur travail, et ceux qui en feront l'avance, leur argent.

"Si on veut que je mente absolument, je le ferai; mais si l'on veut que j'écrive en honnête homme et sans complaisance, je dirai qu'on ne doit espérer de recueillir du froment que dans le Ouabache et aux Illinois ; qu'il faut un temps infini et des frais immenses pour former ces établissements ; qu'en quelque abondance qu'en soit le grain, il ne peut être rendu ici à moins de trente livres le cent. Je parle de la farine. Il faut donc compter de faire venir de France tout ce qui est nécessaire pour la subsistance et pour la vie. Point de chasse, point de pacage ; les bêtes vont chercher leur nourriture à vingt et trente lieues dans les bois: elles ne reviennent que l'été, lorsqu'elles sont pressées par les taons.

"Selon moi et les lumières que j'en ai, tant anciennes que nouvelles, tout ce continent ne vaut rien. Les habitants souhaitent ardemment qu'on les mène ailleurs. La garnison murmure sans cesse et avec raison. On lui fait maintenant manger de la farine, que l'on disait pourrie et gâtée. Je ne sais si on en tiendra compte par la suite au roi.

"Rien ne peut, ce me semble, incliner Sa Majesté à

conserver ce pays, que les motifs suivants. Le premier 1714. est, en cas de rupture avec l'Espagne, d'y entretenir des corsaires pour faire des prises par mer sur les côtes de la Vera-Cruz, de Caracas et de la Havane, en y faisant venir nombre de Canadiens et de flibustiers des îles, avec le secours de nos Indiens, pour aller faire des incursions par les terres sur les villes, villages et mines espagnols, lorsque les chemins en seront connus. A quoi j'espère de parvenir dans peu de temps.

"Le deuxième motif est : que Sa Majesté ne trouve pas mauvais que ses colons de la Louisiane, c'est-à-dire M. Crozat, fassent en temps de paix commerce par mer et par les terres avec les Espagnols. Dans ces deux cas, de la paix et de la guerre, ce pays ne peut que jeter de l'argent dans le royaume. Sa Majesté pourrait encore tolérer, lorsque les vaisseaux retournent en France, un commerce occidental avec les Anglais de la Caroline, où l'on pourrait vendre de l'eau-de-vie, papiers et toiles, et prendre en retour du riz, du tabac, de la soie et de l'argent.

"Le troisième objet, c'est la trouvaille de quelque mine par la rivière Rouge, parce que la même chaîne de montagnes où sont les mines espagnoles traverse cette dite rivière.

"Tous ces objets sont véritablement un peu reculés, et exigent de la patience et de la persévérance. Mais pour les soutenir, il est nécessaire de prendre des moyens convenables. Le premier est de fortifier l'île Dauphine. (Ici, suivent de longs détails sur les projets de fortifications. La dépense présumée est de 80,000 livres, moyennant l'envoi des ouvriers nécessaires.)

"L'idée des établissements éloignés, comme celui du Ouabache et des Illinois, en y envoyant des troupes, sera très pernicieuse à l'entrepreneur et en même temps insoutenable. J'ai vu un mémoire que M. Crozat envoyait à son directeur. J'ai cru qu'il venait de l'île de

1714. Panurge, ou que c'était de l'Apocalypse. Car, d'entreprendre de faire monter des barques par le fleuve St. Louis, jusque dans le Ouabache et dans le Missouri aussi bien que dans la rivière Rouge, c'est vouloir prendre la lune avec les dents. On sait que ces rivières sont aussi rapides que le Rhône, et qu'elles ne font que serpenter. Par conséquent, il faudrait mouiller à chaque détour, pour attendre un autre vent, outre que cette rivière est enfermée par des bois, etc.

. . . .

"Je crois fort, Monseigneur, être au fait de pareilles entreprises, mais, en vérité, elles ne me paraissent d'aucune utilité au roi et au royaume. Ce serait un argent très mal employé. Si les objets dont j'ai parlé ne méritent pas d'attention, je ne connais plus rien qui puisse exister pour soutenir un pareil pays.

"Rien de plus vrai que Sa Majesté a entretenu ici pendant plusieurs années, pour faire la découverte des mines, cent Canadiens sous M. de Bienville, qui n'a fait aucun mouvement, s'en étant servi, lui et son frère d'Iberville, à tout autre usage. Si j'en avais à moi seulement la moitié, j'en saurais bientôt le court et le long, c'est-à-dire, s'il y a des mines ou non.

"Le dit sieur de Bienville a demandé 20,000 livres pour aller à la découverte par les terres, où j'ai envoyé vingt-cinq Canadiens et soixante-dix sauvages, sous la conduite de M. de St. Denis. Ce qui ne coûte à M. Crozat que 1,000 livres."

Enfin, après un grand étalage des services qu'il se prépare à rendre, M. de Lamothe Cadillac arrive à la conclusion, que l'on devrait lui permettre de garder pour lui, comme indemnité de représentation, les présents que peuvent lui faire les sauvages, "qui, dit-il, sont d'ailleurs fort gueux, et qui ont été mis par Bienville sur le pied de ne rien donner." Il s'indigne surtout de ce que le commissaire-ordonnateur Duclos ait la prétention de lui faire rendre des comptes ! Il s'étonne de la faiblesse du ministre, qui lui recommande des ménagements, et continue en ces termes :

1714.

"Faut-il laisser les officiers et les soldats impunis par excès de modération ? Ce sera un bon service et une bonne discipline, s'il faut laisser les habitants se révolter et jurer qu'ils brûleront les magasins de M. Crozat, et qu'ils assassineront ses agents ! Serait-ce user de passion que de punir ces sortes de gens, pour servir d'exemple aux autres ! Le libertinage est si outré, qu'il ne paraît ici presque aucun respect pour la religion. Chaque garçon a des sauvagesses ; les soldats comme les autres, sans en excepter les officiers, qui les préfèrent aux filles qui viennent de France. Voici le langage des uns et des autres : Si on nous ôte nos esclaves, disent les soldats, nous déserterons ; et les gens libres déclarent qu'ils s'en iront ailleurs, alléguant tous ensemble que le roi ne les désapprouve point, puisque M. le commissaire a acheté une sauvagesse à son arrivée, quoiqu'il ait plusieurs domestiques.

"Jusqu'à présent, je n'ai puni ni officiers, ni soldats, ni habitants, ni sauvages, malgré les justes sujets que j'en ai eus, par les fautes des uns dans le service et par l'insolence des autres. J'ai seulement fait mettre aux fers un soldat qui vint, à la tête de vingt autres, me demander, d'un ton arrogant, des vivres. Je le renvoyai à M. le commissaire. Il me répliqua qu'il était venu de la part du commissaire, lequel ne voulait lui donner que du maïs ; que cela étant, les soldats prétendaient ne point faire de service. Je fis donc arrêter ce mutin et assembler en même temps Messieurs les officiers et M. le commissaire, s'agissant du service du roi. Je leur exposai le fait, et leur fis entendre que dans le Canada, aux postes éloignés, les soldats y faisaient le service, quoiqu'ils fussent seulement nourris de blé d'Inde ou de maïs ; que j'étais informé qu'ils l'avaient fait ici pendant deux ou

1714. trois ans avec la même nourriture ; et comme je commençai de demander les avis, M. le commissaire interrompit, et dit que le sien était de faire cesser le service aux troupes jusqu'à ce qu'elles eussent du pain, soutenant son avis par les plus puériles raisons du monde. Tous les autres furent d'avis de faire continuer le service. Je lavai la tête au commissaire.

"Le sieur Duclos (commissaire-ordonnateur) a nommé pour procureur-général, le garde-magasin ; pour conseiller, le chirurgien-major; pour greffier, huissier et notaire, le nommé Roguet, soldat de cette garnison. J'ai consenti que le conseil s'assemblât chez le dit commissaire, parce que je n'ai point de logement chez moi, et ce, jusqu'à ce que Sa Majesté ait destiné un lieu pour s'assembler. Il ne manque plus à ce conseil que le bonnet et la robe. Les officiers ont presque tous double emploi ! Rien de mieux assorti que l'emploi de garde-magasin et de procureur-général, que le métier ou l'art du chirurgien avec la charge de conseiller de cour souveraine, que le métier de soldat, et la charge de greffier, d'huissier, notaire ou garde-note !"

Ici, M. de Lamothe Cadillac entre dans des détails facétieux pour faire ressortir le ridicule et l'inconvénient de ces cumuls.

Passant ensuite à des considérations sur son administration, il nie l'accusation portée contre lui d'avoir refusé des concessions de terres, mais il déclare que le modèle qu'on lui a donné est repoussé par tout le monde.

"D'après le modèle, dit-il, les concessions ne sont parfaites qu'après avoir été approuvées ou confirmées par la cour. Ce qui expose les concessionnaires à travailler inutilement au défrichement, dans le cas de non confirmation. On ne peut disposer de sa concession, qu'après en avoir défriché les deux tiers; circonstance qui empêche toute vente, tout échange, tout arrangement entre voisins, puisque la vie d'un concessionnaire n'est pas

assez longue pour défricher les deux tiers de trois arpents 1714.
de front sur trente de profondeur.

"Quant à moi, je ne serai jamais avare de leur donner des terres, surtout dans ce pays. Elles y sont si mauvaises, qu'il ne leur en faut pas laisser manquer. Je n'y vois qu'un seul inconvénient: c'est que les habitants se trouveront éloignés les uns des autres. D'un autre côté, étant proche à proche, ils ne peuvent subsister. Mais je me conformerai au modèle jusqu'à nouvel ordre. C'est la vérité que les terres ne produisent rien, et que chacun est dégoûté de les travailler ou de les faire travailler.

"Si vous ne remédiez pas, Monseigneur, à la cabale qui s'est formée par les menées de M. le commissaire et de M. de Bienville, qui ont entraîné tous les officiers de leur côté, avec la meilleure partie des habitants, je suis persuadé que M. Crozat sera obligé d'abandonner, parce que ces Messieurs sont en correspondance avec Pensacola où ils vendent et où ils achètent, et excitent les habitants à en faire de même; lesquels habitants se sont réunis sans ma permission, ayant dressé une requête pour la présenter au conseil supérieur. Cette requête détruit en entier le traité fait avec M. Crozat, demandant entr'autres choses qu'il soit libre à toute sorte de nations de venir commercer dans ce pays, comme aussi qu'ils puissent eux-mêmes aller partout où il leur semblerait bon, hors du gouvernement; que le directeur de M. Crozat puisse seulement vendre en gros et non en détail, voulant qu'il leur donne sa marchandise à cinquante pour cent au plus haut prix. Cette requête contenait encore plusieurs autres demandes absurdes. Ceci étant venu à ma connaissance, j'ai dit hautement que je ferais pendre le porteur de cette requête, comme un chef de sédition, n'étant pas permis de convoquer des assemblées sans une permission, et parce que cette requête ne tend qu'à renverser les intentions de Sa Majesté, qui ont été publiées et affichées par les lettres pa-

1714. tentes de M. Crozat. Cette menace et la requête revinrent à M. le commissaire et à M. de Bienville, qui enfin, s'étant bien consultés, jugèrent à propos de ne la point recevoir ni de me forcer à y répondre ; en sorte que le nommé Nicolas Miragouin, qui en était porteur, me dit qu'il l'avait déchirée, et qu'il voyait bien que j'étais le maître, puisque ceux qui avaient induit à la faire, n'avaient pu la soutenir.

"Je ne sais, Monseigneur, si vous trouverez mauvais que j'écrive à M. Crozat qu'il se charge de payer les troupes et de faire les avances pour les fortifications. Cela lui est nécessaire selon moi, s'il veut faire valoir ce pays ; car enfin, tant qu'il aura des officiers qui lui seront aussi contraires que ceux-ci, étant presque tous parents au deuxième ou troisième degré et Canadiens, à la réserve du major, du sieur de Richebourg et Blondel, ses agents seront toujours traversés, et des esprits malins se voyant appuyés, pourraient bien réduire ses magasins en cendres."

M. de Lamothe Cadillac termine sa dépêche en se plaignant du commissaire qui le laisse sans fonds, prétendant qu'il en manque lui-même, "comme si, ajoute M. de Cadillac, il ne pouvait pas en emprunter!"

Malgré les affreuses descriptions que M. de Lamothe Cadillac faisait du pays, M. Crozat n'en était pas moins déterminé à faire de grands efforts pour tirer parti de la charte qui lui avait été concédée. Il avait envoyé à la colonie, un navire qu'il avait décoré du nom de la Louisiane, et qui portait une grande quantité de provisions et de marchandises, ainsi que quelques passagers. D'un autre côté, les Indiens recherchaient l'amitié des Français, et des députations des nations voisines vinrent solliciter la protection du nouveau chef des pâles visages. Ainsi, la colonie aurait pu sortir peut-être de la situation pénible où elle était depuis si long-temps, si elle n'avait été placée sous le contrôle d'un aussi triste personnage que M. de Cadillac.

Au sujet des passagers qui étaient venus à bord de la 1714. Louisiane, et dont il vient d'être fait mention, M. de Cadillac écrivit au ministre, en date du 1er mars 1714 :

"A l'égard des dix-sept ou dix-huit passagers qui sont venus par la frégate La Louisiane, ils sont restés, parceque ce sont des gens de métier ou de travail. Il est arrivé aussi deux filles, qui sont deux insignes débauchées. Cependant l'une est servante chez M. le commissaire, qui peut-être la corrigera."

On voit que l'animosité de M. de Cadillac contre ses adversaires ne s'était pas ralentie et qu'il se permettait ici, en passant, une malicieuse observation contre le commissaire-ordonnateur Duclos. Puis il continuait :

"Quant à l'autre fille, messieurs les prêtres m'ont demandé de la renvoyer en France. Ce que je n'ai point voulu faire, leur ayant fait réponse que je craignais de vous déplaire, parce que s'il fallait renvoyer toutes les femmes de mauvaise vie de ce pays, il n'en resterait presque plus. Tout le monde se plaint de ce que Messieurs les prêtres sont trop sévères, et il me parait que les habitants sont rebutés par les longues et fréquentes remises dans les confessions, avant de pouvoir obtenir l'absolution. Je ne sais si un peu de douceur ne vaudrait pas mieux.

"Plusieurs particuliers, habitants, demandent la permission de passer en France, pour aller vaquer à leurs affaires. Je vous supplie de me marquer si je dois la leur accorder."

Le 18 septembre, M. de Lamothe Cadillac informa le ministre, non sans quelque air d'importance, qu'il avait fait la paix avec les Alibamons, avec lesquels les Français avaient été en guerre depuis quelque temps. Malheureusement, il parait qu'il n'avait pas réussi à rétablir la paix intérieure dans la colonie et à réconcilier les esprits ; car dans la même dépêche, il jugeait convenable de faire savoir au gouvernement Français,

1714. que la cabale montée contre lui redoublait de violence et que la ligue de ses adversaires se composait de Bienville, Boisbriant, Chateaugné, Richebourg et du Tisné. Mais il annonçait avec satisfaction qu'il était content de Marigny de Mandeville, Bagot, Blondel, Latour, Villiers et Terrine.

Ainsi, cette poignée d'hommes qui végétaient sur une terre étrangère, loin de leur patrie, au lieu de s'unir pour s'aider mutuellement contre les misères de tous genres dont ils se plaignaient amèrement, s'étaient divisés en deux camps. Bienville et le commissaire-ordonnateur Duclos étaient à la tête de l'un, et le gouverneur, avec quelques officiers, à la tête de l'autre.

Pendant qu'à la Louisiane, ceux à qui ses destinées étaient confiées, loin de concentrer leur attention sur les moyens de faire prospérer la colonie, ne cherchaient qu'à se contrecarrer et à se nuire mutuellement, il était rendu en France, sur la demande du sieur Crozat, une ordonnance en date du 27 décembre, par laquelle il était défendu à toutes personnes d'introduire aucune marchandise à la Louisiane ni d'en faire sortir pour l'envoyer ailleurs, sous peine de confiscation au profit du sieur Crozat. Il était aussi défendu à toutes personnes, sous les mêmes peines, d'avoir dans la colonie aucun bâtiment propre à aller en mer, et à tous les autres sujets du roi, d'envoyer des vaisseaux dans cette colonie pour faire le commerce.

Une autre ordonnance, de la même date, décrétait l'établissement permanent de cinq forts dans la colonie, dont quatre existaient déjà.

1°. A l'île Dauphine, où devaient résider le gouverneur, le commissaire-ordonnateur, le major, le sieur de Chateaugné, Bagot, capitaine, Lamothe, lieutenant, et Villiers, enseigne, avec soixante-quinze soldats, et les autres personnes entretenues par Sa Majesté.

2°. A l'ancien fort de la Mobile, où il y aurait un sergent et neuf soldats.

3°. Au haut de la rivière de la Mobile, où devait commander Marigny de Mandeville, ayant sous lui le sieur de la Tour, lieutenant, et quarante soldats.

4°. Aux Natchez, où devait commander Bienville, lieutenant de roi, ayant sous lui les sieurs de Barbetan, aide-major, Clérac, lieutenant, et du Tisné, enseigne.

5°. Au Ouabache, où devait commander M. de Richebourg, ayant sous lui Blondel, lieutenant, et Chesnier, enseigne, avec quarante soldats.

Cette ordonnance, lorsqu'elle parvint à la Louisiane, reçut diverses modifications, sur avis motivé du conseil de la colonie. Ce qu'il y a de remarquable dans cette ordonnance, c'est que Bienville, contre lequel il y avait déjà eu un ordre d'arrestation, et auquel on avait donné deux remplaçants, les sieurs de Muys et de Lamothe Cadillac, qui avaient eu pour instructions de s'enquérir, de concert avec les commissaires-ordonnateurs, des accusations portées contre le gouverneur destitué, était non seulement autorisé à rester dans la colonie, mais y était maintenu comme lieutenant de roi, c'est-à-dire : la seconde personne après le gouverneur. Une réflexion bien simple se présente à l'esprit. Le gouvernement croyait que les griefs articulés contre Bienville étaient fondés, ou qu'ils ne l'étaient pas. Dans le premier cas, il fallait le rappeler; ou, dans le second, il fallait le conserver gouverneur de la colonie qu'il avait fondée, à laquelle il devait par conséquent être attaché comme à sa création, et dont il connaissait mieux que tout autre le fort et le faible. Tandis que le placer dans une position subalterne, là où il avait exercé une autorité supérieure, et où il devait avoir de nombreux partisans, c'était bien peu connaître la nature humaine, ou plutôt, c'était une preuve de bien grande incurie. C'était volontairement faire naître toutes les difficultés qui devaient entraver

1714. les progrès de la colonie. Aussi, la querelle entre M. de Cadillac et M. de Bienville ne faisait que s'envenimer davantage; et ce dernier, dont l'irritation allait toujours en croissant, s'oublia au point d'écrire au ministre : "Que si M. de Lamothe Cadillac lui portait, à lui, Bienville, tant d'animosité, c'était à cause du refus qu'il avait fait d'épouser sa fille."

Voilà à quelles puériles et honteuses récriminations les fondateurs de la colonie de la Louisiane consacraient leur temps au lieu de se préoccuper de soins plus dignes d'eux.

CHAPITRE VI.

MÉMOIRE DU CURÉ DE LA VENTE.—PREMIÈRE GUERRE CONTRE LES NATCHEZ.—EXPÉDITION DE ST. DENIS JUSQU'À MEXICO, PAR TERRE.—M. DE LAMOTHE CADILLAC ET M. DUCLOS SONT DESTITUÉS.

LE redoutable curé de la Vente, qui avait toujours joué un rôle très actif dans le pays, qui, par son esprit frondeur et tracassier, s'était fait craindre de tout le monde, et que M. de Lamothe Cadillac lui-même, tout rigoriste qu'il était, trouvait trop sévère, ne se lassait pas d'envoyer en France des mémoires dans lesquels il représentait les colons comme une troupe de démons, voués à la damnation éternelle, ainsi qu'en fait foi ce curieux écrit : 1714.

Mémoire du Curé de la Vente.

"Monseigneur le comte de Pontchartrain ayant souhaité d'être informé exactement de la conduite des Français de la Louisiane, on a l'honneur de lui exposer ici la pure vérité de ce qui se passe dans ce pays là, sans aucun dessein de nuire à personne, mais dans la seule vue de faire apporter quelque remède à des désordres que la piété du roi ne peut ni ne doit tolérer dans aucun des lieux de sa domination. Voici donc ce qu'on sait de plus certain de l'état des choses, en les reprenant en peu de mots dès l'origine de la colonie.

"Le gros de cette colonie, où le roi mit l'année dernière un nouveau gouverneur très réglé et très bien intentionné, M. de Cadillac, n'a été dans le commencement qu'un composé de gens ramassés, dont la plupart

1714. étaient des coureurs de bois qui ont vécu sans joug et sans discipline, depuis qu'ils se sont retirés de la colonie du Canada, les uns pour éviter la punition de certains crimes, les autres pour se mettre à couvert de la poursuite de leurs créanciers.

2°. "S'étant jetés dans les forêts, parmi les sauvages, ils se sont accoutumés à mener une vie libertine, sans avoir l'occasion ni peut-être la volonté de faire aucun exercice de religion ; et lorsqu'ils apprirent qu'on faisait un nouvel établissement dans la Louisiane, ayant pris le parti de s'y rendre, ils y apportèrent tout le libertinage dans lequel ils avaient vécu jusqu'alors et qu'ils ont conservé jusqu'ici fidèlement.

3°. "La principale source de l'irréligion publique et habituelle où ils sont depuis si long-temps est que, n'ayant pas voulu se lier à aucune femme par un mariage légitime, ils ont mieux aimé entretenir des concubinages scandaleux avec de jeunes sauvagesses portées par leur naturel à toute sorte de dérèglements. Ils les ont achetées comme des esclaves, sous prétexte de les garder en qualité de servantes, mais dans le vrai, pour en abuser, comme ils le font en effet ; ce qui les expose souvent à étouffer leurs enfants, sans se mettre en peine de leur procurer le baptême.

Si dans une corruption si criminelle et si affreuse, ils pratiquaient du moins quelque reste des dehors du Christianisme, on pourrait espérer d'en ramener de temps en temps quelques-uns à leurs devoirs. Mais comme s'ils avaient dessein de se rendre incapables de conversion, on ne les voit jamais ou presque jamais à l'église. Ils n'assistent ni à la messe ni à l'office divin, ni aux instructions ; ils passent toutes les années sans se présenter aux sacrements ; et pendant qu'un très petit nombre d'autres habitants célèbrent les dimanches et les fêtes dans la paroisse, ils ne sortent pas des cabarets et des jeux publics, d'où il est aisé de comprendre qu'ils

sont presque tous des ivrognes, des joueurs, des blasphé- 1714.
mateurs du saint nom de Dieu et ennemis déclarés de
tout bien, jusqu'à se moquer ouvertement de notre sainte religion, des personnes qui en font quelque exercice,
et surtout des prêtres et des missionnaires, pour lesquels ils ont autant d'éloignement que de mépris, quoiqu'il soit certain que ces ouvriers évangéliques méritent par leur vie édifiante l'estime de tous les gens sages,
et qu'ils n'omettent rien de leur part pour attirer, par
leur patience, par leur douceur, par leurs recherches et
leurs petits services, les scandaleux qui les fuient de
toutes leurs forces et les tournent en ridicule. Lorsque
les gouverneurs veulent quelquefois les reprendre, ils
sont toujours prêts à retourner dans les bois et à quitter
la colonie.

5°. Leur pernicieux exemple a corrompu le plus
grand nombre des soldats de la garnison. Il y en a peu
qui soient mariés. Ceux qui ne le sont pas, dès qu'ils
ont gagné de quoi vivre avec une sauvagesse, vivent
avec elle d'une manière payenne, et tombent dans toutes
les passions et dans toutes les impiétés de ces malheureux habitants qui vivent sans foi ni loi.

6°. "Quelques-uns même des officiers, tant d'épée que
de plume, soit parce qu'ils ne trouvent pas sur les lieux
des filles françaises qu'ils puissent prendre pour épouses,
soit qu'il leur paraisse moins embarrassant et plus commode de n'avoir que des concubines, sous le nom d'esclaves qui les servent, s'en tiennent là; et quoiqu'ils
en aient tous les jours des enfants, au su et vu de tout
le monde, les pasteurs font encore tous leurs efforts pour
les obliger à s'en passer, et à finir un scandale absolument incompatible avec la profession de la vie chrétienne.

7°. "Tant que les choses demeureront dans ce funeste
et triste état, il ne paraît pas possible que la colonie
subsiste et qu'on y établisse un commerce utile à la
France. Dieu ne bénira jamais un établissement où,

1714. loin d'être servi, il est infiniment déshonoré, et presque entièrement oublié et inconnu, par ceux mêmes qui portent si injustement le nom de chrétiens. On peut encore moins espérer d'y travailler avec fruit à la conversion des sauvages qui auront quelques rapports avec les Français ; puisqu'en fréquentant ceux-ci, loin d'être attirés par eux au christianisme, ils en seront au contraire entièrement détournés par l'idée pitoyable qu'ils prendront de notre sainte religion, en voyant de leurs yeux l'horrible corruption de ceux qui la professent.

8°. "Ainsi, les missionnaires se trouvant inutiles aux uns et aux autres, dans l'impuissance d'avancer la gloire de Dieu, et de remplir les intentions du roi, en rappelant à la foi et aux bonnes mœurs ceux qui sont déjà chrétiens, et en y amenant ceux qui ne le sont pas encore, n'auront d'autre parti à prendre que celui de quitter une terre si maudite, pour porter leur zèle ailleurs. En effet, si on ne remédie au plus tôt aux désordres dont ils gémissent, il faudra absolument qu'ils retournent en France, après avoir usé inutilement leurs forces auprès de deux sortes de personnes presque également inconvertibles.

9°. "On laisse aux lumières de Monseigneur le comte de Pontchartrain à discerner et à employer les remèdes dont il jugera à propos d'user, pour guérir de si grands maux.

"Peut-être croira-t-on qu'il est nécessaire de purger la colonie, en chassant comme des malheureux tous les impies qui la désolent, et en envoyant de France de nouveaux habitants mariés, qui peuplent le pays par des enfants légitimes ; mais il faut avouer que ce retranchement et cet envoi ne sont des choses ni promptes ni faciles. On sait cependant que les anciennes familles du Canada étaient de bonnes gens qui, ayant été accoutumés à travailler la terre dans le Perche et dans la Normandie, passèrent d'abord avec leurs femmes dans la Nouvelle-France, et qui, par la suite, y ont fait par leur travail de très bons établissements, où ils vivent chrétiennement. Sur de pareils fondements, on peut commencer à espérer d'affermir des colonies. Pour former celle de la Louisiane, ne faudrait-il pas y envoyer des familles bien chrétiennes pour les placer en différents lieux, et les mettre en état de travailler avantageusement pour elles-mêmes, en y vivant avec édification pour les sauvages ?

10°. "Si ce moyen ne paraît pas trop praticable, ne pourrait-on pas permettre aux Français d'épouser des sauvagesses ? Cela rectifierait bien des choses pour le passé et pour l'avenir.

11°. "Mais supposé qu'on ne le permette pas, il serait nécessaire d'envoyer, au moins pour les soldats et les gens du commerce, un nombre considérable de filles mieux choisies que les dernières, et surtout quelques-unes qui soient assez raisonnables et assez bien faites pour convenir aux officiers et aux principaux habitants, et en conséquence, pour permettre de défendre à tous de garder leurs sauvagesses ou d'en prendre d'autres.

"Pour exécuter des ordres semblables, M. le gouverneur aurait besoin de toute l'autorité de la cour, sans laquelle il ne pourrait ni réprimer les vices, ni faire cesser les scandales, ni rétablir la piété, ni punir les coupables et les rebelles, ni autoriser suffisamment les ministres de Jésus-Christ."

Tous ces tableaux que l'on faisait successivement passer sous les yeux du comte de Pontchartrain étaient d'une nature assez sombre pour l'effrayer sur l'avenir de la colonie. Cependant M. de Lamothe ne voulut pas finir l'année sans ajouter quelques coups de pinceaux aux couleurs sous lesquelles la Louisiane était représentée, et termina un compte-rendu de son administration, en 1714, par ces phrases énergiques :

"Quelque adresse qu'on emploie à maintenir les sauvages, ce sont des hommes. Les Anglais les attirent à

1714. la Caroline. Ils y voient mille fois plus de monde qu'ici. Ils connaissent notre faiblesse et notre misère. On a beau savoir gouverner, ce sont deux vilaines balafres sur le front d'un gouverneur que la pauvreté et l'impuissance. Il ne reste ici que quarante soldats tant mariés qu'à marier, dont il y en a même quatre ou cinq qui sont hors de service. Ils sont mal nourris, mal payés, mal disciplinés, et les officiers ne sont guère mieux. Je ne crois pas qu'il y ait au monde un semblable gouvernement."

1715. En 1715, M. de La Loire des Ursins fit un établissement aux Natchez, en vertu d'ordres qu'il avait reçus de Crozat.

M. de Lamothe Cadillac était parti au commencement de l'année, pour aller à la recherche de mines d'or et d'argent aux Illinois, et n'était revenu de cette chimérique expédition qu'en octobre, sans avoir rien trouvé de ce qu'il cherchait. Il avait donc été obligé de faire trève à ses dépêches ; l'on n'en trouve qu'une seule de cette année, écrite à son retour, et dans laquelle il se vante de ce que les Indiens, à son instigation, attaquent les Anglais presque en masse et partout. Il n'y avait de vrai, dans cette assertion, que l'hostilité des sauvages contre les Anglais. Car il était parti, laissant les nations voisines des établissements français très irritées contre lui, et c'était pendant son absence, au contraire, que Bienville avait regagné leurs bonnes graces, et les avait poussées contre les Anglais. Loin d'avoir rien obtenu des Indiens, M. de Lamothe Cadillac, en remontant le fleuve, ainsi qu'en le descendant, pendant son expédition, s'était complètement aliéné la puissante nation des Natchez par les caprices de son humeur fantasque et par des airs de hauteur intempestive.

Mais si M. de Lamothe Cadillac avait été forcé d'être sobre de dépêches en 1715, il s'en dédommagea en 1716.

1716. Ce singulier gouverneur ne rêvait qu'à des mines d'or et d'argent. Il n'était venu dans la colonie que dans le 1716 but de les exploiter. Aussi, lui en fallait-il à tout prix, et il ne pensait à autre chose. C'était un feu follet qui s'était emparé de son imagination, et qui l'avait exaltée à tel point, qu'en mettant le pied sur le sol de la Louisiane, M. de Cadillac croyait déjà voir s'ouvrir les entrailles de la terre, pour donner passage aux métaux précieux que convoitait son ambition. Cette idée fixe, à laquelle se rattachaient toutes ses espérances, l'empêcha de se livrer à des travaux utiles, et l'entraîna dans des recherches pour lesquelles il perdit un temps précieux qu'il aurait pu beaucoup mieux employer. C'était pour en faire sortir des moissons qu'il fallait fouiller la terre, et non pour y chercher de l'or. Cet or était à la surface, et pour l'avoir, c'était à l'agriculture qu'il aurait dû presser les colons de s'adonner. L'agriculture aurait appelé le commerce, et le commerce aurait bientôt répandu dans la colonie des métaux déjà frappés et marqués au coin du prince. Mais loin de se livrer à aucune occupation agricole, les colons préféraient les plaisirs de la pêche et de la chasse, qui leur procuraient souvent une subsistance facile. Les fleuves, les lacs et les étangs abondaient en poissons. Leurs bords étaient peuplés d'oiseaux de toute espèce, et des troupeaux de chevreuils pullulaient dans les forêts. Pour cette raison, il est difficile de croire à ces disettes extrêmes et à ces horribles famines dont on prétend que la colonie fut si souvent affligée.

M. de Lamothe Cadillac n'était pas d'une trempe à arracher les colons à un genre de vie si nuisible à leur propre intérêt et à celui de l'Etat, et à imprimer une direction heureuse à l'énergie qu'il aurait pu éveiller en eux. Loin de chercher à atteindre ce noble but, il avait consacré huit mois à battre les forêts des Illinois et à courir après les chimères de son cerveau malade. Un aventurier nommé Dutigné, venant du Canada, lui avait apporté plusieurs morceaux d'un miné-

1716. ral qu'il prétendait avoir trouvé aux Illinois. M. de Lamothe Cadillac les fit éprouver, et l'on trouva qu'ils contenaient une assez grande quantité d'argent. Ce fut assez pour le faire partir en toute hâte pour les Illinois. A son arrivée, il apprit que les morceaux de minéral qui avaient fait naître en lui de si vives espérances, avaient été apportés aux Illinois par un Espagnol venant du Mexique. Cet homme en avait fait cadeau à un habitant des Kaskaskias, comme objets de curiosité, et cet habitant les avait à son tour donnés à Dutigné, qui avait abusé de la crédulité de M. de Lamothe Cadillac. Le gouverneur eut ainsi la mortification de s'apercevoir, mais un peu tard, qu'il avait été pris pour dupe. Il s'en revint accablé de fatigue, malade de vexation, outré du désappointement qu'il avait éprouvé, et tourna sa colère contre le malheureux pays et contre les pauvres colons qui lui plaisaient déjà si peu. Il se soulagea en écrivant une dépêche en date du 2 janvier 1716, dans laquelle il invectivait contre tout le monde et surtout contre les officiers qui, affirmait-il, faisaient mille difficultés pour aller à leurs postes.

"On peut dire, écrivait-il, qu'autant d'officiers, autant de prétendent-ils être gouverneurs. Chacun veut faire le service à sa mode. Permettez-moi de vous représenter, Monseigneur, que ces sortes de conseils, (le conseil supérieur de la colonie,) pour faire des changements aux ordres de Sa Majesté dans les pays éloignés, semblent préjudiciables à son service, et donnent de graves atteintes au bon gouvernement, car le langage de ces Messieurs tient plus du républicain que de sujets véritablement subordonnés. On n'entend sortir de leurs bouches que ces mots : je veux ou je ne veux pas. Un gouverneur doit faire sentir son droit de supériorité, afin qu'il puisse agir avec fermeté et faire exécuter avec promptitude, exactement ce qui lui est ordonné au nom de Sa Majesté, au lieu qu'il semble être assujetti à la dépendance, lorsqu'il faut qu'il agisse par les décisions d'officiers subalternes qui presque toujours inclinent à ce qui leur convient, sans s'inquiéter si le service du roi en souffre ou celui de la colonie.

1716.

"Des Anglais s'établissent parmi les Chactas à qui j'ai fait dire de les chasser. Ils m'ont fait répondre qu'ils se moquaient du gouverneur et des quarante ou cinquante coquins de Français qui sont ici. J'ai fait courir sur les Chactas par les Chickassas, et deux Anglais ont été pris et menés ici pendant mon absence, mais M. de Bienville les a fait en aller. Il y a aussi des différends entre les Chactas et les Mobiliens, que M. de Bienville a cherché à apaiser à grands frais, mais inutilement. A mon arrivée ici, avancée à cause de ces troubles, j'y ai mis bon ordre ; j'ai donné ordre au frère du grand chef des Chactas de tuer son frère, en lui disant que je lui donnerais sa place. Ce qu'il a fait. Il est venu ici avec cent hommes. Je lui ai fait faire une bonne paix."

Un gouverneur, tel que M. de Lamothe Cadillac, qui était si peu fait pour commander le respect et dont le défaut d'intelligence ne pouvait être qu'un sujet continuel de moquerie, ne devait rencontrer partout que de l'insubordination. Aussi, son exaspération arriva à un tel degré d'intensité, qu'en date du 22 juin, il écrivit une dépêche qui fait douter de sa raison. Cette dépêche était écrite en forme de notes, ainsi que suit:

Mémoire de M. de Lamothe Cadillac.

1°. "Jusqu'à présent, cette colonie est un monstre qui n'a ni queue ni tête, c'est-à-dire, qu'elle n'a aucune forme de gouvernement.

2°. "C'est qu'on a écouté, au lieu de mes avis, des fables de roman.

3°. "Le mensonge a plus de chance de se faire écouter que la vérité.

4°. "Les mines des Arkansas ne sont qu'un songe.

1716. Les beautés et la bonté des terres de ce pays sont un fantôme. Les romanistes ont publié que ce pays était semblable aux îles fortunées. Le sieur de Lamothe Cadillac, qui l'a tout vu et bien examiné, proteste avec vérité qu'il n'en a jamais vu un plus mauvais. Il se fait une conscience d'en imposer à Sa Majesté. Il a toujours regardé la vérité comme sa reine et sa princesse. C'est ce qui a reculé peut-être son avancement et sa fortune, ce dont d'autres ont profité à ses dépens, pour avoir employé le mensonge par politique.

5°. "Il demande un examen impartial de tout ce qu'il avance.

6°. "Le climat est froid et assez tempéré pendant six mois, et pendant les six autres, ce sont des chaleurs excessives. A peine trouve-t-on quelque lisière de bois franc. Tout le reste sont des pins sauvages, et par conséquent terrain sablonneux. C'est un sable blanc et sec qui ne peut rien produire.

7°. "Dans le haut de la rivière de la Mobile, il y a certaine lisière de terre qui inonde à chaque printemps, où, après que les eaux ont baissé, les sauvages sèment du maïs qui y vient passablement. Il n'y a point de mine de salpêtre.

8°. L'île Dauphine n'est guère qu'un sable pur. Elle est fort basse.

9°. "Il n'y a point de fruits du pays. Les melons d'eau et d'Espagne y viennent assez bien, ainsi que les pêchers et les figuiers. La vigne y vient très mal à cause des grandes sécheresses. Les muriers y sont fort petits, et sur sa parole, la feuille n'en vaut rien parce qu'elle est trop épaisse et trop forte. Il y a des huitres en quantité et très mauvaises, parce qu'elles sont douces pendant tout l'hiver et ne sont salées que pendant le mois de juillet et suivants. La pierre est à six lieues de l'île Dauphine. Elle ne paraît pas de bonne qualité. Les bois de l'île et de tous les environs pourrissent au bout de deux ans, lorsqu'ils sont 1716. plantés dans la terre. Le cèdre se conserve davantage, mais il y en a en si petite quantité qu'il est inutile d'y penser. Il y a des coquillages d'huîtres en très grande quantité, dont on fait de la chaux de bonne qualité.

10°. "Il vaut mieux faire un fort de pierres qu'un fort de bois.

11°. "L'ingénieur est capable, mais sans fermeté, sans conduite, toujours ivre.

12°. "Il n'y a qu'un mauvais fort au fort Louis. Le commissaire Duclos n'a jamais rien voulu faire pour l'améliorer.

13°. "A l'île Dauphine, il y a seulement quatorze baraques de pieux couvertes de joncs, un corps-de-garde et une prison de même. Le tout est entouré de pieux fort irrégulièrement.

"Le gouverneur ne sait pas à quelle fin on propose tant d'établissements à la fois. Ce qui est une chose impossible d'exécution, parce qu'il n'y a point d'ouvriers dans ce pays, et que les barques, brigantins et autres gros bateaux ne peuvent servir pour la navigation du fleuve Mississippi. Le gouverneur de la Louisiane en a déjà écrit les raisons, qui sont que cette rivière ne fait que serpenter, et fait le tour du compas de trois lieues en trois lieues; que c'est un torrent pendant six mois, et que, pendant les six autres, les eaux sont si basses, qu'en bien des endroits, les pirogues à peine y peuvent passer. Outre qu'il change de lit tous les ans, en sorte que c'est toujours une nouvelle découverte pour le chenal. Les terres sont inondées la moitié de l'année, etc."

Enfin, suivant son habitude, M. de Cadillac termine sa communication au ministre en se plaignant de tout le monde. Avec l'organisation intellectuelle qu'on lui connaît, M. de Lamothe Cadillac ne pouvait s'arrêter en si beau chemin. Aussi, ne trouva-t-il rien de mieux à faire que d'aller s'enfermer dans l'île Dauphine, où il promulgua cette belle ordonnance, le 20 juillet :

Ordonnance de M. de Lamothe Cadillac.

1716. "Comme nous avons eu connaissance et science certaine de plusieurs cabales et ligues qui tendent à la révolte et à la sédition, et à cause des querelles d'où il pourrait s'en suivre de fâcheuses conséquences; pour les abolir et obvier aux malheurs qui pourraient arriver par l'ivrognerie, et à ceux fomentés par des femmes de mauvaise vie ou par l'instigation d'autres personnes qui excitent à la vengeance ceux qui ont le malheur de se laisser surprendre par de mauvais discours; et comme chacun s'ingère de porter l'épée et autres armes sans en avoir aucun droit, nous défendons très expressément à tous roturiers, à tous commis de M. Crozat, gens de marine et nouveaux venus de France, s'ils ne sont pourvus par commission de Sa Majesté, de porter l'épée ni autres armes, de nuit ni de jour, à l'île Dauphine, ni aux autres établissements où il y a garnison actuelle, à peine de 300 livres d'amende, applicable à la construction d'une église à l'île Dauphine, où il n'y en a point, d'un mois de prison, et de plus grande peine, en cas de récidive. Permettons à tous gentilshommes de porter l'épée, après avoir prouvé leur noblesse et remis leurs titres au greffe du conseil pour être examinés, et non autrement, sous les mêmes peines. Permettons aussi à tous officiers de guerre et de justice, servant actuellement dans le pays, de porter l'épée, etc."

On ne peut s'empêcher de sourire en pensant à la ridicule figure que devait faire M. de Lamothe Cadillac s'érigeant en une cour héraldique dans une mauvaise cabane de lataniers, à l'île Dauphine, et s'occupant gravement de prononcer sur les titres de noblesse de ceux qui *s'ingéraient* de porter l'épée dans les forêts de la Louisiane.

Le fait est, que M. de Lamothe Cadillac, pendant tout le cours de son administration, s'était toujours opposé, avec obstination, autant qu'il avait pu le faire, à tout 1716. établissement sur le Mississippi, et avait toujours persisté à s'enfermer dans l'île Dauphine, d'où il ne sortait que pour chercher des mines. C'est pour cela qu'il avait écrit au ministre que "le Mississippi n'était pas navigable, parce que, pendant six mois de l'année, c'était un torrent, et que, pendant les six autres, il y avait si peu d'eau dans son lit qu'une pirogue ne pouvait y flotter."

Il était temps que le gouvernement mît fin à la grotesque administration de M. de Cadillac, qui, par ses assertions, outrageait si audacieusement la vérité, et qui, par sa conduite, blessait uniformément toutes les règles du bon sens. Le commissaire-ordonnateur Duclos, qui avait toujours été en désaccord avec le gouverneur, et dont le jugement, par conséquent, est peut-être un peu suspect, disait de lui : "Que c'était un homme cupide, artificieux, entier, mais fort habile à servir ses intérêts, attendu qu'il prenait pour lui tout ce que la cour envoyait pour les sauvages." Quant au reproche de cupidité, il est probable qu'il était fondé ; car dans une de ses dépêches, M. de Lamothe Cadillac, qui représentait les sauvages comme très gueux, n'en demandait pas moins à la cour la permission d'exiger d'eux des présents, pour subvenir à ses frais de représentation.

M. de Lamothe Cadillac avait fini par faire perdre patience à M. Crozat, qui mit cette apostille à une de ses dépêches : "Je suis d'opinion que tous les désordres dont M. de Lamothe se plaint dans la colonie proviennent de la mauvaise administration de M. de Lamothe lui-même." Le ministre, dont les yeux auraient dû s'ouvrir plus tôt, y ajouta cette autre apostille : "Messieurs de Lamothe Cadillac et Duclos, qui ont des caractères incompatibles, sans avoir l'intelligence nécessaire à leurs fonctions, sont révoqués et remplacés."

Pendant que M. de Lamothe Cadillac s'amusait de billevesées, M. de Bienville avait eu des occupations

1716. plus sérieuses. Il était parti au commencement de l'année pour châtier les Natchez, qui avaient assassiné des Français. Au sujet de cette expédition, M. Duclos écrivait au ministre, en date du 7 juin : "J'envoie le mémoire de M. de Richebourg, portant le résultat de ce que M. de Bienville a fait aux Natchez. M. de Lamothe n'est pas content de ce qui a été fait, mais on s'y attendait, et quoique M. de Bienville eût pu faire, le gouverneur aurait été mécontent.

"Mon sentiment était de différer l'établissement des forts Rosalie et des Natchez, jusqu'à ce qu'on fût en mesure d'en profiter, et de faire, en attendant, celui du haut de la rivière de la Mobile, dont l'utilité est actuelle, et dont le besoin est pressant pour contenir les sauvages du côté des Anglais. Dans le conseil, tout le monde a été de mon avis, moins M. de Lamothe. La suite m'a donné raison.

"Depuis le départ de M. de Bienville, il y a eu au fort Louis deux alarmes très considérables, que l'établissement du haut de la rivière, ainsi que je l'avais conseillé, nous aurait épargnées. Par deux fois, le bruit a couru que les Alibamons, pour se raccommoder avec les Anglais, venaient avec mille hommes détruire le fort Louis, et M. de Lamothe a été plus effrayé que personne. Ces nouvelles ne se sont pas confirmées, cependant il paraît que les Anglais regagnent les sauvages.

"Ce n'était pas non plus le moment de faire un fort aux Tunicas ; quant au fort Rosalie, il aurait fallu auparavant faire une bonne paix avec les Natchez qui nous avaient tué du monde, et M. de Bienville n'avait pas, ne pouvait pas avoir assez de monde pour cela. Il était dérisoire de l'envoyer avec trente-quatre hommes, là où il en aurait fallu cent ; car c'était lui imposer une tâche, tout en lui refusant les moyens de l'exécuter.

"M. de Lamothe, pourtant, lui ordonna de partir, de rester fortifié aux Tunicas, de tâcher de tirer vengeance de la mort des Français, et de faire ensuite la paix avec 1716. les sauvages.

"Vous verrez, par le mémoire Richebourg, ce que M. de Bienville a fait. Sa conduite, M. de Lamothe la trouve exécrable. C'est son mot. Il est, dit-il, contre le droit des gens de faire mourir trois hommes pris par surprise. Mais que pouvait-il faire? Pouvait-il user de la force? lui qui était sans force. Fallait-il demander des secours? Mais on ne lui en aurait pas donné, puisqu'on lui en avait obstinément refusé au début.

"M. de Lamothe blâme M. de Bienville pour ce qu'il a fait; mais quoiqu'il eût pu faire, il l'aurait blâmé de même. M. de Bienville a l'approbation de tout le monde, et de tous ceux surtout qui connaissent les sauvages.

"D'ailleurs, la faute de tout le mal est à M. de Lamothe. Dans son voyage aux Illinois, il ne voulut pas recevoir le calumet des Natchez, ni en montant ni en descendant le fleuve St. Louis. Ils conclurent naturellement de ce refus qu'il voulait les détruire, et jugèrent à propos, suivant leur coutume, de commencer à tuer les Français qui leur tomberaient sous la main, afin de piller les munitions qu'ils pourraient avoir. M. de Richebourg ne parle pas dans son mémoire de ce motif, afin de ne pas irriter M. de Lamothe; mais celui-ci, ayant su que le bruit en courait, l'a demandé à M. de Richebourg, qui l'a avoué franchement. M. de Lamothe a fini par en convenir.

"La prudence conseillerait de se tenir en force dans le voisinage des Natchez, et d'être constamment sur ses gardes. Car jamais les sauvages ne font une paix sincère après qu'il y a eu guerre."

Voici le mémoire de M. de Richebourg, auquel le commissaire-ordonnateur Duclos se réfère dans sa dépêche du 7 juin:

1716. *Mémoire de M. de Richebourg sur la première guerre des Natchez.*

"Pour bien faire connaître ce qui a donné lieu à cette nation de se déclarer contre nous, il faut reprendre d'un peu plus haut. En 1713, le roi ayant accordé la concession de la Louisiane à M. Crozat, M. de Lamothe Cadillac, son associé, y fut envoyé gouverneur; et M. de Bienville, qui n'avait que le titre de lieutenant de roi, eut ordre de rester sous lui pour le mettre au fait du pays. Mais le dit sieur de Lamothe, ayant voulu se gouverner à sa fantaisie, aliéna si fort les sauvages, que M. de Bienville avait maintenus dans la plus grande dépendance pendant plus de treize ans, qu'ils se jetèrent tous du côté des Anglais : lesquels, ravis de ces dispositions, leur envoyèrent plusieurs traiteurs avec quantité de marchandises et établirent des magasins aux Chactas, aux Chickassas, aux Yazous et aux Natchez, d'où ils envoyèrent des émissaires parmi le petit nombre de nations qui persévéraient dans notre alliance. Il est aisé de juger par la position de ces postes, qui sont au milieu de la colonie, qu'elle était sur le point de sa perte entière. Aussi, le sieur de Lamothe, qui sentait ce danger, chargea M. de Bienville de ramener les sauvages dans notre alliance, et de trouver les moyens de faire retirer les traiteurs anglais, qui étaient parmi eux. Ce qu'il fit en moins d'un mois. En effet, il fit piller tous les magasins des traiteurs anglais, qui lui furent amenés, et qu'il envoya à la Vera-Cruz pour les éloigner davantage. En même temps, il se fit apporter les têtes des principaux chefs Chactas qui étaient allés à la Caroline inviter les Anglais à venir s'établir chez eux.

"Au mois d'octobre de cette même année, M. de Lamothe revint des Illinois, sachant tout ce qui s'était passé. Comme il avait été mécontent de la mauvaise réception que les Natchez lui avaient faite en montant, il crut devoir à son tour leur en témoigner son mécontentement. Ayant abordé chez eux pour y prendre des vivres, les chefs s'empressèrent de lui donner tout ce qu'il souhaitait, lui présentèrent le calumet de la paix et le prièrent d'oublier leur faute. M. de Lamothe se rembarqua sans les vouloir écouter, les laissant ainsi persuadés que ce gouverneur avait l'intention de leur faire la guerre.

"M. de Bienville ayant reçu dans ce temps de nouvelles provisions du roi au commandement du Mississippi, Sa Majesté lui donna ordre d'aller faire plusieurs établissements sur ce fleuve et de commencer par celui des Natchez avec 80 soldats. Il fit aussitôt travailler à la construction des pirogues nécessaires et disposer toutes choses.

"On apprit au mois de janvier 1716, par M. Davion missionnaire, que quatre Canadiens, qui montaient aux Illinois, avaient été assassinés par les Natchez. Cette nouvelle engagea M. de Bienville à presser son départ. Il pria M. de Lamothe de faire nommer son détachement avec 80 hommes, comme il en avait l'ordre de M. le comte de Pontchartrain. Ce que M. de Lamothe refusa. Il fit seulement commander la compagnie de M. de Richebourg, qui n'était que de 34 hommes. M. de Bienville engagea M. Duclos, commissaire ordonnateur, et Messieurs Rauzon et Labarre, agens de M. Crozat, de se joindre à lui, pour représenter à M. de Lamothe l'impossibilité d'entreprendre la construction d'un fort et la guerre contre les Natchez, qui comptaient au moins 800 hommes, avec une compagnie de 34 hommes! Mais tout fut inutile. Il fallut donc partir avec cette compagnie à laquelle on ajouta 15 matelots. On partit dans huit pirogues.

"On arriva le 23 avril aux Tunicas, à dix-huit lieues des Natchez. On apprit là que les Natchez avaient encore assassiné un Français descendant des Illinois, et

1716. devaient en surprendre quinze autres qui étaient attendus au même endroit. M. Davion, missionnaire des Tunicas, avertit M. de Bienville que les Natchez ignoraient que ces meurtres fussent connus des Français, la chose étant tenue fort secrète parmi eux. Le missionnaire avertit en outre M. de Bienville de se tenir sur ses gardes contre les Tunicas, qui avaient même reçu des présents pour le tuer. Toutes ces nouvelles avaient dû donner de l'inquiétude à M. de Bienville qui, bien loin d'en faire paraître, fit assembler tous les Tunicas, et, sans leur donner à connaître ce qu'il avait appris, leur dit que sa mission était d'aller aux Natchez pour y faire un petit établissement et un magasin qui pût fournir à cette nation et autres, en troc de leurs pelleteries, les marchandises dont ils pourraient avoir besoin, mais que, comme ses gens étaient très fatigués du voyage et comme il avait des malades, il allait se camper dans une île à un tiers de lieue de leur village, pour se reposer quelque temps ; mais qu'ils lui feraient plaisir d'envoyer pendant ce temps là quelqu'un de leurs gens pour avertir les Natchez de son arrivée. Ce qui fut fait dans le moment. Le sieur de Bienville, après avoir reçu le calumet des Tunicas et fait fumer ceux-ci dans le sien, s'en alla avec sa petite troupe camper sur l'île, où il fit travailler, dès le lendemain 24, à un petit retranchement d'une enceinte de pieux, et à faire construire trois baraques : l'une pour mettre les vivres et munitions de guerre, l'autre pour corps de garde, et la troisième, pour prison.

"Le 27 avril, il arriva trois Natchez, qui étaient envoyés par leurs chefs à M. de Bienville auquel ils présentèrent le calumet, qu'il repoussa en leur disant: qu'ils pouvaient faire fumer quelques-uns de ses soldats ; que pour lui, étant grand chef des Français, il ne fumerait que lorsque des calumets lui seraient présentés par

les chefs Soleils. Ce discours déconcerta un peu ces 1716.
trois guerriers. Cependant M. de Bienville, leur ayant
fait donner à manger, affecta de rire avec eux, leur demanda des nouvelles en particulier de leurs chefs, témoignant. de l'empressement pour les voir et de l'étonnement de ce qu'ils n'étaient pas déjà venus lui apporter
des rafraichissements. Il ajouta qu'apparemment les
Natchez ne se souciaient pas que les Français fissent
faire un établissement chez eux ; que s'il croyait que la
chose fût ainsi, il le ferait aux Tunicas. Ils répondirent,
avec une satisfaction marquée, que toute leur nation ne
désirait rien de mieux que d'avoir un établissement
Français sur leur territoire et qu'ils étaient persuadés que, dans cinq ou six jours, les chefs de la nation ne
manqueraient pas d'en venir témoigner leur joie.

"Le 28 avril, ces trois sauvages s'en retournèrent. M.
de Bienville fit partir avec eux, un jeune Français qui
parlait parfaitement bien leur langue, auquel il expliqua tout ce qu'il fallait dire à ces chefs et tout ce qu'il
avait à leur répondre pour les engager à venir.

"Ce même jour, M. de Bienville fit partir un Canadien,
des plus hardis et des plus adroits, dans une petite pirogue, avec un sauvage Illinois, pour remonter le fleuve,
passer la nuit devant les villages des Natchez, et aller
au-dessus, pour avertir les quinze habitants des Illinois
qui devaient descendre, de se méfier des Nachez, et surtout de ne point débarquer chez eux. M. de Bienville
remit à ce Canadien une douzaine de grandes feuilles
de parchemin, pour les placer aux pointes de la rivière.
Il avait écrit en gros caractères: "Les Natchez ont déclaré la guerre aux Français et M. de Bienville est
campé aux Tunicas."

"Le 4 mai, il arriva à notre camp six Canadiens
voyageurs, dans trois pirogues chargées de pelleteries,
de viandes fumées et d'huile d'ours ; lesquels nous contèrent que, ne sachant pas que les Natchez eussent tué

1716. de leurs camarades, ils étaient allés aborder chez eux, et qu'à peine ils eurent mis pied à terre, une vingtaine d'hommes sautèrent sur eux, les désarmèrent et enlevèrent tout ce qu'il y avait dans leurs pirogues. Ils furent conduits au village du chef, nommé le Barbu, grand chef de guerre de cette nation, qui, aussitôt qu'il les vit, leur demanda combien il y avait encore de Français qui descendaient après eux ; qu'ils avaient répondu ingénument qu'ils en avaient laissé douze en chasse dans six pirogues et qu'ils ne tarderaient pas à arriver ; que peu de temps après, les grands chefs de cette nation étaient venus très en colère gronder ce chef de guerre de ce qu'il avait fait désarmer les Français et piller leurs pirogues ; qu'aussitôt, ces grands chefs leur firent rendre leurs armes et leur promirent que leurs effets se retrouveraient. Ils leur donnèrent à manger, et on les mit dans une cabane séparée, où ils restèrent trois jours. Pendant ce temps-là, ces chefs et les principaux de la nation tenaient conseil, nuit et jour, pour délibérer sur ce qu'ils devaient faire des prisonniers. Le quatrième jour, les chefs étaient venus les prendre et les conduire à leurs pirogues dans lesquelles on avait reporté presque tout ce qu'on y avait pris. Là, ces chefs avaient appris à leurs prisonniers que M. de Bienville était aux Tunicas, à se reposer, que dans peu il devait venir chez eux y faire un établissement, et que dans quelques jours, eux-mêmes comptaient lui envoyer des vivres.

"Le 8 mai, sur les 10 heures du matin, nous vîmes venir quatre pirogues, dans lesquelles il y avait huit hommes debout qui chantaient le calumet, et trois hommes dans chaque pirogue qui étaient assis sous des parasols, douze qui nageaient, et deux Français. M. de Bienville ne douta pas que ce ne fût les chefs des Natchez qui venaient tomber dans le piège qu'il leur avait tendu. Comme il savait parfaitement toutes les cérémonies des sauvages, il ordonna à la moitié de ses gens de ne point paraître, mais de se tenir prêts avec leurs armes dans le corps de garde, et à l'autre moitié, de se tenir sans armes autour de sa tente et au débarquement, pour ôter les armes à ces sauvages à mesure qu'ils débarqueraient ; il recommanda de ne laisser dans sa tente que les huit premiers chefs qu'il nomma, les connaissant tous par leurs noms de guerre, et de faire asseoir les autres à la porte de la tente. Tout cela s'exécuta parfaitement. Ces chefs entrèrent en chantant tous les huit, le calumet à la main, qu'ils passaient à plusieurs reprises sur M. de Bienville, de la tête aux pieds en signe d'union, et après, passant leurs mains sur son estomac sans frotter, ensuite sur le leur. Ceci terminé, ils lui présentèrent à fumer. Il repoussa avec mépris leurs calumets et leur dit qu'il voulait entendre leurs harangues et savoir leur pensée avant de fumer. Cela déconcerta ces chefs, qui sortirent de la tente et présentèrent les calumets au soleil. Un d'eux, grand prêtre du temple, parla en l'air, les yeux fixés sur le soleil pour l'invoquer, les bras étendus au-dessus de la tête, et ensuite ils rentrèrent et représentèrent de nouveau les calumets. M. de Bienville leur répéta, d'un ton ennuyé de leurs cérémonies, qu'ils eussent à lui dire quelle satisfaction ils voulaient lui faire pour les cinq Français qu'ils avaient assassinés. Ce discours les étourdit ; ils baissèrent la tête sans répondre. Pour lors, M. de Bienville fit signe de les saisir et de les conduire tous dans la prison qu'il avait fait préparer pour eux. On les y mit aux fers. Sur le soir, on leur présenta du pain et de la viande. Ils ne voulurent point manger. Ils chantaient tous leur chanson de mort. L'un des deux Français qu'ils avaient amenés avec eux, était le jeune interprète qui avait été les inviter à venir, et l'autre était un habitant des Illinois qui, ne sachant pas la guerre, était allé se livrer entre leurs mains. Ils ne lui avaient fait aucun tort. A l'entrée de la nuit, M. de

1716. Bienville fit venir dans sa tente le grand chef de la nation, qu'on appelle parmi eux le Grand-Soleil, son frère le Serpent-Piqué, et un troisième frère, surnommé le Petit-Soleil. Comme ils étaient demi-morts, M. de Bienville, pour les rassurer, commença par leur promettre qu'ils ne voulaient point les faire mourir; il leur dit qu'il savait que ce n'était point par leur ordre qu'on avait assassiné les cinq Français; qu'il voulait que pour satisfaction on lui apportât non seulement les têtes des meurtriers, mais encore celles des chefs qui en avaient donné l'ordre; qu'il ne se contenterait pas de leurs chevelures, mais qu'il voulait leurs têtes, afin de les reconnaître par leurs piqûres; qu'il leur donnait cette nuit pour se consulter entr'eux sur les mesures qu'ils avaient à prendre pour lui faire une prompte satisfaction, sans quoi, il pourrait prendre un parti fâcheux pour toute leur nation. Il ajouta qu'ils n'ignoraient pas le crédit qu'il avait sur tous nos sauvages alliés; qu'il lui était facile de les faire se déclarer contre eux et de détruire leurs huit villages sans risquer la vie des Français; qu'ils devaient se souvenir qu'en 1704, les Tchioumachaqui assassinèrent un missionnaire et trois autres Français; que sur leur refus de nous livrer les meurtriers, on avait détaché sur eux toutes nos nations alliées qui leur firent la guerre, de manière que de quatre cents familles qu'ils étaient, ils furent réduits en moins de deux ans à quatre vingts.

"M. de Bienville leur cita aussi l'exemple qu'il fit en 1702. Il leur rappela qu'il avait fait condamner à mort un Français pour avoir assassiné deux sauvages Pascagoulas; qu'en 1703, les chefs Coiras ne firent aucune difficulté de faire mourir quatre de leurs guerriers qui avaient assassiné un missionnaire et deux autres Français; que cette même année il avait obligé les chefs Taouachas de tuer deux de leurs gens qui avaient assassiné un Chickassas; que les Chacthioumans, en

1715, avaient eu pareille satisfaction des Chactas qui leur avaient tué deux hommes ; que les Mobiliens en 1707 portèrent la tête d'un de leurs gens qui avait tué un Taouachas ; que les Pascagoulas, en 1709, avaient tué un Mobilien, et qu'il les avait forcés à rendre satisfaction aux offensés, &c., &c.

"Les chefs écoutèrent ce discours avec beaucoup d'attention et ne répondirent point. Ils ressentaient vivement la honte d'être aux fers avec quelques-uns de leurs valets.

"Le 9 mai, à la pointe du jour, les trois chefs frères demandèrent à parler à M. de Bienville. On les fit venir. Ils le prièrent de faire attention qu'il n'y avait personne dans leur village qui eut assez d'autorité pour entreprendre de tuer les hommes dont il demandait les têtes : que s'il voulait le permettre, le chef Serpent-Piqué, comme le maître de la nation, irait accomplir cette dangereuse mission. Ce que M. de Bienville refusa ; et il nomma à la place du Serpent Piqué, son frère cadet, le Petit-Soleil, qu'il fit sur le champ partir dans une pirogue armée de douze soldats et d'un officier, qui le menèrent à deux lieues au-dessous du village des Natchez. De cet endroit, il s'en fut par terre, et notre détachement revint le lendemain matin.

"Le 10 mai, il arriva une pirogue dans laquelle il y avait deux Canadiens. Ils avaient heureusement vu, au-dessus des Natchez, une feuille de parchemin qui les avertit de se méfier des Natchez, sans quoi ils seraient allés se livrer à eux.

"Le 12 de mai, le Canadien qui était parti le 27 avril avec un sauvage, pour aller au-devant des Français qui descendaient des Illinois, arriva avec onze Français qu'il avait rencontrés à sept lieues au-dessus des Natchez, sans quoi cette troupe allait se livrer à cette nation, ne sachant point la guerre. Ce renfort fit d'autant plus de plaisir, qu'ils avaient sept pirogues chargées de

1716. viandes et de farines, dont nous commencions à manquer. Nous apprîmes qu'un Français, avec deux Illinois, qui s'étaient écartés des autres voyageurs, et qui montaient une pirogue, avaient encore été se faire prendre aux Natchez.

"Le 14 mai, le Petit-Soleil arriva. Il apporta trois têtes, dont on ne reconnut que deux pour être de celles que l'on demandait. M. de Bienville fit venir les chefs, et leur dit : Qu'il regrettait la mort d'un innocent qu'ils avaient fait tuer, et leur fit jeter cette tête aux pieds. Ils avouèrent qu'elle était celle d'un guerrier qui n'avait point eu de part dans l'assassinat des Français ; mais que, comme il était frère d'un des meurtriers qui leur était échappé, ils avaient cru devoir le tuer à sa place. M. de Bienville leur marqua beaucoup de mécontentement de ce qu'on ne lui avait pas apporté les autres têtes, et leur dit qu'il voulait que le lendemain ils renvoyassent encore quelque chef. On remit le Petit-Soleil en prison et aux fers avec les autres. Le Français et les deux sauvages illinois qui étaient allés se livrer aux Natchez, depuis quatre jours, nous avaient été ramenés par le chef Petit-Soleil, auquel ils devaient la vie, car il les avait délivrés du poteau où ils avaient été attachés pour être brûlés. Ce Français assura M. de Bienville qu'il ne descendait plus de Français du haut du Mississippi, et qu'il était le dernier. Ce qui fit grand plaisir.

"Le 15, on envoya aux Natchez deux chefs de guerre et le grand-prêtre du temple, qui se faisaient fort de rapporter la tête du chef Oyelape, autrement dit la Terre-Blanche. Ils furent conduits par un détachement de soldats près de leurs villages. Ce même jour, le chef des Tunicas vint avec M. Davion, leur missionnaire, avertir M. de Bienville de se bien tenir sur ses gardes ; qu'il avait eu nouvelles par trois de ses gens qui venaient d'arriver des Natchez, que cette nation s'assemblait, et que leurs guerriers avaient pris la résolution de descendre tous en pirogues pour nous venir égorger dans notre 1716. camp, et sauver par là tous leurs chefs, ou périr avec eux. Ces Tunicas offrirent d'envoyer quarante de leurs plus braves guerriers, toutes les nuits, pour nous garder. M. de Bienville, qui se méfiait autant de ceux-ci que des autres, les remercia, et leur dit qu'il ne craignait rien ; que cependant, ils lui feraient plaisir de continuer à envoyer des espions chez ces Natchez, pour apprendre ce qu'ils faisaient.

"Les débordements du Mississippi commencèrent à inonder tout le terrain de l'île où nous étions campés. Il y avait demi-pied d'eau par-dessus la plus haute terre. Ce qui nous causait beaucoup de fièvres, maux de jambes et coliques, ayant toujours les pieds dans de l'eau froide, par des chaleurs excessives. M. de Bienville ne pouvant plus se tenir sous sa tente, fit faire une baraque entourée de pieux, couverte d'écorces d'arbres. Il fit aussi élever une petite poudrière.

"Le chef Serpent-Piqué ayant attrapé la fièvre, M. de Bienville le fit sortir de prison, lui ôta ses fers, et lui permit de se tenir tout le jour chez lui, Bienville, avec ses frères. Il avait lieu d'être content d'eux. M. de Bienville, qui passait ainsi toutes ses journées avec ces chefs, leur reprochait toutes leurs mauvaises manœuvres, en leur disant : Qu'ils avaient reçu l'année dernière des traiteurs anglais, et deux jeunes garçons de cette nation pour apprendre leur langue ; qu'après les avoir renvoyés sur sa demande, ils lui avaient promis que jamais ils ne se détacheraient de l'alliance et de l'amitié des Français ; que cependant, six mois après, ils avaient été assez traîtres pour assassiner les premiers Français qui avaient paru chez eux ; que tout autre chef français que lui ne se contenterait pas de leur demander seulement les têtes des meurtriers, mais qu'il ferait joindre à lui toutes les nations, leurs ennemis, et irait les détruire entièrement ; que néanmoins, ils pourraient le forcer à pren-

1716. dre ce parti, s'ils osaient l'amuser encore long-temps. Ces chefs, après être convenus de toute la trahison et de toute la fourberie de leur nation, assurèrent qu'ils n'avaient jamais paru dans les conseils qui s'étaient tenus pour inviter les Anglais à venir s'établir chez eux ; que les Français qui étaient pour lors dans le village des Natchez pourraient leur rendre cette justice ; que pour ce qui était de l'assassinat des Français, ils ne l'avaient su que huit jours après, et qu'ils les avaient regrettés et pleurés. Dans ce moment, ils jetèrent de grands soupirs et versèrent quelques larmes. M. de Bienville leur demanda ce qu'ils regrettaient. Ils répondirent qu'il était temps d'avouer les choses telles qu'elles s'étaient passées ; que trois chefs de guerre des villages des Noyers, de la Terre-Blanche et des Grigas, étaient les seuls auteurs des désordres arrivés dans leur nation ; que c'étaient ces trois chefs qui avaient attiré les Anglais dans leur village ; que c'était par leur ordre que les Français avaient été tués ; qu'il y en avait deux aux fers dans notre prison ; que l'un s'appelait le chef Le Barbu, lequel était leur frère de mère, et l'autre Alahofléchia ; que le troisième n'était point descendu avec eux, et se nommait le chef de la Terre-Blanche ; que ces trois chefs, depuis un an, avaient pris une autorité si grande sur leur nation, qu'ils étaient plus craints et obéis qu'eux. Le chef Serpent-Piqué avertit encore qu'il y avait aussi dans notre prison deux autres guerriers qui avaient tué le dernier Canadien au mois de mars, et affirma qu'il n'en connaissait point d'autres.

"M. de Bienville dit à ces trois chefs qu'il s'était toujours bien douté qu'ils n'avaient point eu de part aux mauvaises affaires arrivées, et que désormais il ne voulait plus qu'ils entrassent dans la prison. Il leur fit faire des lits dans sa baraque.

"Le 25 mai, les deux chefs de guerre qui avaient été envoyés à leur village pour avoir la tête du chef de la

Terre-Blanche, revinrent sans la porter et en disant qu'il 1716. était en fuite. Ils amenèrent plusieurs esclaves qui appartenaient aux Français qu'on avait tués. Ils apportèrent aussi beaucoup de leurs effets. Le nombre des malades, qui augmentait tous les jours dans notre camp, engagea M. de Bienville à prendre le parti de terminer cette petite guerre.

"Le 1er de juin, il fit sortir du fort tous les chefs et autres qui y étaient depuis un mois, à la réserve des quatre criminels. Il les fit venir chez lui, où étaient les trois autres chefs, et leur dit : qu'il voulait bien leur donner la vie et leur accorder la paix, à condition qu'ils lui donneraient parole qu'ils tueraient le chef de la Terre-Blanche sitôt qu'ils le pourraient joindre, et en apporteraient la tête à l'officier français qui serait chez eux ; qu'ils consentiraient dès à présent à ce que les deux chefs de guerre et les deux guerriers, qui étaient actuellement aux fers dans notre prison, fussent mis à mort, pour réparation de l'assassinat qu'ils avaient commis ; qu'ils feraient restituer tout ce qui avait été pillé ; que pour ce qui se trouverait perdu, ils forceraient leurs gens à en payer la valeur en pelleteries et en vivres ; qu'ils obligeraient leur nation à couper deux mille cinq cents pieux de bois d'acacias, de treize pieds de long et de dix pouces de diamètre, et à charroyer le tout près de la rivière Mississippi, au lieu qui leur serait par nous indiqué, pour nous faire un fort ; qu'ils s'obligeraient, en outre, à nous fournir trois mille écorces d'arbres de cyprès, pour couvrir nos logements, et ce, avant la fin de juillet.

"Tous ces chefs remercièrent M. de Bienville, lui firent chacun une harangue où ils protestèrent de leur dévouement aux Français, en disant qu'à l'avenir ils se conduiraient de manière à ne plus mériter de reproches de nous, qu'ils louaient le soleil, leur Dieu, de leur avoir inspiré d'engager leurs chefs de guerre, meurtriers des Français, à venir avec eux pour se livrer à nous ; que

1716. sans cela il leur aurait été impossible de nous faire satisfaction par la grande autorité que ces malheureux avaient prise sur leur nation, et qu'il était juste que nous les fissions mourir avec les deux autres. Ils répétèrent ensuite tous les articles et toutes les conditions auxquels ils s'engageaient, promirent de les exécuter fidèlement et d'en faire même davantage.

"Après ces harangues finies, ces chefs demandant à M. de Bienville, s'il voulait leur permettre qu'ils lui présentâssent à fumer dans leurs calumets de paix, il leur dit qu'il n'était pas encore temps; qu'il voulait auparavant qu'ils allâssent à leurs villages y faire assembler leurs guerriers et leur expliquer les conditions auxquelles il leur accordait la paix, et qu'il enverrait avec eux un officier et deux soldats pour en être témoins.

"Les quatre criminels, se voyant seuls dans cette prison, se doutèrent bien que nous étions instruits de ce qu'ils avaient fait et redoublèrent leurs cris et leurs chants de mort. Le Serpent-Piqué, craignant que ceux de ses gens qui devaient partir pour aller à leur village, ne fussent rapporter qu'on voulait faire mourir ces grands guerriers, et que cela n'occasionnât une rumeur parmi la nation, par la grande estime qu'on avait pour eux, pria M. de Bienville de faire courir le bruit seulement de les envoyer au bas de la colonie au gouverneur, qui déciderait de leur sort, et lui-même alla les trouver en prison pour leur assurer qu'ils ne mourraient point et qu'ils devaient être tranquilles.

Le 3 de juin, le sieur de Pailloux, aide-major, fut commandé avec deux soldats, pour aller au village des Natchez avec tous les chefs et autres, à la réserve du chef Serpent-Piqué et de son frère, que M. de Bienville voulut garder pour ôtages. Il donna ordre à M. de Pailloux, en cas que cette nation acceptât le traité de paix, de rester au grand village avec un soldat et de renvoyer l'autre avec les chefs qui devaient revenir rendre compte de leur mission. Il recommanda aussi à M. de Pailloux d'examiner le lieu le plus convenable à placer notre fort, près de la rivière, et d'en informer.

"Le 7 juin, la pirogue, qui avait été aux Natchez, revint avec neuf vieillards de cette nation et le soldat, par lequel le sieur de Pailloux écrivit qu'il avait vu toute cette nation assemblée ; qu'elle avait marqué une grande joie de ce que leurs chefs avaient fait avec nous ; et que tous ces Indiens étaient très disposés à exécuter tout ce qu'on leur demandait. Le dit sieur de Pailloux l'informait aussi qu'il avait trouvé près de la rivière un coteau situé très avantageusement pour y construire notre fort. Le même jour, M. de Bienville reçut les calumets qui lui furent présentés par ces neuf vénérables vieillards avec beaucoup de cérémonies. On les fit ensuite fumer dans le nôtre. Le lendemain, 8ème de juin, M. de Bienville renvoya les neuf vieillards chez eux. Il permit aussi au chef Petit-Soleil de partir, mais il garda auprès de lui le Serpent-Piqué, et envoya en même temps, dans une pirogue, quatre soldats porter au sieur de Pailloux des haches, bêches, pioches, cloux et autres ferrements nécessaires pour la construction du fort.

"Le 9, on fit casser la tête aux deux guerriers par des soldats.

"Le 11, M. de Richebourg, capitaine, qui était malade, partit avec trois soldats pour retourner à la Mobile.

"Le 12, M. de Bienville, qui retenait depuis quelque temps les Canadiens voyageurs, leur permit d'aller à leur commerce au bas de la colonie, leur fit remettre les deux chefs de guerre, et leur donna l'ordre de leur casser la tête, lorsqu'ils seraient éloignés de dix à douze lieues. Comme on conduisait ces deux malheureux pour les embarquer, l'un d'eux, le Barbu, cessa pour un moment de chanter sa chanson de mort et chanta celle de guerre. Il conta ses hauts faits contre différentes nations, et le

1716. nombre de chevelures qu'il avait levées. Il nomma les cinq Français qu'il avait fait tuer, et dit qu'il mourrait avec le regret de n'en avoir pas tué davantage. Le Serpent-Piqué, qui pour lors était le seul de sa nation parmi nous, l'écoutait attentivement, et dit à M. de Bienville : C'est mon frère, mais je ne le regrette point. Tu nous défais d'un méchant homme.

"Comme le Mississippi ne baissait point, et que l'eau était toujours à cinq ou six pouces sur la surface de la terre, ce qui continuait à nous donner beaucoup de maladies, M. de Bienville fit passer les malades et les convalescents au village des Tunicas, qui sont sur des terres très hautes. Ces sauvages eurent grand soin de leur fournir des viandes fraîches de bœuf et de chevreuil.

"Le 14 juin, il arriva chez les Tunicas huit Natchitoches, dans une pirogue chargée de sel, que ceux-ci venaient vendre. M. de Bienville eut par ces sauvages avis de la marche des Espagnols du Mexique, pour venir s'établir sur la rivière Rouge, au nombre de cinq cents hommes à cheval, avec deux cent cinquante mulets de charge. Pour les prévenir, il fit partir sur-le-champ six soldats et un sergent, pour aller prendre possession du haut de cette rivière avant eux.

"Le 1er de juillet, M. de Pailloux écrivit à M. de Bienville que les trois quarts des pieux pour notre fort étaient charroyés sur place ; qu'il y avait des sauvages qui travaillaient à faire des rigoles, et qu'il aurait besoin de six soldats des plus adroits pour montrer aux sauvages à planter des pieux droits et de hauteur égale. Le lendemain, 2 du dit mois, on lui envoya six soldats et tous les outils nécessaires.

"Le 22, M. de Bienville, ayant appris que son fort était presque fini, ordonna au chef des Tunicas de lui fournir trente de ses gens pour nous aïder à monter la rivière, qui était très rapide. Il ne nous restait pas dix soldats en santé.

"Le 26, nous arrivâmes aux Natchez. Le Serpent-Piqué, que nous avions avec nous, fit venir cent cinquante de ses gens, qui portèrent tous nos effets à notre fort, le même jour.

"Le lendemain, nous mîmes le peu de soldats que nous avions en santé au travail du fort, et continuâmes jusqu'au 2 août, qu'il fut entièrement fermé. Les Natchez nous fournirent toutes les écorces qu'on leur avait demandées, et qu'on employa à couvrir un magasin, une poudrière, un corps-de-garde et des casernes. Le tout fut fini le 3 août.

"Le 25, une trentaine d'hommes Yazous et Offagoulas vinrent chanter le calumet à M. de Bienville, qui les reçut parfaitement bien. Le même jour, les Natchez vinrent, au nombre de cinq à six cents hommes, sans armes, et environ trois cents femmes, pour faire une danse publique devant notre fort. Les chefs entrèrent dedans, firent fumer M. de Bienville, et lui dirent que tous ces gens étaient venus danser à sa porte pour lui marquer leur joie d'avoir des Français établis parmi eux.

"Le 28 août, M. de Bienville, voyant que les choses étaient fort tranquilles dans sa garnison, et qu'il n'y avait rien à craindre de la part des sauvages, donna au sieur de Pailloux des ordres et instructions sur ce qu'il y avait à faire, et prit le parti de descendre à la Mobile, pour rendre compte à M. de Lamothe Cadillac. Le 4 d'octobre, il arriva à la Mobile, où il lui fut remis un paquet du conseil de marine, dans lequel était pour lui un ordre du roi, pour commander en chef dans la colonie, en l'absence de M. de l'Epinay, nommé à ce gouvernement à la place du sieur de Lamothe Cadillac, auquel il n'eut point le désagrément de rendre compte."

Ainsi finit la première guerre des Natchez. Il fut d'autant plus agréable à M. de Bienville de n'avoir pas à rendre compte de sa conduite à M. de Lamothe Cadil-

1716. lac, que celui-ci l'avait déjà jugée, et l'avait déclarée *exécrable*. Comme on l'a vu par la lettre du commissaire-ordonnateur Duclos, M. de Cadillac avait accusé M. de Bienville de s'être rendu coupable, envers les Natchez, d'un horrible guet-à-pens, et d'avoir violé le droit des gens en faisant mourir les chefs dont il s'était emparé par surprise. Les reproches adressés à Bienville par le gouverneur n'étaient peut-être pas sans fondement, mais il ne lui appartenait pas d'être si sévère. Car il aurait dû se souvenir qu'il s'était vanté au ministre, dans une de ses dépêches, *d'avoir fait assassiner le chef des Chactas par son frère, en lui promettant sa place*.

M. Crozat ayant demandé qu'il lui fût accordé de laisser passer à la Louisiane cent faux sauniers par an, qui devaient travailler trois ans comme engagés, et recevoir ensuite des terres ; et que le gouvernement portât les troupes à huit compagnies, avec permission à deux soldats par compagnie de s'établir dans le pays, cette demande lui fut accordée, ainsi que celle de prendre dans les hôpitaux cent filles par an, pour accélérer la population.

L'infatigable curé de la Vente ne fut pas aussi favorablement écouté. Il avait demandé que l'on autorisât les mariages des Français avec les sauvagesses devenues chrétiennes. Mais M. de Lamothe Cadillac et M. Duclos ayant été consultés, et ayant opiné négativement, la demande du curé fut rejetée.

M. de St. Denis avait été chargé par M. de Lamothe Cadillac, en 1714, d'aller s'opposer à un établissement aux Natchitoches, que l'on supposait être projeté par les Espagnols, et avait aussi reçu la mission d'aller jusqu'au Nouveau Mexique, pour s'enquérir s'il n'était pas possible d'ouvrir un commerce par terre entre la Louisiane et les possessions d'Espagne, où l'on espérait que M. Crozat trouverait un vaste débouché pour ses marchandises. Cet intrépide officier revint, au mois d'août de 1716. cette année 1716, de son aventureuse expédition, qui mérite une mention honorable, et qui n'est pas exempte d'une certaine teinte romanesque. M. de St. Denis était arrivé sans accident aux Natchitoches, avec les Canadiens et les Indiens qui formaient sa suite. Il y fit construire quelques huttes pour ceux des Canadiens qu'il devait y laisser, et auxquels il donna quelques outils aratoires et des grains, pour ensemencer la terre. Prenant avec lui douze Canadiens d'élite et quelques Indiens, il s'éloigna de la rivière Rouge, et se hasarda courageusement à s'avancer dans une direction ouest, au travers de pays sauvages et inconnus. Après avoir voyagé vingt jours, il arriva à un village des Assinais, non loin de l'endroit où Lasalle avait été assassiné vingt-six ans auparavant. Là, il obtint des guides qui le conduisirent au premier établissement des Espagnols, sur le Rio Bravo. Cet établissement était connu sous le nom de St. Jean-Baptiste, ou Presidio del Norte. Don Pedro de Villescas, qui y commandait, reçut les Français avec une chevaleresque hospitalité. St. Denis lui annonça qu'il était envoyé par le gouverneur de la Louisiane pour faire des arrangements de commerce, qui pourraient être également avantageux aux Espagnols et aux Français. Don Pedro répondit qu'il ne pouvait rien faire sans consulter le gouverneur de Caouis, son supérieur. Cet officier résidait à une distance de cent quatre-vingts milles, et lorsqu'il reçut la missive de don Pedro, qui lui annonçait l'arrivée des Français, il envoya une troupe de vingt-cinq cavaliers pour lui amener St. Denis. Sous différents prétextes, il garda St. Denis jusqu'au commencement de 1715. Ce fut alors qu'il lui apprit qu'il était de son devoir de l'envoyer au vice-roi à Mexico. St. Denis, au moment de son départ, écrivit à ses compagnons, qui l'attendaient au Presidio del Norte, de retourner aux Natchitoches.

1716. Caouis est éloigné de Mexico d'environ sept cent cinquante milles. St. Denis eut à parcourir toute cette route sous la surveillance d'un officier à la tête de vingt hommes de cavalerie. A son arrivée à Mexico, il fut jeté dans une prison par le vice-roi. Après y avoir langui trois mois, il fut relâché, à la sollicitation de quelques officiers français au service d'Espagne, et fut présenté au vice-roi, qui, appréciant son mérite et son caractère, chercha à lui faire oublier le traitement rigoureux qu'il avait subi, et qui, non seulement le traita avec beaucoup de bienveillance, mais l'engagea à entrer au service de Sa Majesté Catholique. Ne pouvant vaincre les refus de St. Denis, le vice-roi lui fit présent d'un des plus beaux chevaux de ses écuries, lui fournit de l'argent, et le renvoya à Caouis. De là, il se rendit au Presidio del Norte, où il retrouva son ami don Pedro de Villescas. Ce brave hidalgo était dans ce moment très affecté du départ d'une tribu indienne qui occupait cinq villages dans le voisinage du Presidio, et qui, fatiguée des vexations qu'elle avait éprouvées de la part des officiers et du reste de la garnison, s'était décidée à chercher un asile éloigné de ses incommodes voisins. St. Denis offrit à don Pedro de courir après ces Indiens, et de les lui ramener. Il ne lui fut pas difficile de les atteindre, car ils étaient retardés dans leur marche par leurs femmes, leurs enfants et leurs bagages. St. Denis, aussitôt qu'il les aperçut, mit au bout de son fusil un mouchoir blanc, qu'il agita, pour leur donner à entendre qu'il était un messager de paix. Comprenant ses intentions, les Indiens s'arrêtèrent et l'attendirent. Lorsqu'il fut parmi eux, il les harangua, et fit ressortir, sous de vives couleurs, le danger qu'ils couraient, en allant s'établir dans des pays lointains et sur le territoire d'Indiens qui leur étaient étrangers, et qui probablement finiraient par leur être hostiles. Il termina en leur donnant l'assurance, au nom de don Pedro, que s'ils voulaient occuper de nouveau leurs villages, ni les officiers ni les soldats du 1716. Presidio n'auraient la permission d'aller chez eux sans leur consentement. Emus par les paroles de St. Denis, les fugitifs, qui regrettaient sans doute leur demeure héréditaire, consentirent à retourner avec lui. St. Denis se mit à leur tête, et les ramena en triomphe à don Pedro, qui craignait que la fuite de ces Indiens ne lui fût reprochée, et ne fût attribuée à quelque acte de tyrannie ou d'inconduite de sa part. Aussi, fut-il très reconnaissant du service que St. Denis lui avait rendu.

St. Denis, pendant le séjour qu'il avait fait sous le toit hospitalier de don Pedro, s'était laissé captiver par les charmes de la fille du vieil hidalgo, et elle-même n'avait pas paru insensible au mérite du jeune officier français. Fort de l'amitié que lui témoignait don Pedro, et enhardi par le service qu'il venait de lui rendre, St. Denis lui demanda la main de sa fille, et l'obtint. Il passa six mois avec sa jeune femme; mais enfin, sentant qu'il ne pouvait plus prolonger son séjour au Presidio, et qu'il était de son devoir d'aller rendre compte de l'expédition dont il avait été chargé, il se décida à partir, et à s'éloigner de sa femme, quoiqu'elle fût enceinte. Il se mit en route, et arriva en août 1716 à la Mobile, accompagné de don Juan de Villescas, l'oncle de sa femme.

Crozat ayant recommandé que, malgré la non réussite de l'expédition de St. Denis, on fît une seconde tentative de commerce avec les provinces espagnoles par l'intérieur des terres, ses agents à la Louisiane fournirent des marchandises à trois Canadiens, nommés Delery, Lafrenière et Beaulieu, qui partirent au mois d'octobre, et qui, remontant la rivière Rouge, se mirent en route pour la province de Nuevo Leon. Pour empêcher les Espagnols d'occuper les Natchitoches, où St. Denis avait laissé quelques hommes, il fut ordonné à un détachement sous les ordres de Dutisné d'aller s'y établir, d'y bâtir un fort et d'y tenir garnison.

1716. Il n'est pas sans intérêt d'examiner le budget des dépenses que le commissaire-ordonnateur Duclos croyait indispensables pour l'entretien de la colonie de la Louisiane, en 1716 :

Un gouverneur,	6,000 livres.
Un commissaire,	6,000 "
Un lieutenant de roi,	2,000 "
Un aide-major,	900 "
Quatre capitaines de compagnie,	4,800 "
Quatre lieutenants,	3,600 "
Enseignes,	2,400 "
Un écrivain,	1,000 "
Un garde-magasin,	800 "
Un chirurgien-major,	800 "
Un aumônier	800 "
Autres dépenses,	80,992 "
Total général,	110,092 "

On voit que, sous le rapport des finances, l'administration de Messieurs de Lamothe Cadillac et Duclos, n'avait pas reposé sur une base bien large.

CHAPITRE VII.

M. DE L'ÉPINAY, QUATRIEME GOUVERNEUR.—HUBERT, COMMISSAIRE ORDONNATEUR.—CROZAT REMET AU ROI LA CHARTE QUI LUI CONCÉDAIT LA LOUISIANE.

Le 9 de mars 1717, trois navires de Crozat arrivèrent de France, avec trois compagnies d'infanterie, cinquante colons, Messieurs de l'Epinay, gouverneur, et Hubert, commissaire-ordonnateur, nommés par une ordonnance du 8 octobre 1716.

1717.

Dans l'espoir d'empêcher la lutte de pouvoir qui ne manquait jamais de se déclarer entre tous les gouverneurs et les commissaires-ordonnateurs envoyés à la Louisiane, et pour prévenir les tiraillements et les dissentions qui en étaient les suites, le gouvernement avait tâché, autant que possible, de définir leurs pouvoirs respectifs, et leur avait énergiquement recommandé la concorde et l'esprit de conciliation. Dans ce but, les instructions suivantes leur avaient été remises :

Le Ministre,

A Messieurs de l'Epinay et Hubert.

"Tout ce qui regarde la dignité du commandement et le militaire, est pour le gouverneur seul. C'est à lui à déterminer les fortifications et les ouvrages sur les projets et les devis de l'ingénieur, après toutefois en avoir

1717. conféré avec le commissaire-ordonnateur, que les marchés, la dépense, et les moyens de trouver les fonds, regardent uniquement, et ils doivent envoyer conjointement les plans et les devis estimatifs, pour recevoir les ordres de Sa Majesté à ce sujet.

"L'administration des fonds, des vivres, munitions, marchandises, et généralement tout ce qui a rapport aux magasins, appartient au commissaire-ordonnateur, et il ne doit être fait aucune communication, vente, ou autre chose, que sur ses ordres, mais du consentement et avec la connaissance du gouverneur. Si cependant le sieur de l'Epinay juge convenable de faire quelque dépense extraordinaire pour le service, Sa Majesté souhaite que le sieur Hubert l'ordonne conformément à sa demande, et qu'ils en rendent compte l'un et l'autre. Elle recommande au sieur de l'Epinay de ne s'y point déterminer sans une nécessité absolue.

"Ils doivent avoir l'un et l'autre une grande attention pour que les fonds, que Sa Majesté fait tous les ans pour les dépenses de la colonie, soient bien et utilement employés, et Sa Majesté ne veut point qu'il soit fait aucun excédant de dépense.

"Le détail et l'administration des hôpitaux regardent aussi le commissaire-ordonnateur ; mais sa Majesté recommande au sieur de l'Epinay d'avoir attention que les choses se passent dans les règles.

"L'administration de la justice regarde pareillement le commissaire-ordonnateur, en sa qualité de premier conseiller et de premier juge.

"A l'égard de la police, elle est commune entre le gouverneur et le commissaire-ordonnateur, et ils doivent la faire conjointement, et y tenir la main avec exactitude.

"Ils doivent aussi donner conjointement les concessions de terres, et favoriser l'un et l'autre tout ce qui pourra avoir rapport au commerce, *dans lequel ils ne doivent pourtant entrer* que pour donner protection aux commis du sieur Crozat, et les aider quand ils en auront besoin, et autant qu'il sera en leur pouvoir.

1717.

"Si, après ces explications, il survient quelque difficulté entre les sieurs de l'Epinay et Hubert, à laquelle on n'ait pas prévu, Sa Majesté souhaite, qu'ils s'en expliquent ensemble avec douceur et amitié, et toujours en vue du service et du bien public, et s'ils ne peuvent pas s'entendre, ils proposeront chacun leurs raisons, sur lesquelles Sa Majesté leur fera savoir ses intentions.

"Ils trouveront ci-incluses les lettres patentes qui établissent pour toujours le conseil supérieur de la Louisiane, et Sa Majesté se remet à eux d'en tenir les séances à l'île Dauphine, ou au fort St.-Louis de la Mobile, suivant qu'ils l'estimeront plus convenable et plus commode pour les habitants.

"L'île à la Corne est concédée à M. de Bienville en roture, ne voulant pas la donner en fief, comme elle avait été demandée."

On voit par ce document qu'une faveur féodale que Bienville avait demandée lui était refusée, mais, d'un autre côté, on lui donnait la croix de St. Louis que M. de l'Epinay était chargé de lui remettre. Cela ne calma pas le mécontentement de Bienville qui se croyait, plus que tout autre, des titres au gouvernement de la Louisiane. Aussi, à peine M. de l'Epinay était-il débarqué, qu'une funeste mésintelligence éclatait entre lui et Bienville, et que la colonie se divisait encore en deux partis ennemis, Bienville avec sa faction d'un côté, et de l'autre, l'Epinay, Hubert et tous ceux qui étaient mécontents ou jaloux de Bienville.

Une convention avait été faite entre Crozat et de l'Epinay, par laquelle Crozat s'engageait à donner à de l'Epinay une somme de 2000 livres par an et lui accordait divers autres avantages, à condition qu'en sa qualité de gouverneur il ferait strictement et sévèrement exécuter l'ordonnance royale qui concédait à Crozat le

1717. commerce exclusif de la Louisiane. On voit que Crozat craignait que le gouverneur lui-même ne se prêtât à la violation de ces lois qui étaient prohibitives de tout commerce étranger dans la colonie ; il prenait donc ses précautions en conséquence. Mais payer un homme pour qu'il ne soit pas infidèle à son mandat, ne constitue qu'une triste et qu'une bien faible garantie.

En acceptant la charte qui le faisait seigneur suzerain de la Louisiane, Crozat avait eu pour but principal de faire, sur une grande échelle, un commerce de contrebande avec les possessions Espagnoles, s'il n'obtenait pas l'autorisation d'en faire un plus légitime. Il ne réussit ni dans l'un ni dans l'autre de ces projets. Le littoral du Mexique était trop bien surveillé et la distance par terre se trouvait trop grande, pour qu'il pût écouler ses marchandises en échappant au fisc Espagnol. Ses agents à la Louisiane s'étant avisés d'envoyer directement à la Vera-Cruz des marchandises de la valeur d'un million de livres, choisies pour le marché Mexicain, le vice-roi n'en permit pas l'entrée et fut sourd à toutes les représentations. Ce qui, du reste, n'était pas étonnant, l'Espagne aimant, à cette époque, autant qu'aucune nation et peut-être plus que toute autre, à se réserver le commerce exclusif de ses colonies. Cette riche cargaison revint à la Louisiane, où il n'y avait pas de débouché pour elle, et fut presque entièrement perdue.

Il ne restait donc à Crozat, pour toute ressource, que le commerce avec les Indiens, lequel était beaucoup trop insignifiant pour le dédommager des dépenses qu'il s'était imposées par l'acceptation de la charte qui lui avait été accordée. D'ailleurs, ses agents avaient rencontré partout dans le pays une opposition sourde, mais qui n'en était pas moins active. En effet, les chefs de la colonie avaient jusqu'alors fait pour leur compte un petit commerce assez avantageux, qu'on appelait interlope, avec la Vera-Cruz, la Havane et Pensacola. Il 1717. ne leur fut pas facile de le continuer sous les yeux vigilants des agents de Crozat qui voulait que son monopole fut une vérité.

Ne rencontrant que des obstacles et ne faisant que des pertes dans la gigantesque entreprise à laquelle il s'était livré, Crozat se dégoûta de sa charte et offrit humblement de la remettre au roi, en lui représentant qu'il s'était chargé d'un fardeau au-dessus de ses forces. Cette proposition, faite au mois d'août, fut acceptée, et le 27 d'octobre, le conseil d'état envoya à M. de l'Epinay l'ordre de remettre le gouvernement de la colonie à M. de Bienville et de repasser en France. M. de l'Epinay était arrivé au mois de mars, et lorsqu'il fut rappelé, ce qu'il avait fait de plus remarquable était d'avoir publié une ordonnance, par laquelle il défendait aux habitants de vendre de l'eau de vie aux sauvages. Il est facile de deviner l'impopularité que lui valut cette ordonnance, puisque cette liqueur était l'un des articles de commerce qui rapportait le plus d'argent aux colons et était un puissant moyen de séduction pour tout obtenir des sauvages.

La proposition de Crozat avait été faite dans les premiers jours d'août, ainsi qu'il est dit plus haut, et avait été acceptée, sur la délibération suivante du conseil de marine, en date du 13 du même mois :

"Le conseil, ayant examiné avec attention les mémoires de M. Crozat, au sujet de la Louisiane, est persuadé qu'il est très avantageux au bien de l'Etat de soutenir cet établissement, par beaucoup de raisons essentielles, que l'on ne détaille point, étant connues de tout le monde. Le conseil croit aussi que c'est une entreprise trop considérable pour qu'un seul particulier en demeure chargé ; qu'il ne convient point au roi de s'en charger luimême, attendu que *Sa Majesté ne peut entrer dans tous les détails de commerce qui en sont inséparables;* qu'ainsi,

1717. ce qu'on peut faire de mieux, c'est de choisir une compagnie assez forte pour soutenir cette entreprise.

"A l'égard des dédommagements que Sa Majesté accordera à M. Crozat, le conseil de marine n'en parle point, ce détail regardant le conseil des finances."

(Signé)   L. A. DE BOURBON.
Le Maréchal D'ESTREES.

En vertu de cette délibération du conseil de la marine, la compagnie d'Occident fut créée, et la charte en fût enregistrée au parlement de Paris, le 6 septembre 1717.

Pendant les cinq années d'existence qu'avait eue la charte de Crozat, l'agriculture et le commerce de la colonie n'avaient nullement prospéré. Sa population seule s'était faiblement augmentée ; car, en comptant les troupes, elle ne dépassait pas sept cents ames.

Le monopole de Crozat ne cessait que pour être transféré à une compagnie. La France n'imaginait pas d'autre moyen pour faire prospérer cette colonie naissante. Le sens commun et l'expérience indiquaient cependant une autre route à suivre. L'histoire nous apprend que plus d'un souverain d'Europe, lorsqu'il avait voulu fonder une ville ou en rebâtir une détruite, avait promis et accordé toute espèce de franchises, immunités et dispensations d'impôts à la population qui viendrait s'y établir. Ce moyen avait toujours été infaillible. Mais aussitôt que la ville devenait florissante, aussitôt que l'enfant, devenu homme, pouvait porter tous les fardeaux que le maître jugeait convenable de lui jeter sur les épaules, la factice libéralité que l'on avait employée comme moyen de séduction disparaissait, et ceux qui en avaient été les dupes s'apercevaient que ce n'était pas dans leur intérêt particulier qu'ils avaient été si paternellement traités. Voilà la politique toute simple que la France avait à appliquer à sa colonie de la Louisiane. Il fallait donner à ses jeunes poumons tout l'air dont ils avaient besoin; il fallait donner au pays toutes les libertés possibles, li-

berté de conscience, liberté de pensée, liberté de com- 1717.
merce, liberté d'action. La population y serait accourue
de toutes les parties du monde, et, au bout d'un petit
nombre d'années, puisqu'il est convenu que les colonies
ne doivent exister que pour servir de pâture à leurs mé-
tropoles, la France aurait peut-être trouvé assez de substance dans la Louisiane pour s'alimenter à ses dépens.
Il est vrai qu'après lui avoir permis de goûter les douceurs de ce nouveau régime de liberté, il aurait été difficile de la ramener à l'ancien régime du monopole et de
l'absolutisme. Quoiqu'il en soit, il est évident que si la
colonie ne se peuplait pas et ne prospérait pas, c'est
qu'au lieu de dire à ceux qu'on y envoyait : *Travaillez
pour vous ;* on leur disait : *Travaillez pour nous.*

CHAPITRE VIII.

CRÉATION DE LA COMPAGNIE DES INDES OU DU MISSISSIPPI.—BIEN-
VILLE EST RENOMMÉ GOUVERNEUR DE LA LOUISIANE.—IL FONDE
LA NOUVELLE-ORLÉANS.

1717.   La compagnie Occidentale, ou compagnie des Indes devait être composée d'actionnaires, à cinq cents livres par action, et ces actionnaires pouvaient être non seulement des sujets du roi de France, mais des étrangers. Le capital était de cent millions. Les articles suivants étaient les principaux de la charte.

La compagnie avait le privilège exclusif de faire le commerce avec la Louisiane pendant vingt-cinq ans; elle avait aussi le privilège exclusif d'acheter les peaux de castor du Canada, et ce privilège devait durer depuis le premier janvier 1718 jusqu'au 31 décembre 1742. Le roi se réservait le droit, après avoir pris tous les renseignements nécessaires, de fixer la quantité de peaux que la compagnie serait tenue d'acheter des Canadiens, et le prix que les Canadiens en pourraient demander.

Elle avait le pouvoir de faire la guerre ou la paix avec les Indiens. On lui accordait la propriété absolue de toutes les mines qu'elle pourrait découvrir et exploiter.

Elle avait la faculté de faire des concessions de terres, de construire des forts, de lever des troupes, de nommer les gouverneurs de la colonie et les autres officiers, qui cependant ne pouvaient être commissionnés que par le roi, sur présentation faite par les directeurs de la compagnie. — 1717.

Elle était autorisée à construire des bâtiments de guerre et à faire couler des pièces d'artillerie.

Elle pouvait nommer les juges inférieurs et tous les autres officiers de justice, le roi s'étant réservé seulement la nomination du conseil supérieur.

Les militaires pouvaient entrer au service de la compagnie sans perdre pour cela leur grade dans l'armée ou dans la marine, et les services qu'ils rendraient à la compagnie devaient leur être comptés comme s'ils avaient été rendus au roi.

On ne pouvait saisir, ni entre les mains des directeurs de la compagnie, ni entre celles de son caissier, de ses commis et préposés, les effets, actions et profits des actionnaires, excepté en cas de faillite, banqueroute ouverte, ou décès des dits actionnaires.

Pendant la durée de la charte, les habitants de la Louisiane devaient être exempts de tout impôt, et les marchandises de la compagnie devaient être libres de tous droits d'entrée ou de sortie.

Quant aux droits de la compagnie sur le sol de la Louisiane, dans toute son étendue, elle avait le privilège d'en posséder toutes les portions sur lesquelles elle ferait des améliorations permanentes.

Enfin, la compagnie était revêtue de toute espèce de pouvoirs et de privilèges, à condition qu'elle jurerait foi et hommage au roi et fournirait, à chaque nouveau règne, une couronne d'or de trente marcs.

La Louisiane, quant à la juridiction ecclésiastique, devait continuer de faire partie du diocèse de Québec; la compagnie devait bâtir des églises et en payer le clergé. Elle s'engageait à faire transporter

1717. dans la colonie, pendant la durée de sa charte, six mille blancs et trois mille noirs ; mais il lui était défendu de faire venir des autres colonies françaises aucun blanc, noir, ou individu quelconque, sans la permission du gouverneur de la Louisiane.

Pendant les deux premières années de l'existence de la compagnie, les directeurs devaient être nommés par le roi ; ensuite ils devaient être élus, tous les trois ans, par les actionnaires. Chaque actionnaire avait droit à une voix par cinquante actions.

Les premiers directeurs nommés par le roi furent Law, directeur général de la banque de France ; d'Artaguette, receveur général des finances d'Auch ; Duché, receveur général des finances de la Rochelle ; Moreau, député du commerce de la ville de St. Malo ; Piou, député du commerce de la ville de Nantes ; Castaignes et Mouchard, négociants de la Rochelle.

La compagnie, étant ainsi organisée, expédia trois navires à la Louisiane, portant trois compagnies d'infanterie et soixante-neuf colons. Ces navires arrivè-
1718. rent le 9 février 1718, et firent revivre dans la colonie l'espoir de jours meilleurs. Le gouvernement de la Louisiane était définitivement et pour la seconde fois accordé à Bienville. Les colons s'estimèrent heureux de cette nomination de Bienville comme gouverneur. Ayant passé vingt ans dans la colonie, il en connaissait toutes les ressources, tous les besoins, et s'était rendu cher à tous les habitants. Le premier acte de son administration fut de chercher un lieu favorable sur les bords du Mississippi, pour y fixer l'établissement principal de la colonie. Il choisit l'endroit où se trouve maintenant la Nouvelle-Orléans et y laissa cinquante hommes pour nettoyer le terrain et construire des baraques. En cela, il eut la hardiesse d'agir contre les préventions de la cour qui penchait pour Manchac. Bienville eut assez de sagacité pour deviner les res-

sources et les avantages futurs du site qu'il avait choisi, 1718. et l'évènement a prouvé qu'il avait été heureusement inspiré.

Les trois Canadiens, Deléry, Lafrénière et Beaulieu, qui étaient partis en 1716 pour la province de Nuevo Leon, avec mission de chercher une seconde fois à entamer des relations de commerce avec les Espagnols, revinrent cette année à la Mobile. A peine s'étaient-ils mis en route pour accomplir leur mission, qu'ils avaient été rejoints par l'infatigable et persévérant St. Denis. Après s'être pourvus de mules et de chevaux aux Natchitoches, ils s'étaient hâtés de continuer leur voyage. Lorsqu'ils arrivèrent au premier village des Assinais, où ils furent forcés de s'arrêter pour se reposer et refaire leurs provisions, St. Denis, pressé de revoir sa femme, qu'il avait laissée au Presidio del Norte, se sépara de ses compagnons et continua sa route, en emportant une partie de ses marchandises. Lorsque Deléry, Beaulieu et Lafrénière arrivèrent au Presidio, ils apprirent que les marchandises de St. Denis avaient été saisies, et que lui-même était parti pour Mexico, dans l'espoir d'obtenir qu'elles lui fussent rendues. Pour éviter la saisie qui avait frappé St. Denis, ils cachèrent leurs denrées, qu'ils confièrent à des moines, et réussirent ensuite à les vendre à des marchands de Bocca de Leon. Ils en attendaient le paiement, lorsqu'ils furent informés que St. Denis avait été emprisonné à Mexico. Cette nouvelle les fit partir subitement, de sorte qu'ils n'emportèrent que de vaines créances en échange de leurs marchandises. Ils furent assez heureux pour arriver en sûreté à la Mobile, après un voyage aussi long que pénible et dangereux.

Plus tard, St. Denis revint aussi de Mexico. A son arrivée dans cette ville, il n'avait plus trouvé, pour viceroi, le duc de Linarez, qui l'avait si bien traité la première fois. Le successeur du duc était le marquis de

1718. Valero. Pendant quelque temps, St. Denis eut l'espoir d'obtenir la levée de la saisie de ses marchandises. Mais don Martin de Alacorne, gouverneur du Texas, irrité de ce que St. Denis avait traversé la province soumise à son gouvernement, sans daigner lui présenter ses devoirs et sans chercher à gagner ses bonnes graces, écrivit à Mexico, et le représenta comme un homme suspect, qui avait des intentions hostiles et dangereuses. Il n'en fallait pas tant pour éveiller les susceptibilités jalouses du gouvernement espagnol, d'ordinaire si méfiant envers les étrangers. On écouta les représentations de don Martin, et St. Denis fut incarcéré. Après un mois de détention, on le relâcha, et on lui rendit ses marchandises, qu'il vendit à un prix très élevé. Malheureusement, le paiement en fut fait à un agent infidèle, qui ne lui en rendit jamais compte. Exaspéré par cette série d'infortunes, St. Denis eut l'imprudence de se répandre en invectives contre les Espagnols, et de se vanter du mal qu'il pourrait leur faire, s'il voulait user de son influence sur les Indiens. Ces menaces de St. Denis provoquèrent un ordre d'arrestation de la part des Espagnols. Mais les parents de sa femme l'en informèrent à temps, et lui fournirent les moyens de s'échapper. Il revint rendre compte à la compagnie, qui avait succédé à Crozat, du résultat de son expédition. Tout le fruit qu'elle en put retirer consista en renseignements relatifs aux établissements espagnols.

On ne saurait se refuser à payer un tribut d'admiration à St. Denis. Cet homme remarquable a droit à une des premières places parmi les fondateurs de la colonie. C'était une ame de chevalier dans un corps de fer. Aucune entreprise ne paraissait impossible à son audace; aucun revers ne pouvait ébranler sa persévérance. Certes, il ne fallait pas être un homme ordinaire pour oser, à cette époque, aller deux fois de la Mobile à Mexico par terre, et en revenir par la même route, au travers de tant de dangers et d'obstacles sans nombre ! 1718.

Crozat avait fait de vains efforts pour commercer avec les Espagnols du Mexique, et pour découvrir des mines de métaux précieux. Les tentatives infructueuses de Crozat servirent de leçon à la compagnie, qui, pour le moment, s'abstint sagement de suivre ses traces. Elle sentit que le commerce exclusif qu'on lui avait accordé avec une province, d'une étendue immense, mais qui n'avait presque pas d'autres habitants que quelques tribus sauvages, ne pouvait donner aucun profit ; parce qu'il ne peut pas y avoir de commerce important, là où il n'y a pas d'hommes soumis aux besoins de la civilisasation, et pas d'importation surtout, là où il n'y a rien ou peu de chose à recevoir en rétour. La compagnie jugea avec raison qu'il fallait encourager l'agriculture, et crut atteindre ce but, en faisant de fortes concessions de terres à plusieurs des personnes les plus riches et les plus puissantes du royaume. En conséquence, elle concéda quatre lieues carrées, sur la rivière des Arkansas, au fameux Ecossais Law, qui jouissait alors d'un grand crédit auprès du régent, qu'il avait fasciné par ses projets de finance. Elle fit plusieurs concessions sur la rivière des Yazoux à une compagnie composée de Le Blanc, secrétaire d'Etat, du comte de Belleville, du marquis d'Auleck, et de Le Blond, qui vint ensuite à la Louisiane, comme commandant en chef du corps des ingénieurs de la province. Aux environs des Natchez, elle fit des concessions à Hubert, le commissaire-ordonnateur, et à une compagnie de marchands de St. Mâlo ; aux Natchitoches, sur la rivière Rouge, à Bernard de la Harpe ; aux Tunicas, à St. Reine ; à la Pointe-Coupée, à de Meuse. L'endroit où est située maintenant la ville de Bâton-Rouge fut concédé à Diron d'Artaguette ; cette partie de la rive droite du Mississippi, qui est vis-à-vis le bayou Manchac, à Paris Duvernay ; les Tchoupitoulas, à de Muys ; les Oumas, au marquis d'Anconis ; les

1718. Cannes-Brûlées, au marquis d'Artagnac ; la rive opposée, à de Guiche, de la Houssaie et de la Houpe ; la baie St. Louis, à Mme de Mézières, et les Pascagoulas, à Mme de Chaumont.

Il avait été stipulé entre la compagnie et Law, qu'il établirait sur les terres qu'elle lui avait concédées quinze cents Allemands, et qu'il entretiendrait un petit corps de cavalerie et d'infanterie pour les protéger. Toutes les autres personnes à qui des concessions avaient été faites, devaient aussi fournir un certain nombre de colons, chacune suivant l'étendue de sa concession. Cette épreuve ne réussit pas. Quelques paysans furent en effet envoyés à la Louisiane par ces grands propriétaires, mais la plupart périrent victimes du climat, et les autres, qui n'étaient pas surveillés par leurs patrons absents, ne se livrèrent à aucune occupation utile.

La compagnie eut donc à tourner toute son attention vers la traite des nègres, et parmi les marchandises qu'elle devait envoyer à la Louisiane, elle eut à déterminer comment serait classée la marchandise vivante qu'elle devait transporter d'Afrique. En conséquence, elle publia ce réglement :

"La compagnie considère comme *pièce d'Inde* tout nègre de dix-sept ans et au-dessus, sans défaut corporel, ainsi que toute négresse de quinze à trente ans.

"Trois négrillons ou négrites, de huit à dix ans, feront *deux pièces d'Inde*.

"Deux négrillons, au-dessus de dix ans, feront *pièce d'Inde*.

"Il sera accordé aux anciens habitants un an de terme pour la moitié du prix. L'autre moitié devra être payée comptant.

"Sont réputés anciens, les colons qui sont établis depuis deux ans.

"Les nouveaux habitants auront un an et deux ans de terme."

Au mois de juin 1718, des colons, des condamnés et des troupes arrivèrent dans trois navires ; en tout, il y avait huit cents personnes destinées à résider dans la colonie. La note officielle qui suit, copiée dans les archives de la marine, fait voir comment furent répartis les nouveaux venus :

"Etat de la distribution qui a été faite à la Louisiane des nouveaux habitants qui ont passé sur les frégates la Victoire, la Duchesse de Noailles, et la flûte la Marie :

Aux Natchitoches, près du poste.

De Laire & Co., avec leurs gens,	100 hab.
Bernard de la Harpe et ses gens,	40 "
Brossard et ses gens,	11 "
	151

Aux Yazoux, près les troupes.

Messieurs Scourion de la Houssaye et leurs gens,	82 "

A la Nouvelle-Orléans.

Goy et ses gens,	9 "
Pigeon,	1 "
Rougé et ses gens,	6 "
Duhamel et ses gens,	3 "
Bugnot et ses gens,	9 "
Dufour et sa famille,	6 "
Marlot de Vernelle et son valet,	2 "
Le Gras et ses gens,	4 "
Le Page et ses gens,	10 "
Couturier et ses gens,	4 "
Robert, son fils et sa fille,	3 "
Les trois frères Orillaut, et trois hommes à eux,	6 "
Un maçon, un perruquier, un chirurgien avec leurs aides,	5 "
Total	68 "

1718. Au bas de cette note est cette apostille : "à placer le plus près possible de la ville, ou en ville même, avec des jardins."

Il paraît, du reste, que les colons envoyés à la Louisiane n'étaient pas exactement d'un caractère tel que l'aurait désiré Bienville. Car, dans une dépêche du 25 septembre, il se plaint de ce que la compagnie n'envoie point des charpentiers et des laboureurs, "attendu, dit-il, que tous les gens employés à la main d'œuvre dans le pays, se font payer de dix à quinze livres par jour. Ce qui retarde les améliorations et cause d'énormes dépenses à la compagnie."

1719. Au mois d'avril 1719, deux navires, appartenant à la compagnie, arrivèrent de France et apportèrent la nouvelle que la guerre avait éclaté entre cette puissance et l'Espagne. Une dépêche de Bienville, en date du 20 d'octobre, raconte tout ce qui se passa dans la colonie, en conséquence de cet évènement:

"J'ai reçu, dit-il, le 20 d'avril dernier, l'ordre du Roi portant déclaration de guerre à l'Espagne, et des exemplaires du manifeste motivant cette guerre. Par suite et sur l'avis de la Compagnie d'Occident, du 7 janvier, de profiter de cette circonstance pour m'emparer du fort de Pensacola, nous nous préparâmes pour cela. Mon frère Sérigny, chargé comme moi du commandement de cette colonie (1), appareilla de l'île Dauphine, le 13 mai, dans le Philippe, suivi du comte de Toulouse et du maréchal de Villars, commandés par M. Méchin et par le chevalier de Grieux, dans lesquels nous fîmes embarquer cent cinquante soldats. Moi, je fus en chaloupe, avec quatre-vingts hommes. Nous nous rendîmes devant Pensacola, le 14. Le lendemain, le gouverneur nous remit la place, sur les quatre heures après-midi, et le gouvernement en fut donné à mon frère de Chateaugné.

---

(1) Il était surtout chargé de faire un relevé des côtes.

"Suivant la capitulation que nous avions faite avec 1719. le gouverneur, les deux commissaires et les officiers de Pensacola, nous nous étions engagés de remettre leur garnison au port le plus proche. En conséquence de ce traité, nous fîmes embarquer tous les Espagnols dans le Comte de Toulouse et le Maréchal de Villars, commandés par M. Méchin et M. de Grieux. Lorsque ces deux vaisseaux furent arrivés à la Havane, le gouverneur fit mettre à terre tous les équipages français, et s'empara des deux vaisseaux, sans avoir égard à la capitulation, et, après les avoir armés de soldats et d'équipages espagnols, les a renvoyés nous assiéger à Pensacola. Ce sont même les deux plus gros vaisseaux de leur escadre. Mon frère Sérigny envoie au conseil tous les documents relatifs à la capitulation, pour prouver la mauvaise foi des Espagnols.

"J'avais eu l'honneur de marquer au conseil que notre embarras était de fortifier Pensacola, de façon à la pouvoir défendre contre les efforts que nous ne pouvions douter que les Espagnols feraient pour la reprendre, en attendant que la compagnie pût nous secourir. Mais ils ne nous en ont pas donné le temps, et sont revenus l'assiéger, le 6 août, avec trois vaisseaux, (y compris les deux vaisseaux qu'ils avaient si traîtreusement surpris aux Français), neuf brigantins ou balandres, et dix-huit cents hommes de débarquement. Ils firent leur descente le lendemain. Aussitôt, cinquante soldats Français s'échappèrent du fort, furent se joindre à eux, et leur dirent qu'ils n'avaient qu'à se présenter, que le reste de la garnison leur livrerait la place. Ils envoyèrent sur le champ sommer mon frère Chateaugné de se rendre ; lequel n'eut pas d'autre parti à prendre que de capituler, se voyant abandonné de tous ses soldats. La capitulation a été, de sortir du fort avec tous les honneurs de la guerre et d'être menés à la vieille Espagne. Nous y avons perdu la flûte la Dauphine, qui s'est brûlée par

1719. accident, et le St. Louis qui a été pris. La moitié des soldats qui étaient dans le fort ont pris parti avec les Espagnols contre nous. Aussitôt que le sieur de Chateaugné eut livré la place, le commandant de l'escadre fit partir trois brigantins chargés de monde, pour venir prendre l'île Dauphine et le Philippe qui y était mouillé. Il envoya en même temps une sommation de se rendre au capitaine du Philippe. Celui-ci obligea l'officier qui était porteur de la sommation, d'aller à terre parler à M. de Sérigny, qui le renvoya sur le champ, avec ordre de dire à son commandant qu'il pouvait venir quand il lui plairait, et qu'il était prêt à le bien recevoir.

"Pendant la nuit, deux de ces brigantins entrèrent dans la baie de la Mobile, et mirent à terre chez un habitant, qui est à moitié chemin de l'île Dauphine à la Mobile, trente-cinq hommes pour le brûler et le piller. Heureusement pour lui, ce fut dans le temps que j'envoyais à mon frère Sérigny un secours de quelques Français et de soixante sauvages, qui arrivèrent presque en même temps qu'eux et les attaquèrent. Ils en tuèrent cinq, dont les sauvages enlevèrent la chevelure ; six se noyèrent en voulant regagner leur bord ; on m'en amena dix-huit prisonniers. Tous les soldats français de la garnison de Pensacola, qui venaient de prendre parti pour les Espagnols, et qui furent pris les armes à la main contre leur roi, ont eu la tête cassée, n'ayant point de bourreau pour les pendre. Le reste de l'escadre espagnole arriva à l'île Dauphine deux jours après les trois brigantins. Après avoir resté devant l'île pendant quatorze jours à canonner le Philippe et le bourg, mais à hors de portée, par la peur qu'ils ont eue d'une batterie en barbette et du Philippe, qui était embossé à une portée de pistolet de terre, et de deux cents sauvages que j'avais envoyés pour secourir mon frère, qui n'avait que cent soixante hommes, y compris quatre-vingts soldats, dont partie beaucoup plus à craindre que les ennemis mêmes, ils ont enfin appareillé, le 26, pour s'en retourner, sans avoir osé faire de descente, après plusieurs tentatives, dans lesquelles ils ont perdu bien du monde."

Trois vaisseaux de ligne, sous les ordres du comte de Champmeslin, escortant deux navires de la compagnie, furent signalés le 1er septembre.

"M. de Champmeslin, continue Bienville, trouva encore dans la baie deux balandres espagnoles, qui étaient revenues pour empêcher la communication de cette île avec la Mobile, mais qui, à la vue de son escadre, se sauvèrent à Pensacola. Aussitôt que je sus son arrivée, je me rendis à son bord avec M. de Sérigny. Il fit assembler un conseil, dans lequel se trouvèrent tous les capitaines de vaisseaux. Il y fut résolu que nous irions enlever les deux forts de Pensacola et la flotte qui était dans le port. Il fut arrêté que nous ne partirions que le 14 du mois, afin que l'on pût décharger la moitié de la cargaison, que les vaisseaux fissent l'eau et le bois dont ils avaient besoin, et que j'eusse aussi le temps de faire aux sauvages leurs vivres et de les rassembler. Nous convînmes que M. de Champmeslin joindrait à son escadre l'Union et le Philippe, vaisseaux de la compagnie, et que nous laisserions sur les vaisseaux du roi deux cent cinquante hommes de troupes nouvelles que la compagnie nous a envoyées. Quant à moi, il fut convenu que j'irais en chaloupes jusqu'à la rivière Perdido, avec les soldats et les volontaires que je pourrais rassembler, pour y joindre cinq cents sauvages commandés par le sieur de la Longueville, auquel j'avais donné l'ordre de s'y rendre, et que j'y trouvai en effet à mon arrivée. J'envoyai un détachement de Français avec des sauvages investir le grand fort, pour empêcher personne de sortir, et pour incommoder l'ennemi. Le 17, M. de Champmeslin entra dans le port, et, après un combat assez chaud, d'environ deux heures, le petit fort de la

1719. pointe de l'île Ste. Rose, et les bâtiments qui étaient embossés devant l'île, au nombre de quatre vaisseaux et cinq balandres, se rendirent à lui. Le fort que j'attaquais depuis deux jours se rendit peu après. Cette prise a fait un très bon effet parmi nos sauvages, qui ne laissaient pas que d'être épouvantés par les quinze cents Espagnols que nous pouvons avoir pris.

"Quatre jours après la prise de cette place, il est arrivé dans ce port une balandre de la Havane, par laquelle j'ai reçu une lettre de mon frère, de Chateaugné, qui me marque que le gouverneur de la Havane n'a voulu lui fournir aucune subsistance, ni aux officiers, ni aux matelots, et que ces derniers sont forcés de charier de la pierre ou de prendre parti dans leurs bâtiments pour subsister.

"Dans les vaisseaux espagnols pris par M. de Champmeslin, il s'est trouvé trente cinq de nos déserteurs français, qui ont été jugés par un conseil de guerre de marine. Douze ont été condamnés à être pendus, et les autres, à servir de forçats.

"Le conseil me permettra de lui représenter qu'il est bien désagréable pour un officier, chargé d'une colonie, de n'avoir pour la défendre qu'une bande de déserteurs, de faux sauniers et de coquins, qui sont toujours prêts non seulement à vous abandonner, mais encore à se tourner contre vous. Quel attachement, aussi, peuvent avoir pour le pays des gens qu'on y envoie par force et auxquels il ne reste plus d'espérance de retourner dans leur patrie ! Peut-on croire qu'ils ne feront pas tous leurs efforts pour se retirer d'une pareille situation, surtout dans un pays aussi ouvert que celui-ci l'est, soit pour aller du côté des Espagnols, soit de celui des Anglais. Il me paraît qu'il est absolument nécessaire, si l'on veut conserver au roi cette colonie, de n'y envoyer, autant qu'on pourra, que des gens de bonne volonté, et de tacher de procurer plus de douceurs pour la vie en ce pays, qu'il n'y en a eu jusqu'à présent. Il 1719. faut, pour cela, y faire passer des bestiaux de manière à pouvoir y tenir une boucherie, et y envoyer des vivres plus exactement et en plus grande quantité que par le passé, sans quoi on y sera toujours très misérable. D'ailleurs, le peu de monde que nous avons dans cette colonie est si répandu dans les différents établisssements, que les seules forces que nous avons sont les sauvages, desquels nous ne pouvons nous servir dans le temps présent, par rapport à la disette des vivres. Si nous en avions suffisamment, nous serions en état de nous soutenir contre tous les efforts que pourraient faire les Espagnols, quoiqu'ils soient très puissants, étant très voisins de la Havane et de la Vera-Cruz, pourvu cependant qu'ils ne croisâssent pas avec de gros vaisseaux sur nos côtes pour nous enlever nos secours qui nous viennent de France. Ce qui est bien leur idée, suivant ce que nous avons appris des déserteurs français que nous avons pris. De cette manière, il serait facile de nous jeter dans la dernière extrémité et de nous mettre hors d'état de pouvoir conserver la colonie, si la compagnie ne nous envoie pas des secours assez puissants pour mettre les côtes en sûreté."

Ainsi finit l'expédition contre Pensacola. Le commandement en fut laissé à Delisle, lieutenant de vaisseau.

Sur ces entrefaites, les directeurs de la compagnie ayant appelé l'attention du gouvernement sur les changements que de nouvelles circonstances demandaient dans l'ancien régime de la colonie, le conseil supérieur de la Louisiane fut réformé par un édit du mois de septembre.

D'après cette ordonnance royale, le nouveau conseil devait être composé des directeurs de la compagnie qui se trouveraient dans la colonie, du gouverneur, des deux lieutenants de roi, de quatre conseillers, d'un procureur général et d'un greffier. Le quorum en fut fixé

1719 à trois membres pour les affaires civiles et à cinq pour les affaires criminelles. Au cas qu'il ne pût pas y avoir de quorum, à cause d'absence ou de maladie, les membres présents avaient le pouvoir de se compléter en choisissant parmi les notables de la colonie. Le conseil avait juridiction en dernier ressort et devait siéger tous les mois. Jusqu'alors, le conseil avait été le seul tribunal de la province, mais la population ayant augmenté, il fallut créer des tribunaux inférieurs, et l'on institua comme juges les directeurs de la compagnie ou leurs agents, dans les différentes localités où ils pourraient résider, lesquels, avec deux habitants notables du voisinage, pouvaient prendre connaissance d'une affaire civile. Dans toute affaire criminelle, il fallait qu'ils s'adjoignissent quatre habitants ayant les mêmes qualifications que pour une affaire civile. Mais leurs jugements pouvaient, dans tous les cas, être revisés en appel par le conseil supérieur, bien qu'ils pussent être exécutés provisoirement. Il est à remarquer qu'il était stipulé que les jugements du conseil supérieur devaient être rendus sans frais.

Le premier conseil supérieur, sous l'administration de la compagnie, fut composé de Bienville, gouverneur, d'Hubert, commissaire-ordonnateur et premier conseiller, de Boisbriant et Chateaugné, lieutenants de roi ; L'Archambault, Villardo et Legas, étaient les autres conseillers. Le procureur général était Cartier de Baune. Couture était le secrétaire du conseil.

Quoique le gouverneur occupât la place d'honneur au conseil, le premier conseiller en était le véritable président. Il recueillait les voix et prononçait les jugements. Dans toutes les procédures préliminaires, comme l'apposition des scellés, les inventaires et autres actes semblables, il remplissait les fonctions de juge de première instance.

Bienville désirait vivement transporter le siège du gouvernement sur les bords du Mississippi, sur le site

actuel de la Nouvelle-Orléans, à l'endroit où il avait en- 1719.
voyé cinquante hommes, l'année précédente, pour déblayer le terrain. Mais il trouva de l'opposition dans les officiers qui partageaient avec lui le commandement et qui étaient soutenus par le commissaire-ordonnateur Hubert, ainsi que par les directeurs de la compagnie. Une crue considérable du fleuve, qui couvrit le terrain dont on discutait les avantages, trancha pour le moment la question. Les adversaires du projet de Bienville donnèrent pour raison, que la colonie n'avait pas les moyens nécessaires pour élever les digues dont il faudrait entourer cet établissement. Hubert voulait que le siège du gouvernement fût établi aux Natchez, mais comme il y avait de larges concessions de terres, on se méfia des motifs de sa prédilection. L'Archambault, Villardo et Legas, dont les vues se portaient plutôt sur le commerce que sur l'agriculture, ne voulaient pas quitter le littoral de la mer et recommandaient le côté Est de la baie de Biloxi. Cette opinion ayant prévalu, l'on y envoya un détachement pour y construire des logements et des casernes. Cet endroit fut ensuite connu sous le nom de nouveau Biloxi, pour le distinguer du premier établissement, qui fut appelé, depuis lors, le vieux Biloxi.

A cette époque, la colonie commençait à sortir un peu de son état de langueur. On travaillait à la terre dont on avait remarqué l'extrême fertilité et on l'avait trouvée admirablement adaptée à la culture du riz, de l'indigo, du tabac et du coton. Mais les laboureurs européens avaient presque tous succombé à la malignité du climat, de sorte que la compagnie avait été contrainte de compter seulement sur les bras qu'elle emprunterait à l'Afrique, pour cultiver la terre, sous un soleil brûlant que l'homme blanc ne paraissait pas pouvoir supporter. Elle avait, à plusieurs reprises, envoyé chercher des nègres en Guinée et avait introduit dans la colonie un millier d'esclaves qui, par leur travail, avaient

1719. répondu à ses espérances. Cependant, l'agriculture seule n'occupait pas l'attention des directeurs. Il y en avait que vingt ans d'expérience n'avaient pas détrompés au sujet des mines qu'ils supposaient exister dans la Louisiane. Ce feu follet, enfanté par la cupidité, s'amusait encore à tourmenter l'imagination de quelques têtes exaltées. De nouvelles dépenses et de nouveaux efforts furent faits pour découvrir les métaux précieux dont on rêvait l'existence. Mais les efforts furent infructueux et les dépenses inutiles.

A la fin de cette année, la compagnie, entendant tenir la main à la stricte exécution de la charte qui lui concédait le privilège du commerce exclusif de la Louisiane, fit publier partout un édit royal, en date du 26 novembre, qui défendait à tout bâtiment étranger d'aborder dans la colonie, sous peine de confiscation.

1720. La compagnie, au commencement de 1720, lança dans la province une proclamation, notifiant aux colons les prix auxquels ils pourraient obtenir, dans ses magasins à la Mobile, à l'île Dauphine et à Pensacola, les marchandises nécessaires à leurs besoins. Si ces marchandises étaient vendues délivrables à la Nouvelle-Orléans, les colons devaient payer cinq pour cent de plus ; aux Natchez, dix pour cent ; aux Yazoux, treize pour cent ; au Missouri et aux Illinois, cinquante pour cent. Les habitants étaient tenus d'envoyer à la Nouvelle-Orléans, à Biloxi, à l'Ile aux Vaisseaux et à la Mobile leurs produits, que la compagnie promettait de prendre aux prix suivants : la soie, suivant sa qualité, au taux de 7 livres 10 sous à 10 livres ; le tabac de première qualité, à 25 livres le cent ; le riz à 20 livres ; la farine superfine de blé, 15 livres ; le froment, 10 livres ; l'orge et l'avoine, à 90 sous le cent ; la peau de chevreuil, de 15 à 25 sous la pièce ; préparée, sans la tête ou la queue, 30 sous ; les peaux de bêtes à cornes, 8 sous la livre.

Ainsi, les malheureux que l'on envoyait à la Louisiane

avaient non seulement à braver l'insalubrité du climat et la cruauté des sauvages, mais ils étaient encore tenus dans le plus oppressif esclavage. Ils ne pouvaient acheter que *de la compagnie*, et au prix *qu'elle fixait*; ils ne pouvaient vendre *qu'à elle, au prix qui lui convenait*, et ne pouvaient sortir de la colonie *qu'avec sa permission*. C'était là ce qu'on appelait alors le régime colonial. Au temps où nous sommes, nous ne pouvons découvrir en quoi les blancs que la compagnie transportait d'Europe, différaient des noirs qu'elle faisait venir d'Afrique, du moins quant à leurs rapports avec la compagnie; car ces deux classes d'hommes ne travaillaient également que pour un maître, la toute puissante compagnie!

Cette année, les Français renouvelèrent encore leurs tentatives de commerce avec les provinces espagnoles, et essayèrent même d'étendre leurs établissements de ce côté. Quoique la France et l'Espagne fussent en guerre, on pensait qu'il serait peut-être dans l'intérêt de leurs colonies américaines, ou du moins dans l'intérêt des chefs de ces colonies, d'entretenir entr'elles un commerce qui leur serait réciproquement avantageux. Dans cet espoir, Bernard de la Harpe se rendit dans le Texas, et construisit, avec l'aide des Indiens, qui détestaient les Espagnols, un petit fort, par le 33e degré 35′ de latitude, à environ deux cent cinquante milles des Natchitoches. De là, il envoya faire des offres de service à don Martin de Alacorne, gouverneur du Texas, et lui adressa des propositions de commerce. Don Martin répondit par des compliments, mais, en même temps, fit observer à la Harpe qu'il était étonnant que les Français s'avisassent de s'établir sur un territoire faisant partie du Mexique. En conséquence, il priait la Harpe d'avertir son chef, au nom duquel il prétendait agir, que la force serait employée pour maintenir les droits de la couronne d'Espagne, si les Français ne se retiraient pas volontairement

1720. dans leurs limites. A l'étonnement manifesté par don Martin de Alacorne, Bernard de la Harpe répondit, à son tour, qu'il était tout aussi étonné des assertions et des prétentions du prétendu gouverneur du Texas, attendu que les Français avaient toujours considéré le Texas comme une partie de la Louisiane, depuis que Lasalle en avait pris possession. Il ajouta que, jusqu'à présent, le gouvernement français n'avait jamais compris que les prétentions de l'Espagne pussent s'étendre au-delà du Rio Bravo, parce que toutes les rivières qui se déchargent dans le Mississippi, ainsi que tout le territoire qui en dépend, devaient incontestablement être regardés comme appartenant à la France.

Il est digne de remarque que le gouvernement français soutint la Harpe dans la position qu'il avait prise, et que la compagnie, avec l'autorisation expresse du roi, ordonna que l'on prît possession de la baie de St. Bernard. On en fit la tentative en 1722, mais on fut obligé d'y renoncer, à cause de l'insurmontable hostilité des sauvages, et parce que cet établissement aurait été trop éloigné pour être susceptible d'une protection efficace. Il n'en est pas moins vrai que la France a toujours contesté à l'Espagne les droits que cette puissance a prétendu, avec tant de ténacité, avoir au Texas.

Connaissant l'activité, l'énergie et la capacité de St. Denis, la compagnie lui confia le commandement du poste des Natchitoches, dont la prospérité naissante pouvait exciter la jalousie des Espagnols, et qu'elle considérait, par conséquent, comme le point le plus menacé.

La compagnie parut prendre au sérieux l'obligation qu'elle avait contractée de peupler la colonie, car, dans le courant de l'année, elle y fit transporter plus de mille personnes. De ce nombre, il y en avait plus de trois cents pour les concessions des Natchez, soixante pour celle de M. de Guiche, cent cinquante pour celle de M. de St. Reine, aux Tunicas, et deux cent cinquante pour les concessions de Le Blanc et de quelques autres aux 1720. Yazoux.

Jusqu'à présent, depuis la fondation de la colonie, les Indiens n'avaient fait aucune opposition aux nouveaux venus. Mais le moment était arrivé où leur amitié, ou plutôt leur indifférence, allait se changer en une animosité qui devait imposer aux Français une lutte de tous les instants, une lutte sourde et cachée, qui éclata plusieurs fois en guerres ruineuses et désastreuses. Tant que la colonie était restée faible, tant qu'elle paraissait devoir succomber d'elle-même, et par le vice radical de sa constitution, les Anglais ne s'en étaient pas préoccupés ; mais aussitôt qu'elle donna quelques signes d'une vitalité durable, et qu'elle parut devoir s'organiser plus fortement sous l'administration plus vigoureuse de la compagnie, ils commencèrent à s'en inquiéter. D'ailleurs, les coureurs de bois, les facteurs anglais et français se rencontraient déjà sur tous les points parmi les nations indiennes. De là était née une rivalité qui devait faire verser des flots de sang. A partir de ce moment, Anglais et Français devaient, pendant des années, chercher à s'égorger par l'entremise des Indiens. Ainsi les Caroliniens poussèrent les Chickassas à déclarer la guerre aux Français. Le premier acte d'hostilité de ces sauvages fut le massacre d'un officier, nommé Sorvidal, qui, par l'ordre de Bienville, résidait parmi eux. Après bien des efforts, Bienville réussit à leur opposer les Chactas. Ces deux nations étaient les plus puissantes de la colonie. Les autres tribus sauvages restèrent neutres.

Par une ordonnance royale, les forces de la colonie avaient été portées à vingt compagnies de cinquante hommes. Voilà, avec les quelques colons répandus sur l'immense territoire de la Louisiane, les forces que l'on pouvait opposer aux sauvages et aux autres ennemis qui pourraient la menacer.

1720. Outre les mille personnes blanches, transportées cette année dans la colonie par la compagnie, elle y avait introduit cinq cents nègres.

Les colons se plaignant surtout de manquer de femmes, la compagnie avait autorisé la sœur Gertrude, et, sous elle, les sœurs Louise et Bergère, à conduire à la Louisiane des filles élevées à l'hôpital général de Paris, "lesquelles, disait la compagnie dans son ordre d'autorisation, y passent volontairement pour s'y établir, et devront être sous la surveillance spéciale de la sœur Gertrude, jusqu'à ce qu'elles soient établies. Ce qu'elles ne pourront faire sans son consentement."

Les colons honnêtes qui se trouvaient à la Louisiane se plaignant aussi du caractère des recrues et compagnons qu'on leur envoyait, le roi, à la requête de la compagnie, rendit l'ordonnance suivante :

"Etant informé que la compagnie des Indes est en état de faire travailler promptement à la culture des terres de la Louisiane, où d'ailleurs il se présente un grand nombre de familles étrangères et françaises, qui offrent de s'établir dans les concessions que la compagnie a accordées à différents particuliers; et que les concessionnaires refusent de se charger des vagabonds et criminels qui ont été condamnés à servir dans la colonie, parce que ce sont gens fainéants et de mauvaise vie, moins propres au travail qu'à corrompre les autres colons, et même les naturels du pays, qui sont une nation douce, industrieuse, laborieuse et amie des Français, le roi ordonne que dorénavant il ne sera plus envoyé de vagabonds ou de criminels à la Louisiane."

1721. Le 3 de janvier 1721, un navire de la compagnie arriva avec trois cents colons, qui devaient s'établir sur la concession de Mme de Chaumont aux Pascagoulas. Mais en favorisant l'accroissement de la population de la Louisiane, le gouvernement avait soin de veiller à ce qu'on ne s'y livrât à aucune culture qui pût entrer en

concurrence avec les produits du sol de la France. 1721.
Ainsi, le 9 janvier, il rendit une ordonnance qui défendait de cultiver à la Louisiane, la vigne, le chanvre, le lin, etc., etc.

Au mois de février, quatre-vingts filles, sorties d'une maison de correction de Paris, appelée la Salpétrière, arrivèrent à la Louisiane. Il paraît que l'on considérait les femmes comme étant en dehors de l'ordre récent du conseil qui défendait d'y transporter des vagabonds et des personnes de mauvaise vie.

Comme par le passé, la plus violente mésintelligence s'était manifestée entre tous les officiers et employés publics à la Louisiane. Ce qui avait considérablement nui à la marche des affaires. Les rapports, qui furent faits en France sur la triste situation où se trouvait la colonie, avaient excité de grands murmures parmi les actionnaires. On reprochait à la direction d'avoir fait de grandes dépenses qui n'avaient rien rapporté, et d'avoir choisi pour chefs de la colonie des gens beaucoup plus soigneux de leurs intérêts que de ceux de la compagnie. Les actions étaient tombées dans un grand discrédit et un mécontentement général en avait été la conséquence. Aussi, les directeurs écrivaient-ils à Bienville que le régent s'était plaint de ce qu'il n'avait pas rendu des services effectifs ; ils ajoutaient qu'on avait bien voulu l'excuser auprès de Son Altesse Royale en lui faisant connaître que les agents de la compagnie avaient entravé et paralysé tous les plans du gouverneur de la colonie ; qu'en conséquence, on allait envoyer de nouveaux agents qui lui seraient subordonnés ; qu'il aurait alors l'occasion de prouver son savoir faire et de mériter des récompenses, mais qu'il ne devait pas perdre de vue qu'il n'y avait que des services réels qui lui feraient mériter le grade de brigadier et le grand cordon de St.-Louis qu'il ambitionnait et que le régent avait promis de lui tenir en réserve. Les di-

1721. recteurs espéraient obtenir d'heureux résultats en stimulant ainsi l'ambition de Bienville.

Au mois de mars, deux cents Allemands arrivèrent dans la colonie. Ils étaient envoyés par Law pour peupler les terres qui lui avaient été concédées. Ils furent, peu après, suivis de cinq cents nègres qui venaient d'Afrique. Cet accroissement de la population eut été mieux accueilli de la colonie qu'il ne le fut, si on n'avait pas souffert dans ce moment d'une grande rareté de vivres.

Parmi cette troupe allemande se trouvait une femme, dont on a beaucoup parlé dans le temps et dont les aventures en Europe et en Amérique sont racontées dans plusieurs mémoires de l'époque. On disait qu'elle était la femme du Czarowitz, Alexis Petrowitz, fils de Pierre le Grand. Il est certain que sa ressemblance avec cette princesse était très grande. Le bruit courait que, pour échapper aux mauvais traitements du prince, qui l'accablait de coups, elle avait eu recours à une mort simulée, mais qu'elle était sortie de sa tombe pour s'enfuir en pays étranger. Cette femme épousa à la Louisiane un chevalier d'Aubant, qui avait vu la princesse à St.-Pétersbourg et qui crut la reconnaître sous l'incognito qu'elle avait pris et qu'elle semblait vouloir garder. Après une longue résidence à la Louisiane, elle suivit son mari à Paris et à l'île Bourbon, où il fut envoyé avec le grade de major. Devenue veuve en 1754, elle revint à Paris avec une fille qu'elle avait eue de son mariage. Elle y mourut dans une grande pauvreté en 1771.

Vers la fin de cette année 1721, il arriva à Biloxi un officier français qui rendit compte d'un navire de la compagnie, parti pour la Louisiane en 1718, avec des troupes et cent condamnés, et dont on n'avait jamais entendu parler. Il paraît que le commandant de ce navire avait manqué l'embouchure du fleuve et était entré par le 29me degré de latitude, dans une large baie, où il avait découvert trop tard son erreur. Pour 1721. comble de malheur, une épidémie contagieuse éclata parmi les condamnés et fit tant de ravages, que cinq officiers nommés Bellisle, Allard, Delisle, Legendre et Corlat, pensèrent qu'il était moins dangereux de se faire mettre à terre avec des armes et huit jours de provisions que de rester à bord. Ils espéraient rencontrer quelque indien qui leur servirait de guide jusqu'aux établissements français, mais ils furent cruellement trompés dans leur attente. Tous moururent de faim et de fatigue, à l'exception de Bellisle. Après avoir enseveli le dernier de ses compagnons, il erra plusieurs jours sur le bord de la mer, en ne vivant que de coquillages et de racines. Il finit par tomber entre les mains de trois Indiens, qui le dépouillèrent et le menèrent prisonnier à leur village, où ils le gardèrent dix-huit mois et le traitèrent avec cruauté. Enfin, un Indien, ayant volé une petite boîte d'étain dans laquelle Bellisle conservait son brevet d'officier et quelques autres papiers, la vendit à un Indien de la tribu des Assinais. Bellisle n'eut qu'à se féliciter de ce vol; car cette boîte étant tombée par hasard entre les mains de St. Denis qui commandait aux Natchitoches, cet officier envoya quelques Indiens qui traitèrent de la rançon de son malheureux compatriote.

Les affaires de la colonie étant loin de se trouver dans un état de prospérité, on crut qu'il fallait faire quelques modifications dans les réglements de régie et l'on publia celui-ci, en date du 5 septembre :

Réglement sur la régie des affaires de la Louisiane.

"Le conseil de la régie générale des affaires sera composé du commandant général, du lieutenant au gouvernement, du sieur Duvergier, directeur-ordonnateur, du sieur de L'Orme, directeur, et sous directeur des comptes.

1721. "Le conseil se tiendra nécessairement, tous les jours, au nouveau Biloxi où résideront les membres, sauf M. de Bienville, commandant général, dont la résidence habituelle est à la Nouvelle-Orléans.

"Il sera tenu registre des délibérations du conseil et des copies en seront envoyées en France.

"Les marchandises seront vendues à Biloxi, à la Mobile, à la Nouvelle-Orléans, à 50 pour cent de bénéfice sur la facture de France; aux Natchez, et aux Yazoux, à 70 pour cent; aux Arkansas, à 100 pour cent; aux Alibamons, à 50 pour cent, vu la proximité des Anglais."

Le 27 du même mois, ce réglement fut suivi d'un autre, ainsi conçu :

Réglement de régie.

"Il est décidé qu'on vendra les nègres aux habitants au prix de 660 livres (pièce d'Inde), pour le prix desquels ils fourniront leurs billets payables en trois ans par parties égales, en tabac ou en riz, suivant les conditions.

"Si après deux termes échus, il n'a pas été payé un à compte d'un tiers, les nègres seront revendus sur un simple commandement, après publications et annonces. Si le produit ne couvrait pas la compagnie, le débiteur serait contraignable par corps pour le surplus.

"Le tabac en feuilles, bon et marchand, sera payé aux habitants à raison de 25 livres le quintal, livré aux magasins du nouveau Biloxi, de la Nouvelle-Orléans ou de la Mobile.

"Le riz sera payé 12 livres le quintal. Le vin sera vendu 120 livres la barrique, et le quart d'eau-de-vie 120 livres.

"La Louisiane sera divisée en neuf quartiers, qui sont la Nouvelle-Orléans, le Biloxi, la Mobile, les Alibamons, les Natchez, les Yazoux, les Natchitoches, les Arkansas et les Illinois. 1721.

"Il y aura dans le chef-lieu de chaque quartier un commandant et un juge, du jugement duquel les appels seront portés au conseil suprême établi au nouveau Biloxi.

"Cet ordre est établi pour donner aux habitants une protection et une justice à leur portée."

A la fin de cette année 1721, voici quel était l'état de la colonie, présenté par la compagnie elle-même :

"Lorsque M. Crozat remit la Louisiane à la Compagnie, il pouvait y avoir environ quatre cents personnes hommes, femmes et enfants français !

"Par les vaisseaux que la compagnie des Indes y a envoyés depuis le 25 octobre 1717, jusqu'au mois de mai 1721, elle y a fait passer, soit sur quarante-trois vaisseaux à elle, soit sur l'escadre de
M. de Saujon . . . . 7,020 personnes.
"Y compris les 400 qui étaient déjà dans la colonie . . . . 7,420 "
"Sur ce nombre, il peut en être mort, déserté ou retourné en France, 2,000 "

"Partant, il reste dans la colonie environ . . . . 5,420 personnes.

"Il pouvait y avoir, au 1er janvier 1721, dans la colonie, en fait de nègres, environ . . . . 600 individus.

On voit que la compagnie avait pris au sérieux la colonisation de la Louisiane. Malheureusement les dépenses énormes qu'elle fit, furent trop mal dirigées pour produire aucun résultat satisfaisant.

Les dépenses seules d'administration, à la Louisiane, se montèrent cette année à 474,274 livres.

CHAPITRE IX.

LE SIÈGE DU GOUVERNEMENT EST TRANSFÉRÉ A LA NOUVELLE-ORLÉANS. — OURAGANS TERRIBLES. — SECONDE GUERRE CONTRE LES NATCHEZ. — BIENVILLE EST DESTITUÉ DE NOUVEAU ET RAPPELÉ EN FRANCE. — PUBLICATION DU CODE NOIR.

1722. Le 12 mars 1722, la compagnie rendit une ordonnance qui défendait aux habitants de vendre leurs nègres aux Espagnols ou à d'autres étrangers, pour les faire sortir de la colonie, sous peine de mille livres d'amende et de confiscation du sujet.

Le 20 avril, Bienville, qui était alors au fort Louis à la Mobile, écrivit au ministre pour lui exposer les difficultés de décharger les navires sur les rivages plats de Biloxi, et pour faire ressortir les avantages de la navigation du Mississippi. Cette dépêche est assez intéressante pour être consignée ici :

Bienville au Ministre.

"J'ai eu l'honneur d'informer le conseil, par mes dernières lettres, sur l'entrée du fleuve, et de l'assurer que des vaisseaux ne tirant pas plus de treize pieds d'eau y pourraient entrer à pleines voiles sans toucher ; qu'il ne serait pas difficile de rendre la passe praticable pour de plus gros vaisseaux, le fond n'étant qu'une vase molle et mouvante. J'y aurais déjà fait travailler, si Messieurs les ingénieurs, qui sont particulièrement chargés des travaux, avaient été de ce sentiment. Mais ils s'occupent uniquement de ceux de Biloxi, qu'on sera 1722. obligé, je crois, d'abandonner. Si on continue d'y faire des déchargements, cela retardera l'établissement de cette colonie, et nous jettera dans de grandes dépenses, à cause de l'éloignement de l'île aux Vaisseaux, qui est à cinq lieues de la grande terre où nous sommes établis; nous sommes obligés, pour décharger les navires, d'y envoyer des traversiers qui, à leur retour, ne peuvent approcher de terre que de trois quarts de lieue. On envoie ensuite des chaloupes pour décharger ces traversiers, et ces mêmes chaloupes échouent à près d'une portée de carabine au large. Le conseil connaîtra par là de quelle conséquence il serait de faire entrer tous les vaisseaux qui viennent de France dans le fleuve, où ils seraient déchargés dans deux jours. J'ai pris sur moi d'y envoyer deux flûtes, une de trois cents et l'autre de quatre cents tonneaux, qui y ont entré à pleines voiles. J'aurais fait la même chose des autres qui viennent d'arriver, si on ne nous avait pas donné des ordres si précis de faire décharger ces vaisseaux à Biloxi."

Le 20 mai, il fut décrété qu'il y aurait cinq conseillers au conseil supérieur, au lieu de quatre, et ces conseillers furent : Bruslé, Fazende, Perry, Guilhet, Masclary.

Le 4 de juin, il arriva, par un navire de la compagnie, deux cent cinquante Allemands, commandés par le chevalier d'Arensbourg, officier suédois. Ce navire ramenait aussi Marigny de Mandeville, qui était allé en France, où il avait obtenu la croix de St. Louis et le commandement du fort Condé à la Mobile.

Ce navire avait apporté la nouvelle que la fameuse banque royale que Law avait fondée en France, sous le patronage du gouvernement, avec un capital immense, était en faillite complète, et que Law lui-même était parti de France chargé de l'exécration publique. On sait que cet Ecossais, profitant de l'engouement qu'il avait inspiré au duc d'Orléans, régent de France, s'était

1722. fait placer à la tête des affaires de la banque, et qu'il avait réussi à y faire incorporer la non moins célèbre compagnie d'Occident, connue aussi sous le nom de compagnie des Indes ; laquelle devait avoir tous les privilèges possibles, et monopoler en quelque sorte le commerce de la France avec la Chine, les Grandes-Indes et l'Amérique. Cette compagnie fut connue également sous le nom de compagnie du Mississippi, d'après le grand fleuve qui traversait le pays où devaient s'opérer les merveilles dont on échauffait les imaginations des actionnaires. L'habile charlatan qui avait conçu le plan gigantesque qu'il avait eu le talent de faire si bien goûter du gouvernement et du public, avait persuadé à toute la France que la banque et la compagnie devaient réaliser des bénéfices énormes ; de sorte qu'une espèce de folie s'était emparée de toutes les têtes. C'était à qui serait actionnaire, parce qu'une seule action de cette merveilleuse compagnie devait donner une grande et rapide fortune. On a peine à croire ce que racontent à ce sujet les historiens de l'époque. On s'entassait, on s'étouffait, on s'écrasait, on se battait dans la rue Quincampoix, où étaient les bureaux de la compagnie, pour arriver à s'y inscrire. Ce qui porta cette frénésie à son dernier degré d'intensité, c'est que les directeurs, considérant comme réalisés les bénéfices futurs qu'ils comptaient faire, déclarèrent un dividende de deux cents pour cent. Aussi, l'illusion fut telle, que les actions montèrent à soixante fois leur valeur primitive. Ce fut un délire de spéculations dans tous les rangs, dans toutes les classes. Séduit lui même par son système, Law avait fabriqué tant de billets, dit Voltaire, que la valeur chimérique des actions de la Banque royale représentait, en 1719, quatre-vingts fois tout l'argent qui circulait dans le royaume. Mais enfin, les privilèges et les autres avantages commerciaux, sur lesquels on avait échafaudé tant d'espérances, ayant été trouvés plus onéreux que productifs, et les opérations de finance 1722. n'ayant pas répondu en pratique à ce qu'elles paraissaient être en théorie, les actions de la Banque perdirent la valeur factice qui leur avait été donnée, et les papiers que l'on avait pris au taux de l'or, redevinrent ce qu'ils étaient auparavant : du papier. L'édifice fragile, dont un vernis brillant avait caché la faiblesse, croula tout à coup, et couvrit la France de ses débris. Toutes les fortunes furent bouleversées, et un choc terrible fit fuir les songes dorés dont on s'était bercé.

La colonie fut accablée de cette nouvelle. Elle craignit d'être entièrement abandonnée à ses propres ressources, et que l'on n'aperçut pas ses besoins, dans la détresse où était la France. Cependant l'évènement ne confirma pas les craintes qu'elle avait conçues. Quelques faibles secours continuèrent d'arriver cette année à la Louisiane. Le 15 de juillet, Duvergier qui avait été nommé directeur-ordonnateur et commandant de la marine, débarqua à Pensacola, portant des croix de St.-Louis à Boisbriant, à St.-Denis, et à Chateaugné qui avait été fait prisonnier, comme on sait, à la prise de Pensacola par les Espagnols, et qui, ayant été échangé, était revenu dans la colonie.

Il paraît que les plaintes du curé de la Vente et de M. de Lamothe Cadillac, fondées sur ce que les colons aimaient mieux s'unir aux sauvagesses et créer ainsi une race abâtardie, que d'épouser des Françaises, ne doivent pas être reçues sans réserve ; car on trouve encore dans les cartons du ministère de la marine en France plus d'une lettre demandant avec instance l'envoi de femmes à la Louisiane. Comme exemple, il est peut-être convenable de citer l'extrait d'une lettre écrite des Illinois par un M. de Chassin, en date du 1er juillet :

M. de Chassin au ministre.

1722. "Vous voyez, Monseigneur, qu'il ne manque plus pour faire un établissement solide à la Louisiane, qu'un certain meuble qu'on se repent souvent d'avoir pris et dont je me passerai comme les autres, jusqu'à ce que, comme j'ai déjà eu l'honneur de vous le dire, la compagnie nous envoie des filles qui aient au moins quelque apparence de vertu. Si, par hasard, il s'en trouvait quelqu'une de votre connaissance, qui voulut faire le voyage pour l'amour de moi, je lui en aurais bien de l'obligation et ferais assurément de mon mieux pour lui témoigner ma reconnaissance."

On se demande quel est ce M. de Chassin qui se permettait d'écrire d'un ton si familier au ministre.

Depuis le départ de Law, les affaires de la compagnie étaient tombées dans un grand désordre et l'on avait négligé d'envoyer à la Louisiane une quantité suffisante de vivres. Comme, sous ce rapport, la colonie ne pouvait encore produire ce dont elle avait besoin, il s'ensuivit une grande disette. Il fallut éparpiller les troupes parmi les Indiens et sur les bords des rivières, pour qu'elles vécussent de pêche et de chasse. Il en résulta des actes d'insubordination et de révolte. Vingt-six soldats, qui étaient en garnison au fort Toulouse, parmi les Alibamons, réduits au désespoir par la famine à laquelle ils étaient en proie, massacrèrent Marchand, leur capitaine, et se mirent en route avec armes et bagage pour la Caroline. Mais Villemont, leur lieutenant, s'étant adjoint les Indiens, parmi lesquels il s'était réfugié, courut après les révoltés pour s'opposer à l'exécution de leur projet. Il y eut un combat meurtrier, dans lequel la plupart de ces déserteurs furent tués par leurs farouches adversaires. Heureusement, vers la fin de septembre, la colonie fut soulagée par l'arrivée d'un bâtiment chargé de provisions et de munitions. Ce navire apporta la nouvelle que le 1722. régent avait confié les affaires de la compagnie à la direction de trois commissaires qui étaient : Ferrand, Faget et Machinet.

Le 30 octobre, de l'Orme, un des principaux employés de la compagnie à la Louisiane, écrivit une longue lettre, dans laquelle il faisait le détail des pertes considérables qu'un ouragan effroyable avait causées à la campagne, ainsi que des désertions continuelles des soldats, ouvriers et matelots. Il ajoutait qu'il ne voyait point d'autre remède à ce mal que d'accorder un passage libre sur les vaisseaux de la compagnie à tous ceux qui voudraient retourner en France.

On voit, par l'état de détresse dans lequel était la colonie, que le poste des trois commissaires nommés par le régent pour rétablir les affaires de la compagnie, ne devait pas être une sinécure. Les Natchez recommençaient la guerre contre les Français; l'on venait d'apprendre qu'ils en avaient massacré trois et attaqué l'habitation Kolly, où ils avaient tué beaucoup de bestiaux et un ouvrier. Le papier, qui servait de circulation monétaire dans la colonie, était tombé dans un tel discrédit, qu'il y avait presque cessation complète d'affaires. Il fallait parer à toutes ces éventualités. On n'imagina rien de mieux que de remplacer les billets discrédités par des cartes, qui devaient plus tard subir le même sort, et, le 4 décembre, la compagnie fit publier cette ordonnance :

"Pour parvenir à la liquidation des affaires en général et à un arrangement utile au public, nous avons estimé qu'il convenait de savoir au juste à quoi se montent les dettes de la compagnie et de continuer la suppression des billets de toutes espèces. Pour cet effet, nous ordonnons que tous ceux qui seront porteurs de billets visés par nous, par les commandants des postes, et par les commis principaux, aient à les représenter à la

1722. direction, depuis huit heures du matin jusqu'à midi, au sieur Michel, qui les convertira en cartes, comme il a été exécuté ci-devant au fort Louis, en conformité du réglement du conseil du 20 d'avril dernier. Nous ordonnons de rapporter aussi, depuis deux heures après midi jusqu'à cinq heures, toutes les cartes qui ont été délivrées en échange de billets, depuis No. 1 jusqu'au No. 1057, signées Byon, qui restent à acquitter, pour être enregistrées comme dettes passives et y être apposés un grand cachet et paraphe, et ce, pendant le cours du présent mois de décembre, passé lequel temps les dits billets ou cartes des numéros ci-dessus, non enregistrés, ne seront plus reçus dans aucun comptoir ni dans le commerce, et les porteurs ne pourront en répéter la valeur, sous quelque prétexte que ce puisse être. Ordonnons en outre qu'à commencer de ce jour, jusqu'au 1er janvier 1723, les garde magasins n'acquitteront ni billets ni cartes, mais recevront des particuliers ceux et celles qui seront dans les formes énoncées ci-dessus, en paiement de ce qu'ils devront aux magasins, dont ils retireront des reconnaissances pour leur décharge."

Le 8 décembre, il y eut une ordonnance du conseil d'Etat, qui envoyait à la Louisiane Messieurs du Saunoy et de la Chaise, pour faire rendre compte aux agents comptables de la compagnie, des marchandises envoyées par la dite compagnie, ainsi que de celles à eux remises par les commis de M. Crozat. Parmi leurs instructions, on remarquait celle-ci : "Ils partiront secrètement, et, à leur arrivée, se feront reconnaître du conseil général, puis se rendront aux magasins, où ils mettront des scellés sur tous les papiers."

Le 28, il y eut une autre ordonnance, qui enjoignait aux habitants de député l'un d'entr'eux, avec pleins pouvoirs, pour assister au conseil qui devait être tenu dans le but de traiter de l'arrangement des affaires des habitants avec la compagnie.

Les nouveaux commissaires, qui avaient succédé à la direction de la compagnie, et qui seuls en administraient maintenant les affaires, donnèrent gain de cause à Bienville, cette année, sur deux projets que depuis long-temps il avait fort à cœur. Ils l'autorisèrent à transporter, comme il l'avait toujours désiré, le siège du gouvernement à la Nouvelle-Orléans, et à faire aux Arkansas un établissement, que Bienville avait eu en vue, pour relier les communications de la partie inférieure de la colonie avec les Illinois et pour faciliter l'introduction de bestiaux des provinces espagnoles. En conséquence de cette autorisation, Bienville ordonna à La Harpe, qu'il plaça à la tête d'un détachement de seize hommes, de remonter la rivière des Arkansas aussi loin qu'il le pourrait, de faire le relevé de tout le pays, de tâcher de découvrir s'il n'y existait pas des mines, et de faire connaitre à tous les Espagnols qu'il pourrait y trouver établis, que tout le territoire, arrosé par la rivière des Arkansas depuis sa source, était réputé par la France comme lui appartenant, en vertu de la prise de possession faite par Lasalle, lorsqu'il descendit le Mississippi.

En 1723, époque à laquelle le siège du gouvernement fut transféré à la Nouvelle-Orléans, cette ville aujourd'hui si florissante, ne renfermait dans ses limites qu'une centaine de cabanes et une population d'environ deux cents ames. Les seuls établissements qui existaient alors au-dessous des Natchez étaient : celui de St. Reine et celui de Mme de Mézières un peu au-dessous de la Pointe-Coupée ; celui de Diron d'Artaguette, à Bâton-Rouge ; celui de Paris Duvernay, auprès du bayou Manchac, celui du marquis d'Anconis, au-dessous de Lafourche ; celui du marquis d'Artagnac, aux Cannes Brûlées ; celui de M. de Meuse, un peu plus bas ; et l'habitation des trois frères Chauvin aux Tchoupitoulas.

1728. Depuis la banqueroute de Law et sa fuite de France, les terres qui lui avaient été concédées aux Arkansas avaient été entièrement négligées. La plupart des colons qu'il y avait fait transporter de l'Alsace et de l'Allemagne, se voyant abandonnés par leur patron, descendirent à la Nouvelle-Orléans, dans l'espoir d'y trouver passage pour la France, d'où ils espéraient pouvoir regagner leur pays natal. Le gouvernement colonial ne voulant pas ou ne pouvant pas leur fournir des moyens de transport, on leur fit des concessions de terres sur les deux rives du fleuve, à environ une vingtaine de milles de la Nouvelle-Orléans. Le chevalier d'Arensbourg, officier suédois, qui était arrivé depuis peu, fut nommé commandant de ce nouveau poste. Telle fut l'origine de l'établissement de cette partie du fleuve qui est encore connue aujourd'hui sous le nom de Côte des Allemands et qui est divisée en deux paroisses : St. Charles et St.-Jean Baptiste. Ces hommes laborieux se livrèrent à la culture de toute espèce de légumes, dont ils approvisionnaient le marché de la Nouvelle-Orléans. Tous les samedis, leur petite flotte descendait le fleuve, et, le dimanche matin, étalait aux yeux des habitants de la ville sa cargaison de légumes, de gibier et de laitage. Ces humbles cultivateurs de la terre ont disparu depuis long-temps et ont fait place à l'opulent sucrier qui commande souvent à presque autant d'esclaves, que le roi de France comptait alors de sujets dans les limites actuelles de l'Etat de la Louisiane.

Les commissaires de la compagnie, au commencement de cette année, publièrent une nouvelle ordonnance de régie, par laquelle il était déclaré que les nègres se vendraient dorénavant 676 livres, payables à un, deux et trois ans, en riz ou tabac. Le riz devait être reçu à 12 livres le baril, et le tabac à 26 livres. Le vin devait être vendu à 26 livres la barrique et l'eau-de vie à 120 livres.

La province était divisée en neuf districts civils et militaires : les Alibamons, la Mobile et Biloxi, la Nouvelle-Orléans, les Natchez, les Yazoux, les Illinois, le Ouabache, les Arkansas et les Natchitoches. Il devait y avoir un commandant et un juge pour chaque district.

1723.

Il y avait aussi trois grands districts ecclésiastiques. Le premier était confié aux capucins, et s'étendait depuis l'embouchure du fleuve jusqu'aux Illinois. Les carmélites avaient les Alibamons, la Mobile et Biloxi ; les jésuites, le Ouabache et les Illinois. On ordonnait la construction d'églises et de chapelles, les colons se plaignant d'avoir été obligés jusqu'alors de se réunir, pour prier, autour de croix érigées en plein champ, faute d'un endroit plus convenable.

Le 12 janvier, un arrêt du conseil d'Etat fixa, pour la Louisiane, à 30 livres, la pistole de poids, monnaie d'Espagne, et à 7 livres 6 sous la piastre de poids.

Il est inconcevable que la colonie, après vingt-quatre ans d'existence sur un sol aussi fertile que celui de la Louisiane, ait été réduite, en 1723, à un tel degré de misère et de disette, que le conseil supérieur de la colonie, par une dépêche du 24 janvier, se soit cru obligé d'informer le gouvernement français que : "L'habitant ne pouvait absolument subsister, si la compagnie n'envoyait pas, par tous les vaisseaux, des viandes salées."

On voit que l'enfance de cette malheureuse colonie n'était qu'une agonie prolongée. Le principe de vie semblait lui manquer.

Le 25 janvier, l'ingénieur Pauger fit un rapport intéressant sur l'embouchure du fleuve. Il dit : "qu'à sa première visite, il a trouvé que des navires tirant quatorze, quinze pieds d'eau, et même plus, pouvaient y passer aisément.

"Il regrette que, malgré les représentations de M. de Bienville, la compagnie persiste à envoyer ses vaisseaux à Biloxi, où les débarquements s'opèrent avec beaucoup

1723. de difficultés, tandis qu'à la Nouvelle-Orléans, ils se feraient avec la plus grande facilité ; d'autant plus qu'il est extrêmement pénible et coûteux pour les habitants du fleuve, dont le nombre doit s'augmenter tous les jours, vu la fertilité des terres, d'aller à Biloxi chercher leurs nègres et tout ce dont ils peuvent avoir besoin.

"Il ajoute que, sur ces considérations, il s'est déterminé à aller revisiter l'embouchure du fleuve. Il y a été accompagné par le père Charlevoix, qui a vu ce qu'il a fait. Il a passé en canot par la passe du Sud, et en a relevé le plan.

"Elle est, dit-il, plus droite que l'ancienne passe, mais plus étroite. Il y a des endroits propres à fortifier. A la sortie de cette passe, il y a une barre, sur laquelle il n'y a que neuf à dix pieds d'eau, de cent toises de large, qui joint un banc de sable, lequel est au milieu. Cette sortie est à trois lieues et demie de la véritable embouchure du fleuve, où je me suis rendu par dehors. L'on fait le N.-O. pour entrer la pointe à tribord ; sur laquelle embouchure est une petite île de terre glaise, en forme de fer à cheval, où l'on pourrait faire une batterie de charpente ou risban, qui ne coûterait pas plus de 10 à 12,000 livres, ainsi qu'à la pointe de l'autre côté, éloignée de trois cents toises, où j'ai trouvé trente-sept pieds d'eau, diminuant dix-huit pieds vis-à-vis l'île de la Balize, qui est à bâbord, à cinq cents toises en dedans, et sur laquelle on pourrait établir un fort et des magasins, afin d'alléger les gros vaisseaux pour passer la barre. Cette île a quatre-vingt-dix toises de long, sur trente-huit de large, de terre glaise, et n'inondant jamais. Devant elle, jusqu'au point de dehors, quinze à vingt navires peuvent mouiller à l'abri des lames et de tous vents, cet intervalle formant un port fond de vase, environné d'îles et de battures. Cette barre est de 400 toises plus en dedans que l'île de la Balize, formée par l'affaiblissement du courant du Mississippi, qui se dégage auparavant par quantité de passes, et qui, par la rencontre de la mer en cet endroit, y forme un dépôt de vase molle, de cinq à six cents toises de largeur, laquelle se pourrait rompre et emporter, en bouchant quelques-unes des passes du Mississippi par quelques vieux vaisseaux coulés à fond, et par des arbres dont il descend une prodigieuse quantité pendant les deux premiers mois de l'année, que le Mississippi déborde par la fonte des neiges des pays d'en haut. On pourrait faire des stacades de chaînes d'arbres, ou batardeaux, à toute l'embouchure du fleuve, pour en faire un beau port, qui existe déjà naturellement, et qui est formé par les arbres échoués à droite et à gauche du chenal. Je recommande à la compagnie de faire une enceinte de pilotis joints, qui, non seulement servirait de quais et d'appui à tous les vaisseaux, mais aussi qui fixerait le courant du Mississippi. Il est indubitable que, par ce moyen, la passe se creuserait de plus en plus. Ce travail ne serait pas d'une grande dépense, les bords du fleuve étant remplis de beaux bois de cypre, qui est incorruptible et qui se travaille aisément."

1723.

Il doit être extrêmement curieux de comparer l'état actuel des embouchures du fleuve avec ce qu'il était à cette époque. Ce rapport, dans lequel il s'agit des moyens de creuser l'embouchure du Mississippi, est précieux pour la Louisiane comme document relatif à l'une des améliorations les plus importantes qui puissent se faire dans l'Etat. La Nouvelle-Orléans est destinée, par sa situation, à devenir la première ville commerciale du Nouveau Monde. Elle sera le point de réunion où les marchands de toutes les parties du globe viendront échanger l'or et l'argent pour les denrées de ces régions immenses qu'arrose le Mississippi. Mais il faut que nos travaux hâtent l'accomplissement de ces hautes destinées. Car, quelque facile que puisse être le cours de nos prospérités, elles ne seront jamais assez dégagées de

1723. tout obstacle, pour ne pas exiger une constante sollicitude et une active surveillance. Ainsi, quels que soient les avantages commerciaux que la nature nous ait départis, nos marchands éprouvent des pertes considérables, et encourent quelquefois des dépenses très fortes, occasionnées par la difficulté qu'ont les gros navires à franchir la barre qui se trouve à l'entrée du fleuve. Non seulement les navires échouent, et sont exposés à des accidents funestes, mais il y en a qui sont obligés de se faire décharger par des bateaux à vapeur. Cet objet d'amélioration est pour nous d'une importance vitale, et attirera sans doute un jour toute l'attention de nos citoyens. Si l'entrée du Mississippi était rendue assez profonde pour admettre les gros vaisseaux de guerre, alors nous aurions, ainsi que New York, Boston et Philadelphie, la glorieuse satisfaction de recevoir dans notre port les citadelles flottantes qui portent sur les mers la bannière étoilée. Alors, les rives du roi des fleuves verraient sans doute se former des chantiers qui rivaliseraient avec les plus célèbres de l'Union. La Louisiane, abondant en bois de construction de la meilleure qualité, et réunissant tant d'autres avantages, ne doit pas désespérer de contribuer, pour sa bonne part, à donner naissance à ces vaisseaux américains qui sont destinés à être les futurs dominateurs des mers.

La paix ayant été rétablie entre la France et l'Espagne, M. de Bienville reçut l'ordre de restituer Pensacola aux Espagnols. Il écrivit à ce sujet au ministre en date du 1er février:

"J'ai rendu Pensacola suivant l'ordre que j'en avais reçu de la cour.

"Il ne s'est rien passé de considérable dans la colonie depuis ma dernière lettre, à la réserve de la défaite des Chickassas. Les Chactas, que j'ai mis en mouvement cet hiver, viennent de détruire entièrement trois villages de cette nation féroce et belliqueuse, qui troublait le commerce du fleuve. Ils ont rapporté environ quatre cents 1723. chevelures et ont fait cent prisonniers. C'est un avantage important dans l'état des choses, d'autant mieux que ce résultat a été obtenu sans risquer la vie d'un seul Français, par les soins que j'ai pris de faire agir ces barbares les uns contre les autres, seul et unique moyen d'avoir quelque sûreté dans la colonie, parce qu'ils se détruiront d'eux-mêmes dans la suite.

"S. A. R. ayant jugé à propos de faire l'établissement principal de la colonie à la Nouvelle-Orléans, sur le fleuve du Mississippi, Messieurs les commissaires de la compagnie des Indes nous ont envoyé des ordres sur cela par le vaisseau l'Aventurier, arrivé ici le 26 mai 1722, et nous avons en conséquence transporté ici, (à la Nouvelle-Orléans,) tous les effets qui étaient à Biloxi, où il ne reste plus qu'une compagnie. Il me parait qu'on ne pouvait prendre un meilleur parti, attendu la bonté du terrain, le long du fleuve, propre à produire toute sorte de denrées et même de l'indigo, sans compter les avantages qui en résultent pour le déchargement, parce que les vaisseaux peuvent venir à quai devant les magasins. Il y a maintenant treize pieds d'eau sur la barre, et nous travaillons à y établir des batteries et logements, pour y tenir une garnison et mettre par là cette entrée hors d'insulte."

Le 11 avril, l'ex-commissaire ordonnateur Hubert présenta au ministre un mémoire dans lequel il rendait pleine et entière justice au pays, mais il n'en était pas de même pour Bienville qu'il attaquait avec une extrême violence.

"Le sieur Hubert, disait le mémoire, ne répéterait pas que c'est un bon et beau pays, si les discours désavantageux que beaucoup de gens en ont semés par différents motifs, n'avaient en quelque sorte altéré la vérité qui ne peut-être contredite que par des gens mal intentionnés. Ces gens-là, sans connaissance de

1723. l'intérieur du pays, n'ayant été que sur le sable de l'île Dauphine, de la Mobile, de Biloxi, ou tout au plus à la Nouvelle-Orléans, se sont dégoûtés. Le peu de vivres qu'ils y ont trouvés, avec beaucoup d'autres incommodités qu'on rencontre dans les pays déserts et dans les nouveaux établissements, ainsi que les désagréments qu'on leur a fait sentir, dans des vues pernicieuses, les ont déterminés à se déchaîner contre ce pays qui n'y a nullement contribué. Chacun en a porté son jugement suivant sa connaissance, sa portée, son intérêt, ou sa haine pour le souvenir de ce qu'il a souffert, ou encore dans la vue de plaire ou de faire sa cour. Tous, remplis de mauvaise volonté ou de ténèbres, en ont parlé et décidé en maîtres, comme juges compétents. Mais la vérité est que le pays n'est que trop riche. Car, c'est cette trop grande richesse qui a nui aux premières récoltes. Seulement il faudrait savoir le travailler.

"Les changements d'établissement ont été nuisibles; par exemple, d'abord au bas du fleuve, puis au vieux Biloxi, puis au nouveau, puis sur la rivière de la Mobile, puis à dix lieues plus bas, là où il est aujourd'hui, puis à l'île Dauphine, puis à la Nouvelle-Orléans. De là, dérangements, dépenses inutiles et énormes pour le gouvernement et ruine pour les colons."

A côté du mémoire précédent, il s'en trouve un autre qui démontre que, depuis 1699 jusqu'en 1714, les quelques Français qui se mouraient de faim à la Louisiane avaient coûté au roi plus de cent cinquante mille livres par an.

Malgré la pénurie dans laquelle ils se trouvaient à la Louisiane, les colons ne s'en livraient pas moins à la passion du jeu avec une telle fureur, que le gouvernement fut obligé d'intervenir et de prohiber par une ordonnance tous les jeux de hasard.

Les Français et les Natchez étant toujours en querelles et se faisant une espèce de petite guerre, le conseil supérieur crut pouvoir y mettre fin, en publiant cette ordonnance, en date du 21 juin :

"Sur ce qu'il a été représenté que plusieurs habitants faisaient un commerce illicite aux Natchez, ce qui causait un préjudice notable et ruineux à ce poste, et que plusieurs habitants et soldats faisaient des avances de marchandises aux sauvages, et leur faisaient des crédits, ce qui occasionnait dans la suite des querelles et des disputes qui peuvent avoir des conséquences dangereuses, sur ce, ayant délibéré, le conseil fait défense d'aller traiter au village des Natchez, sans la permission du commandant du lieu, ni de faire aucun crédit, ou des avances aux sauvages, sous peine, en cas de désobéissance, de quinze jours de prison."

Le seul fruit de cette ordonnance fut de jeter entre les mains du commandant de ce poste le monopole du commerce des Natchez et de l'aider à faire ses affaires.

Le 11 septembre, il y eut un ouragan qui causa les plus affreux ravages dans la colonie. L'église, l'hôpital et trente maisons de la Nouvelle-Orléans furent abattus. Trois navires qui se trouvaient dans le port furent brisés sur le rivage. Non seulement les récoltes furent détruites, mais la plupart des maisons des planteurs et la plupart des édifices nécessaires à leurs exploitations furent jetés bas. Une si grande disette suivit ce fléau, que beaucoup de colons songèrent sérieusement à abandonner le pays, et qu'une compagnie d'infanterie, que l'on avait embarquée à Biloxi, pour la transporter à la Nouvelle-Orléans, se mutina et força le capitaine du navire d'aller la débarquer avec armes et bagages à Charleston.

Cette disette n'empêcha pas Bienville d'entreprendre au mois d'octobre une expédition contre les Natchez, pour les punir d'avoir tué plusieurs colons et d'avoir

1723. pillé leurs habitations. Il partit avec sept cents hommes et ne revint qu'après avoir obtenu les têtes des principaux coupables. Ce fut la seconde guerre des Natchez. Voici la liste des officiers qui étaient à cette expédition :

De Bienville, commandant général.

De Pailloux, major.

De Blanc, capitaine commandant.

Renault, capitaine.

De Berneval, capitaine.

Desliettes, capitaine commandant le poste des Natchez.

De Bassé, lieutenant.

De Courtillas, "

Marquis, "

De Terrine, "

De Mouy, "

De Noyan, enseigne.

De la Tour, "

Bonaventure, Tixerant, Pasquier, capitaines des volontaires.

De Manadé, chirurgien major.

1724. Le 5 janvier 1724, il fut expédié à M. de la Chaise, venu dans la colonie avec M. du Saunoy pour examiner la comptabilité des agents de la compagnie, des lettres patentes qui lui donnaient entrée au conseil, et, en février, il fut nommé conseiller honoraire.

Les querelles, qui avaient toujours existé depuis la fondation de la colonie entre les principaux officiers, et la part très active que toute la population y avait prise, avaient donné lieu à des écrits diffamatoires que l'on faisait circuler clandestinement. Tantôt, c'étaient des placards que l'on affichait au coin des rues, tantôt c'étaient des chansons satiriques que l'on colportait partout. Les querelles n'en devenaient que plus envenimées et finissaient souvent par des duels. Aussi, le conseil supérieur jugea qu'il était temps d'y mettre un terme et promulgua une ordonnance décrétant des peines contre les délits de ce genre. 1724.

Le 16 février, M. de Bienville, que ses ennemis n'avaient jamais cessé d'accuser, reçut l'ordre de passer en France, pour rendre compte de sa conduite, et fut requis de laisser le commandement à M. de la Tour, en attendant que M. de Boisbriant, nommé gouverneur par intérim, fût revenu des Illinois. Mais, avant de partir, Bienville fit publier en mars, au nom du roi, un code noir, dont la colonie commençait à sentir le besoin, vu le nombre de nègres qu'on y avait introduits. Ce qu'il y a de bizarre, c'est que le premier article de ce code noir ordonne l'expulsion des Juifs de la colonie, et que le 3ème interdit tout autre culte que le culte romain. On se demande ce que les Juifs et la suprématie du catholicisme avaient de commun avec le code noir. Ce code, d'ailleurs, qui a eu force de loi à la Louisiane pendant près d'un siècle et dont plus d'une disposition est encore retenue dans notre code noir actuel, mérite d'être transcrit ici, presqu'en entier, sous plus d'un rapport, et comme faisant voir comment nos pères entendaient la législation sur un sujet, qui, jusqu'à nos jours, n'a fait que croître en importance.

CODE NOIR.

Article Ier.

Ordonne l'expulsion des Juifs de la colonie.

Art. 2.

Ordonne de faire instruire les esclaves dans la religion.

Art. 3.

Interdit tout autre culte que le catholique romain.

1724.

Art. 4.

Tout préposé à la conduite ou direction des nègres sera catholique, sous peine de confiscation des nègres.

Art. 5.

Oblige d'observer strictement les dimanches et fêtes, et de les faire observer par les esclaves, sous peine de confiscation des esclaves trouvés travaillant.

Art. 6.

Défendons à nos sujets blancs, de l'un et de l'autre sexe, de contracter mariage avec les noirs, sous peine de punition et d'amende arbitraire, et à tous curés, prêtres, ou missionnaires, séculiers ou réguliers, et même aux aumôniers de vaisseaux, de les marier; défendons aussi à nos sujets blancs, même aux noirs affranchis ou nés libres, de vivre en concubinage avec des esclaves. Voulons que ceux qui auront eu un ou plusieurs enfants d'une pareille conjonction, ensemble les maîtres qui l'auront souffert, soient condamnés chacun à une amende de trois cents livres; et s'ils sont maîtres de l'esclave de laquelle ils auront eu les dits enfants, voulons que, outre l'amende, ils soient privés tant de l'esclave que des enfants, lesquels seront adjugés à l'hôpital des lieux, sans pouvoir jamais être affranchis; n'entendons toutefois le présent article avoir lieu, lorsque l'homme noir, affranchi ou libre, qui n'était point marié durant son concubinage avec son esclave, épousera, dans les formes prescrites par l'Eglise, la dite esclave, qui sera affranchie par ce moyen, et dont les enfants seront rendus libres et légitimes.

Art. 7.

Les solennités prescrites par l'ordonnance de Blois, et par la déclaration de 1639, pour les mariages, seront observées, tant à l'égard des personnes libres que des esclaves, sans néanmoins que le consentement du père 1724. et de la mère de l'esclave y soit nécessaire, mais celui du maître seulement.

Art. 8.

Défendons très expressément aux curés de procéder aux mariages des esclaves, s'ils ne font apparoir du consentement de leurs maîtres; défendons aussi aux maîtres d'user d'aucune contrainte sur leurs esclaves pour les marier contre leur gré.

Art, 9.

Les enfants qui naîtront des mariages entre les esclaves seront esclaves, et appartiendront aux maîtres des femmes esclaves, et non à ceux de leurs maris, si les maris et les femmes ont des maîtres différents.

Art. 10.

Voulons, si le mari esclave épouse une femme libre, que les enfants, tant mâles que femelles, suivent la condition de leur mère, et soient libres comme elle, nonobstant la servitude de leur père, et que si le père est libre et la mère esclave, les enfants soient esclaves pareillement.

Art. 11.

Voulons que les maîtres fassent enterrer en terre sainte leurs esclaves baptisés.

Art. 12.

Défendons aux esclaves de porter aucune arme offensive, ni gros bâtons, à peine de fouet et de confiscation des armes, au profit de celui qui les aura saisies, à l'exception seulement de ceux qui seront envoyés à la chasse par leurs maîtres, et qui seront porteurs de leurs billets ou marques connues.

Art. 13.

Défendons pareillement aux esclaves appartenant à différents maîtres de s'attrouper le jour ou la nuit, sous prétexte de noces ou autrement, soit chez l'un de leurs maîtres ou ailleurs, et encore moins dans les grands chemins ou lieux écartés, à peine de punition corporelle, qui ne pourra être moins que le fouet, et de la fleur de lys en cas de fréquentes récidives, et en cas d'autres circonstances aggravantes, pourront être punis de mort. Ce que nous laissons à l'arbitrage des juges. Enjoignons à tous nos sujets de courre sus aux contrevenants, de les arrêter et conduire en prison, bien qu'ils ne soient officiers, et qu'il n'y ait encore contre les dits contrevenants aucun décret.

Art. 14.

Les maîtres qui seront convaincus d'avoir permis ou toléré de pareilles assemblées, composées d'autres esclaves que de ceux qui leur appartiennent, seront condamnés, en leur propre et privé nom, à réparer tout le dommage qui aura été fait à leurs voisins, à l'occasion de ces assemblées, à trente livres d'amende pour la première fois et au double en cas de récidive.

Art. 15.

Défendons aux nègres de vendre aucune denrée sans la permission écrite ou marque connue de leurs maîtres, et condamnons les acheteurs à 1,500 liv. d'amende.

Art. 16, 17, 18, 19.

Ces articles pourvoient longuement à la subsistance et à l'habillement des esclaves.

Art. 20.

Les esclaves qui ne seront point nourris, vêtus et entretenus par leurs maîtres, pourront en donner avis au 1724. procureur général du conseil ou aux officiers de justice inférieure, et mettre leurs mémoires entre leurs mains, sur lesquels, et même d'office, si les avis leur viennent d'ailleurs, les maîtres seront poursuivis à la requête du dit procureur général, et sans frais. Ce que nous voulons être observés pour les crimes et les traitements barbares et inhumains des maîtres envers leurs esclaves.

Art. 21.

Les esclaves infirmes par vieillesse, maladie ou autrement, soit que la maladie soit incurable ou non, seront nourris et entretenus par leurs maîtres, et en cas qu'ils les eussent abandonnés, les dits esclaves seront adjugés à l'hôpital le plus proche, auquel les maîtres seront obligés de payer huit sous par jour pour la nourriture et l'entretien de chaque esclave ; pour le paiement de laquelle somme, le dit hôpital aura privilège sur les habitations du maître.

Art. 22.

Déclarons les esclaves ne pouvoir rien avoir qui ne soit à leurs maîtres, et tout ce qui leur vient par leur industrie ou par la libéralité d'autres personnes ou autrement, à quelque titre que ce soit, être acquis en pleine propriété à leurs maîtres, sans que les enfants des esclaves, leur père et mère, leurs parents et tous autres, libres ou esclaves, puissent y rien prétendre par succession ou disposition entre vifs, ou à cause de mort ; lesquelles dispositions déclarons nulles, ensemble toutes les promesses et obligations qu'ils auraient faites, comme étant faites par gens incapables de disposer et de contracter de leur chef.

Art. 23.

Voulons néanmoins que les maîtres soient tenus de ce que leurs esclaves auront fait par leur commandement, ensemble de ce qu'ils auront géré ou négocié dans leurs boutiques, et pour l'espèce particulière de commerce à laquelle leurs maîtres les ont préposés; et en cas que leurs maîtres n'aient donné aucun ordre, et ne les aient point préposés, ils seront tenus seulement jusqu'à concurrence de ce qui aura tourné à leur profit; et si rien n'a tourné au profit des maîtres, le pécule des dits esclaves, que leurs maîtres leur aurait permis d'avoir, en sera tenu, après que leurs maîtres en auront déduit, par préférence, ce qui pourra leur être dû, sinon que le pécule consistât, en tout ou en partie, en marchandises dont les esclaves auraient permission de faire trafic à part, sur lesquelles leurs maîtres viendront seulement par contribution, au sol la livre, avec les autres créanciers.

Art. 24.

Ne pourront les esclaves être pourvus d'office ni de commission ayant quelque fonction publique, ni être constitués agents par d'autres que par leurs maîtres, pour gérer et administrer aucun négoce, ni être arbitres ou experts; ne pourront aussi être témoins ni au civil ni au criminel, à moins qu'ils ne soient nécessaires, et seulement à défaut de blancs; mais, dans aucun cas, ils ne pourront servir de témoins pour ou contre leurs maîtres.

Art. 25.

Ne pourront aussi les esclaves être parties, ni ester en jugement en matière civile, tant en demandant qu'en défendant, ni être parties en matière criminelle, sauf à leurs maîtres d'agir et de défendre en matière civile, et poursuivre en matière criminelle la réparation des outrages et excès qui auront été commis contre leurs esclaves.

Art. 26.

Pourront les esclaves être poursuivis criminellement, sans qu'il soit besoin de rendre leurs maîtres parties, si ce n'est en cas de complicité, et seront les esclaves accusés, jugés en première instance par les juges ordinaires, s'il y en a, et, par appel, au conseil, sur la même instruction et avec les mêmes formalités que les personnes libres, aux exceptions ci-après.

Art. 27.

L'esclave qui aura frappé son maître, sa maîtresse, le mari de sa maîtresse ou leurs enfants, avec contusion ou effusion de sang au visage, sera puni de mort.

Art. 28.

Quant aux excès et voies de fait qui seront commis par les esclaves contre les personnes libres, voulons qu'ils soient sévèrement punis, même de mort, s'il y échoit.

Art. 29.

Les vols qualifiés, même ceux de chevaux, cavales, mulets, bœufs ou vaches, qui auront été faits par les esclaves ou les affranchis, seront punis de peine afflictive, même de mort, si le cas le requiert.

Art. 30.

Les vols de moutons, chèvres, cochons, volailles, grains, fourrages, pois, fèves, ou autres légumes ou denrées, faits par les esclaves, seront punis selon la qualité du vol par les juges, qui pourront, s'il y échoit, les condamner à être battus de verges par l'exécuteur de la haute justice, et marqués d'une fleur de lys.

1724.

Art. 31.

Seront tenus les maîtres, en cas de vols ou d'autres dommages causés par leurs esclaves, outre la peine corporelle des esclaves, de réparer le tort en leur nom, s'ils n'aiment mieux abandonner l'esclave à celui auquel le tort aura été fait ; ce qu'ils seront tenus d'opter dans trois jours, à compter de celui de sa condamnation, autrement ils en seront déchus.

Art. 32.

L'esclave, qui aura été en fuite pendant un mois, à compter du jour que son maître l'aura dénoncé à la justice, aura les oreilles coupées, et sera marqué d'une fleur de lys sur une épaule ; et s'il récidive pendant un autre mois, à compter pareillement du jour de la dénonciation, il aura le jarret coupé, et sera marqué d'une fleur de lys sur l'autre épaule ; la troisième fois, il sera puni de mort.

Art. 33.

Voulons que les esclaves qui auront encouru les peines du fouet, de la fleur de lys et des oreilles coupées, soient jugés en dernier ressort par les juges ordinaires et exécutés, sans qu'il soit nécessaire que les jugements soient confirmés par le conseil supérieur, nonobstant le contenu en l'article 26 des présentes, qui n'aura lieu que pour les jugements portant condamnation de mort ou de jarret coupé.

Art. 34.

Les affranchis ou nègres libres, qui auront donné retraite dans leurs maisons aux esclaves fugitifs seront condamnés par corps envers leurs maîtres, en une amende de trente livres par chaque jour de détention, et les autres personnes libres qui leur auront donné pareille retraite, en dix livres d'amende aussi, par chaque jour de détention, et faute par les nègres affranchis ou libres 1724. de pouvoir payer l'amende, ils seront réduits à la condition d'esclaves et vendus. Si le prix de la vente passe l'amende, le surplus sera délivré à l'hôpital.

Art. 35.

Permettons à nos sujets du dit pays, qui auront des esclaves en quelque lieu que ce soit, d'en faire faire la recherche par telles personnes ou à telles conditions qu'ils jugeront à propos, ou de la faire eux mêmes ainsi que bon leur semblera.

Art 36.

L'esclave, condamné à mort sur la dénonciation de son maître, lequel ne sera point complice du crime, sera estimé avant l'exécution par deux principaux habitants, qui seront nommés d'office par le juge, et le prix de l'estimation en sera payé. Pour à quoi satisfaire, il sera imposé par notre conseil supérieur, sur chaque tête de nègre, la somme portée par l'estimation, laquelle sera réglée sur chacun des dits nègres et levée par ceux qui seront commis à cet effet.

Art. 37.

Défendons à tous officiers de notre conseil et autres nos officiers de justice, établis au dit pays, de prendre aucune taxe dans les procès criminels contre les esclaves, à peine de concussions.

Art. 38.

Défendons aussi à tous nos sujets du dit pays, de quelque condition qu'ils soient, de faire donner, de leur autorité privée, la question ou torture à leurs esclaves, sous quelque prétexte que ce soit, et de leur faire ou faire faire aucune mutilation de membres, à peine de

1724. confiscation des esclaves et d'être procédé contre eux extraordinairement. Leur permettons seulement, lorsqu'ils croiront que leurs esclaves l'auront mérité, de les faire enchaîner et battre de verges ou de cordes.

Art. 39.

Enjoignons aux officiers de justice, établis dans le dit pays, de procéder criminellement contre les maîtres et les commandeurs qui auront tué leurs esclaves ou leur auront mutilé les membres, étant sous leur puissance ou leur direction, et de punir le meurtre selon l'atrocité des circonstances, et en cas qu'il y ait lieu à l'absolution, leur permettons de renvoyer tant les maîtres que les commandeurs, absous, sans qu'ils aient besoin d'obtenir de nous des lettres de grace.

Art. 40.

Voulons que les esclaves soient réputés meubles, et, comme tels, qu'ils entrent dans la communauté, qu'ils n'y ait point de poursuite par hypothèque sur eux, qu'ils se partagent également entre les co-héritiers sans préciput et droit d'ainesse et qu'ils ne soient point sujets au douaire coutumier.

Art. 41—42

Sont relatifs à des formalités judiciaires.

Art. 43.

Voulons néanmoins que le mari, sa femme et leurs enfants impubères ne puissent être saisis ni vendus séparément, s'ils sont sous la puissance du même maître, et déclarons nulles les saisies et ventes séparées qui pourraient en être faites. Ce que nous voulons aussi avoir lieu dans les ventes volontaires, à peine contre ceux qui feront les dites ventes d'être privés de celui ou de ceux

qu'ils auront gardés et qui seront adjugés aux acqué- 1724.
reurs, sans qu'ils soient tenus de faire aucun supplément
de prix.

Art. 44.

Voulons aussi que les esclaves âgés de quatorze ans,
et au-dessus jusqu'à soixante ans, attachés à des fonds
et habitations et y travaillant actuellement, ne puissent
être saisis pour autres dettes que pour ce qui sera du
prix de leur achat, à moins que les fonds ou habitations ne fussent saisis réellement, auquel cas, nous enjoignons de les comprendre dans la saisie, et défendons,
à peine de nullité, de procéder par saisie réelle et adjudication par décret sur des fonds ou habitations, sans y
comprendre les esclaves de l'âge susdit, y travaillant
actuellement.

Art. 45, 46, 47, 48, 49.

Sont relatifs à des procédures judiciaires.

Art. 50.

Les maîtres, âgés de vingt-cinq ans, pourront affranchir leurs esclaves par tous actes entre vifs, ou à cause
de mort ; et cependant, comme il se peut trouver des
maîtres assez mercenaires pour mettre la liberté de leurs
esclaves à prix, ce qui porte les dits esclaves au vol et
au brigandage, défendons à toutes personnes, de quelque
qualité et condition qu'elles soient, d'affranchir leurs esclaves sans en avoir obtenu la permission par arrêt de
notre dit conseil supérieur, laquelle permission sera accordée sans frais, lorsque les motifs, qui auront été exposés par les maîtres, paraîtront légitimes ; voulons que
les affranchissements qui seront faits à l'avenir sans ces
permissions soient nuls, et que les affranchis n'en puissent jouir, ni être reconnus pour tels ; ordonnons, au
contraire, qu'ils soient tenus, censés et réputés esclaves,

que les maîtres en soient privés, et qu'ils soient confisqués au profit de la compagnie des Indes.

Art. 51.

Voulons néanmoins que les esclaves qui auront été nommés par leurs maîtres tuteurs de leurs enfants, soient tenus et réputés, comme nous les tenons et réputons, affranchis.

Art. 52.

Déclarons les affranchissements faits dans les formes ci-dessus prescrites, tenir lieu de naissance dans notre dite province de la Louisiane, et les affranchis n'avoir besoin de nos lettres de naturalité pour jouir des avantages de nos sujets naturels dans notre royaume, terres et pays de notre obéissance, encore qu'ils soient nés dans les pays étrangers ; déclarons cependant les dits affranchis, ensemble le nègre libre, incapables de recevoir des blancs aucune donation entre vifs, à cause de mort ou autrement ; voulons qu'en cas qu'il leur en soit fait aucune, elle demeure nulle à leur égard, et soit appliquée au profit de l'hôpital le plus voisin.

Art. 53.

Commandons aux affranchis de porter un respect singulier à leurs anciens maîtres, à leurs veuves et à leurs enfants, en sorte que l'injure qu'ils leur auront faite, soit punie plus grièvement que si elle eût été faite à une autre personne ; les déclarons toutefois francs et quittés envers eux de toutes charges, services et droits utiles que leurs anciens maîtres voudraient prétendre, tant sur leurs personnes que sur leurs biens et successions, en qualité de patrons.

Art. 54.

Octroyons aux affranchis les mêmes droits, priviléges

et immunités dont jouissent les personnes nées libres ; 1724. voulons que le mérite d'une liberté acquise produise en eux, tant pour leurs personnes que pour leurs biens, les mêmes effets que le bonheur de la liberté naturelle cause à nos autres sujets.

Au nom du roi :

BIENVILLE, DE LA CHAISE, FAZENDE,
BRUSLÉ, PERRY.

La compagnie, qui, dans le cours de cette année, s'occupa de la législation de la Louisiane beaucoup plus qu'on ne l'avait encore fait depuis la fondation de la colonie, obtint du roi l'ordonnance suivante en date du 29 mai :

Ordonnance du roi concernant la violation des lettres.

"Les directeurs de la compagnie des Indes ayant fait représenter qu'il se commet dans notre province de la Louisiane beaucoup d'infidélités sur les lettres et paquets que l'on reçoit d'Europe et sur celles qu'on écrit dans la dite colonie, pour être remises dans notre royaume ; que quelques personnes mal intentionnées, ou par une curiosité très condamnable, les interceptent, et, après les avoir ouvertes, rendent public ce qu'elles contiennent, ce qui cause des querelles et des animosités dans la colonie, nous avons crû devoir arrêter le cours d'un abus si préjudiciable au commerce et si contraire à la bonne foi. A ces causes, nous avons dit, déclaré et ordonné que toutes personnes, officiers, employés, habitants ou autres, qui seront convaincus d'avoir retenu ou intercepté une ou plusieurs lettres ou paquets, soient condamnés, savoir : les officiers ou employés à l'amende de cinq cents livres, et qu'ils soient en outre cassés de leurs charges ou révoqués de leurs emplois, et déclarés incapables d'en posséder aucun à l'avenir, et, à l'égard

1724. des habitants et autres, qu'ils soient condamnés au carcan et en outre à une pareille amende de cinq cents livres."

Pour récompenser l'ingénieur Pauger des excellents mémoires qu'il avait envoyés sur le pays et sur l'embouchure du Mississippi, il lui fut envoyé des lettres patentes qui lui accordaient séance et voix délibérative dans le conseil supérieur de la Louisiane. Le besoin d'arpenteurs se faisant de plus en plus sentir dans le pays, le gouvernement, au mois de juin de cette année, breveta en cette capacité les frères de Lssaus.

Le 6 septembre, les forces militaires de la colonie étaient réduites à dix compagnies. Voici la liste des capitaines qui les commandaient, avec la date de leurs commissions :

1714 :

Marigny de Mandeville.

1717 :

De la Tour ;
D'Artaguette.

1719 :

Du Tisné ;
Lamarque.

1720 :

Leblanc ;
Desliettes ;
Marchand de Courcelles ;
Renault d'Hauterive ;
Pradel.

La compagnie ne se borna pas à pourvoir à la législation de la colonie, mais elle fit, presque coup sur coup, relativement aux finances, plusieurs réglements, dont il est difficile de préciser au juste la cause ou le but. Ces réglements, qui jetaient la plus grande incertitude dans la valeur des espèces ayant cours dans le pays, ne pouvaient avoir et n'eurent en effet que des résultats déplorables. Les monnaies espagnoles étaient presque les seules qui circulaient dans le pays. La compagnie, non contente d'avoir, par un édit du 23 février de l'année précédente, haussé subitement le taux de ces espèces à presque le double de ce qu'il était auparavant, (car elle avait porté la piastre de 4 livres à 7 livres 10 sous), jugea convenable de tout changer de nouveau : ainsi, d'après un décret du 26 février de cette année, la pistole, qu'elle avait fixée un an auparavant à 30 livres, fut réduite à 28 livres, et la piastre de 7 livres 10 sous à 7 livres. Le 2 mai suivant, tout fut encore bouleversé, et les colons virent avec étonnement surgir un autre arrêt qui réduisait la piastre de 7 livres à 5 livres 12 sous, et la pistole de 28 livres à 22 livres 8 sous. Quant aux pièces de cuivre, les pièces de vingt au marc, dont le poids était de 18 deniers, ne devaient valoir dorénavant que 12 deniers, et ainsi de suite. Les colons croyaient en être quittes, pour cette fois, mais à peine étaient-ils revenus de leur étonnement, que, le 30 octobre, on leur lançait une autre ordonnance qui détruisait ce qui venait d'être fait, et qui réduisait encore la pistole de 22 livres 8 sous à 18 livres, et la piastre de 5 livres 12 sous à 4 livres 10 s. Ainsi, dans moins de deux ans, il y avait eu dans la circulation monétaire du pays, et cela par le fait de décisions arbitraires de la compagnie, une hausse et une baisse d'environ 80 pour 100. Il est facile de se faire une idée de la perturbation qu'une pareille fluctuation dans la valeur de l'or et de l'argent jeta dans toutes les affaires, et surtout dans les relations de créanciers et de débiteurs. Sous quelque face que l'on envisage la question, il est hors de doute que toutes ces ordonnances, si contraires les unes aux autres, ne pouvaient être d'aucune utilité pour le pays. Il est donc permis de présumer que la compagnie, qui avait le commerce exclusif de la Louisiane, et qui, à cet avantage, joignait celui de fabriquer de la monnaie de papier ou

1724. de carton, avait en vue, par cette altération successive des métaux, de faciliter quelque opération, qui lui rapporta probablement de gros bénéfices.

L'année 1724 peut, à bon droit, être appelée l'année aux édits, et son histoire ne peut être que la récapitulation de ces édits. Aux précédents, dont il est déjà fait mention, il en fut ajouté un autre, provoqué par la disposition d'esprit où étaient la plupart des colons, de tuer tous les animaux domestiques pour s'en nourrir, au lieu d'en propager la race. Ils s'étaient tellement habitués à l'idée qu'ils devaient être nourris par la mère-patrie, que tous les bestiaux envoyés dans la colonie pour peupler, disparaissaient en peu de temps; de sorte que le roi, à la demande du conseil supérieur, rendit un arrêt punissant de mort toute personne qui aurait volontairement tué ou même blessé tout cheval ou bête à corne qui ne lui appartiendrait pas; et toute personne qui, sans permission d'une autorité compétente, tuait sa propre vache, ou brebis, ou leurs petits, s'ils étaient femelles, était passible d'une amende de 300 livres.

Quelque nécessité qu'il y eût de préserver des animaux utiles, qui étaient extrêmement rares, on ne peut qu'être étonné de la sévérité draconienne de cet édit. Il est d'ailleurs évident que les hommes étaient pour le moins tout aussi nécessaires à la prospérité de la colonie que les chevaux et les bœufs, et qu'ils étaient en assez petit nombre pour qu'on veillât encore plus soigneusement sur leur existence que sur celle de tout animal domestique, quelque précieux qu'il fût. Cependant, on voit qu'après la promulgation de cet édit, il n'en aurait pas coûté davantage pour tuer un homme que pour tuer un bœuf. On ne peut comprendre l'application de la même peine, là où il y avait si peu de parité dans les causes qui avaient provoqué le châtiment.

CHAPITRE X.

M. PÉRIER EST NOMMÉ GOUVERNEUR.—ARRIVÉE DES URSULINES ET DES JÉSUITES À LA LOUISIANE.—M. DE LA CHAISE, COMMISSAIRE ORDONNATEUR.—MASSACRE DES FRANÇAIS PAR LES NATCHEZ.

En 1725, le conseil supérieur était présidé par de la Chaise, qui avait succédé à Duvergier comme commissaire-ordonnateur. Il était neveu du fameux père la Chaise, confesseur de Louis XIV. Bruslé, Perry, Fazende, Fleuriau qui avait remplacé Cartier de Baune, comme procureur général, faisaient partie du conseil, dont Rossart était le secrétaire. Le conseil était tenu de siéger une fois par mois, mais indépendamment de ces sessions mensuelles, il avait été autorisé par un édit récent à désigner deux de ses membres qui siégeraient une ou deux fois par semaine afin de prendre connaissance des petites affaires dont le montant n'excéderait pas cent livres.

Appelé en France pour se justifier, Bienville présenta un mémoire dont voici quelques extraits :

"Il y a trente-quatre ans que le sieur de Bienville a l'honneur de servir le roi, dont vingt-sept en qualité de lieutenant de roi et de commandant de la colonie.

"En 1692, il fut reçu garde de la marine; il l'a été sept ans et a fait sept campagnes de long cours, en qualité d'officier, sur les frégates du roi armées en course.

1725.   "Pendant ces sept campagnes il s'est trouvé à tous les combats que le feu sieur d'Iberville, son frère, à livrés sur les côtes de la Nouvelle-Angleterre, l'île de Terre-Neuve et baie d'Hudson, et entr'autres, à l'action du Nord contre trois vaisseaux anglais, dont un de 54 canons et deux de 42, qui attaquèrent le dit sieur d'Iberville, commandant une frégate de 42 canons, avec laquelle, dans un combat de cinq heures, il coula à fond le vaisseau de 54 canons, prit l'un des deux autres, et l'autre, démâté, se sauva à la faveur de la nuit. Le sieur de Bienville fut dangereusement blessé à la tête.

"En 1698, il s'embarqua avec le sieur d'Iberville qui commandait deux frégates du roi pour la découverte de l'embouchure du fleuve Mississippi que feu M. de Lasalle avait manquée. Etant arrivé à la côte, il fut détaché avec son frère dans deux chaloupes, avec lesquelles, après des risques infinis, il découvrit le fleuve."

Ici, M. de Bienville passe en revue tout ce qu'il a fait à la Louisiane, puis il termine ainsi son mémoire :

"Le sieur de Bienville ose dire que l'établissement de la colonie est dû à la constance avec laquelle il s'y est attaché pendant vingt-sept ans sans en sortir, après en avoir fait la découverte avec son frère d'Iberville. Cet attachement lui a fait discontinuer son service dans la marine, où sa famille est bien connue, son père ayant été tué par les sauvages du Canada, et sept de ses frères étant morts aussi dans le service de la marine, où il reste encore le sieur de Longueil, gouverneur de Montréal au Canada, le sieur de Sérigny, capitaine de vaisseau, et le sieur de Chateaugné, enseigne de vaisseau, lieutenant de roi à la Louisiane."

Pendant l'absence de Bienville, les choses n'en allaient pas mieux à la Louisiane, et Boisbriant qui le remplaçait par intérim, écrivit au ministre, en date du 24 d'octobre, pour se plaindre de l'esprit de coterie, d'injustice et d'insubordination dont était animé le conseil qui, disait-il, ne se plaisait qu'à le contrecarrer et à opprimer les habitants. Il en attribuait la principale cause à de la Chaise.

Il paraît que l'insubordination gagnait aussi les troupes, car, le 20 novembre, le roi, sans doute sur l'examen des faits qui avaient été portés à sa connaissance, rendit une ordonnance qui défendait les assemblées d'officiers à la Louisiane.

Sur ce qu'on avait fait courir le bruit que les sauvages s'étaient réjouis du départ de Bienville et que son retour pourrait occasionner des hostilités de leur part contre les Français, M. de Noyan, son neveu, présenta une requête au conseil supérieur, pour faire entendre les sauvages Oumas, Tunicas, Natchez, &c., afin de réfuter hautement ces calomnies contre un parent, dont la réputation lui était chère. Le conseil supérieur ayant fait droit à la requête de M. de Noyan, les sauvages furent entendus par interprète, et déclarèrent que toutes les nations regrettaient M. de Bienville. Néanmoins, le mémoire de M. de Bienville, ses propres démarches, et tout ce que ses amis purent faire en sa faveur, ne l'empêchèrent pas d'être destitué. M. Périer fut nommé gouverneur à sa place, en date du 9 août 1726. Le gouvernement ne s'arrêta pas là. Chateaugné, frère de Bienville, perdit sa place de lieutenant de roi, et Diron d'Artaguette lui succéda. L'ordre fut donné de casser les sieurs de Noyan, tous deux neveux de Bienville, l'un capitaine, l'autre enseigne, et de les renvoyer en France. On voulait ainsi détruire l'influence de Bienville à la Louisiane et lever tous les obstacles qui auraient pu gêner la marche de l'administration de son successeur.

En attendant l'arrivée de M. Périer, M. de Boisbriant, conjointement avec le commissaire-ordonnateur M. de la Chaise, lança une proclamation par laquelle il invitait tous les habitants de la colonie à porter dans les

1726. magasins de la Nouvelle-Orléans et de la Mobile, toutes les munitions de guerre et de bouche qu'ils pourraient fournir, afin, disait-il, de pourvoir aux éventualités d'une guerre entre l'Espagne et l'Angleterre, dans laquelle la France se trouverait appelée à prendre fait et cause avec l'Espagne en vertu du traité d'alliance.

La compagnie, afin d'intéresser Périer à la prospérité de la colonie, et afin de s'assurer de ses bons et loyaux services, voulut rendre sa place tellement lucrative qu'il craignit de la perdre en ne faisant pas son devoir, et décréta, en date du 24 août, qu'en outre de ses appointements, il aurait une concession de dix arpents de terre sur le fleuve avec la profondeur ordinaire et qu'il lui serait donné huit nègres par an pendant la durée de son administration.

On doit se rappeler que M. de la Chaise avait été envoyé à la Louisiane avec de grands pouvoirs inquisitoriaux pour prendre des informations sur la conduite des principaux officiers de la colonie et pour en faire son rapport au gouvernement. Aussitôt, tous ces gens là, qui étaient divisés entr'eux, s'étaient réunis et n'avaient formé qu'un faisceau pour s'opposer à l'ennemi commun et paralyser tous les efforts qu'il pourrait faire pour arriver à la vérité. Mais le gouvernement, en ayant été informé, agit avec vigueur, et le conseil d'Etat rendit un arrêt contre tous ceux qui s'étaient opposés à l'exécution des pouvoirs illimités dont M. de la Chaise avait été revêtu. En conséquence, Boisbriant (le gouverneur par intérim), Perrault, Perry, l'ingénieur Pauger, le procureur-général Fleuriau, membres du conseil supérieur, furent censurés. Boisbriant fut rappelé en France pour rendre compte de sa conduite. Perrault, Fazende et Perry furent destitués. La place de procureur général, dont M. Fleuriau s'était démis, fut pour le moment supprimé. Tous devaient rendre compte de leur conduite, en ce qui concernait les effets de la compagnie, par-devant Messieurs Périer et de la Chaise, 1726. ou telles autres personnes qu'il leur plairait de désigner. Ensuite, Perrault et Perry devaient être renvoyés en France. Il était permis au sieur Fazende de rester dans la colonie comme simple habitant.

Le 13 septembre, la compagnie fit le traité suivant avec les Ursulines de Rouen :

"La compagnie accepte les offres faites par les sœurs Marie Tranchepain, St. Augustin, et Marie Le Boullenger Angélique, des Ursulines de Rouen, assistées de dame Catherine Brucoly de St. Amant, première supérieure des Ursulines de France, de se charger de l'hôpital de la Nouvelle-Orléans, aux conditions suivantes :

1°. "La compagnie entretiendra au dit hôpital six religieuses, y compris la supérieure, et leur accordera à chacune cinq cents livres de gratification, une fois payée, pour leur faciliter les moyens de faire leur voyage. Elles auront leur passage gratis, et celui de quatre servantes, sur les vaisseaux de la compagnie.

2°. "A leur arrivée, elles seront mises en possession de l'hôpital en l'état où il est.

3°. "Elles s'arrangeront dans l'hôpital comme elles pourront, en attendant qu'on puisse leur faire construire un bâtiment convenable.

"La compagnie concédera en propriété au dit hôpital un terrain de huit arpents de face, sur la profondeur ordinaire, le long du fleuve, le plus près qu'il se pourra de la Nouvelle-Orléans, afin de former une habitation qui puisse pourvoir dans la suite à l'entretien des Ursulines, à cause du dit hôpital.

"En attendant que l'habitation soit en exploitation, la compagnie donnera six cents livres par an à chacune des religieuses.

"La compagnie leur fournira huit nègres aux conditions ordinaires, bien entendu que la pension de 600 livres cessera cinq ans après.

1726. "Si les religieuses cessaient de soigner les malades de l'hôpital, elles n'auraient plus aucun droit aux immeubles de l'hôpital et à l'habitation, mais seulement aux nègres et meubles."

En vertu de ce pacte, six dames ursulines arrivèrent à la Louisiane, l'année suivante. Ainsi, il y a cent dix-huit ans que, dénuées de tout, et faisant les fonctions de gardes-malades d'hôpitaux, elles mirent le pied sur le sol de la Louisiane. Aujourd'hui, elles forment une congrégation nombreuse, et possèdent de grandes richesses. Ce fait prouve toute la puissance de l'association religieuse. En effet, que de changements se sont opérés depuis lors à la Louisiane ! La France et l'Espagne y ont tour à tour régné, mais n'ont fait qu'y passer. Des évènements ont plusieurs fois changé la face du pays, et l'ont modifié de fond en comble. Il est sans exemple parmi nous qu'une fortune, quelque forte qu'elle fût, soit passée à la troisième génération. Cependant, les Ursulines sont restées inébranlables, invulnérables. Elles ont continué, d'un pas ferme, de marcher dans la voie de l'agrandissement, et leur prospérité n'a fait que s'accroître, au milieu de toutes les vicissitudes qui ont frappé le pays sans les atteindre !

Le 30 septembre, la compagnie remit à Périer une série d'instructions pour lui servir de guide. En voici quelques extraits :

"Depuis que la compagnie a pris possession de cette colonie, elle a fait des dépenses immenses pour son établissement. Ces dépenses semblent avoir été inutiles, par le peu de progrès des entreprises où elles ont été employées, et par le mauvais usage que les chefs de cette colonie ont fait des fonds qui leur ont été remis. Il en est résulté de grands malheurs pour le pays, et des pertes considérables pour la compagnie. Tout cela, parce que les ordres de la compagnie n'ont point été respectés ni suivis, et qu'il a toujours régné une fatale mésintelligence entre les gens de plume, le militaire et 1726. le génie. Les différentes formes données au gouvernement et à l'administration de la colonie n'ont pu remédier au désordre. La cause de ces maux ne pouvant venir que des sujets auxquels l'autorité était confiée, la compagnie se détermina à les changer. Les dispositions faites sur ce sujet furent suivies d'un nouvel arrangement pour le gouvernement du pays. Il fut conçu et réglé, sur la fâcheuse expérience du passé, qui faisait connaître la nécessité de renfermer toute l'autorité dans la colonie entre deux personnes, l'une pour le commandement du pays, l'autre pour la justice, la police et le commerce, en sorte que chacun de ces deux hommes pût, non seulement agir sans contrariété ni retardement dans les choses concernant ses fonctions, mais fût encore obligé de répondre personnellement à la compagnie de l'exécution de ses ordres sur la partie à lui confiée. Elle voulut essayer de M. de Boisbriant, lieutenant de roi, pour remplir les fonctions de commandant, et elle fit choix de M. de la Chaise, dont la probité, le zèle et l'intelligence lui étaient connus, pour remplir l'autre place; mais ce réglement envoyé à la Louisiane ne fut exécuté ni par M. de Boisbriant, ni par les autres membres du conseil qui, au contraire, prirent la résolution d'exclure le dit sieur de la Chaise de la connaissance des affaires. Un pareil attentat à l'obéissance due à la compagnie lui fit sentir qu'il était impossible de remédier aux désordres passés, et qu'il serait imprudent de se flatter pour l'avenir d'un succès plus favorable, si elle n'envoyait pas un nouveau commandant sur l'affection et sur la fermeté duquel elle pût compter pour être obéie. C'est dans cette vue qu'elle a fait choix de M. Périer, etc.

. . . .

"La compagnie lui recommande de ne point empiéter sur les attributions de ceux qui rendent la justice ou s'occupent de la police et du commerce, et de vivre dans

1726. la meilleure intelligence avec le sieur de la Chaise, dans l'intérêt de la colonie.

"Il est bon de prévenir M. Périer qu'il trouvera tout le corps des officiers, le génie, et une partie des gens de plume et des habitants, prêts à déclamer contre M. de la Chaise. Ces gens-là, accoutumés à tirer des magasins de la compagnie ce qui ne leur était point dû, ou à mener une conduite qui ne convenait ni au bien public ni à celui du service, ont regardé avec horreur un homme qui a eu le courage de s'opposer au désordre. La cause de leur haine ne pouvait manquer de lui attirer la confiance de la compagnie. Mais il n'en pourrait faire aucun usage, si M. Périer ne sentait pas, comme la compagnie, l'importance d'imposer silence aux ennemis de M. de la Chaise, qui ne peuvent être regardés que comme ceux de la compagnie.

"Pour couper les principales racines de ces divisions si dangereuses, la compagnie remet à M. Périer une ordonnance qui renferme la manière dont elle entend que les auteurs de l'inexécution de son réglement du 11 juillet 1725 soient punis. Il s'y conformera, en prenant avec M. de la Chaise les mesures convenables, etc.

. . . .

"M. Périer devra arriver à l'improviste, etc. . . .

. . . .

"Comme les maladies qui règnent pendant l'été à la Nouvelle-Orléans proviennent, à ce que l'on prétend, de ce que la ville manque d'air, étant étouffée par les bois qui l'entourent, il fera découvrir le pays le plus qu'il pourra jusqu'au lac Pontchartrain, etc. etc. . . . . .

. . . .

"L'importance dont est le poste des Natchez exige que M. Périer y fasse un voyage le plus tôt possible, parce qu'étant sur les lieux, il jugera plus aisément des moyens de remplir les vues de la compagnie, concernant ce poste, où elle veut s'établir en grand. Il sera bon même que, dans cette occasion, il se fasse connaître de 1726. la nation des Natchez, qui est assez nombreuse et qui, par la guerre qu'elle a déjà faite aux Français, mérite d'être observée. Elle se compose de trois principaux villages qui sont situés si proches des Français que cela a été la source des troubles passés et pourrait bien produire encore de nouveaux sujets de querelle. C'est ce qu'il examinera ; et s'il trouve du danger à laisser ces villages où ils sont, il fera un présent aux chefs pour les déterminer à s'éloigner.

"Pendant qu'il sera aux Natchez, il s'informera si le détachement de quinze hommes que la garnison de ce poste fournit aux Yazoux, situés à trente-cinq lieues plus haut, y est absolument nécessaire, parce que sans cela, il conviendrait qu'il fit revenir ce détachement. La compagnie est persuadée qu'on pourra le faire sans danger, ou du moins diminuer cette garnison de moitié, aussitôt que la mission des jésuites y sera établie.

"Il demandera à M. de Boisbriant s'il a fait lever le poste des Arkansas, situé à quatre-vingts lieues au-dessus des Yazoux, et si M. de Boisbriant ne l'a pas fait, il donnera l'ordre que cela soit exécuté, en y établissant une mission jésuite.

"La compagnie désire que le sieur Marigny de Mandeville soit nommé major de la Nouvelle-Orléans, si les plaintes portées contre lui sont calomnieuses."

Le tableau que fait la compagnie de la situation de la colonie sera complet, en y ajoutant un extrait d'un mémoire de M. Drouot de Valdeterre, ci-devant commandant de l'île Dauphine et de Biloxi :

"Les nouveaux habitants de ce pays, dit-il, ne se trouvant pas gouvernés et policés au nom de Sa Majesté, se prétendent déjà comme indépendants d'aucun souverain et sont républicains.

"Les troupes, sans discipline, sans subordination, sans armes, et le plus souvent sans habits, sont exposées à

1726. chercher leur aise parmi les nations Indiennes. Il n'y a aucun fort, ni lieu de retraite pour les rassembler en cas d'attaque. Les canons et autres ustensiles de guerre sont ensablés et abandonnés ; les magasins sont découverts, les marchandises avariées et gâtées, les vols, les pillages tant de ce qui regarde la compagnie que les habitants, tolérés ; les révoltes et désertions des troupes, autorisées ; les incendiaires des camps, postes et magasins, impunis ; des bâtiments chargés de marchandises, enlevés par des prisonniers de guerre dont on avait fait des matelots pour le service de la compagnie ; d'autres bâtiments, échoués volontairement ; les faussaires, voleurs et meurtriers, impunis ; enfin un pays qui, à la honte de la France, est sans religion, sans justice, sans discipline, sans ordre et sans police."

Il est bon, d'observer que l'esprit républicain, dont il est fait mention dans ce mémoire, paraît de tout temps, avoir été inhérent à la Louisiane, car M. de Lamothe Cadillac s'en plaignait déjà en 1717.

Le 31 octobre, le conseil d'Etat rendit une ordonnance relative à la monnaie de cuivre, et pour en forcer l'acceptation.

Arrêt sur la monnaie de cuivre.

"Sa Majesté, étant en son conseil, a ordonné et ordonne que la monnaie de cuivre, qu'elle a introduite en sa colonie de la Louisiane, sera reçue en toutes sortes de paiements sans distinction d'icelle avec les piastres et autres monnaies d'Espagne ; veut et entend que les porteurs de lettres de changes et autres billets ne puissent en exiger le paiement en autres espèces que celle de cuivre, pour le prix qu'elle a cours, à peine de concussion, nonobstant telles clauses qu'il puisse y avoir dans les lettres ou billets, sous peine de trois cents livres d'amende, applicables moitié au dénonciateur et l'autre moitié à l'hôpital, et sous peine de la confiscation des piastres, et d'être fouettés et marqués par la main du bourreau."

Puisque le conseil jugeait convenable de mettre la monnaie de cuivre sur le même niveau que la monnaie d'or et d'argent, il semble qu'il aurait suffi de décréter que tout créancier ne pourrait se refuser à recevoir du cuivre en paiement de sa créance, et qu'en cas de refus, il ne pourrait en poursuivre le recouvrement. Mais déclarer que si un débiteur payait, suivant l'obligation qu'il en aurait contractée, de l'or ou de l'argent à un créancier, ce créancier perdrait la somme qu'il aurait touchée, serait en outre passible d'une amende de 3000 livres, et serait fouetté et marqué de la main du bourreau, c'était se rendre coupable d'une tyrannie aussi absurde que barbare!

La vérité est, que la compagnie était aux abois et sollicitait du roi une foule d'arrêts qu'elle croyait favorables à ses intérêts du moment, mais qui frappaient au cœur la colonie. Le gouvernement fit tout ce qu'il put pour soutenir la compagnie ; ce fut la compagnie qui se manqua à elle-même; ou plutôt, elle avait fait une entreprise qui, par sa nature même, devait lui être onéreuse, en dépit des trois cent mille livres que le roi lui avait données annuellement pour payer les officiers, les garnisons, et entretenir les fortifications de la Louisiane.

En 1726, la compagnie s'était beaucoup occupée des besoins spirituels de la colonie et avait fait un traité, non seulement avec les Ursulines, mais aussi avec les capucins et les jésuites, pour qu'ils vinssent porter à la Louisiane les préceptes de la morale évangélique. Le supérieur des jésuites de la province devait résider à la Nouvelle-Orléans, mais il ne devait y remplir aucune fonction ecclésiastique, sans la permission du supérieur des capucins. La compagnie s'engageait à faire à l'ordre des jésuites, une concession de dix arpents de face au fleuve sur la profondeur ordinaire et à les trans-

1726. porter à ses frais au lieu de leur destination. Pendant les deux premières années, chaque jésuite devait recevoir un salaire de 800 livres, et, après, ce salaire devait être réduit à 600 livres ; ils devaient, en outre, au moment de leur départ, recevoir 150 livres comme gratification et comme frais de route. Ce traité entre la compagnie et les jésuites contenait aussi plusieurs stipulations au sujet des chapelles et des maisons de résidence qui leur seraient accordées.

1727. Les jésuites et les ursulines, en conséquence des arrangements qui avaient été pris, arrivèrent à la Louisiane en 1727, dans un navire de la compagnie. Les révérends disciples de Loyola furent établis audessus de la ville, sur cette partie de la rive du fleuve où est maintenant la seconde municipalité. Une maison et une chapelle y furent bâties pour leur usage. On construisit pour les ursulines un édifice qui existe encore, entre les rues du Quartier et de l'Hôpital, et qui est connu sous le nom de Couvent des Ursulines. Cet édifice est par conséquent le plus ancien du pays. Ces dames en prirent possession en 1730, et l'occupèrent jusqu'en 1824, époque à laquelle elles sortirent de la ville pour aller habiter un autre couvent plus spacieux, qu'elles avaient fait construire à trois milles de la Nouvelle-Orléans.

Au commencement de 1727, l'emplacement où est située maintenant la Nouvelle-Orléans, n'étant pas protégé par une levée, était sujet à des inondations annuelles et ne présentait que l'aspect d'un cloaque. Les eaux du fleuve et celles du lac se rencontraient à une terre haute qui s'était formée entre le bayou St.-Jean et la Nouvelle-Orléans et que l'on appela, par la suite, la Terre-Haute des Lépreux. Afin d'égoutter la ville, il y avait un canal dans la rue Bourbon, et même chaque terrain était entouré d'un fossé. L'arrêt suivant, publié en vertu d'une requête présentée au conseil par

Rossard, inspecteur de police, complétera l'idée que l'on 1727. doit se faire de la Nouvelle-Orléans à cette époque :

"Rossard, inspecteur de police, ayant exposé que, quelque attention que l'on ait eue jusqu'à présent à obliger les habitants de la Nouvelle-Orléans d'entretenir les rues propres, et de ne point souffrir de mauvaises herbes dans leurs cours et jardins, les dits habitants, néanmoins, au mépris des ordonnances plusieurs fois publiées, négligent, par une obstination outrée, de couper les herbes, ce qui fait qu'il est presque impossible de marcher dans les rues ; que même dans leurs cours et jardins, et dans plusieurs terrains inhabités, il y a de ces mauvaises herbes très hautes et en si grande quantité, que cela attire les bêtes venimeuses, cause des maladies, et facilite aux malfaiteurs les moyens de s'y cacher, et d'éviter d'être pris, lorsqu'ils ont fait des vols qui ne sont que trop fréquents, et autres mauvais coups ; pour ce à quoi remédier, le conseil ordonne, etc. etc."

Avec quelle orgueilleuse satisfaction, un Louisianais doit comparer cette naissance obscure de la capitale de l'Etat avec l'éclat et la prospérité dont son adolescence est entourée ! Telle fut aussi l'humble origine de Venise, de la reine de l'Adriatique, de la superbe dominatrice des mers. Des palais succédèrent bientôt à la hutte du pêcheur, le lion de St. Marc sentit pousser ses ailes ambitieuses, et Venise n'aspira plus à prendre dans ses filets que des rois et de riches provinces. Lorsque la Louisiane se sera étudiée à se former un esprit national, elle aura aussi ses jours de triomphe et de puissance, et les annales du Nouveau Monde lui devront quelques-unes de ses plus belles pages. La gloire conquise en 1815 dans les plaines de Chalmette en fait foi, et nous est une garantie de l'avenir.

La compagnie, ayant décrété que le siège principal du gouvernement colonial serait dorénavant à la Nouvelle-Orléans, s'occupa sérieusement d'arrêter les inon-

1727. dations qui en menaçaient continuellement l'existence, et qui nuisaient à son accroissement. En conséquence, elle ordonna la confection de levées à la Nouvelle-Orléans et dans les environs. Le 31 mai, le conseil promulgua, à ce sujet, l'ordonnance suivante :

"Sur ce qu'il a été exposé que plus de deux cents arpents de terre bien labourées, vers les Tchoupitoulas (1), ne pouvaient rien produire, étant noyées, quoiqu'il y eût des levées devant les terres, parce que des personnes obtiennent des concessions qu'elles ne cultivent point, auxquelles elles ne font point de levées, et parce que l'eau qui pénètre par ces concessions incultes, se répand de là sur les concessions cultivées, et les réduit à ne pouvoir rien produire ; attendu que le sieur Tixerant, les frères Carrières Raguet, Larche, Manadé sont dans ce cas, ayant de belles terres bien cultivées, bien soignées, et qui sont noyées par la faute des autres ; attendu que cette négligence causera une perte de plus de deux mille cinq cents barrils de farine (2), le conseil ordonne, etc."

Le 15 novembre, le gouverneur Périer annonça au ministre que la levée de la Nouvelle-Orléans était finie.

"J'ai fait faire, dit-il, une levée devant la Nouvelle-Orléans, de neuf cents toises de longueur, sur dix-huit pieds de largeur en haut. Il y en aura cette année depuis six lieues au-dessus de la ville jusqu'à six lieues au-dessous, qui, quoique moins fortes que celles de la ville, empêcheront cependant le fleuve de déborder. Je compte commencer le fossé d'enceinte de la ville dans le mois de septembre prochain, qui est le temps le plus propice pour travailler à cet ouvrage, et celui où les habitants ont le moins d'occupations. Après ce travail, je commencerai le canal de la ville au bayou St. Jean, qui se rend dans le lac Pontchartrain. Par ce travail, nous

---

(1) Maintenant paroisse Jefferson.
(2) Il paraît que l'on avait fini par réussir dans la culture du blé.

aurons communication avec la mer par le bas du fleuve 1727. et par le lac ; ce qui nous donnera de grandes commodités, tant pour la vie que pour le commerce. Quoique cet ouvrage paraisse grand, je vous assure qu'il sera terminé dans peu d'années, par la convention que j'ai faite avec les habitants, qui est de leur garantir, pour le premier mois, la vie des nègres que nous leur donnerons, moyennant qu'ils s'obligeront de me donner trente journées d'homme pour chacun des nègres qu'on leur livrera. Cette condition est également bonne pour les habitants et pour la compagnie. Les habitants évitent les risques du premier mois de l'arrivée des nègres, et en cas qu'il en meure quelques-uns, le travail que font ceux qui vivent, dédommage la compagnie de la perte qu'elle fait des morts, outre que le travail ne languit pas par là. C'est qu'il est fait avec plus de cœur que par les corvées, qu'on regarde avec raison comme très à charge. Par ce même moyen, les travaux les plus éloignés se feront également, parce qu'il n'y aura d'employés aux travaux de la ville que les nègres de son territoire, pendant que les autres travailleront pour le leur, en faisant les levées et les écoulements des habitants qui ne sont pas en état de les faire, et qui paieront dans la suite à la compagnie cette avance. La réussite de ces travaux fera connaître à votre grandeur mes soins, etc. etc." . . . . . .
. . . .

"Les Anglais continuent à pousser leur commerce jusque dans le cœur de cette province. Il a passé cinquante à soixante chevaux, chargés de marchandises, chez la nation des Chickassas, à laquelle j'ai ordonné de piller les marchandises des Anglais, en leur promettant de les récompenser par un présent. Je n'ai point encore eu de nouvelles de cette affaire. Il paraît qu'ils font une ligue avec toutes les nations sauvages de leur voisinage, pour attaquer tous les établissements espagnols. Sur cela, le gouverneur de Pensacola m'a fait demander

1727. du secours. Sans avoir de nouvelles d'Europe, j'ai pensé qu'il était de notre intérêt de ne pas avoir les Anglais si près de nous, et j'ai en conséquence fait dire aux Talapouches, qui étaient devant Pensacola, de se retirer ; sans quoi, je ferais donner sur eux par nos nations. J'ai aussi fait dire aux Alibamons que s'ils attaquaient les Espagnols, nos amis, il me faudrait les secourir. Mais j'aurais eu soin de ne faire marcher que nos sauvages pour ne pas me commettre avec les Anglais. Cela a fait bon effet. Le gouverneur m'a fait remercier, en m'apprenant que la guerre était déclarée en Europe. Cependant, je secourrai indirectement les Espagnols jusqu'à nouvel ordre de Votre Grandeur, en prenant la liberté de lui représenter que notre unique attention doit être d'empêcher les Anglais de s'approcher de nous.

"J'ai fait faire la paix à toutes les nations qui sont depuis les Arkansas jusqu'au bas du fleuve. Il n'y a que les Chactas et les Chickassas qui sont en discussion pour un chef des derniers qui a été tué par les premiers. Je vais aller à la Mobile pour les accorder et je prendrai des mesures avec eux pour empêcher les Anglais d'entrer l'année prochaine sur nos terres, et peu à peu leur en faire perdre l'habitude, en faisant traiter pour toutes les peaux de chevreuils des sauvages, afin qu'ils ne soient pas obligés de traiter avec les Anglais pour s'en défaire."

Pendant que le conseil supérieur s'était occupé à faire des améliorations réelles dans le pays, en ordonnant des travaux utiles, le conseil d'état avait, le 29 juillet, décrété un arrêt qui, certes, n'était pas une amélioration en législation. Car cet arrêt n'était rien moins que la mise en vigueur de l'édit de Henri II, qui enjoignait aux femmes sans mari de déclarer leur grossesse, sous peine de mort. Le conseil d'état n'avait rien trouvé de plus sage que de faire revivre cette loi à la Louisiane.

Dans un mémoire présenté à cette époque à la compagnie pour l'éclairer sur les causes de ses pertes, l'on remarque ce passage :

"Le conseil supérieur de la colonie devrait être composé de personnes éclairées, qui fissent respecter leurs emplois et sussent se respecter elles-mêmes. Il en coûte beaucoup à la compagnie en appointements. Si les conseillers s'en contentaient, ce ne serait que demi-mal, mais ils se servent, dans leurs intérêts particuliers, de ce titre qui leur donne la facilité de tirer des magasins de la compagnie des marchandises, dont ils font un commerce châtiable, &c.

. . . .

"Il n'y a pas sept cents habitants dans toute la colonie, en y comprenant les voyageurs, qui ne fassent valoir les terres. Suivant la supputation que l'on a pu faire, l'on n'y trouve qu'environ 2,600 nègres, y compris les domestiques."

Le budget des dépenses de la colonie se monta cette année à 453,728 livres.

Au commencement de 1728, il arriva un navire de la compagnie avec un nombre assez considérable de jeunes filles, qui n'avaient pas été prises, comme la plupart de celles arrivées précédemment, dans des maisons de correction. La compagnie leur avait donné à chacune une petite cassette contenant quelques effets d'habillement. Ce qui fit qu'elles furent connues dans la colonie sous le nom des *filles de la cassette*. Les Ursulines furent chargées d'en prendre soin jusqu'au moment où elles trouveraient à se marier.

A cette époque, les productions agricoles commençaient à acquérir quelque degré d'importance. Les récoltes de riz et de tabac étaient abondantes, et la culture de l'indigo donnait des espérances qui furent plus tard déçues. Le figuier de la Provence et l'oranger d'Hispaniola, s'étaient facilement naturalisés sur le sol de la Louisiane. Un nombre considérable de nègres

1727.

1728.

1728. avaient été introduits dans la colonie, et les terres qui, jusqu'alors, avaient été négligées comme étant de nulle valeur, commencèrent à exciter la cupidité, et la cupidité fit naître des procès. La confiance et le désintéressement qui avaient régné parmi les colons, avaient été cause que l'on n'avait jamais pensé à conserver soigneusement les titres de propriété. Afin de prévenir les difficultés litigieuses qui pourraient plus tard surgir, le roi fit publier un édit réglementaire, daté le 10 août 1728.

Il était décrété que tous les ordres de concessions adressés avant le 30 décembre 1723, par la compagnie en France à ses directeurs à la Louisiane, qui n'avaient pas été présentés aux dits directeurs ou qui n'avaient pas été suivis d'une prise de possession et des améliorations stipulées dans les actes de concessions, étaient nuls.

Tout propriétaire était tenu d'exhiber ses titres et de déclarer au conseil supérieur, dans un temps spécifié, la quantité de terre qu'il réclamait et qu'il avait cultivée, sous peine d'une amende de 1000 livres et de la perte du sol concédé, qui retournerait à la compagnie.

Toute terre située sur les deux rives du fleuve, au-dessous de Manchac, devait être réduite à vingt arpents de face, à moins qu'il ne fut prouvé qu'un plus grand nombre d'arpents étaient en état de culture.

La profondeur de chaque concession devait être limitée de vingt à cent arpents suivant les localités.

La compagnie, en vertu de la suzeraineté qu'elle avait sur toute la province, était autorisée à lever un impôt d'un sou par arpent, cultivé ou non, et de cinq livres sur chaque esclave. Le produit de cet impôt devait être employé à construire des églises et des hôpitaux.

Lors de la publication de cet édit, la colonie était, comparativement avec le passé, dans une situation florissante. Ses champs étaient cultivés par plus de deux mille nègres, et elle était protégée par huit cents hommes de troupes de lignes. Mais cette prospérité n'était qu'éphémère, et ses bases encore mal assurées allaient être fortement ébranlées et presque détruites par un funeste évènement.

1728.

Cet évènement eut lieu le 28 novembre. Ce fut le massacre de tous les Français aux Natchez. Il en périt plus de deux cents. Ce fut, en petit, un renouvellement des vêpres siciliennes. Ce coup eut d'autant plus de retentissement, et excita d'autant plus de craintes, que l'on crut qu'il y avait contre les Français une conspiration générale de toutes les nations indiennes. Si ces craintes avaient été fondées, et si une coalition avait eu lieu parmi toutes les nations sauvages, il est hors de doute que la colonie eût été détruite de fond en comble. Car, d'après une dépêche de d'Artaguette, du 9 décembre, il paraît que les nations établies sur les principaux fleuves de la Louisiane pouvaient mettre sur pied de seize à dix-sept mille hommes, et que, parmi celles qui étaient dans les terres, la nation des Chactas comptait, à elle seule, dix mille guerriers. "Cette nation, dit d'Artaguette, sera un jour le soutien ou le bouleversement de cette colonie, parce que toutes les autres ne sont pas capables de lui résister."

Périer, à son arrivée dans la province, s'était aperçu de la nécessité de fortifier les postes éloignés. Il avait fait de fréquentes remontrances à la compagnie relativement aux dangers que courait la colonie, et avait sollicité un renfort de deux à trois cents hommes. Mais ses craintes avaient été considérées comme chimériques. L'on pensa qu'en demandant des troupes, il ne cherchait qu'à donner plus d'importance à son commandement, ou qu'il désirait engager la compagnie dans une guerre, afin d'avoir l'occasion de faire preuve de talents militaires. L'on s'aperçut trop tard qu'il avait eu raison.

1728. Le budget des dépenses de la colonie se monta cette année à 486,051 livres.

On se rappelle que le curé de la Vente avait, quelques années auparavant, demandé qu'il fût permis aux Français d'épouser des sauvagesses. Cette demande avait été rejetée sur l'avis de M. de Lamothe Cadillac, gouverneur, et de M. Duclos, commissaire-ordonnateur. Il paraît cependant que cela n'empêcha pas le clergé d'effectuer de pareils mariages. Il en résulta, quant aux règlements des successions, des difficultés qui donnèrent lieu à un intéressant rapport de M. de la Chaise, en date du 15 février 1729, adressé à la direction de la compagnie :

RAPPORT DE M. DE LA CHAISE.

1729. "Il s'est présenté au conseil une question assez particulière, sur laquelle on a rendu l'arrêt ci-joint, en attendant qu'il plaise à Sa Majesté d'expliquer ses intentions. Voici le fait en deux mots :

"Il y a aux Illinois beaucoup de Français qui ont épousé des sauvagesses. Le nommé Poitier, qui en avait une, y a laissé quelque bien. Sa femme, après sa mort, a voulu partager ce bien avec les héritiers, lesquels s'y sont opposés, et ont prétendu qu'ayant été déclarée adultère, et ayant eu un enfant d'un autre particulier, du vivant même de son mari, elle devait être exclue de cette succession.

"Le conseil, par son arrêt du 18 décembre dernier, déclara l'enfant légitime, comme venu pendant le mariage ; mais il ordonna qu'il serait seulement payé à la veuve une pension annuelle du tiers du revenu des biens, et que les deux autres tiers resteraient aux enfants, qui seraient chargés des réparations, et que cette pension durerait tant qu'elle serait parmi les Français, et serait supprimée au moment où elle retournerait parmi les sauvages. Le motif de cet arrêt, quoique contraire à la coutume de Paris, est judicieux. Il ne convient pas que des sauvages emportent le bien des Français parmi leurs nations. Je croyais qu'il y avait un réglement pour défendre ces sortes d'alliances. Nous n'avons trouvé que quelques lettres, où il est parlé de l'empêcher autant qu'on pourrait. Mais comme cela n'est pas suffisant, parce que l'Eglise passe toujours outre, je fis rendre encore un autre arrêt, par forme de réglement, sur la remontrance de M. le procureur-général, qui, en attendant qu'il ait plu au roi de faire connaître ses intentions, déclare les sauvages exclus des successions des Français, ordonne que celle des sauvagesses mourant sans enfant sera acquise au domaine de la compagnie, que les sauvagesses qui seront veuves des Français n'auront point la disposition des biens-fonds de leurs maris, qu'ils seront mis à la garde d'un tuteur, qui paiera à la veuve un tiers du revenu, et en cas de non d'enfants, à la garde d'un procureur aux biens vacants. Tâchez, messieurs, de pouvoir obtenir un réglement sur cela, pour éviter tous procès à l'avenir."

1729.

Pour obtenir l'arrêt mentionné dans la lettre précédente, le procureur-général y avait joint l'exposé suivant :

"Plusieurs habitants des Illinois ont épousé des femmes sauvages de la nation illinoise, presque toutes catholiques.

"Si un de ces habitants meurt sans enfants, sa femme qui lui survit emporte tous les biens, s'il y a une donation ; sinon, elle en a la moitié, suivant la coutume de Paris.

"Cette femme, venant à mourir, ses parents sauvages peuvent-ils recueillir sa succession, en emportant les meubles dans leurs villages et en disposant des immeubles ?

"Il peut même arriver que cette femme, de son vivant, conservant l'amour de la patrie, se retire chez sa

1729. nation, et y porte le bien que son mari lui a laissé.

"Tous les habitants des Illinois se sont mariés sans contrat ni sans bien. Si quelques-uns en ont gagné, leur communauté devant être partagée par moitié entre la veuve et les héritiers, les sauvages, instruits de notre coutume à cet égard, prétendent hériter de cette moitié.

"La question est de savoir s'ils sont recevables, parce qu'ils ne paraissent ni regnicoles ni sujets à nos lois, ce qui semble les exclure des avantages dont jouissent les sujets du roi.

"Le Code noir défend bien le mariage des blancs avec les noirs, mais il ne le défend point avec les sauvages.

"Jusqu'à présent, on a marié des blancs avec des sauvagesses, en observant les cérémonies ordinaires de l'Eglise.

"Les femmes doivent donc constamment jouir des mêmes avantages que leurs maris, dont elles suivent l'état et la condition, vivant sous les mêmes lois auxquelles ils sont assujettis, et cela leur tient lieu de naturalité. Mais ces femmes venant à mourir sans enfants, leurs pères, mères, frères, sœurs et autres parents, toujours restés dans leurs villages, exempts des lois des Français, peuvent-ils venir partager avec les Français?

"Il paraît que la succession tombe dans le cas du droit d'aubaine, déshérence ou bâtardise, appartenant au seigneur.

"Il est d'autant plus important que les sauvages n'entrent point dans les possessions acquises par les Français, qu'ils ne se mettent point du tout en peine de payer les dettes, et que l'on ne pourrait discuter avec eux les droits des créanciers, juger les hypothèques, ni observer aucune des formalités requises et inséparables des successions. Ils commenceraient par emporter tout ce qu'ils trouveraient, et on ne pourrait les contraindre à rapporter que par une force supérieure.

"D'ailleurs le roi ne leur accorde que sa protection, et non les mêmes avantages qu'à ses sujets.

"Si les enfants qui naissent des Français établis à la Louisiane, élevés dans la religion catholique, ne sont censés regnicoles, et capables de toutes successions, dons, etc., que parce que Sa Majesté a bien voulu leur accorder cette grace, en termes positifs, par l'article 23 des lettres-patentes du mois d'août 1717, à plus forte raison les sauvages, dont il n'est point parlé, ne peuvent-ils prétendre jouir des avantages appartenant aux Français."

Sur cet exposé, le conseil rendit l'arrêt mentionné dans la dépêche de M. de la Chaise.

CHAPITRE XI.

LES FRANÇAIS ET LES CHACTAS RÉUNIS ATTAQUENT LES NATCHEZ.

1730.   CE fut seulement dans le courant de 1730 que la compagnie eut des renseignements complets sur le terrible massacre des Natchez, qui avait menacé la colonie d'une perte totale.

Le 18 mars, le gouverneur Périer en envoya la relation suivante :

DEPECHE DE PERIER.

"Ils étaient tous armés et accommodés comme s'ils avaient voulu aller à la chasse, et, en passant chez les habitants qu'ils connaissaient le plus, ils empruntaient leurs fusils, avec promesse de leur apporter du chevreuil en quantité. Pour ôter tout soupçon, ils apportèrent ce qu'ils devaient en grains, en huile, et autres denrées, tandis qu'un parti était allé avec deux calumets chez le sieur d'Etcheparre, qui commandait le poste, et auquel ils portaient des poules, pour le maintenir dans la confiance où il était que les sauvages ne méditaient rien de mauvais contre les Français, comme ils en avaient eu soin de l'en assurer la veille, sur quelques bruits qui s'étaient répandus que les Natchez devaient assassiner les Français. La confiance de cet officier était allée jusqu'à faire mettre aux fers sept habitants qui avaient de- 1730. mandé à s'assembler pour prévenir le malheur dont ils étaient menacés. Cette même confiance lui avait fait voir sans crainte une trentaine de sauvages dans le fort, autant dans sa maison et dans les environs, tandis que le reste de cette nation était partagé dans toutes les maisons de nos habitants et jusque dans les ateliers de nos ouvriers, qui étaient dans les cyprières au-dessus et au-dessous des Natchez. Cette disposition faite, et l'heure venue, l'assassinat général de nos Français a été le signal de l'affaire, tant elle a été courte; une seule décharge l'ayant terminée, à l'exception de la maison du sieur la Loire des Ursins, dans laquelle il y avait huit hommes, dont six ont été tués, et dont les deux autres se sont sauvés, la nuit, sans que les sauvages aient pu les forcer pendant le jour. Le sieur la Loire des Ursins était monté à cheval lorsque l'attaque a commencé, et n'ayant pu rentrer dans sa maison, il s'est défendu jusqu'à la mort, ayant tué quatre sauvages; sa maison en a tué huit (1). Ainsi, il n'en a coûté que douze hommes aux Natchez, pour nous en détruire deux cent cinquante, par la faute de l'officier commandant, qui aurait mérité seul le mauvais sort que tous ces malheureux ont partagé avec lui. Il était facile pour lui, avec les armes et le monde qu'il avait, de faire retomber sur nos ennemis une perte qui a mis cette colonie à deux doigts de la sienne, comme on va le voir.

"Ces barbares, avant que d'entreprendre ce massacre, s'étaient assurés de plusieurs nègres, entr'autres de ceux de la Terre-Blanche, à la tête desquels étaient les deux commandeurs, qui firent entendre aux autres nègres qu'ils seraient libres avec les sauvages (ce qui a effectivement été pendant le temps qu'ils ont été avec eux),

---

(1) Ce malheur ne serait pas arrivé, si ce brave officier n'avait pas été destitué quelque temps auparavant.

1730. et que nos femmes et nos enfants seraient leurs esclaves. Ils leur firent aussi accroire que le même jour qu'ils nous détruiraient aux Natchez, les autres nations frapperaient dans tous les quartiers des Français. Ce qui se serait exécuté, si je n'avais détourné l'orage en appelant ici, au mois d'octobre dernier, les chefs Chactas que je savais être en pourparler avec nos voisins de l'Est, qui devaient entrer chez cette nation avec cent vingt chevaux chargés de marchandises, lesquelles devaient être la récompense de notre destruction. Ce dont il y a longtemps que nous sommes menacés dans cette province. On n'en regardait pas moins ceci comme un bruit de sauvages, qui sont ordinairement menteurs.

"Le même jour que j'appris la destruction du poste des Natchez, j'envoyai le sieur de Merveilleux, capitaine d'infanterie, dans une pirogue, avec un détachement, pour avertir tous nos habitants, des deux côtés du fleuve, de se tenir sur leurs gardes, et de se faire des redoutes de distance en distance, pour mettre leurs esclaves et leurs bestiaux à l'abri, en cas d'attaque.

"Ce qui a été promptement exécuté tant d'un côté que de l'autre côté du fleuve, de sorte qu'il ne manquerait plus que des hommes pour être en sûreté, les forts étant faits et en état de défense. J'ordonnai aussi au sieur de Merveilleux d'examiner de près les petites nations qui sont sur le fleuve, et de ne pas leur donner d'armes que je ne fusse sûr de leur fidélité. Je fis partir le même jour un courrier pour me porter une lettre aux Chactas, et avertir deux chefs de cette nation, qui étaient en chasse sur le lac Pontchartrain, de me venir parler.

"Le 3 décembre, il arriva une pirogue venant des Illinois, dans laquelle il y avait un Chactas qui demanda à l'interprète de me parler en particulier. Je le fis venir sur le champ. Après m'avoir fait son compliment, il me dit: *Je suis bien fâché de la mort de nos frères; je l'aurais même pu empêcher, si je n'avais regardé comme un mensonge ce que m'ont dit les Chickassas, lorsque j'étais* 1730. *en haut ; mais présentement je vois qu'ils ne m'ont pas menti ; c'est pourquoi, tiens-toi bien sur tes gardes. Ils m'ont donc dit, que les sauvages devaient donner sur tous les quartiers français et les assassiner tous ; que notre nation même était du complot. Ce qui m'avait fait regarder la chose comme fausse, par l'amitié que nous avons pour nos frères les Français. Ainsi, laisse-moi aller dans ma nation, que je voie ce qui s'y passe. Je porterai une lettre à l'officier français qui y est, et je rapporterai des nouvelles à la Mobile.* Ce qu'il a fait. Je n'eus pas plutôt quitté ce sauvage, que d'autres, des petites nations voisines, vinrent nous avertir que nous avions à craindre les Chactas, que l'on disait même avoir donné à la Mobile. Effectivement, nous avions eu un homme de tué et un de blessé dans la rivière de la Mobile, sans qu'on ait pu savoir par qui. Ces mauvaises nouvelles, que je cherchais à cacher, se répandirent aussi vite que la terreur. Ce fut alors que je vis avec grand chagrin qu'on était moins Français à la Louisiane qu'autre part. La peur avait si fort pris le dessus, que jusqu'aux Chaouachas, qui étaient une nation de trente hommes, au-dessous de la Nouvelle-Orléans, faisaient trembler nos habitants. Ce qui me fit prendre le parti de les faire détruire par nos nègres, ce qu'ils exécutèrent avec autant de promptitude que de secret. Cet exemple, fait par nos nègres, a tenu dans le respect les autres petites nations de dessus le fleuve. Si j'avais voulu me servir de nos nègres de bonne volonté, j'aurais détruit toutes ces petites nations qui ne nous sont d'aucune utilité, et qui peuvent au contraire porter nos nègres à la révolte, comme nous le voyons par l'exemple des Natchez. Mais j'avais des ménagements à garder, et, dans l'état où j'étais, je ne devais me fier qu'au peu de Français que j'avais. Ce qui me les fit tous assembler, pour armer ceux qui ne l'étaient pas. J'ai divisé ceux de la ville en

1730. quatre compagnies, qui forment environ cent cinquante hommes. A la tête de chacune, j'ai mis un conseiller et des employés pour officiers. J'ai aussi mis à la tête de celles que j'ai formées sur le fleuve les principaux habitants, et j'ai fait ensuite venir des nègres pour travailler, autour de notre ville, à un retranchement que je ferai continuer cet automne.

"Le 5, les avis que j'avais eus se confirmant de plus en plus, je pris le parti d'envoyer en France le St. Michel, qui était destiné pour le Cap, afin d'informer la cour et la compagnie de l'état où était la Louisiane, et afin de demander les secours dont nous avons besoin pour prévenir le malheur dont nous sommes menacés depuis si long-temps, et qui arrivera sûrement, si on ne met les postes en état de se défendre.

"Le même jour, il arriva ici trois nègres qui s'étaient sauvés des Natchez, et qui me confirmèrent les avis que j'avais, ayant entendu dire la même chose aux Natchez, et de plus, qu'ils devaient mener les nègres qui n'étaient pas de leur parti aux Chickassas, avec les femmes et les enfants français. Ils me racontèrent qu'ils avaient vu les têtes de nos officiers et employés rangées à part, et celles des habitants vis-à-vis.

"Le 7, il est venu ici un chef chactas, de ceux qui étaient en chasse de l'autre côté du lac, qui m'a dit qu'il avait envoyé ma lettre dans sa nation, et qu'il avait invité ceux qui étaient ennemis des Natchez à marcher. Il me recommanda de ne pas me servir des petites nations de dessus le fleuve, parce qu'il les soupçonnait. Je lui dis que je pensais comme lui, parce que ces petites nations croyaient que la sienne était du complot; que, soit qu'ils en fussent ou non, je me préparais à recevoir ceux qui viendraient, et que j'avais donné des ordres pour cela partout. J'étais bien aise de ne pas leur laisser ignorer que le secret était éventé, en cas qu'ils fussent de la conspiration.

"Le 8, j'ai envoyé le sieur Broutin, ingénieur, avec 1730. des ordres pour le sieur de Loubois, qui était à la Pointe-Coupée, à quarante lieues au-dessus de la Nouvelle-Orléans, avec un détachement de soldats et d'habitants. Je lui ordonnai de faire en sorte de savoir ce que faisaient les Natchez ; si les hangars et les maisons étaient brûlés, et un grand bateau qui y était lors du massacre ; de faire en sorte de ravoir les femmes françaises, leurs enfants et nos nègres, et d'enlever aux Natchez leurs pirogues.

"Le 1er janvier 1730, voyant que je ne recevais aucune nouvelle des Chactas, par l'officier qui était dans cette nation, je fis partir le sieur de Lassus, capitaine d'infanterie, pour se rendre aux Chactas par la Mobile, et voir par lui-même ce que nous devions espérer de cette nation.

"Le 4, j'appris que les Natchez avaient été chanter le calumet aux Chactas, ce qui me confirma que les avis qu'on m'avait donnés, de me méfier des Chactas, n'étaient que trop vrais.

"Le 8, le père Doutreleau, jésuite, venant des Illinois, est arrivé avec deux coups de fusil dans le bras, lequel m'a rapporté avoir été attaqué le premier jour de l'an, à l'entrée de la rivière des Yazoux, en disant la messe ; que les sauvages de cette nation lui avaient tué trois hommes, et que lui, troisième, s'était sauvé avec ses habits sacerdotaux. Ce qui nous a confirmé que le poste des Yazoux a été également détruit, quoique le chef de cette nation m'eût envoyé dire, après le massacre des Natchez, de ne pas m'inquiéter, parce qu'il allait avertir nos Français de dessus le fleuve, de se tenir sur leurs gardes, et parce qu'il allait défendre nos Français des Yazoux contre ceux qui viendraient les attaquer. Cette assurance ne m'avait pas empêché d'envoyer avertir par terre les Illinois par les deux côtés du fleuve. Pour plus de sûreté, voyant le risque où étaient les voyageurs, j'ai

1730. fait partir, le 15, une pirogue armée de vingt hommes de bonne volonté, dont six sont nègres, pour aller aux Illinois porter de la poudre, ramasser en chemin tous nos voyageurs, et les escorter ici. Depuis le 2 décembre, je n'apprends que des nouvelles plus désagréables les unes que les autres. On tue des Français partout, sans que l'un puisse secourir l'autre, puisque nous sommes également menacés, et que nous avons autant à craindre en voulant nous joindre qu'en restant dans nos postes. Ce qui m'a fait prendre le parti de garder le centre, et changer la résolution que j'avais prise de monter aux Natchez, si les Chactas nous étaient fidèles.

"Le 16, j'ai reçu une lettre du sieur Régis, qui est aux Chactas; il m'apprend qu'aussitôt qu'il leur a porté ma parole, ils ont fait le cri de mort, et sont partis, au nombre de sept cents guerriers, pour aller donner sur les Natchez; qu'un parti de cent cinquante hommes doit aller aux Yazoux pour arrêter les Natchez, ou les nègres qu'on pourrait conduire aux Chickassas. Voilà la première bonne nouvelle que nous ayons apprise depuis quarante-cinq jours.

"Le lendemain, j'ai reçu des lettres de M. de St. Denis, qui commande aux Natchitoches, et pour lequel nous craignions avec raison, puisqu'il y avait des sauvages de cette nation mêlés avec les Natchez, lors du massacre des Français. La vigilance de cet officier l'a garanti du malheur dont il était menacé.

"Le 26, j'ai envoyé M. Baron, dans mon canot, avec deux pièces de canon et des munitions de guerre, pour attendre aux Tunicas des nouvelles de la marche des Chactas.

"Le 28, le chef des Avoyelles m'a apporté une chevelure de Natchez; un Chactas, qui était monté par le fleuve, m'en a envoyé une autre. Cette bonne nouvelle a été corrigée par la perte de sept de nos gens, qui étaient allés en parti avec le sieur Mesplet, dont cinq ont été tués en se défendant. Les trois autres ont été pris, 1730. blessés de plusieurs coups. Ils en ont brûlé deux, tandis qu'ils nous envoyaient le troisième pour nous faire des propositions de paix, en nous demandant des marchandises et des otages, surtout de la poudre et des fusils. Le sieur Broutin était même venu me demander si je souhaitais qu'il fût en otage ; ce qui fait voir combien on connaît peu les sauvages de la Louisiane, qui ne veulent des otages que pour avoir la satisfaction de les brûler.

"Le 31 janvier, j'ai appris par M. de Loubois que, le 27, sept cents Chactas, à la tête desquels était le sieur Lesueur, avaient donné sur les Natchez, qu'ils en avaient tué une centaine, pris quinze ou vingt prisonniers et repris cinquante quatre de nos femmes et enfants avec cent de nos nègres. La défaite aurait été entière sans les nègres révoltés, qui empêchèrent les Chactas d'enterrer les poudres et qui avaient par leur résistance donné le temps aux Natchez d'entrer dans les deux forts. Les Chactas disent avoir été obligés d'attaquer plus tôt qu'ils ne l'avaient promis, dans la crainte que les Natchez ne se méfiassent d'eux. (1) Mais la véritable raison était pour avoir seuls le butin et ne pas le partager avec les petites nations. Ils croyaient, d'un autre côté, la défaite des Natchez plus facile, parce qu'ils ne s'attendaient pas à avoir affaire aux nègres. Après ce coup fait, les Chactas n'ont plus songé qu'à demander des marchandises et ont fait enrager M. de Loubois pour en avoir, n'ayant pas voulu renvoyer nos femmes et nos nègres avant d'avoir eu de ses marchandises. Du 12 de ce mois, que M. de Loubois est arrivé aux Natchez, on n'a ouvert la tranchée devant un des forts que le 20. Ces huit jours de vide causés par la mauvaise volonté

---

(1) Les Chactas avaient surpris les Natchez se livrant à toute espèce de réjouissances pour célébrer le massacre des Français. Ce combat eut lieu tout près du bayou Ste. Catherine.

1730. de nos soldats et de partie de nos autres Français, sont cause qu'on a manqué à détruire entièrement les Natchez et qu'on s'est contenté de retirer nos femmes et enfants et d'obliger nos ennemis de nous remettre tous nos nègres, avant que d'entrer dans aucun pourparler. La situation où ils étaient fait voir clairement qu'ils ne pouvaient pas tenir encore deux jours. Mais nos Français étaient intimidés d'une sortie qu'avaient faite les Natchez, le 25 au soir, lesquels avaient attaqué nos trois postes à la fois, pour faire voir qu'ils étaient encore en état de tenir. Si notre tranchée n'eût pas fui sans tirer un seul coup de fusil, la destruction des Natchez était certaine. Elle n'eut même été retardée que de quelques jours, si les Chactas ne se fussent impatientés. Ce qui obligea M. de Loubois de dire aux deux Natchez, qui étaient venus au camp demander grace, qu'il leur accordait la vie parce que nos femmes françaises, qu'ils venaient de rendre, l'en avaient prié. Ainsi s'est terminé le siège des Natchez, après six jours de tranchée ouverte et dix jours de canonnade.

"Plusieurs choses ont empêché la prise des Natchez. La première, la faiblesse de nos troupes, qui ne valaient rien. La seconde, le fort soupçon où l'on était que les Chactas devaient nous trahir. Ce qui n'était pas sans fondement, puisque les Natchez leur ont reproché mille fois leur perfidie pendant le siège, en nous racontant les circonstances de la conspiration générale, et nous menaçant que les Anglais et les Chickassas venaient pour les délivrer. Tous ces discours, peu propres à encourager des gens qui ont peu vu, ont forcé M. de Loubois, qui a servi avec beaucoup de valeur et de distinction, à se contenter de nos femmes, enfants et nègres. Ce qui était les deux points essentiels. Il a fait faire un fort sur le bord du fleuve, en attendant que nous soyons en état de pousser plus vivement nos ennemis. Nous avons perdu quinze hommes dans ce siège et dans les détachements. M. d'Artaguette a servi dans cette 1730. occasion avec toute la valeur imaginable. Tous les habitants ont servi aussi avec distinction, ayant à leur tête Messieurs d'Arensbourg et de Laye. Les nègres, au nombre de quinze, auxquels on avait permis de prendre les armes, ont fait des actions d'une valeur surprenante. Si ces soldats n'eussent pas été si chers et si nécessaires à la colonie, il eut été plus sûr de s'en servir que des nôtres, qui semblent être faits exprès pour la colonie, tant ils sont mauvais.

"Je viens d'apprendre, ce 11 du mois de mars, que les Natchez ont abandonné leurs deux forts et leur terrain. Ils ont passé de l'autre côté du fleuve, sur la terre nommée les Ouachitas. On me marque que le chef des Tunicas est parti avec cinquante hommes pour faire coup sur eux et les observer.

Tous ces malheurs ne seraient point arrivés, si on m'avait écouté quand je demandais des troupes. Le massacre des Natchez et des Yazoux n'aurait point eu lieu. Il est vrai que les Français se sont laissés surprendre. Mais nos postes sont incapables de tenir longtemps. Quelques pieux rassemblés, dont les deux tiers sont toujours pourris, forment les forts. Ils sont d'ailleurs tels que l'exige l'économie commandée par la compagnie, à l'exception du fort Condé de la Mobile, auquel on travaille, et qui sera de maçonnerie. Pour moi, j'ai profité de la peur qu'ont eue nos habitants, pour faire faire l'enceinte de la Nouvelle-Orléans. Cet ouvrage sera fini dans un an. La même raison m'a servi pour faire huit forts ou redoutes depuis les Tunicas jusqu'ici, outre que chacun s'est fait un petit réduit sur son habitation, pour éviter un coup de main. Il ne fallait rien moins que cela pour engager nos habitants, à se tenir sur leurs gardes, tant était grande leur confiance dans les sauvages. Il y a bien des gens qui ont assuré la compagnie qu'il ne fallait ni troupes pour con-

1730. tenir les sauvages ni prisons pour les garder, et qui sont maintenant les plus effrayés.

"Il faut des troupes indispensablement, surtout à présent que le branle est donné. Les Anglais ne se lassent pas d'agir, et ce n'est pas d'aujourd'hui seulement. Il est seulement étonnant qu'ils n'aient pas réussi plus tôt. Il n'a pas dépendu d'eux que le coup ne fût général. Sans ma prévoyance à m'apercevoir du mécontentement des Chactas et à le dissiper à temps, nous aurions tous été massacrés, car toutes les petites nations autour de nous étaient du complot et n'attendaient qu'un signe des Chactas ; et ce signe, ils allaient le donner, lorsque j'ai fait venir les chefs.

"Le plus prudent eut été, n'ayant presque pas de forces, de dissimuler et d'attendre l'occasion et des troupes de France pour nous venger. Mais la peur était si grande et allait si fort en croissant, qu'il a fallu nous exposer à sacrifier quelques centaines d'hommes pour remonter le moral de la colonie. Heureusement que ce sacrifice n'a pas été nécessaire. Je ne comptais que faire peur, et j'ai fait peur et mal, &c., &c. . . . .
. . . .

"D'aileurs, les Natchez ne sont pas nos plus grands ennemis, mais bien les Chickassas, qui sont entièrement dévoués aux Anglais et qui ont conduit toute l'intrigue de la conspiration générale, quoiqu'ils soient en paix avec nous. Je n'ai pas voulu engager les Chactas à leur faire la guerre, quoiqu'ils ne demandent pas mieux, jusqu'à ce que j'aie reçu des secours de France. Les Chactas sont si intéressés, qu'il en coûterait beaucoup pour leur faire faire une démarche qu'ils feront d'eux-mêmes plus tard, par la jalousie qu'ils ont les uns des autres. La présente guerre m'a fait voir que, pour être sûr de l'appui des sauvages, il faut pouvoir se passer d'eux. Vouloir les entretenir tous en paix est une mauvaise politique, ainsi que le prouve la dernière affaire. Car les Chactas ont toujours voulu détruire les Natchez, et 1730. c'est nous qui les en avons empêchés. Il est venu de là que les Chactas ont conseillé aux Natchez de donner sur nous, étant assurés que nous nous servirions d'eux pour nous venger. Ce qui est arrivé en effet. Ils ont eu nos marchandises, celles des Natchez, et, de plus, la satisfaction de se venger. Ce fait est constant. Les Natchez l'ont reproché publiquement aux Chactas, et ces derniers s'en sont vantés aux petites nations."

On voit qu'en fait de politique machiavélique, les Chactas en savaient tout autant que les nations les plus civilisées.

Le sieur Baron qui, par lettres-patentes du 1er juillet 1727, avait été envoyé à la Louisiane pour faire des observations sur la situation de la colonie, et dont le gouverneur Périer parle dans la dépêche précédente, envoya aussi au gouvernement français, par une dépêche du 10 avril, un récit détaillé de la campagne des Natchez.

Baron au Ministre.

"Depuis que nous eûmes appris, Monseigneur, la nouvelle du massacre de nos habitants des Natchez, nous fûmes incertains sur les dispositions des Chactas, jusqu'à ce que nous reçûmes des lettres de l'officier que M. Périer venait d'établir parmi eux. Les nouvelles ayant été favorables, je demandai d'aller joindre notre petite armée qui était allée donner sur les Natchez. Les travaux que nous avions entrepris autour de la Nouvelle-Orléans étaient en train, de sorte que je n'étais plus désormais aussi nécessaire, et j'eusse cru manquer à la faveur dont vous m'honorez, si je n'avais profité de l'occasion qui se présentait, de faire voir que je suis bon à quelque chose dans ce genre.

"Je partis donc de la Nouvelle-Orléans, le soir du 20 janvier, accompagné de M. de Chambellan, un fils de

1730. Mme Périer, mon élève, et d'un jésuite, car notre armée n'avait point d'aumônier.

"Je joignis nos gens aux Tunicas, le 1er février, et nous arrivâmes ensemble aux Natchez. Vous avez ici, Monseigneur, le journal de cette affaire, et une carte que j'ai levée, par estime, de notre camp, de nos travaux, des forts des Natchez et des environs. Par ma dernière lettre, je vous ai dit le triste état où se trouve M. Périer dans ce poste. Ce que j'ai vu me fait enchérir infiniment au désavantage du soldat et de l'officier.

"Les sauvages, nos alliés, sont les plus grands poltrons et les plus indolents coquins qu'on puisse voir, et nous ne devons compter sur eux que comme l'on compte en France sur les housards, pour poursuivre les fuyards dans le bois et dans les cannes.

"Il n'est point douteux que ce ne soient les Anglais qui, par les Chickassas, aient porté les Natchez à frapper sur nous. Les Anglais voient la beauté et la fertilité de nos terres. Ils voient la manière dont nous sommes portés à l'égard de l'Espagnol, et la superbe colonie qui se prépare, si nous établissons le long du fleuve. Il y a déjà du temps qu'ils sèment leurs marchandises chez les nations auxquelles nous n'en donnons que chichement, et ils ont fait un fort chez les Chickassas, pour être en état de s'établir sur le fleuve, dès que les Français y auront été détruits.

"Quoique tout soit ici en guerre, je n'ai point laissé, Monseigneur, que de songer aussi à ce qui pourrait nous faciliter un commerce aisé avec nos voisins. J'ai fait descendre un homme, qui ignore mon dessein, dans l'ouest du golfe, par la rivière de Plaquemines On travaille de même à La Fourche. J'ai mes mémoires encore brouillés là-dessus. J'en ai seulement parlé à M. Périer, n'ayant eu le temps de les lui communiquer. Il est à propos, pour cette colonie, de tenir dans le fleuve quatre galères, dont deux aillent et viennent continuellement aux Illinois, tant pour escorter les convois que pour couvrir les voyageurs, et que les deux autres soient toujours prêtes à aller. De cette manière, on ôtera aux Anglais toute espérance d'y faire d'établissement.

1730.

"Les bois de construction sont ici magnifiques, et comme l'armement des galères en nègres coûterait trop à la colonie, il est à propos, Monseigneur, que vous lui procuriez le secours de deux cents forçats pour chaque galère, avec défense de s'en servir à autre chose qu'au service des rames et à la culture de leurs vivres. Cela épargnera au roi la nourriture de ces misérables, et mettra les habitants de cette colonie, sur le fleuve, à l'abri de toute insulte."

A cette lettre était annexé le journal suivant:

"20 janvier.—Je suis parti à soleil couché de la Nouvelle-Orléans.

"1er février.—Arrivé aux Tunicas, soixante lieues au-dessus de la Nouvelle-Orléans.

"2 février.—Le soir, parti avec l'armée.

"8 février.—Au matin, nous sommes arrivés avec la moitié de l'armée, et descendus de l'autre côté du fleuve, vis-à-vis le débarquement des Natchez. Il a été fait un détachement de trente hommes, avec un capitaine, pour aller reconnaître le débarquement. Les Chactas, nos alliés, étaient déjà arrivés, le 27 janvier, et avaient frappé sur les Natchez. Ils sont venus parler à nos gens. Nous avons passé le fleuve, et campé avec eux à Ste. Catherine, une lieue dans les terres, tirant vers les forts où les Natchez sont campés. Les Chactas avaient promis de nous céder leur camp, pour aller, disaient-ils, investir les forts des Natchez la même nuit. Ils n'ont pourtant pas fait mine de bouger de leur camp. Il a plu toute la nuit.

"9 février.—Nous avons quitté les Chactas, et campé à cinquante toises au-dessus, du côté du fleuve. Les Chactas nous ont demandé un détachement de dix hom-

1730. mes, pour les soutenir dans l'exécution du projet qu'ils avaient fait d'enlever le grand chef des Natchez, en parlementant avec lui. Un Chactas, reconnaissant dans la troupe des Natchez qui étaient venus dans la prairie parler au grand chef chactas, un Natchez qui avait autrefois tué un de ses parents, lui tira dessus. Les Natchez ont riposté. Le détachement de nos gens était au lieu marqué A. (Voir le plan.) Nous sommes accourus au bruit de la mousqueterie. Nous sommes allés en B, nous épaulant de la butte. J'y suis monté pour reconnaître les forts et projeter l'attaque. Le détachement de nos gens est venu à nous, ayant perdu un homme.

"Nous nous sommes retirés après avoir escarmouché tout le matin. Arrivée du reste de notre armée et de deux pièces de canon.

"De retour dans notre camp, nous avons trouvé le grand chef des Chactas soûl dans notre tente. J'ai été au débarquement avec un détachement, pour amener le canon et les munitions de guerre.

"12 février.—J'ai été avec le convoi joindre nos troupes, qui escarmouchaient avec les Natchez, lesquels nous ont rendu un soleil d'argent. Il a plu toute la nuit.

"13 février.—On a parlementé sans rien conclure. J'ai été avec un officier et un détachement reconnaître le temple. Nous y avons fait un retranchement autour de la butte, y avons amené le canon, et campé à l'entrée de la nuit.

14 février.—A la pointe du jour, nous avons tiré quelques volées de canon sur les forts, qui ont fait grand feu sur nous. Nous avons porté notre canon à la butte marquée B. Nous y avons fait un retranchement; nous y avons perdu du monde. Sur la nuit, j'ai fait pointer les deux pièces, chargées à mitraille, sur les cannes. Dans la nuit, les Natchez sont venus, par les cannes, nous attaquer au temple, qu'ils voulaient brûler. Nous

avons fait grand feu sur eux et l'on a tiré du canon qui 1730. les a fait retirer.

"15, 19 février.—Du 15 au 19, on a parlementé quelquefois avec les Natchez. On a sauvé quelques femmes et l'on s'est préparé, en faisant des gabions, à l'attaque en forme. Il est arrivé un renfort de quatre pièces de canon. Dans la nuit, la tranchée a été ouverte.

"20, 21 février.—On a continué la sape. Nous avons perdu du monde.

"22 février.—Encore la sape. Sur les quatre heures du soir, les Natchez nous ont attaqués. Environ deux cents hommes ont coulé dans les cannes et cent sont sortis à découvert du fort de la Valeur. Ceux-ci sont venus à la tête de la tranchée, ont renversé les mantelets, sont entrés jusqu'à la dernière traverse, ont emporté des fusils, couvertes de laine et pelles, et les autres ont attaqué à la fois le temple et la batterie. On leur a répondu d'un feu de mousqueterie et de canon. Après trois quarts d'heure ou environ, ils se sont retirés du pré et des cannes avec perte, et nous avons été reprendre la tranchée. Les Chactas nous ont secourus à propos. Nous n'avons eu personne de blessé. Nous avons raccommodé, la nuit, ce que les Natchez avaient gâté.

"23 février.—Les sauvages alliés sont venus nous dire qu'ils voulaient se retirer. Nous avons été forcés de faire une batterie à 84 toises du fort. Nous avons mis trois pièces de quatre en batterie, et nous avons poussé un bout de tranchée, quinze toises au-delà, où nous avons disposé deux mantelets en faîte à la traverse. A côté, l'on a mis, dans la nuit, une pièce de canon chargée à mitraille. Les Natchez ont demandé à parler, à la pointe du jour. Ils ont offert de nous rendre les enfants, les femmes et les nègres, mais ils voulaient que nous retirâssions nos canons.

"Auparavant, ils nous avaient envoyé une femme

1730. qu'ils voulaient maintenant ravoir. Nous avons tiré sur le fort de la Valeur. Ils ont fait sur nous un feu très vif. Ils ont blessé à la batterie le canonnier et trois hommes qui servaient la batterie. Nous avons couvert de notre mieux cette batterie, et l'on y a été en sûreté. Le canonnier est revenu après avoir été pansé, mais on n'a point trouvé de soldats pour servir le canon. Notre feu si lent, celui de l'ennemi si vif, le peu de balles et de poudre que nous avions, nous a fait déterminer, puisque tous les sauvages nous abandonnaient, à nous retirer au bord du fleuve. Je suis parti avec deux ingénieurs pour reconnaître l'endroit où l'on se retirerait. Nous avons fait le rapport, le soir. Dans cet intervalle, le commandant a fait cesser de tirer. Il a recommencé à parlementer avec le fort de la Farine, qui n'avait pas ôté son pavillon blanc, malgré notre feu. On a renvoyé tout au lendemain.

"24 février.—Le matin, nous avons retiré tout notre canon. Les Natchez nous ont rendu toutes les femmes, tous les enfants et tous les nègres qu'ils avaient à nous. J'ai été coucher au bord de l'eau. J'ai fait lier deux nègres, de ceux qui avaient servi les Natchez et tiré sur nous. Comme j'en voulais faire lier un troisième, il s'est mis un couteau dans la bouche et s'est jeté à l'eau. Ne pouvant le faire prendre, et voyant qu'il allait se sauver, je lui ai fait tirer dessus, et il a été tué. Je suis arrivé à la Nouvelle-Orléans, le 2 mars après midi."

Une dépêche de Diron D'Artaguette confirme la manière honteuse dont cette expédition fut conduite. En voici un extrait:

DEPECHE DE DIRON D'ARTAGUETTE.

"Le 17 décembre, M. de Loubois, major (1) de la Nouvelle-Orléans, auquel M. Périer avait donné le com-

---

(1) Ce nom est écrit de différentes manières dans les manuscrits: Loubois, Louboye et Louboey.

mandement de l'expédition, se rendit aux Tunicas avec 1730. vingt-cinq soldats de renfort, mais il laissa s'écouler vingt-huit jours sans rien entreprendre contre les Natchez, au lieu de faire marcher rapidement les Français pour donner avec les Chactas sur les Natchez et empêcher qu'ils ne se fortifiassent.

"Le sieur de Loubois ne partit des Tunicas qu'après avoir eu des nouvelles de l'attaque des Chactas contre les Natchez, et ne se rendit que le 8 février aux Natchez, avec deux cents hommes et quatre pièces de canon, de deux et de quatre livres.

"Le 12, les canons furent menés devant un des deux forts sauvages.

"Le 13, on chercha à composer avec les Natchez sans rien conclure.

"Le 14, on fit canonner les forts à deux cent quatre-vingts toises, pendant six heures, sans avoir pu abattre un seul pieu. Ce qui déconcerta et découragea entièrement les Chactas à qui on avait fait entendre que la brèche serait faite en moins de deux heures.

"Le 15, il fut envoyé de notre part un interprète avec un pavillon pour sommer les forts de se rendre, lequel fut renvoyé à grands coups de fusil ; ce qui lui fit abandonner son pavillon, qu'un jeune soldat fut chercher sous le feu de la mousqueterie. Ce soldat fut fait sergent pour sa récompense.

"Le même jour, les assiégés firent une sortie dans le dessein de surprendre le sieur de Loubois, qui logeait dans leur temple, laquelle sortie n'eut pas de réussite.

"Le 16, 17, 18 et 19, on *consulta* pour *savoir* si l'on ouvrirait la tranchée. La nuit du 19 au 20, elle fut ouverte à deux cent quatre-vingts toises du fort.

"Le 21, on continua à canonner. Le 22, à deux heures après midi, l'ennemi fit une sortie avec trois cents hommes et attaqua par trois endroits différents. Il sur-

1730. prit un poste dans la tranchée, où il y avait trente hommes et deux officiers qui prirent la fuite.

"Le sieur D'Artaguette (1), capitaine, y accourut avec cinq hommes seulement et rétablit la tranchée. Il n'y eut qu'un Français de tué dans cette occasion.

"Le même jour, M. de Loubois commanda quarante soldats, quarante sauvages, avec quelques nègres libres, pour emporter, le lendemain 23, l'un des forts d'assaut, suivant l'avis de la plupart des officiers, mais cela ne fut pas exécuté.

"Le 24, on forma une batterie de quatre pièces du calibre de quatre livres, à cent quatre-vingts toises. On fit menacer les Natchez de les réduire en cendres, s'ils ne rendaient nos femmes françaises, enfants et nègres. Ce qui les obligea à envoyer pour parlementer la femme du sieur des Noyers qu'ils avaient prise avec les autres et laquelle on garda, quoiqu'ils la demandassent avec instance pour avoir une réponse.

"Le 25, le fort, nommé la Farine, arbora un pavillon. Les Chactas, ennuyés de cette manœuvre, haranguèrent les Natchez, et Alibamon Mengo (2), portant la parole, leur dit : *Vous souvient-il ou avez-vous jamais ouï-dire que les sauvages se soient tenus en si grand nombre pendant deux mois devant des forts ? Vous pouvez juger par là de notre zèle et de notre attachement pour les Français. Il est donc inutile à vous autres, qui n'êtes qu'une poignée de monde auprès de notre nation, de vous obstiner davantage à ne pas vouloir rendre les femmes, enfants et nègres que vous avez aux Français, lesquels ont assez de bonté, comme vous voyez, pour vous ménager, après la trahison que vous leur avez faite.* Il ajouta que les Chactas s'établiraient là où ils étaient, afin de tenir les Natchez bloqués à mourir de faim, plutôt que de lâcher

---

(1) C'était un parent du commissaire-ordonnateur Diron d'Artaguette, auteur de la dépêche.

(2) C'était un des plus fameux chefs des Chactas.

prise. Ce discours fit son effet. Les Natchez remirent 1730. aux Chactas le reste des femmes, enfants et nègres, à condition que les assiégeants se retireraient au bord du fleuve avec leurs canons. Ce qu'on fit le 26 février.

"La nuit du 28 au 29, les Natchez s'échappèrent de leurs forts, sans être poursuivis, ayant trouvé le secret d'amuser les Français.

"Il y eut, dans le siége, huit personnes tant tuées que blessées.

"J'aurais été charmé, Monseigneur, si M. Périer eût consenti à me laisser aller aux Natchez (1), comme il me l'avait promis, parce que j'aurais été suivi d'un bon nombre d'habitants, et d'une bien plus grande quantité de sauvages, avec lesquels les apparences étaient que j'eusse forcé les Natchez, et mis fin aux embarras que cette nation nous causera par la suite."

Lorsque toutes les forces de M. de Loubois furent réunies, elles s'étaient trouvées composées d'environ six cents Français et de six à sept cents Indiens. Quoique appuyée par plusieurs pièces d'artillerie, cette expédition, toute considérable qu'elle était, échoua devant les misérables petits forts où s'étaient réfugiés les sauvages. Après six jours de tranchée ouverte, et dix jours de canonnade, les Français ne réussirent pas à abattre un seul des pieux qui composaient ce qu'on appelait un fort. Il fallait réellement, comme le dit le gouverneur Périer dans sa dépêche du 18 mars, que les soldats ne valussent rien, et qu'ils méritassent, en effet d'être classés, ainsi qu'ils le furent dans cette dépêche, bien au-dessous des nègres, qui du moins avaient montré du courage. On se rappelle que le gouverneur Périer avait dit : "*Si ces soldats (les noirs) n'eussent pas été si chers et si nécessaires à la colonie, il eut été plus sage de s'en servir que des nôtres, qui semblent faits exprès pour la colo-*

---

(1) Il était alors à la Mobile.

1730. *nie, tant ils sont mauvais."* Les Chactas sont, bien certainement, ceux qui, avec les nègres, se distinguèrent le plus dans cette guerre. Ils arrivèrent les premiers en face des Natchez, les surprirent, et, les attaquant avec fureur avant qu'ils n'eussent eu le temps de se réfugier dans leurs forts, ils délivrèrent deux hommes, cinquante et une femmes, un grand nombre d'enfants et cent nègres !

Le 1er d'avril, la dépêche du gouverneur Périer, du 18 mars, fut suivie d'une autre, dans laquelle il disait au ministre :

"J'ai reçu, Monseigneur, toutes les lettres dont Votre Grandeur m'a honoré, par l'Alexandre et par la Baleine, qui sont les deux derniers vaisseaux arrivés. Ils ne pouvaient venir dans une conjoncture plus nécessaire ni plus favorable. Sans ce secours, il m'eût été impossible de faire faire aux sauvages et aux Français le mouvement qu'ils ont fait. Par conséquent, nos femmes, nos enfants, et les nègres, que les Natchez avaient pris, y seraient encore, ce qui eût été non seulement ignominieux pour la nation, mais encore capable de nous faire perdre toute la colonie, parce que la conspiration générale aurait eu tout son effet, au lieu qu'ayant coupé le chemin, comme nous avons fait, aux alliés des Natchez, la plupart ont changé de sentiments, en voyant les mouvements des Chactas en notre faveur. Ce mouvement a coûté assez considérablement, tant en vivres qu'en marchandises, pour faire voir la nécessité qu'il y a d'avoir ici plus de troupes et de colons, si on veut soutenir les plantations, qui seront sans cela toujours exposées. C'est une charlatanerie de ceux qui ont eu ici le commandement, de dire qu'il n'y a qu'à connaître les sauvages, et en être aimé, pour leur faire faire ce qu'on veut. On est assuré d'en être aimé, tant qu'on leur donnera ce qu'ils voudront ; et à mesure qu'ils sentent que nous avons besoin d'eux, ils augmentent et multiplient leurs nécessités, de façon que les Anglais et nous sommes les 1730. dupes de ces sauvages, qui le sont moins que nous dans cette occasion. J'assure à Votre Grandeur que ce ne sera qu'après avoir donné sur les'oreilles des sauvages qu'on les rendra tels qu'ils doivent être. On a laissé croître leur insolence à un tel point, que beaucoup nous méprisent comme gens qui ne sont point faits pour la guerre, tandis qu'eux sont les gens du monde les moins propres à la soutenir. Leur avantage sur nous est le nombre, et l'idée qu'ils ont que nous sommes de bonnes gens. Il faut nécessairement les convaincre que nous sommes mauvaises têtes, et ne voulons rien souffrir. Il ne faut pas des armées pour les détruire. Il ne faut que des partis de trente et cinquante hommes, ou seuls, ou à la tête des sauvages qui nous sont attachés. C'est ce qu'on a manqué de faire lorsque nous avons eu la guerre. Je supplie Votre Grandeur d'être persuadée qu'aucune envie de faire la guerre ne me fait tenir ce langage. C'est l'honneur de la nation et l'intérêt du pays qui m'y portent. Je n'ai d'autre but ni d'autres raisons que celles-là, quoiqu'on en puisse dire.

"J'avais envoyé, il y a sept mois, des sauvages de nos voisins, pour tâcher de m'amener de ceux qu'on m'avait dit être entre les Espagnols et nous. Il m'est venu un chef attakapas, avec une demi-douzaine de ses gens. Ce sont des antropophages, qui m'ont dit qu'ils ne demandaient pas mieux que d'être de nos amis et de faire commerce avec nous. Je leur demandai s'ils connaissaient les Espagnols. Ils m'ont dit que oui ; qu'il n'y avait qu'une nation, avec laquelle ils étaient en guerre, qui les séparait, et qu'ils connaissaient le Mexique, dont ils n'étaient qu'à quinze journées de marche. Ils doivent me venir revoir dans deux mois. Après quoi, ils iront donner sur les Natchez qui sont passés de l'autre côté du fleuve. J'ai profité de leur bonne volonté, et je souhaite qu'ils réussissent comme ils me l'ont promis. Je

264   [CHAP. XI.

1730. crois que ces sauvages sont ceux de la baie de St. Bernard, parce qu'ils m'ont dit qu'ils étaient sur une rivière qui sortait à la mer. Aussitôt que je le pourrai, j'enverrai par terre reconnaître cette terre, d'où, à ce que m'a dit ce sauvage, on peut tirer beaucoup de chevaux, du suif en quantité, ainsi que des peaux de bœufs et de chevreuils, si on veut acheter. C'est par le moyen de ces nations qu'on pourra peu à peu établir le commerce par terre avec les Espagnols, sans faire de forts ni d'établissements le long de la côte, pour ôter tout ombrage aux Mexicains, qui se trouvent très heureux de nous avoir ici pour leur servir de barrière. Sans quoi, les Anglais seraient déjà dans le Mexique, et auraient soulevé les Indiens, qui sont toujours prêts quand il s'agit de faire la guerre aux Espagnols, qui sont bien persuadés que nous ne voulons d'autre terrain que celui de notre fleuve, lequel mérite effectivement d'être préféré à tout autre pour la commodité qu'il procure, tant pour le commerce que pour la défense de cette colonie. Lorsqu'on sera fort sur le fleuve, on n'aura rien à craindre des ennemis éloignés, et les voisins seront promptement châtiés, lorsqu'ils s'échapperont. Je compte même qu'avant un an, nous n'aurons plus d'autres nations sauvages sur le fleuve, du bas du fleuve aux Natchez, que les Tunicas, qui nous ont été jusqu'à présent attachés. Les Chactas ont engagé les petites nations à se retirer près d'eux, en leur disant que s'ils ne prenaient pas ce parti, nous serions obligés de les détruire, et surtout les Bayagoulas et les Colapissas, qui ont été de la conspiration générale, quoiqu'ils nous ayent des obligations, et qu'ils soient très près de nous.

"M. de la Chaise, qui était chargé comme moi de l'inspection du commerce étranger, étant mort, je supplie Votre Grandeur d'en nommer un autre, etc."

Le 10 du même mois, le gouverneur Périer écrivit une autre dépêche, dans laquelle il revient sur la lâcheté des troupes et ajoute: d'ailleurs, les habitants en 1730. général, et *les créoles en particulier*, se sont bravement conduits partout. Les officiers ont fait leur devoir, surtout M. de Loubois et M. d'Artaguette, sauf cependant Messieurs Renault d'Hauterive, de Mouy et de Villainville."

Ce d'Artaguette, dont il est ici question, était un jeune officier plein de valeur et neveu de Diron d'Artaguette, le commissaire-ordonnateur. Il eut plus tard une fin malheureuse.

Le 1er d'août, M. Périer écrivit au sujet des Indiens: "ceux d'entr'eux qui étaient entrés dans la conspiration générale sont revenus à nous, depuis qu'ils ont vu qu'elle n'a pas complètement réussi, et ils nous aident journellement à harceler les Natchez qui ont quitté leurs villages et se sont enfoncés dans les terres, de l'autre côté du fleuve. Depuis leur translation, j'en ai fait tuer ou prendre une cinquantaine. J'ai brûlé ici, dernièrement, quatre hommes et deux femmes, et j'ai envoyé les autres à St.-Domingue.

"J'ai envoyé deux cent cinquante sauvages, des petites nations, bloquer les Natchez, en attendant de recevoir des troupes de France."

On voit que le gouverneur Périer était aussi sauvage que les sauvages eux-mêmes. La compagnie lui avait écrit qu'elle approuvait toutes ses vues relativement aux Indiens, aux Anglais et aux Espagnols, en lui recommandant de secourir ces derniers *partout et toujours*, et de combattre les Anglais de même, seulement de le faire indirectement, afin de ne pas se commettre et donner lieu à une rupture formelle. Il faut espérer qu'à la réception de la dépêche du 1er d'août, la compagnie n'écrivit plus au gouverneur Périer qu'elle approuvait sa conduite envers les sauvages. Mais on ne trouve nulle part aucune trace de sa désapprobation, au sujet de l'autodafé qu'il s'était permis.

1730. Les habitants de la Nouvelle-Orléans s'étaient empressés d'offrir un asile aux femmes et aux enfants qui avaient échappé au tomahauk des Natchez. Les Ursulines reçurent dans leur sein une partie de ces malheureux orphelins, et la charité de plusieurs familles riches se chargea de pourvoir aux besoins des autres.

Les Chickassas, à leur tour, avaient offert un asile à la nation des Natchez, et cet asile avait été accepté par un grand nombre d'entre eux. S'étant ainsi montrés favorables aux ennemis des Français, les Chickassas cherchèrent à se prémunir contre leur vengeance, en envoyant des émissaires parmi les nations Indiennes, pour les soulever contre les blancs. Il y eut même un projet d'insurrection parmi les noirs, surtout parmi ceux que l'on avait employés pour massacrer les Chaouachas, et qui pensèrent qu'ils auraient aussi bon marché des Français. Heureusement que le complot fut découvert. Les chefs furent pendus et la tranquillité, rétablie.

Le 10 août, un frère du gouverneur Périer, nommé Salvert, arriva de France avec un faible renfort, de sorte que la colonie comptait, à cette époque, de mille à douze cents hommes de troupes de ligne et à peu près huit cents miliciens. Ce qui aurait présenté un effectif assez considérable, si on avait pu concentrer ces forces, mais ce qui ne suffisait pas pour la protection et la défense d'un pays aussi étendu.

En récompense de sa conduite dans l'expédition contre les Natchez, M. de Loubois fut nommé major de la Nouvelle-Orléans, et le commandement général des troupes de la Louisiane fut remis au baron de Cresnay, qui était soumis cependant aux ordres du gouverneur Périer.

Voici quel était alors l'état des officiers en service à la Louisiane :

    Le chevalier de Loubois.
    Le baron de Cresnay.

D'Artaguette. 1730.
De Beauchamp.
De Bessan.
De St. Denis.
De Gauvrit.
De Pradel.
Marchand de Courcelles.
Renault D'Hauterive.
De Lusser.
Le chevalier de St. Julien.
Petit de Lieulliers.
Simare de Bellisle.
Marin de la Tour.
De Grand-Pré.
Le chevalier D'Herneville.
De L'Angloiserie.
De St. Ange.
Le chevalier D'Arensbourg.
De Labuissonnière.
De Coulanges.
Le chevalier de Noyan.

CHAPITRE XII.

FUITE DES NATCHEZ.—ILS S'INCORPORENT À LA NATION DES CHIC-
KASSAS.—DERNIÈRE EXPÉDITION DES FRANÇAIS CONTRE LES NAT-
CHEZ.—LA COMPAGNIE DES INDES REMET AU ROI LA CHARTE
QUI LUI CONCÉDAIT LA LOUISIANE.

1731. L'expédition contre les Natchez, pour les punir du massacre des Français, avait été, comme on l'a vu, presque infructueuse. On avait, il est vrai, obtenu la reddition des femmes, des enfants et de la plupart des nègres, mais on n'avait réellement obtenu aucune réparation de la part des Natchez. Ils n'avaient pas été punis. Au contraire, après avoir résisté avec courage et succès aux troupes combinées des Français et des Chactas et après les avoir forcées à la retraite, ils avaient eux-mêmes abandonné les forts où ils s'étaient si bravement défendus, et avaient été s'incorporer à la puissante nation des Chickassas, leurs alliés. C'était donc à ces deux nations fondues en une seule, qu'il fallait maintenant faire la guerre. Les résultats du mauvais succès de l'expédition prenaient tous les jours plus de gravité. M. Diron D'Artaguette dit, à ce sujet, dans une dépêche du 10 janvier 1731 :

"On peut dire maintenant que c'est de la faute de 1731. M. Périer, si les Natchez n'ont pas été détruits du premier coup. Car les Chactas, s'étaient rendus le 22 février, jour assigné, à dix-huit lieues de l'ennemi. Il ne s'y trouva aucun Français pour les seconder dans une occasion si favorable. Les Natchez étaient tous hors de leurs forts à se divertir. Ce qui obligea les Chactas, après qu'ils eurent appris de leurs coureurs qu'il n'y avait point de Français, le long du fleuve, de profiter d'un moment si avantageux. Ils coururent sus, le 27. Il y eut soixante Natchez de tués, et dix-huit faits prisonniers.

"Il aurait suffi de trente hommes disciplinés pour empêcher les Natchez de rentrer dans leurs forts, et si cela eût eu lieu, les Chactas n'en auraient pas manqué un seul. Mais M. de Loubois ne parut que onze jours après. Il était resté, avec toutes les troupes, à trente lieues de l'ennemi, aux Tunicas, où il se retranchait pour observer les mouvements des Chactas, dans la fausse idée d'une conspiration générale, qu'il était de l'intérêt de M. Périer de faire accroire, pour couvrir les raisons qui ont porté les Natchez à se soulever. Il resta lui-même à la Nouvelle-Orléans, sous ce prétexte. Ce qui donna à nos alliés une très-mauvaise opinion de notre bravoure.

"Le 8 de mars, les deux forts furent assiégés, et l'on s'y prit de façon que nos troupes essuyassent le feu de l'un et de l'autre. On avait promis aux sauvages d'ouvrir la brèche au bout de deux jours que le canon serait placé. Mais on le mit d'abord trop loin, et ensuite on l'avança jusqu'à la portée des balles, de sorte que personne n'osait y mettre le feu. Ce qui acheva de nous faire mépriser. Les Chactas mêmes insultaient les Français, murmurant de l'absence de M. Périer. Il m'a été rapporté qu'ils me réclamèrent plusieurs fois. Enfin, le siége fut levé honteusement, au bout de treize jours,

1731. après avoir retiré, *par une capitulation que les Chactas voulurent bien encore ménager,* ce qui restait de prisonniers et d'esclaves.

"C'est ainsi qu'on a manqué la plus belle occasion qui fut jamais. Ce qui cause et causera des dépenses énormes. M. Périer en attribue la cause aux Chactas, disant qu'ils ont abandonné les Français, et que s'ils avaient voulu attendre quatre jours de plus, on enlevait les ennemis à la sape. La réalité est que l'armée a quitté la première, et l'on raconte de drôles d'histoires sur de l'argenterie et des objets de valeur dont il aurait été traité clandestinement avant le siége.

"Depuis quelque temps, M. Périer a fait d'immenses libéralités aux Chactas, outre les présents ordinaires, qu'il a encore augmentés! Cependant, ils sont plus que jamais portés à recevoir l'Anglais. Régis, son homme de confiance, qui se trouve maintenant au milieu d'eux, me marque, du 11 décembre, qu'un chef des plus considérés menace hautement d'aller chercher l'Anglais, et veut engager les autres à en faire autant. Les Chactas étaient tranquilles et demandaient grace, quand M. Périer les a recherchés. Il a récompensé des chefs que je voulais punir, parce que la nation les accusait d'avoir introduit l'Anglais. Depuis lors, les Chactas ont ouvert les yeux sur notre faiblesse, qui a toujours continué. Ils disent que, pour avoir du butin de nous, ils n'ont qu'à être neutres comme les autres nations, parce qu'étant les plus forts, il faudra bien les ménager.

"Il paraît même que M. Périer a donné lieu au mécontentement actuel des Chactas, en voulant, contre toute représentation, créer un grand chef sauvage dans la partie de l'Ouest, pour affaiblir l'autorité du chef suprême. C'est une faute qui est plus grave qu'on ne pense."

Sur ces entrefaites, se trouvant déçue dans les espérances qu'elle avait conçues relativement au gain qu'elle 1731. comptait retirer du commerce exclusif de la Louisiane, et étant alarmée par les pertes considérables que lui avait causées le massacre des Natchez, la compagnie recula devant les dépenses qu'il lui fallait faire pour protéger et maintenir la colonie. En conséquence, le 22 janvier, elle offrit de rétrocéder au roi la Louisiane, dont l'entretien était trop onéreux pour ses forces. Elle alléguait que, depuis treize ans, la colonie lui avait coûté vingt millions de livres.

Le lendemain, le contrôleur-général des finances répondit en ces termes, à la direction de la compagnie :

"Sur le compte que j'ai rendu au roi, Messieurs, de la déclaration qui fut prise pour vous autoriser à présenter votre requête à Sa Majesté, à l'effet de la supplier très-humblement qu'il lui plaise, par les motifs y énoncés, révoquer la concession de la colonie de la Louisiane, ne réserver à la compagnie des Indes que le privilége du commerce exclusif de cette colonie, aux offres et conditions, de sa part, de transporter et de fournir aux habitants de la Louisiane, sur le pied et aux prix accoutumés, la quantité de cinq cents nègres par an, et d'ailleurs tout ce qui sera estimé être indispensable pour leurs besoins, ou, (ce qui conviendrait encore mieux aux intérêts de la compagnie), agréer la rétrocession du privilége de ce commerce même qu'elle prévoit lui être infiniment onéreux, à la charge de fournir à Sa Majesté quelque équivalent des offres et conditions ci-dessus, tel qu'il plaira à Sa Majesté et à son conseil d'arbitrer ; le conseil m'ordonne de vous informer de ses intentions à cet égard, et que, voulant traiter favorablement la compagnie des Indes, Sa Majesté a réduit et fixé la somme de trois millions six cent mille livres, à laquelle le secrétaire d'état de la marine estimait que cet équivalent devait être porté, à celle de quatorze cent cinquante

1731. mille livres seulement, payables dans le cours de dix années, etc."

Les nations sauvages des frontières du Nord étaient restées fidèles aux Français, et faisaient une guerre vigoureuse à la nation des Renards, qui étaient les ennemis héréditaires des Illinois, dont l'amitié pour les Français ne s'était jamais démentie. Au mois de mars, on eut la satisfaction d'apprendre, à la Nouvelle-Orléans, qu'une grande bataille avait eu lieu entre les Renards et les Illinois, à la tête desquels étaient quelques Français, et que les Renards avaient essuyé une défaite complète, dans laquelle ils avaient perdu de onze à douze cents hommes.

La fuite des Natchez et des Yazoux, et leur incorporation avec les Chickassas, avaient eu cela de bon, c'est que la navigation du fleuve était devenue comparativement libre, et n'était troublée que de temps à autre, par l'apparition de quelques bandes de maraudeurs. Quant au site même où avaient été les villages des Natchez, il était occupé par le baron de Cresnay, avec cent hommes, qui y faisait construire un fort en maçonnerie.

Au mois de novembre 1730, le gouverneur Périer avait résolu de faire aux Natchez une guerre d'extermination, et d'aller les chercher sur le territoire des Chickassas, où ils s'étaient réfugiés. Le 14, il était parti pour cette expédition, qu'il fit à la tête de mille hommes, dont environ sept cents étaient Français.

Voici en quels termes Périer lui-même la raconte, dans une dépêche du 25 mars 1731 :

Depeche de Perier.

"Après m'être assuré des Chactas, auxquels j'avais donné rendez-vous à la Mobile, pour savoir leurs sentiments sur les différents bruits qui s'étaient répandus de leur mauvaise volonté pour nous, je les trouvai bien disposés. Ce qui me fit renouveler les traités d'alliance et de commerce que nous avons depuis long-temps avec 1731. cette nation, à laquelle je proposai de reconnaître pour grand chef de la partie de l'Ouest, qu'on appelle bas Chactas, le chef des Castachas. Ce qu'ils acceptèrent volontiers, en me promettant qu'ils me renverraient le reste des nègres qu'ils avaient chez eux, et qu'ils paieraient ce qui restait dû à M. Diron d'Artaguette. Lorsqu'ils me demandèrent d'aller en guerre contre les Natchez, je leur répondis que je les ferais avertir, si j'avais besoin d'eux, étant cependant bien résolu de ne pas m'en servir, pour les tirer de l'erreur où ils sont que nous ne pouvons nous passer de leur secours, sans lequel ils croient qu'il nous faudrait quitter notre établissement.

"J'arrivai donc, le 13 novembre 1730, à la Nouvelle-Orléans, où je trouvai mon frère, de Salvert, très-avancé dans les préparatifs de guerre dont je l'avais chargé, pour lesquels préparatifs il a employé très utilement l'équipage du vaisseau du roi, sans lequel nous n'aurions pu parvenir à être si tôt prêts, puisque le 9 décembre il partit avec les bataillons de la marine, avec ordre de m'attendre au village de Carlostin, où je devais le joindre. Ce que je fis le 13, avec les troupes de la colonie et les munitions de guerre.

Le 14, nous marchâmes ensemble jusqu'aux Bayagoulas, où nous restâmes quatre jours, pour attendre la division des habitants commandés par M. de Bénac et les grands bateaux dans lesquels étaient nos vivres, qui ne pouvaient pas nous suivre. J'avais séparé nos forces en trois corps, pour éviter toute tracasserie et donner plus d'émulation. Le premier était commandé par mon frère de Salvert, qui avait cent cinquante soldats de la marine et environ quarante hommes de son équipage. Le baron de Cresnay commandait les troupes de la colonie, et le sieur de Bénac ceux des habitants qui s'étaient offerts d'aller à la guerre, et qui nous joignirent, le 19 décembre, aux Bayagoulas, d'où je ne partis que le 22, les

1731. grands bateaux n'ayant pu joindre plus tôt. Tout étant rassemblé, à l'exception des sauvages, je fus coucher à Manchac, mais je fus joint, avant d'y arriver, par le sieur de Laye, qui me dit que si je voulais presser les sauvages Tunicas de partir, ma présence parmi eux était nécessaire. Ce que je fis le même jour, en laissant la conduite de l'armée à mon frère, qui me joignit le 27 décembre, aux Tunicas, malgré la neige et la glace."

"Le 28, je fis continuer la marche à mon frère jusqu'à l'entrée de la rivière Rouge, où était le rendez-vous, et où se trouvait le vaisseau le Prince de Conti, au commandant duquel j'avais donné l'ordre de faire des fours. J'ai été obligé de rester jusqu'au 3 janvier aux Tunicas, pour leur faire achever leurs préparatifs de guerre, qui étaient d'autant plus longs, que la peur les retardait. Ils venaient d'apprendre que le sieur de Coulanges, que j'avais envoyé à notre fort des Natchez, avec une grande pirogue armée de vingt hommes, partie sauvages et nègres libres, pour donner de mes nouvelles aux Arkansas, avait été attaqué, et la moitié de son monde tuée ou blessée. Messieurs de La Touche, Beaulieu et Cochart, ont eu le malheur d'être du nombre des premiers. Le sieur de Coulanges y a reçu deux coups de fusil, dont un au travers du corps, qui n'a pas été mortel. Cette action, qui ne décidait de rien, avait cependant abattu le courage de nos sauvages, dont il n'a marché que cent cinquante des plus braves.

"Le 4 janvier 1731, j'ai joint l'armée à la rivière Rouge, où j'ai trouvé réunis les détachements des troupes des Natchez et des Natchitoches, ainsi que la division des habitants qui avait été se montrer à la hauteur des Natchez, afin de faire croire à leurs découvreurs que notre intention était de les aller attaquer par le fleuve, quoique notre parti fût pris d'aller par la rivière Rouge, d'où nous sommes partis le 11 janvier pour chercher l'ennemi, n'ayant pu savoir depuis neuf mois l'endroit positif où les Natchez avaient fait leurs forts, quoique 1731. j'y eusse envoyé vingt partis différents, tant forts que faibles, de façon que ça n'a été que sur le peu de connaissances obtenues d'un déserteur de douze à treize ans, que nous avons été chercher les Natchez dans des pays marécageux et coupés, jusque-là inconnus à nos petites nations du fleuve. Mais le bonheur a été notre guide, puisque nous sommes arrivés, le 19, précisément à une lieue du fort de la Valeur, après avoir pris les mesures nécessaires pour éviter les embuscades qu'il était aisé de nous dresser, si nous avions été découverts. Nous devions vraisemblablement l'être, puisque, le 18, nos sauvages, qui s'étaient rassurés par l'exemple de nos Français, qu'ils voyaient marcher par terre, découvrirent un parti de Natchez à deux lieues au-dessus de nous, de l'autre côté de la rivière, sur lequel parti de Natchez j'envoyai un détachement de Français et de sauvages qui ne purent les surprendre, par la jalousie de nos sauvages Oumas qui tirèrent dessus avant que notre détachement ne fût arrivé. Nous fûmes privés par là de savoir des nouvelles positives de la situation des Natchez, ce dont nous avions d'autant plus de besoin que nous étions près d'eux sans le savoir.

Nous ne fûmes guère plus éclairés le 19, quoique les sauvages eussent vu plusieurs Natchez, dont ils tuèrent un homme et une femme. Ce ne fut que le 20 que j'envoyai un parti d'habitants et de sauvages, soutenus par les compagnies de Messieurs de la Girouardière et de Lusser, qui m'envoyèrent dire, une heure après leur départ, qu'ils étaient dans le chemin battu du fort. Nous nous préparâmes aussitôt à marcher, mon frère et moi, après avoir fait approcher nos voitures et laissé le baron de Cresnay, avec cent hommes, pour garder le camp, jusqu'à ce que nous eussions investi le fort. Nos bateaux et pirogues ne furent pas plutôt en place, que nous entendîmes la mousqueterie du fort et celle

1731. des escarmoucheurs. Nous marchâmes aussitôt, ayant pour guides Messieurs Marin et Outlas, qui étaient venus nous dire qu'on avait trouvé le fort, devant lequel nous arrivâmes en une heure de marche, par un pays très couvert de bois. D'abord que nous l'aperçûmes, je fis battre aux champs. A ce bruit, les Tunicas attaquèrent quelques cases aux environs du fort, d'où ils chassèrent les Natchez, et ils y mirent le feu. Pendant ce temps, mon frère marcha à la droite avec partie des troupes et je fus par la gauche rejoindre Messieurs de la Girouardière et de Lusser, qui s'étaient avancés, à la faveur de plusieurs arbres, jusqu'à trente-cinq toises du fort. Ils conservèrent cette position jusqu'à ce qu'il leur fut dit de venir se mettre derrière une butte qui était à cent vingt toises et qui se trouvait là fort à propos pour mettre notre camp à couvert. Je fus aussitôt joindre mon frère, avec lequel je passai la rivière ou bayou, emmenant avec moi les compagnies de d'Artaguette et de Sanzei. Nous approchâmes le fort de près, à la faveur de quelques arbres, et, après avoir reconnu le terrain, nous fîmes l'un et l'autre le tour du fort par les derrières, jusqu'à la butte dont je viens de parler, où nous convînmes de mettre le quartier général, par rapport à la facilité que nous avions de recevoir nos besoins du bord de l'eau, sans repasser le bayou.

"Le 21, j'envoyai ordre au baron de Cresnay de venir me joindre pour commander à l'attaque de la gauche, et, le même jour, je fis arborer un pavillon blanc, pour demander aux sauvages qu'ils eussent à me remettre les nègres qu'ils nous avaient pris. Ils tirèrent sur le drapeau, en disant à l'interprète qu'ils ne voulaient pas parler à des chiens comme nous. Sur les deux heures, un de nos mortiers de bois arriva. Je fis tirer sur le champ quelques grenades royales, dont deux tombèrent dans le fort sur une de leurs maisons et y mit le feu après avoir crevé. Nous entendîmes de grands cris et des pleurs de femmes et d'enfants. Ce qui nous fit redoubler notre feu de mousqueterie et de doubles grenades. Mais malheureusement les cercles de deux de nos mortiers manquaient. Ce qui les mit hors de service.

"A cinq heures et demie du soir, les Natchez firent une sortie sur l'un de nos postes, où il y avait quinze hommes retranchés derrière un gros arbre qui n'était qu'à vingt toises du fort et qu'ils prirent à revers. Ils tuèrent un grenadier de la marine et un sergent qui reçut un coup de fusil entre les deux épaules. Aussitôt que nous eûmes connaissance de cette sortie, nous crûmes que les ennemis allaient tenter de se sauver dans les bois, et par l'intervalle du camp des habitants au notre. Ce qui fit que mon frère prit la compagnie de Lusser pour les couper. Mais voyant qu'ils n'en voulaient qu'à notre poste, il donna dessus et les obligea de rentrer assez précipitamment dans le fort. En les repoussant, le sieur de Laye, capitaine de milice, reçut deux coups de fusil, et un nègre fut tué. A huit heures du soir, quoique le temps fut très mauvais, nous ouvrîmes la tranchée pour notre attaque, à trente toises du fort, mais nous ne la poussâmes qu'à quinze toises, faute de gabions.

"Le 22, je fis venir le canon et le dernier mortier, dont nous tirâmes quelques coups avant la nuit, en redoublant le feu de notre mousqueterie qui dura toute la nuit. Avant que d'aller continuer de travailler à la tranchée, je fis visiter sur le soir une maison forte qui enfilait nos travaux. J'y envoyai un officier avec douze grenadiers et autant de sapeurs armés, pour s'en emparer. Mais le feu que firent les ennemis les en empêcha. Ce qui obligea mon frère d'y aller lui-même et de les attaquer si vivement, qu'en un quart d'heure ils abandonnèrent la maison, qui se trouva être une redoute à l'épreuve des coups de fusil, avec des meurtrières tout autour. Nous l'avons gardée et elle nous a servi pour défendre la tête de notre tranchée.

"Le 23, nous poussâmes notre tranchée vigoureusement, à l'appui de la redoute que mon frère avait prise la veille, et je comptais le lendemain achever la communication de nos travaux avec ceux du baron de Cresnay, qui travaillait avec vigueur de son côté.

"Le 24 au matin, les Natchez, voyant que nous les serrions de fort près, que nos doubles grenades et le canon les incommodaient très fort, quoique nous ne leur tirassions que de loin en loin, arborèrent un drapeau blanc à sept heures du matin et m'envoyèrent un sauvage qui parlait un peu français Je lui dis qu'avant de me parler de rien, ils eussent à me renvoyer tous les nègres qui étaient dans le fort. Ce qu'ils firent sur le champ. Dix-neuf nègres et une négresse arrivèrent aussitôt. Ils me dirent que les autres avaient été tués, et que six étaient en chasse avec quelques-uns de leurs gens. Je dis au même sauvage que je ne voulais donner ma parole sur rien, que je n'eusse les chefs dans notre camp. Il vint d'abord le nommé St. Côme, soleil de la nation, que je renvoyai en lui disant que je voulais que le grand chef, celui de la Farine et lui vinssent ensemble, sans quoi, j'allais continuer de les battre en brèche. Malgré le mauvais temps, ils se rendirent à notre camp sur les quatre heures du soir. Ils me dirent d'abord qu'ils savaient avoir fait une grande faute et qu'ils n'osaient demander la vie, mais prièrent qu'on voulût bien l'accorder à leurs femmes et à leurs enfants. Je leur répondis que je l'accorderais même aux hommes, pourvu qu'ils se rendissent le lendemain ; que passé ce temps de grace, je ferais brûler ceux qui n'en profiteraient pas. Ils me dirent que la chose était juste. Cependant, à minuit, le chef de la Farine, qui était dans une tente, gardé par douze personnes, tant français que sauvages des plus alertes, se sauva à la faveur de la

nuit, et du mauvais temps qui était épouvantable. On 1731.
tira sur lui sans l'attraper.

"Le 25, le temps continua d'être mauvais. Ce qui nous incommoda autant que nos ennemis. La femme du grand chef et sa famille sortirent, le matin, avec quatre cent cinquante femmes et enfants et quarante-cinq hommes, qui ne venaient que peu à peu, de sorte qu'avant que nous ne les eussions tous mis en sûreté, la journée se passa, qu'il restait encore une vingtaine de personnes dans le fort, qui demandaient qu'on les y laissât jusqu'au lendemain. Je fus forcé de leur accorder leur demande, parce qu'il ne faisait pas un temps à les aller prendre. Nous étions entre deux eaux. Le temps ne s'éleva que vers les neuf heures du soir. A huit heures, ceux qui restaient dans le fort, partirent au nombre de seize hommes et quatre femmes. Le poste des habitants s'en aperçut, mais il leur fut impossible de tirer un seul coup de fusil dessus, non plus qu'à nous de faire marcher nos sauvages. Il est vrai que la pluie tombait par seaux depuis deux jours. Je fis entrer dans le fort, où l'on trouva deux hommes et une femme. Le lendemain, nos sauvages prirent deux hommes qu'ils brûlèrent, et ils enlevèrent la chevelure d'un, qu'ils avaient tué.

"Le 26 et le 27, je fis travailler à démolir le fort et brûler les bois qui le composaient. Je renvoyai mon frère au camp du bord de l'eau avec le bataillon de la marine et deux cent cinquante esclaves.

"Le 28, tout étant brûlé, tant forts et maisons que pirogues, je fus joindre mon frère, et le 29, nous partîmes tous pour nous rendre dans le fleuve, où chacun avait besoin de repos, pour se remettre des fatigues qu'il avait essuyées. Si l'on n'avait pas pressé l'ennemi si vivement que nous l'avons fait, nous eussions perdu la moitié de nos forces, tout le monde étant excédé.

"On ne peut trop louer ceux qui ont servi dans cette

1731. expédition. Chacun, à l'envi l'un de l'autre, a voulu se signaler par la valeur et le travail. L'officier y a partout donné l'exemple et la main à tout ce qui était nécessaire pour terminer promptement et heureusement cette expédition."

On voit que cette expédition fut encore très peu glorieuse pour les Français. D'abord, le gouverneur Périer se rendit coupable d'une trahison, en invitant les chefs sauvages à une entrevue, et en les faisant prisonniers. Dans sa dépêche, le gouverneur glisse légèrement sur ce fait. La vérité est que les sauvages, ayant voulu traiter de la paix, le gouverneur leur fit dire qu'il ne traiterait qu'avec les chefs eux-mêmes. Ceux-ci, après bien des difficultés, provenant d'une juste méfiance, y donnèrent leur consentement. Le gouverneur français et les chefs sauvages, qui étaient le Grand-Soleil, St. Côme le Petit-Soleil et le chef de la Farine, se rencontrèrent entre le camp et le fort. Comme il pleuvait, le gouverneur Périer les invita à s'abriter dans une cabane voisine, qu'il leur désigna du doigt. A peine y étaient-ils entrés, qu'ils étaient prisonniers. On a vu, dans la dépêche citée précédemment, comment le chef de la Farine avait réussi à se dérober à la vigilance de ses gardiens et à recouvrer sa liberté. La fin de l'expédition ne fit pas plus d'honneur aux Français, puisqu'ils laissèrent échapper tous les guerriers, qui, guidés par le chef de la Farine, s'enfuirent du fort à la faveur de la nuit. Les Français ne prirent que quarante-cinq hommes, et quatre cent cinquante femmes et enfants. Quant au Grand-Soleil, et à St. Côme le Petit-Soleil, ils n'étaient tombés entre les mains de leurs ennemis que par un guet-à-pens. Au retour de Périer à la Nouvelle-Orléans, le Grand-Soleil, le Petit-Soleil, les femmes, les enfants, et les autres prisonniers, furent expédiés à Hispaniola, pour être vendus.

Les Natchez, excités sans doute par le désir de venger

la perte de leurs femmes, de leurs enfants et de leurs chefs, avaient été si peu paralysés par cette dernière expédition, qu'ils n'en commettaient que plus de déprédations. La dépêche suivante de Diron d'Artaguette, en date du 24 juin, en fait foi :

"Les Natchez, dit-il, que l'on croyait détruits, commettent de nouveaux désordres. Au mois d'avril, ils attaquèrent un convoi de quatre pirogues, que M. Périer envoyait aux Arkansas. L'officier eut deux hommes tués et deux blessés de la première décharge. Voyant que l'ennemi était de beaucoup supérieur en nombre, quoiqu'il eut soixante et dix hommes, il se hâta de regagner le milieu du fleuve.

"On sait maintenant qu'il y a plus de trois cents Natchez portant les armes, lesquels ont trouvé le moyen de s'échapper du fort, malgré le siége. Les Chickassas se sont déclarés pour eux. M. Périer m'ordonne d'engager les Chactas à leur faire la guerre ; mais ils savent que nous n'avons rien à donner, nos provisions étant épuisées par les dons qu'il a fallu faire pour la dernière expédition, et nous sommes payés pour savoir que les sauvages ne se remuent pas pour rien. Nous sommes sans provisions, sans ressources, et nous avons tout à craindre.

"Les Chickassas, à qui M. Périer a fait demander les Natchez qui ont fait village parmi eux, ont répondu qu'ils n'avaient pas été les chercher pour les livrer, et qu'ils sauraient bien les défendre. Nous avons perdu cette nation depuis 1729, époque à laquelle on a cessé d'y faire la traite.

"On aurait pu prévenir tous ces désordres des Natchez si on avait forcé ces barbares, lorsqu'on avait le bonheur de les tenir enfermés une seconde fois, avec des forces capables d'enlever toute autre chose qu'un fort de pieux, qui n'était défendu que par des hommes accablés de misère et de maladie. Mais on voulut les avoir sans coup

1731. férir. Ce qui fit que nous les perdîmes à la faveur de la nuit et de la retraite que M. Périer ordonna au corps de la milice bourgeoise qui gardait la sortie par un feu continuel."

Si M. Périer commit cette faute, il semble qu'il en fit une autre bien plus grande, en envoyant vendre à Hispaniola les quatre cent cinquante femmes et enfants des Natchez, ainsi que les chefs qu'il avait en sa possession. Car il est probable qu'avec de tels moyens sous la main, il aurait pu avoir bonne composition des Natchez et les amener peut-être à s'éloigner des établissements français, ou à faire une paix durable qui aurait mis fin à bien des craintes et à des dépenses ruineuses.

N'étant plus animés que par une haine implacable, les Natchez se montraient partout avec une rapidité étonnante. Ainsi, ils s'avancèrent sur les Natchitoches, dans le dessein de surprendre le village de cette nation et le fort français. Les Natchitoches, informés de leur présence par un chasseur qui les avait aperçus, allèrent au devant d'eux et leur tuèrent cinq ou six hommes. Les Natchez, malgré cela, les chassèrent de leur village, et ensuite se retranchèrent sur la rivière. Les Natchitoches, aidés par la petite garnison française commandée par St. Denis, et soutenus par environ quatorze Espagnols et quatre cents sauvages Acinais, reprirent courage, forcèrent les Natchez dans leurs retranchements et les obligèrent de se retirer chez les Ouachitas. On perdit deux soldats français, un Espagnol et un assez grand nombre de sauvages. Quant aux Natchez, ils eurent à déplorer la mort de leur fameux chef, la Farine ; leur perte totale, en tués ou prisonniers, se monta à soixante-quatorze hommes.

En date du 5 novembre, M. de Beauchamp, commandant de la Mobile, écrivit au ministre :

"M. Périer, ayant appris que les Natchez se retiraient

aux Chickassas, a demandé à ceux-ci de nous les remettre. Ce qu'ils ont refusé. Sur ce refus, sans s'embarrasser de la misère où est la colonie et du peu de forces que nous avons, M. Périer, par promesses et présents, a engagé par le moyen de M. Diron d'Artaguette, les Chactas à déclarer la guerre aux Chickassas, pour avoir recueilli les ennemis des Français. Les Chactas de l'Est ont fait quelques chevelures, mais ceux de l'Ouest ne veulent pas s'engager dans cette guerre à moins que M. Périer ne marche à leur tête, comme il leur a promis. Cette disposition peu favorable des Chactas prouve leur mauvaise intention à notre égard. Cependant, cette nation se déclarant contre nous, il nous faudrait abandonner la colonie, si toutefois on avait le temps de le faire. Tous les sauvages, depuis le départ de M. de Bienville, sont gâtés. Malgré l'augmentation de marchandises qu'on leur a données en présents, et la diminution de la traite de leurs pelleteries, ils ne sont point contents. Au contraire, ils sont plus insolents et moins traitables.

"La guerre des Natchez n'inquiétait que le fleuve. Celle des Chickassas inquiète toute la colonie. Ils ont envoyé chez les Illinois pour les solliciter de prendre parti contre nous. Mais les trois envoyés nous ont été livrés, et M. Périer se propose de les faire brûler.

"Les Alibamons et les Talapouches ont été sur le point de se déclarer contre les Chactas. Si cela eût eu lieu, la colonie eut été en feu. Les Anglais nous débordent.

"Un défaut de politique que j'ai trouvé, ainsi que tous les anciens du pays, en M. Périer, c'est qu'il a donné une connaissance parfaite à la nation des Chactas des forces de la colonie, en les obligeant d'aller à la Nouvelle-Orléans chercher leurs présents. Ce qui fait aussi un mauvais effet, c'est qu'aujourd'hui il y a trois fois plus de chefs que lorsque M. de Bienville est parti, et par suite, il y a trois fois plus de présents à faire. Ajou-

1731. tez à cela que ces barbares qui, étant gens de bois, n'avaient jamais osé se risquer sur l'eau, vont devenir canotiers par ce moyen et capables de nous faire la guerre en quelque lieu que se place la colonie. C'est la raison pour laquelle M. de Bienville n'avait jamais voulu souffrir que les Chactas vinssent chercher leurs présents, tant à Biloxi qu'à la Nouvelle-Orléans, pour ôter à ces sauvages la connaissance des troupes et des magasins, et c'est pourquoi il leur avait fait toujours remettre leurs présents à ce poste (Mobile), qui est plus à leur portée.

"Le mal est maintenant sans remède, à moins que M. de Bienville ne pût revenir. Peut-être pourrait-il réussir, lui, à cause de la considération que les sauvages ont toujours eue pour lui, et à cause des services qu'il leur a rendus, particulièrement aux Chactas.

"Nous ne sommes pas seulement menacés des sauvages. Les nègres avaient comploté à la Nouvelle-Orléans de massacrer tous les Français qui sont sur le fleuve. Ce coup devait se faire le 24 juin, à la sortie de la messe paroissiale. Par le plus grand bonheur du monde pour le pays, tout ne se trouva pas prêt ce jour-là, et l'exécution du projet fut remise au 29. On a découvert heureusement, dans ce petit intervalle de cinq jours, la conspiration. Sans quoi, depuis la Pointe-Coupée jusqu'à la Balise, tous les blancs auraient été massacrés. On a fait rouer et pendre dix à douze nègres des plus coupables. Ceux de cette rivière (la Mobile) ne trempaient en aucune façon dans cette affaire, dont ils n'avaient même pas connaissance. Tous les Banbaras s'étaient ligués pour se rendre libres possesseurs du pays par cette révolte. Les autres nègres de la colonie, qui ne sont point de cette nation, leur auraient servi d'esclaves.

"Vous voyez, Monseigneur, dans quel état est cette colonie, qui gémit sous un commandement dur, depuis long-temps. Les habitants y sont misérables, tant pour les marchandises dont ils ont besoin que pour la nourriture, étant obligés de se nourrir de riz et de maïs. Quand il vient des farines, les premiers de la colonie s'en emparent, ainsi que des boissons, et ne s'en dessaisissent qu'à des prix excessifs. Ils en font de même des marchandises.

1731.

"Les soldats ont toujours eu à se plaindre de la compagnie pour la nourriture et les vêtements, sans parler des bénéfices énormes faits par la compagnie sur les ventes."

Dans la dépêche qui précède, M. de Beauchamp se plaint, avec raison, de la dureté de M. Périer, qui ne songeait qu'à brûler les sauvages ou à les envoyer vendre dans les îles. Ainsi les Chickassas étant en guerre avec les Français, et ayant envoyé des émissaires aux Illinois, pour les engager à prendre fait et cause avec eux contre leurs ennemis, ces émissaires furent livrés par les Illinois à M. Périer, qui ne trouva rien de mieux à faire que de les brûler ! Il n'est donc pas étonnant que, dans sa dépêche, M. de Beauchamp ait demandé le retour de Bienville, en disant que lui seul pouvait ramener les sauvages.

La dépêche suivante de Périer, en date du 10 décembre, fait voir que les Natchez ne laissaient en repos ni les Français ni leurs alliés :

"A mon retour de la Balise, au mois d'avril, dit M. Périer, je trouvai ici le chef des Tunicas, qui me dit qu'étant allé à la chasse, quatre Natchez s'étaient rendus à lui pour le prier de leur faire faire leur accommodement, en lui disant que tous ceux qui étaient dispersés, tant chez les Chickassas qu'ailleurs, seraient bien aise qu'on les reçût en grace, qu'ils se mettraient où je souhaiterais et dans telle situation que je voudrais, mais qu'ils seraient heureux d'avoir la permission de se placer près de son village. Je répondis au chef des Tuni-

1731. cas, que je voulais bien qu'ils s'établissent à deux lieues de là, où ils demeureraient sans armes, mais que je ne voulais pas qu'ils se missent dans son village, à cause des discussions journalières qui arriveraient entre ses guerriers et les Natchez. Il me promit qu'il exécuterait ponctuellement mes intentions. En conséquence, il alla à son village, où il reçut trente Natchez qu'il désarma. Dans le même temps, quinze Natchez et vingt de leurs femmes se rendaient au baron de Cresnay, à notre fort des Natchez. Pendant que les choses étaient dans cet état, une centaine de Natchez vinrent au village des Tunicas avec leurs femmes et leurs enfants, tandis que cinquante Chickassas, ou Coiras, étaient cachés dans les cannes autour du village. Le chef des Tunicas dit aux Natchez qu'il avait ordre de ne pas les recevoir armés. Sur quoi, ils lui dirent qu'ils lui remettraient leurs armes, qu'ils ne les gardaient que pour rassurer leurs femmes; ce que le Tunicas crut trop légèrement, et, suivant son premier sentiment, il fit donner à manger à toutes les familles natchez. Après quoi, chacun dormit. Ensuite, on dansa jusqu'à une heure avant le jour du 14 de juin. Lorsque tout à coup, les Natchez sautèrent sur leurs armes et sur celles des Tunicas, et commencèrent à tuer leurs hôtes. Ils en tuèrent sur le champ une douzaine, entre lesquels était le grand chef des Tunicas, qui avait déjà tué cinq de ses ennemis, quoiqu'ils l'eussent accablé par le nombre. Le chef de guerre ne s'étonna de cette perte, non plus que de la fuite de la plus grande partie de ses guerriers, que la surprise avait fait fuir. Il en rallia une douzaine, avec lesquels il regagna la cabane de son chef, et, à force de harangues, il fit revenir ceux que la première peur avait fait fuir, avec lesquels il a repris son village, après un combat de cinq jours et de cinq nuits. C'est une des affaires les plus vigoureuses qui se soit jamais passée entre sauvages. Les Tunicas ont eu vingt hommes de tués et autant de blessés, avec huit femmes prisonnières, mais qu'ils ont 1731. ensuite reprises. Les Natchez ont laissé trente hommes de morts et trois prisonniers qui ont été brûlés. Si nos habitants français, qui n'étaient qu'à sept lieues, eussent été secourir les Tunicas, au lieu de fuir ici, il n'eut échappé que peu de Natchez ; mais il leur manquait un homme de tête pour les conduire. Aussitôt que j'appris le combat des Tunicas, j'envoyai M. d'Artaguette, avec un détachement, pour faire marcher les petites nations à la poursuite des Natchez, et je fis passer une lettre en diligence au sieur de Cresnay pour désarmer tous les sauvages qui s'étaient rendus. Ce qu'il fit sur le champ. Mais l'aide-major ne les ayant désarmés que de leurs fusils sans leur ôter leurs couteaux, ils sautèrent sur huit fusils qui étaient en faisceau vis-à-vis de la chambre où on les gardait, avec lesquels ils firent feu jusqu'à ce qu'on les eut tous tués, hommes, femmes et enfants, au nombre de trente-sept. Nous avons perdu dans cette affaire quatre soldats. Le chef de ce parti, qui était descendu ici pour me parler, a eu le même sort avec quinze de ses gens, ayant voulu fuir de la Balise où ils étaient aux fers et ayant trouvé le moyen de forcer leur prison pendant la nuit. Toutes ces pertes ont beaucoup réduit cette nation, qui serait bientôt détruite, si tous les vagabonds de toutes les nations ne se joignaient à elle.

"J'ai eu de la peine à faire donner les Chactas sur les Chickassas. Ils délibéraient depuis trois mois sur le parti à prendre, lorsque j'ai fait faire coup sur eux par un chef chactas de nos amis, et la guerre est maintenant inévitable entre ces deux nations. Mais malheureusement nous sommes dépourvus de tout, de munitions surtout, &c., &c."

Pendant que ces choses se passaient à la Louisiane, le conseil d'État en France rendait un arrêt en date du 15 novembre, par lequel il ordonnait aux créanciers de

1731. la compagnie des Indes à la Louisiane (la rétrocession de la colonie ayant été acceptée), de présenter leurs comptes et de les faire viser, pardevant les conseillers délégués à cet effet, Bruslé et Bru. Ces créances devaient être payées sur les lieux, et il était défendu aux dits créanciers de poursuivre à ce sujet la compagnie en Europe.

Le même jour que cet arrêt du conseil d'Etat était signé en France, c'est-à-dire le 15 novembre, le gouverneur Périer et Edme Gatien Salmon, commissaire de la marine, rendaient à la Louisiane cette ordonnance :

"Etant informés qu'il reste dans le public une certaine quantité de billets de caisse de la compagnie des Indes, qui ont été fabriqués pour le paiement des dettes de la dite compagnie, et attendu que ces billets de caisse, faits de particulier à particulier, ne doivent pas continuer à être reçus dans le public comme monnaie courante, attendu le dérangement qu'ils causent dans la valeur intrinsèque des monnaies du roi; cependant, voulant donner aux particuliers qui sont porteurs des dits billets, la faculté d'acquitter les dettes qu'ils ont contractées pour la valeur d'iceux, nous, sous le bon plaisir de Sa Majesté, en avons permis le cours dans la colonie pendant quinze jours, à compter du jour de la publication de la présente ordonnance, passé lequel temps ils ne pourront être admis dans le public, sous peine de vingt livres d'amende pour la première fois et de punition corporelle en cas de récidive."

Cette ordonnance causa une grande gêne dans le pays. Car les billets de caisse de la compagnie constituaient depuis long-temps la monnaie courante de la province. Cette ordonnance les faisait disparaître ou du moins les frappait de nullité, sans prendre en considération l'injustice d'une pareille mesure et sans avoir pourvu préalablement à combler le déficit que l'on créait dans ce qui formait les moyens d'achat et de

paiement dans la colonie. Il en résulta une forte per- 1731
turbation dans les affaires.

Ainsi finit la compagnie, après une laborieuse existence de près de quatorze années. Cependant la colonie avait un peu prospéré sous son administration. La Nouvelle-Orléans avait été fondée, des établissements importants avaient été faits aux Tchoupitoulas, aux Cannes Brûlées, à la côte des Allemands, au bayou Manchac, à Bâton Rouge et à la Pointe-Coupée. Enfin, l'on doit se rappeler que, lors de la formation de la compagnie, en 1717, la population blanche à la Louisiane n'était que de cinq à six cents ames et que l'on n'y comptait pas plus de vingt nègres. Lorsque la compagnie fut dissoute, cette même population blanche se montait à cinq mille ames et le nombre des nègres dépassait deux mille. Il est à remarquer néanmoins que, depuis 1721, la population blanche ne s'était pas accrue. La population noire était la seule qui eût fait des progrès ; car de six cents ames elle s'était élevée à deux mille.

CHAPITRE XIII.

LE GOUVERNEUR PÉRIER EST RAPPELÉ EN FRANCE. — BIENVILLE EST RENOMMÉ AU GOUVERNEMENT DE LA LOUISIANE. — SALMON, COMMISSAIRE-ORDONNATEUR. — DÉMORALISATION ET DÉSASTRES QUI SONT LE RESULTAT DE L'INTRODUCTION DU SYSTÈME DE PAPIER - MONNAIE DANS LA COLONIE. — QUEL FUT LE PREMIER CRÉOLE.

1732. Le roi était convenu de prendre pour son compte toutes les propriétés de la compagnie à la Louisiane. L'inventaire en fut fait sous les yeux de Salmon, le commissaire-ordonnateur, et se monta à la valeur de deux cent soixante trois mille livres. Ces propriétés consistaient en quelques marchandises dans les magasins, en une briqueterie en face de la ville, sur laquelle il y avait deux cent soixante nègres, quatorze chevaux et huit mille barrils de riz. Les nègres furent évalués, les uns dans les autres, à 700 livres, les chevaux à 57 livres, et le riz à 3 livres le cent.

Le conseil supérieur de la Louisiane fut réorganisé par lettres-patentes du 7 mai, et fut ainsi composé : Périer, gouverneur ; Salmon, commissaire-ordonnateur ; Loubois et d'Artaguette, lieutenants de roi ; Bénac, major de la Nouvelle-Orléans ; Fazende, Bruslé, Bru, Lafrénière, Prat et Raguet, conseillers ; Fleuriau, procureur-général. C'était le même qui s'était démis de sa place, lorsqu'il avait été censuré pour avoir résisté à M. de la Chaise. Rossart fut nommé secrétaire du conseil.

1732.

Afin de faire revivre le commerce, qui avait été complètement détruit par le privilége exclusif de la compagnie des Indes, le roi accorda plusieurs priviléges et avantages à tous ceux de ses sujets qui enverraient des navires à la Louisiane. Ainsi, par un arrêt du 13 septembre, il exempta de tous droits d'exportation les marchandises qui y seraient envoyées de France, et de tous droits d'importation, en France, tout produit de la Louisiane.

C'était enfin entrer dans la bonne voie, dans la seule qu'on aurait dû suivre depuis la fondation de la colonie, au lieu de l'écraser par un stupide monopole, accordé à un seul homme ou à une compagnie, qui non-seulement forçait les colons de lui vendre leurs denrées au prix qui leur était imposé, mais encore qui vendait à ces mêmes colons, à 200 pour cent de bénéfice, les marchandises que nul autre qu'elle, en vertu de son privilége, avait le droit d'importer. Mais aussitôt que l'on sut que les ports de la Louisiane étaient ouverts à la concurrence, les marchands de St. Malo, de Bordeaux, de Marseilles et du Cap-Français se préparèrent à y envoyer des navires.

Outre cet arrêt du roi, relatif au commerce, il y en eut un autre qui fixait les forces de la colonie à huit cents hommes de troupes de ligne. L'attention du gouvernement se porta aussi sur les finances, qui avaient toujours été dans un état de flux et de reflux, de hausse et de baisse, et il y eut une ordonnance qui décrétait que, dorénavant, puisque les piastres passaient pour 5 livres, et les demi-piastres pour 2 livres 10 sous, les quarts passeraient pour 25 sous, et les huitièmes pour 12 sous 6 deniers, lesquels ne passaient auparavant que pour 20 sous et 10 sous.

1733. Bienville avait été renommé gouverneur de la Louisiane, et s'était mis en route pour prendre possession de son gouvernement. S'étant arrêté au Cap-Français, il écrivait de là au ministre, en date du 28 janvier :

"J'ai vu ici, Monseigneur, les chefs des Natchez qui sont esclaves, entr'autres, le nommé St. Côme, auxquels on avait fait espérer qu'ils pourraient retourner avec moi. Ils m'ont assuré qu'il n'y avait eu que leur nation qui était entrée dans la révolte, et que les façons dures avec lesquelles on avait agi à leur égard, les y avait forcés, et qu'ils s'y étaient déterminés sans prendre conseil des autres nations. Si je veux les en croire, mon arrivée dans la colonie y rendra la tranquillité que j'y avais laissée.

"Il y a ici plusieurs habitants de la Louisiane qui demandent à y retourner."

Le 18 mars, une ordonnance du roi fixa le prix du tabac venant de la Louisiane, prix auquel les fermiers-généraux étaient tenus de le recevoir, savoir : pour 1733, 35 livres le quintal; pour 1734 et 1735, 30 livres le quintal; pour 1736 et 1737, 27 livres, et pour 1738, 25 liv.

Diron d'Artaguette qui avait été faire un voyage en France revint avec Bienville. Il paraît qu'il trouva la colonie dans une triste situation, car il écrivit de la Mobile, le 23 avril : "Je trouve en arrivant dans ce poste, deux sortes de maladies contagieuses, la petite vérole qui a enlevé et qui enlève encore tous les jours quantité de personnes de tout sexe et de tout âge, avec une disette générale de vivres, dont tout le monde se ressent et qui provient d'un ouragan qui a ravagé la dernière récolte. Nos habitants et nos ouvriers meurent de faim. Ils ont cela de commun avec ceux de la Nouvelle-Orléans. Ceux-ci demandent à passer en France, ceux-là s'en vont aux Espagnols sans rien dire. La colonie est à la veille de se dépeupler." Voilà la situation dans laquelle était la colonie, trente-quatre ans après sa fondation, dans un pays aussi fertile que la Louisiane. Dès les 1733. premiers jours de son existence, un état de disette avait été et continuait d'être son état normal. Il fallait donc qu'il y eut un vice radical, bien profond, dans l'organisation et dans l'administration de la colonie. Il fallait qu'il y eut un ver rongeur bien actif dans les racines de l'arbre que l'on avait transporté dans un sol si riche, et qui loin de grandir, de se parer de feuilles, de fleurs et de fruits, languissait, et ne pouvait qu'avec peine conserver assez de sève pour végéter. C'était l'air qui lui manquait, l'air de la liberté !

On n'apprendra peut-être pas sans intérêt quel fut le premier Louisianais. Il résulte d'une lettre de Messieurs de Bienville et Salmon, en date du 6 mai, que Claude Jousset fut le premier créole de la colonie. Il était fils d'un Canadien, qui faisait un petit commerce à la Mobile.

Le 12 mai, Bienville et Salmon écrivaient conjointement au ministre :

"L'état misérable où les habitants ont été réduits par l'ouragan qui ravagea la colonie, le 29 août 1732, ne permet pas de penser à la contribution projetée relativement aux ponts.

"A l'égard des concessions, quoiqu'on eut publié l'ordonnance rendue pour obliger les habitants à produire dans trois mois les titres en vertu desquels ils possèdent, il y a encore beaucoup de rétardataires. Quelques-uns ont produit des ordonnances au bas des requêtes qu'ils avaient présentées au conseil supérieur, ordonnances en vertu desquelles ils ont été mis en possession. Nous estimons qu'il convient de retirer toutes ces requêtes, au pied desquelles le conseil supérieur a donné, au nom de la compagnie, toutes ces concessions, et d'en accorder les titres au nom du roi, de même qu'à ceux qui n'ont que la possession.

"Il y a dans le haut du fleuve, à la distance de qua-

1733. rante lieues de la Nouvelle-Orléans, à l'endroit nommé la Pointe-Coupée, environ quarante habitants, qui s'étaient établis des deux côtés du fleuve. Mais ceux qui étaient du côté de la Nouvelle-Orléans se sont retirés de l'autre côté, à cause des incursions que firent les Natchez, l'année dernière. Les uns ni les autres n'ont aucun titre et ont pris autant de terrain qu'ils ont voulu, la compagnie ayant permis verbalement de s'établir à ceux qui en ont fait la demande.

"Le pays est bon, mais comme tous les pays neufs est sujet à beaucoup de contre-temps dans les saisons. D'ailleurs, les habitants sont encore inexpérimentés et pas assez bien arrangés sur leurs habitations. Ils demandent des cargaisons de nègres et se plaignent de ce que le commerce prend 200 pour cent, pour les marchandises. Ils se plaignent aussi de ce que la compagnie a envoyé des gens inutiles et des vagabonds."

Parlant des Ursulines, Bienville ajoute: "Elles sont très laborieuses et nullement intéressées. Elles ont beaucoup d'occupations et vivent de peu."

Le 15 du même mois, Bienville envoya un mémoire intéressant sur les dispositions des sauvages envers les Français.

Mémoire de Bienville.

"Depuis la guerre des Natchez, les nations ont conçu pour les Français un mépris souverain, par la mollesse avec laquelle ce coup a été vengé. De là vient que les sauvages ont vendu si cher à M. Périer les faibles secours qu'il en retira pendant cette guerre. De là vient encore l'insistance avec laquelle ils ont prétendu ériger en tribut les présents que le roi veut bien leur accorder. D'un autre côté, les Anglais ont fait des progrès infinis dans leurs esprits. Les Chickassas sont entièrement à eux, une partie des Chactas chancelle, les nations du haut de la rivière des Alibamons penchent plus de leur côté que du nôtre ; et les Illinois ont donné 1733. des preuves de leur mauvais vouloir.

Chactas.

"Les Chactas tuèrent, l'automne dernier, deux Anglais et pillèrent quinze chevaux chargés de munitions qui allaient aux Chickassas. Leur façon de penser pour nous est pourtant bien changée. On a laissé s'introduire de grands abus chez eux : par exemple, la multiplicité des chefs, desquels on compte maintenant cent onze. Le premier inconvénient de cette multiplicité de chefs, c'est que la nation est infiniment plus difficile à gouverner. Chacun de ces chefs, au moyen des présents qu'il reçoit et fait distribuer, se forme un parti dont il dispose sans contrôle, de sorte que le grand chef n'est plus chef que de nom. Donc, pour faire marcher la nation, il faut gagner tous les chefs, qui se font valoir le plus qu'ils peuvent. De là, augmentation de dépenses, puisqu'il faut faire des présents à tous ces chefs. Autrefois, on donnait au grand chef des présents pour le corps de la nation. Il les distribuait par village, ou de la façon qu'il lui plaisait : on avait seulement l'attention de lui donner un présent particulier. On avait soin d'ailleurs de ne point parler d'affaires à d'autres qu'à lui et de ne recevoir de parole que de lui. De cette façon, il y avait économie et prise facile sur la nation. Maintenant tout est bouleversé et il sera bien difficile de revenir aux anciens usages.

Natchez.

"Depuis son arrivée, les Natchez n'ont fait aucune entreprise contre les Français ni contre leurs alliés. Mais ils ne sont point détruits. Seulement on ignore leurs forces. Les Tunicas lui ont assuré qu'ils sont divisés en trois troupes. L'une, la moins forte, est retirée dans

1733. l'intérieur des terres, un peu au-dessus de leur village, mais dans des pays impraticables ; la seconde, plus considérable, habite les bords du Mississippi, du côté des Ouachitas, vers la rivière Yazoux ; la troisième, et la plus nombreuse, est retirée auprès des Chickassas, qui lui ont donné des terres pour faire village.

"Il a envoyé des Affagoulas à la recherche de la première troupe. Ils ont trouvé un Natchez qu'ils ont tué. Ce fragment de la nation des Natchez peut se composer de cinquante guerriers.

"Il a aussi engagé les Tunicas à marcher contre ces Natchez, avant qu'ils ne puissent se fortifier. Ils le lui ont promis et tiendront leur promesse.

"La défaite des deux autres troupes est moins aisée. L'une est soutenue par les Chickassas, et l'autre s'est fortifiée dans un pays inaccessible aux Français. Il les fera inquiéter.

Chickassas.

"Si cette nation ne vient pas d'elle-même à composition, il faudra la contraindre à quitter la colonie. Mais il sait trop combien il est nécessaire de rétablir la réputation des Français parmi les sauvages, pour qu'il n'assure pas le succès des entreprises qu'il fera.

"Il se concertera avec M. de Beauharnais, gouverneur du Canada, pour attaquer en même temps.

Illinois.

"Le commandant de ce poste lui mande qu'il n'est pas certain de la fidélité des Illinois, et qu'ils lui donnent souvent des alarmes. C'est pourquoi il y envoie M. d'Artaguette, comme l'officier le plus convenable pour un pareil commandement. Car un soulèvement de cette nation ruinerait la colonie.

OUABACHE.

"Cette nation est dans les mêmes dispositions que les Illinois.

ARKANSAS.

"Onze chasseurs qui étaient dans la rivière des Arkansas ont été tués par les Osages, nation très-nombreuse qui habite entre l'Arkansas et le Missouri.

NATCHITOCHES.

"Le commandant du fort lui écrit que ces sauvages ont voulu se révolter, et l'ont forcé de se tenir enfermé pendant six mois. Il ajoute que, quoiqu'ils paraissent assez tranquilles, il est toujours en garde contre eux.

"Enfin, il paraît que la colonie est menacée de tous côtés, et c'est en effet la coutume des sauvages de se révolter tous à l'exemple les uns des autres. Il espère pourtant ramener la tranquillité dans laquelle il avait laissé la colonie en 1725, lorsqu'il la quitta."

Ainsi, M. de Bienville, aussitôt après son arrivée, avait tourné son attention vers les sauvages, dont toutes les tribus avaient été mécontées par M. Périer. Il fallait combattre les unes et apaiser les autres. Sur ce sujet, Bienville écrivait le 26 juillet : "Il faut harceler les Chickassas, dont l'esprit turbulent a besoin d'être retenu par la crainte. D'ailleurs, il vaudrait mieux qu'ils émigrassent aux Abékas, qui les en sollicitent. Ils seraient ainsi suffisamment éloignés du Mississippi pour ne pas molester nos voyageurs. Sur mon invitation, un parti de Chactas va courir sur les Chickassas. Je leur ai donné Lesueur, avec dix hommes, pour les faire reconnaître des nations du Canada, en cas de rencontre.

"Il eut été bon d'envoyer un corps de Français un peu fort, et d'aller attaquer les forts des Chickassas, pour

1733. faire enfin une action d'éclat, chose indispensable pour relever le moral de la colonie, mais la colonie est trop dénuée de forces et trop pauvre, et il ne faut pas nous compromettre encore une fois. On a vécu l'an dernier pendant plus de trois mois de grains de roseaux, et je suis forcé de rester dans l'inaction, quelque douleur que j'en aie." Il est difficile, pour ceux qui connaissent le pays, de comprendre comment la misère pouvait être poussée aussi loin.

Bienville écrivit ensuite, en date du 10 août: "J'ai envoyé un autre parti contre les Natchez des bords du fleuve. On a tué trois hommes, pris une femme et une fille. Les Natchez, se voyant ainsi traqués, se rendent tous chez les Chickassas. Ce qui laisse le Mississippi libre. Si l'on avait fait ainsi l'an passé, l'habitation de Mme. de Mézières n'aurait pas été détruite, notre établissement à la Pointe-Coupée n'aurait point été insulté et il n'y aurait plus de Natchez aux environs du Mississippi."

Le 16 octobre, il fut rendu un arrêt qui évoquait au conseil du roi toutes les contestations nées et à naître relativement à ce qui était dû à la compagnie des Indes par différents particuliers de la Louisiane, et qui commettait le sieur Salmon, commissaire-ordonnateur, pour juger définitivement ces contestations.

Cet arrêt était motivé sur ce que tous les membres du conseil supérieur de la colonie étaient parties intéressées, étant débiteurs de la compagnie.

1734. Le 28 avril 1734, M. de Bienville écrivait au ministre: "Nous avons eu l'honneur, M. Salmon et moi, de vous écrire en faveur de M. Livaudais que le roi emploie comme pilote à la Louisiane. Il conviendrait de le faire capitaine de port."

Dans la lettre à laquelle M. de Bienville fait allusion, il disait que M. Livaudais était un sujet qu'il recommandait tout particulièrement de conserver. En marge de cette dépêche, il y a cette note sur M. Livaudais : *Neveu de Lavigne Voisin, fameux corsaire de St. Malo.* On verra plus tard d'intéressantes communications faites par ce M. Livaudais sur les différentes passes du Mississippi à son embouchure.

1734.

Le 12 juillet, M. de Bienville et M. Salmon décrétèrent que des casernes seraient construites des deux côtés de la place d'armes. Jusqu'alors, les troupes avaient manqué de logement convenable et il était temps d'y pourvoir. Il fut décrété aussi qu'il serait accordé des concessions aux soldats français et suisses qui, ayant fini le temps de leurs engagements, s'établiraient à la Louisiane.

Toute l'année 1734 se passa en négociations sans résultat avec les Chactas pour les engager à donner sur les Chickassas, et les dépêches de cette époque font souvent mention d'un chef nommé le Soulier Rouge, qui joue un grand rôle dans toutes ces transactions, et qui est tantôt pour les Français et tantôt pour les Anglais, dont il se servait comme de cartes qu'il jouait les unes contre les autres.

"A ce sujet, Diron d'Artaguette écrivait en date du 15 juillet : "J'appréhende que les Chactas n'exécutent pas le projet qu'ils avaient formé d'aller en grand nombre harceler encore les Chickassas le mois prochain. Leurs dispositions sont fort équivoques, tant à cause du refus de vivres qu'on leur a fait, qu'à cause des ordres de M. de Bienville de ne leur payer les chevelures, qu'à proportion de leur grandeur, voulant réformer les abus qu'ils commettaient en les divisant et diminuer les dépenses par suite. J'ai fait des objections contre ces décisions fort bonnes en elles-mêmes, puis qu'il s'agit de réprimer des abus et de ramener plus d'économie dans les dépenses, mais dangereuses par le penchant des Chactas pour les Anglais, à cause de notre dénuement, et j'ai été autorisé en réponse à satisfaire les parties

1734. indirectement, au moyen de gratifications. Malheureusement, je crains qu'il ne soit trop tard. Les Anglais ont profité du mécontentement des sauvages pour leur envoyer des traiteurs avec douze chevaux chargés de marchandises. Le Soulier Rouge a été engagé par eux à aller visiter les établissements de la Caroline et leurs magasins. Ce qu'il a fait. Jusqu'au retour de ce chef, tout préparatif de guerre est suspendu, comme si les Chactas attendaient son retour pour savoir s'il fallait prendre ou quitter les armes. C'est cependant ce chef, le Soulier Rouge, que le père Baudoin, jésuite, a toujours dépeint à M. de Bienville comme un mutin sans crédit parmi la nation et auquel on a préféré pour les présents, sur la foi de ces renseignements, d'autres sujets n'ayant ni nom ni autorité. Ce qui l'a fortement indisposé. Les manières de l'officier qui réside parmi les Chactas l'ont également indisposé. On n'a même pas essayé de le retenir lorsqu'il est allé aux Anglais. Il est probable que *Soulier Rouge reviendra tout Anglais, et entraînera la nation.*"

En effet, le 4 octobre suivant, Bienville apprit le retour de Soulier Rouge avec le pavillon Anglais, des présents et une médaille.

Le 23 août, M. de Bienville écrivit au ministre :

"J'ai demandé l'an passé à M. Diron d'Artaguette de me faire savoir dans quelle disposition étaient les Chactas au sujet de la guerre des Chickassas. Il me répondit qu'ils étaient disposés à faire un mouvement considérable contre eux, si je pouvais leur donner les munitions nécessaires. J'envoyai en conséquence par le sieur de Lavergne, enseigne, un millier de poudre, deux milliers de balles, vingt fusils, &c.

"Cette première proposition acceptée, M. Diron d'Artaguette m'en fit une seconde, qui fut de faire marcher à la tête des Chactas cent Français et de lui en donner le commandement. Si j'avais été en position de faire marcher un corps considérable, je n'aurais pas 1734. attendu sa demande. Mais je ne le pouvais pas, faute d'armes et faute de vivres. Je refusai donc, et je fis connaître à M. Diron que je ne pouvais le mettre à la tête d'une si faible troupe, pour ne pas compromettre notre réputation et la sienne, surtout devant agir avec la nation des Chactas dont la bonne conduite était douteuse, vu qu'une bonne partie penchait pour la paix et pour le commerce anglais. Il me demanda au moins quelques soldats, afin de faire réconnaître les Chactas par les nations du Nord qui donnaient alors sur les Chickassas. J'envoyai Lesueur avec quinze soldats. Sur ce que me manda le père Beaudoin, jésuite, que ce détachement de Français était trouvé bien faible par les Chactas, je l'augmentai de quinze hommes sous les ordres de l'enseigne Bonelu. Ces trente hommes suffisaient, si les Chactas avaient été de bonne volonté, et leur nombre n'était pas assez considérable pour nous attirer de la honte en cas d'échec. Je me suis applaudi plus tard de n'avoir point suivi le conseil de M. Diron, qui s'est trompé évidemment sur les dispositions des Chactas. A l'arrivée de Lesueur chez eux, ils étaient tous divisés et fort mal disposés. Cependant, Lesueur les décida à s'armer, et ils partirent près de mille hommes. Arrivés dans le voisinage de l'ennemi, ils tinrent un conseil où il fut résolu, suivant l'usage assez fréquent de tendre un piège, d'envoyer un de leurs chefs au chef des Chickassas pour traiter de la paix, pendant que le corps d'armée donnerait sur les villages. Mais le député de nos alliés se laissa gagner par les Anglais qui se trouvaient parmi les Chickassas, et gagna à son tour le reste de sa nation qui rebroussa chemin, à l'exception de Soulier Rouge qui, désolé de ce contre-temps, se réunit à quelques amis et parents pour aller faire un coup."

Il paraît, d'après une dépêche de M. Diron, que le Sou-

1734. lier Rouge s'approcha à pas de loup d'un village ennemi, et fit faire une décharge dans les cabanes. Mais comme il y avait dans cet endroit beaucoup de sauvages, le Soulier Rouge fut attaqué immédiatement par des forces immensément supérieures aux siennes, et poursuivi par environ deux cents hommes pendant sept lieues. Il eut quatre des siens tués ou faits prisonniers, parmi lesquels le frère du grand chef.

"Les choses en étaient là, continue Bienville, lorsque je me rendis à la Mobile, où je fis venir les Chactas, lesquels me firent des excuses. Le Soulier Rouge seul fit valoir, et trop valoir ce qu'il avait fait, et parla avec l'arrogance que M. Périer avait autorisée. Dans ma réponse, je le relevai durement. En quoi, je fus approuvé des autres chefs. De sorte que je leur donnai ce que je voulus pour présents. J'eus besoin de lésiner par pauvreté.

"Néanmoins je renouvelai notre alliance avec eux. Nous convînmes du prix de traite, et ils renoncèrent, de leur part, à toute communication avec les Anglais. Je leur déclarai que désormais je priverais de présents ceux des chefs qui n'iraient point en guerre contre les Chickassas, et que je répartirais leur part sur ceux qui iraient et qui se distingueraient. Ce qui fut approuvé par tous. L'un d'eux me fit cette rodomontade : *Fais-moi donner un plein bateau de poudre, et je l'userai seul contre tes ennemis, en n'employant qu'une pleine corne à la fois.*"

M. de Bienville ajoute, que les Chactas possèdent trente-deux villages répandus sur un espace de cent lieues de circonférence, et que, quoique braves, ils le sont moins que les Chickassas.

Il se plaint de ce qu'on n'envoie point assez de marchandises françaises pour traiter avec les sauvages, et fait ressortir les mauvais effets politiques de la nécessité où l'on se trouve d'acheter des marchandises anglai-

ses pour les revendre ensuite aux Indiens. "Si les mar- 1734.
chandises anglaises, dit-il, sont achetées à bon marché,
de façon à pouvoir les donner aux sauvages, avec un
bénéfice, à moindre prix que les marchandises françaises, les sauvages ne sont pas assez simples pour ne pas
en faire la différence. Ils disent que nous ne savons
plus rien faire, puisque nous sommes obligés d'acheter
les produits anglais pour faire notre traite, et que cela
étant, ils ne voient point pourquoi nous tenons à traiter
avec eux, à moins que ce ne soit pour leur faire payer
les marchandises anglaises plus cher, en les vendant de
seconde main. Cet argument est pour eux sans ré-
plique."

Le 30 septembre 1733, une dépêche du conseil supérieur de la colonie, signée par Bienville, Salmon, et Prat,
conseiller, relativement à la dépréciation du papier-
monnaie de la compagnie des Indes, et aux procès qui
en étaient la suite, avait été envoyée au ministre en
France. Elle est transcrite ici en entier, comme jetant
un grand jour sur l'état financier de la colonie à cette
époque :

Depeche du Conseil superieur.

"Le grand nombre de procès qui arrivent tous les
jours entre les habitants de la province de la Louisiane,
à l'occasion de la monnaie et des billets que la compagnie des Indes y a introduits pour le paiement de ses
dettes et la facilité de son commerce, oblige le conseil
supérieur de s'adresser à Votre Grandeur pour avoir
un réglement dans les décisions qu'il sera forcé de
porter.

"Le fait est que, depuis que la compagnie des Indes a
géré ce pays, les espèces d'or et d'argent y ont toujours
été fort rares. Il y fut d'abord envoyé des espèces de
billon, dont la plus grande partie a été rapportée en
France par les particuliers qui y ont passé. La compa-

1734. gnie a fait faire, depuis, des billets ou cartes, signés de ses directeurs à la Louisiane, qui ont obligé les officiers et employés de les recevoir en paiement des denrées qu'ils remettaient dans les magasins de la compagnie, ou pour ouvrages faits, avec promesse de les retirer et de les payer en marchandises convenables, ou en lettres de change sur France.

"Les porteurs de ces billets qui étaient obligés d'acheter ailleurs que dans les magasins de la compagnie ce dont ils avaient besoin, et ce qu'ils n'y trouvaient point, et ceux que leurs affaires appelaient en France, ne pouvant très souvent obtenir des lettres de change (cette facilité n'ayant lieu que suivant le caprice des directeurs de la compagnie), étaient contraints d'acheter la marchandise le double de sa valeur, ou de convertir ces billets en argent. La valeur de l'argent fut donc portée, par cette même raison, depuis 1723 jusqu'en 1726, à 30 et 35 liv. la piastre. Sur ce pied, il n'y eut rien d'étonnant de voir l'eau-de-vie à 30 livres le pot, une paire de souliers 30 et 35 livres, et ainsi des autres marchandises, à proportion. Cette usure alla à tel point, que le conseil supérieur fut obligé de faire le procès à deux particuliers qui en furent convaincus, et il rendit alors un réglement pour essayer d'y mettre l'ordre convenable, mais l'abus ne fut point arrêté. Cependant, en 1729 et en 1730, et jusqu'à la fin de 1731, le grand nombre de ces billets étant diminué, parce que la compagnie les retirait, la piastre diminua de prix, et revint à 10 liv. et 12 liv.

"Pendant les années dont il est parlé ci-dessus, même jusqu'en 1730, les habitants contractèrent entre eux, et avec la compagnie des Indes, plusieurs dettes dont le paiement fait le sujet de la contestation actuelle, attendu que, depuis la fin de 1731, temps auquel le sieur Salmon est arrivé, il n'y a plus de billets de la compagnie, qui furent tous retirés par le moyen de marchandises que le sieur Salmon fit remettre à la compagnie, pour la rembourser des avances qu'elle avait faites pour le roi depuis le 1er mai 1732, temps auquel le roi a repris possession du pays.

"Il est vrai que, depuis ce temps là, quelques créanciers ont prévenu le réglement qu'on pourrait rendre à ce sujet, et se sont portés d'eux-mêmes à la réduction de moitié de leurs créances. D'autres ont plaidé pour avoir le tout, et le conseil supérieur, sans faire de réglement, a condamné les débiteurs à payer en espèces qui avaient cours au jour que les billets et obligations avaient été contractés. Il a cru devoir prendre ce tempérament pour ne pas dénier la justice.

"La compagnie, qui est la plus forte créancière en ce pays, est celle qui pourrait s'opposer à cette proposition. Cependant il semble qu'elle y ait acquiescé, et qu'elle ait donné ouverture à la réduction de moitié des dettes."

A l'appui de cette assertion, les membres du conseil supérieur citent, comme exemples, plusieurs cas où la compagnie a réduit de moitié ce qu'elle était tenue de payer à ses créanciers, qui ont été obligés de passer par là, de crainte de tout perdre.

Ils ajoutent: "La compagnie après cela aurait mauvaise grace de s'opposer à la réduction, lorsque cette réduction opérerait contre ses propres créances. On peut même dire qu'elle a plus d'intérêt que personne à y souscrire, si elle a envie de faire le recouvrement de ce qui lui est dû. Les nègres qu'elle a introduits dans la colonie ne lui revenaient pas à 300 livres, et elle les a vendus à crédit 1,000 livres. Comme elle les vendait la plupart à l'enchère, des habitants qui en avaient envie, mais qui n'avaient pas beaucoup le désir de payer, les ont poussés jusqu'à 1,500 ou 1,800 livres. A l'égard des marchandises des magasins, elle les a vendues en partie jusqu'à 150 pour cent de bénéfice. Tel qui a eu dix nègres d'elle, n'en a pas à présent la moitié. En sorte que pas un habitant ne pourrait s'acquitter, si les dettes res-

1734. taient entières. Aucun même n'a assez de biens pour suffire à la moitié. C'est ce qui décourage la plupart d'entre eux.

"Il s'est présenté en dernier lieu au conseil une affaire qui lui a paru assez importante pour ne point porter de décision jusqu'à nouvel ordre.

"Le sieur Rossard, ci-devant procureur aux biens vacants, qui est poursuivi pour rendre ses comptes, a présenté au conseil une requête, par laquelle il expose qu'il lui est dû considérablement en cette qualité par ceux qui ont eu des effets des successions vacantes, et que les débiteurs demandent la réduction de leurs dettes à moitié, au lieu que ceux à qu'il peut devoir demandent leur paiement entier. Ce qui l'empêche de se libérer. Le conseil supérieur attendra sur le tout une décision, qu'il supplie *Votre Grandeur de vouloir bien envoyer par la première occasion.*"

La compagnie ayant répondu à la requête du conseil supérieur de la Louisiane par un long mémoire, dans lequel elle cherchait à réfuter toutes les allégations de la requête, M. de Fulvy, intendant des finances et commissaire du roi près de la compagnie des Indes, à qui la requête et la réponse avaient été référées, fit à ce sujet un rapport qui fut soumis au comte de Maurepas, alors ministre.

M. de Fulvy approuva le mémoire de la compagnie dont il soutint les conclusions, et prétendit qu'elle s'opposait avec raison à la réduction de sa dette par moitié. Il termina en ces termes: "Je vous prie de vous ressouvenir, Monsieur, de ce qui s'est passé l'année dernière, au sujet des affaires de la compagnie des Indes à la Louisiane, pour que vous ne doutiez pas que si elle ne se prête pas à la proposition faite par le conseil supérieur, ce n'est pas qu'elle ne desire infiniment de pouvoir contribuer au soulagement de l'habitant, mais parce que le peu de confiance qu'elle peut prendre dans la plupart des membres qui composent le conseil 1734. supérieur l'empêche de s'en rapporter à ce qu'il pourrait faire. Les conseillers sont ses débiteurs les plus considérables et ont donné en plusieurs occasions des preuves qu'ils agissaient plutôt en parties intéressées qu'en juges, qui étaient établis par le roi pour rendre la justice. C'est ce qui engagea la compagnie l'année dernière à vous supplier de trouver bon *que le sieur Salmon fût seul autorisé par arrêt du conseil à régler toutes les affaires qu'elle pourrait avoir, tant en demandant qu'en défendant,* à la Louisiane. Vous y avez consenti, et en conséquence elle a adressé au sieur Salmon, avec l'arrêt qui évoquait devant lui toutes les affaires où elle avait intérêt, un pouvoir général de faire tout ce que bon lui semblerait et tout ce qu'il croirait juste. Ce pouvoir suffirait pour autoriser le dit sieur Salmon à réduire, s'il le croit juste, les créances de la compagnie. Cependant, si vous le trouvez convenable, j'engagerai la compagnie à lui envoyer un nouveau pouvoir *ad hoc* qui l'autorisera à recevoir de l'habitant les trois cinquièmes de son dû et à lui faire remise du surplus. *Mais je doute que ce parti convienne au conseil supérieur qui n'a pour but que de se libérer avec la compagnie sans qu'il lui en coûte rien.*"

Il est à remarquer que la requête du conseil supérieur est signée par Salmon, qui par conséquent approuve sa demande en réduction, mais qui semble reculer devant la responsabilité d'exercer le pouvoir dont il était revêtu pour diminuer les dettes de la colonie, et auquel M. de Fulvy se réfère dans sa réponse.

Le gouvernement français, ayant retiré tout le papier-monnaie de la compagnie, désirait le remplacer par une monnaie de carte, sur laquelle il demanda l'avis de Bienville et de Salmon, qui n'osèrent pas s'opposer ouvertement à ce qu'ils reconnaissaient être le désir du gouvernement. Ils admirent donc que cette

1734. émission de papier de cartes était nécessaire, mais ils ajoutèrent :

"Cependant, toutes réflexions faites, il nous paraît qu'il conviendrait d'attendre encore deux années. Il est vrai que cette monnaie ne paraîtra pas nouvelle aux colons, qui sont déjà accoutumés à cette sorte de papier, parce que la compagnie avait introduit ici des billets de caisse, et c'est justement le principal obstacle à surmonter. La compagnie n'a point soutenu le crédit de son papier. Au contraire, elle a fait, ici et à Paris, tout ce qu'il fallait pour le faire tomber. Ses billets, lors de la rétrocession du pays au roi, perdaient moitié et plus. Nous sentons parfaitement qu'il n'en serait pas de même des cartes, mais c'est de quoi il est nécessaire que le marchand et l'habitant soient bien convaincus, et pour cela, il faut un peu de temps, et que le *souvenir du papier de la compagnie soit un peu effacé* Le cours favorable que les ordonnances ont ici, par l'exactitude avec laquelle elles sont reçues dans les magasins et à la caisse, et ensuite converties en lettres de change qui sont acquittées en France, fera naître peu à peu cette confiance. Nous ferons de notre part tout ce que nous pourrons pour l'augmenter. D'un autre côté, si la monnaie de cartes était incessamment substituée aux espèces, de sorte qu'il ne fut plus envoyé d'argent ici, l'habitant n'aurait plus de ressource que dans le peu d'argent d'Espagne qui nous vient de Pensacola, par la Mobile. Alors la rareté le ferait rechercher, parce qu'il y a des cas où il faut payer en argent, par exemple, les pacotilles des particuliers. L'agio qui s'est fait ici sur les espèces, du temps de la compagnie, lorsque la piastre valait jusqu'à quarante livres, nous fait peur, et il n'en faudrait pas davantage *pour causer la désertion et la perte totale du pays.*"

Au sujet du papier-monnaie, par lequel on cherchait à remplacer les espèces métalliques à la Louisiane, lequel papier-monnaie consistait en cartes qui n'étaient 1734. payables qu'à Paris sur lettres de change, pour lesquelles elles devaient être échangées, M. de Bienville continue de faire les observations les plus justes et les plus sagaces. Un démocrate de nos jours, après la dure expérience que nous en avons faite, ne décrirait pas avec plus de force la démoralisation produite par les effets de ce système de papier-monnaie, qui est partout accompagné d'un esprit d'agio et de spéculation, dont la maligne influence ne manque jamais de s'infiltrer comme un poison subtil dans tout le corps social. Ainsi il dit : "Nous nous apercevons, et cela est tout naturel, que tel qui a du papier fait plus de dépense que s'il avait de l'argent comptant, et que chacun dépense *ce qu'il gagne sans penser au lendemain.*" Bienville écrivait ces lignes en 1734 ; elles n'ont été que trop applicables à la Louisiane de 1836 !

On ne concevra que trop, du reste, l'impatience qu'éprouvait le gouvernement de payer ses dépenses à la Louisiane avec des cartes, quand on saura que son budget s'y monta, cette année, à 898,245 livres.

CHAPITRE XIV.

MALHEUREUSE EXPÉDITION DE M. DE BIENVILLE CONTRE LES CHICKASSAS.—DÉFAITE DE M. D'ARTAGUETTE PAR LES CHICKASSAS.—IL EST PRIS ET BRULÉ.

1735. Le 15 avril 1735, M. de Bienville écrivait ainsi que suit, relativement à l'état de la colonie : "On fait cent milliers de tabac à la Pointe-Coupée. Deux femmes élèvent des vers à soie par amusement et réussissent très bien. Il faudra envoyer des œufs pour les Ursulines, qui enseigneront cette culture aux orphelins don l'éducation leur est confiée. La culture du coton est avantageuse, mais les colons éprouvent une grande difficulté à le nettoyer de ses grains.

"On fait assez de bray et de goudron pour payer les dettes de la compagnie.

"Je ne néglige rien pour porter les habitants à la culture des terres, mais en général ces habitants sont paresseux, fainéants, libertins, et la plupart se rebutent aisément des travaux qu'il y a à faire pour les terres."

Pour ces habitants que l'on représentait comme fainéants et libertins, l'année ne fut pas heureuse, car dans une dépêche conjointe de Bienville et Salmon, en date du 31 août, il est dit : "La mortalité des bestiaux est effrayante, la sécheresse est très grande, la chaleur étouffante. Il n'a point encore fait si chaud de- 1735. puis que la colonie est établie, au rapport des anciens, et cette chaleur dure depuis quatre mois. Pendant tout ce temps, il n'y a eu d'autre pluie que celle de deux ou trois orages.

"Depuis Noël jusqu'à la St. Jean, les eaux ont été très hautes, au point que beaucoup de levées ont été rompues, même devant la ville, et que, pour un peu plus, il aurait fallu abandonner les maisons et se loger dans des bateaux. Puis la sécheresse est venue, au point que le fleuve a baissé de plus de quinze pieds, et qu'on ne l'a point encore vu si bas. Aussi, notre récolte est-elle très médiocre. Les terres étant submergées à l'époque des semailles, on a semé trop tard."

Pendant que les habitants de la campagne se désolaient de la perte de leurs récoltes, ceux de la ville souffraient d'une singulière autre cause d'affliction. Car ils ne pouvaient sortir de leurs maisons sans s'exposer à être dévorés par des chiens affamés. La race de ces animaux avait pullulé dans la colonie d'une manière extraordinaire. Le mal devint tel, que le commissaire-ordonnateur Salmon publia l'ordonnance suivante :

"Etant nécessaire de remédier aux désordres que cause à la Nouvelle-Orléans la trop grande quantité de chiens, dont la plupart sont vagabonds et sans maîtres, et attaquent les passants tant de jour que de nuit, nous avons ordonné qu'il se fera, par gens à ce préposés, une chasse générale tous les premiers lundis de chaque mois dans les rues et carrefours de cette ville, depuis cinq heures jusqu'à six heures du matin, pour tuer tous les chiens abandonnés ou qui vagueront.

"Défense à tous nègres et sauvages d'avoir des chiens sous peine de carcan."

La colonie souffrait aussi beaucoup de l'absence de métiers, car les charpentiers, les ébénistes, les tailleurs, les bottiers, et autres gens de cette espèce, étaient ex-

1735. trêmement rares. Dans le but d'y remédier, il fut rendu une ordonnance qui accordait des congés aux soldats français et suisses, s'ils étaient hommes de métiers, à condition qu'ils s'établiraient dans la colonie de la Louisiane, pour y exercer ces métiers.

Malheureusement pour la prospérité de la colonie, une grave mésintelligence éclata entre Bienville et Diron d'Artaguette, qui cependant étaient deux hommes de mérite et faits pour s'entendre. Mais il en devait être comme par le passé, au sujet du gouverneur et du commissaire-ordonnateur. Il était dit que jamais les chefs de la colonie, quels qu'ils fussent, ne pourraient être d'accord. Ainsi, M. d'Artaguette, dans une dépêche du 29 avril, affirme que si M. de Bienville est mécontent et se plaint de lui, c'est qu'il a fait connaître la mauvaise conduite de ses protégés, M. Lesueur et M. Beaudoin, jésuite, qui séduisent les sauvagesses, au grand scandale des Chactas.

Que ce fût à cause de ce scandale ou pour d'autres raisons, il est certain que les Chactas n'étaient plus pour les Français les alliés fidèles qu'ils avaient été. Ils se divisèrent en deux partis, dont l'un voulait se prononcer pour les Anglais, et dont l'autre retenait sa vieille prédilection pour les Français. On verra, par la suite, que les Français eurent beaucoup à souffrir de ce nouvel état de choses. A partir de cette époque, ils n'éprouvèrent que des revers dans presque toutes leurs entreprises contre les nations indiennes.

Dans une dépêche du 20 d'août, Bienville se plaint amèrement du sieur de Coulanges, qui, ayant été chargé de porter à M. d'Artaguette des munitions aux Illinois, avait inconsidérément remplacé sept cents livres de poudre par des marchandises qu'il se chargea de transporter pour quelques officiers. Ce qui avait obligé M. d'Artaguette, qui manquait de munitions, de renvoyer un des bateaux, armés de dix soldats, commandés par le sieur du Coder, enseigne en second, pour chercher ces 1735. poudres. "Sur ces entrefaites, continue-t-il, je reçus une lettre du sieur du Coder, écrite d'un village chickassas, qui me mandait qu'étant à moitié chemin des Arkansas aux Illinois, il avait mis pied à terre pour faire reposer son équipage ; que, pendant ce temps, il était entré dans le bois, pour voir s'il ne découvrirait pas quelques pistes ; que, peu de temps après, il entendit une décharge de plus de deux cents coups de fusil, accompagnés de cris qui ne lui laissèrent pas de doute que son détachement était attaqué ; qu'il courut sur le champ vers son bateau, où il fut saisi par plusieurs sauvages, et que les autres étaient occupés à piller ou à lier un sergent et un soldat, qui restaient seuls en vie. Il me manda que ce parti, composé de deux cent quarante hommes, Chickassas et Natchez, était en marche pour aller enlever les femmes que les Illinois leur avaient prises peu de temps auparavant, ou pour en tirer vengeance ; qu'il y avait plusieurs jours que ces Indiens le suivaient pour le surprendre ; mais que, jusque-là, il s'était toujours tenu de l'autre bord du fleuve. En effet, s'il avait continué de prendre cette précaution, qui était toute naturelle, il aurait échappé à leur poursuite.

"J'ai envoyé sur le champ aux Illinois un autre bateau chargé de poudre, sous la conduite de cent vingt hommes, y compris quarante nègres.

Ici, Bienville déplore ce fatal événement, expose au ministre les funestes conséquences qui en résulteront, et les difficultés qui en ont surgi au moment où il avait presque réussi à obtenir des Chickassas qu'ils livrassent les Natchez pour obtenir la paix ; puis il ajoute : "J'ai enjoint à M. d'Artaguette d'ordonner à M. de Coulanges, pour son imprudence, le fort de Chartres pour prison pendant six mois. Je n'aurais pas manqué de l'interdire, si je n'avais pas eu égard à ses services passés, qui lui ont fait une réputation pendant la guerre des Nat-

1735. chez. J'espère que cet exemple suffira pour modérer l'avidité pour le gain que quelques uns de nos officiers ont prise au service de la compagnie.

"Au reste, il paraît que cet avantage n'a pas changé les dispositions des Chickassas ni leur désir d'obtenir la paix. Ils m'ont fait donner avis de la détention du sieur du Coder, et l'ont engagé à m'écrire par différents endroits. Enfin, ils m'ont renvoyé le soldat pris, lequel ils ont fait accompagner jusqu'à deux journées des Chactas. Le soldat m'a dit qu'à leur arrivée chez les Chickassas, on leur avait fait traverser les villages un bâton blanc à la main, et qu'on les avait ensuite lavés, pour marquer qu'on leur donnait la vie. En effet, ils furent laissés en pleine liberté. Les Chickassas ont pensé que nous leur donnerions la paix pour avoir ces prisonniers. Ils me font prier, par le sieur du Coder, de leur envoyer quelqu'un pour les protéger contre nos sauvages.

"Je n'en ferai rien, car ce serait nous perdre dans l'esprit des nations. J'écris au sieur du Coder de profiter de la liberté qu'on lui laisse pour tâcher de se sauver chez les Chactas avec son sergent. Je ne puis sacrifier la gloire et les intérêts de la nation au salut de deux hommes. J'attendrai, pour agir suivant les circonstances.

"Je prie Monseigneur de se rappeler que je puis à peine mettre deux cents hommes en campagne, et que je ne puis compter sur les sauvages, qui nous ont tant prouvé leur lâcheté dans les courses que je leur ai fait entreprendre contre les Chickassas. Je n'ose donc compromettre l'honneur de nos armes contre une nation aguerrie, et qui a au moins quatre cent cinquante guerriers. J'ai su du soldat qu'ils m'ont envoyé qu'ils ont cinq forts de palissades, et qu'en outre, les particuliers, de dix en dix, ont une cabane fortifiée de trois rangs de pieux avec des meurtrières, et couverte en terrasse pour se garantir du feu. Toutes ces cabanes sont posées de façon qu'elles se défendent l'une l'autre. Les Nat- 1735. chez, qui sont environ cent quatre-vingts hommes, font un village particulier, mais contigu à celui des Chickassas. Outre les cabanes, ils ont un grand fort à quatre bastions, qu'ils ont construit d'arbres plantés en terre, sur le modèle de celui que nous avions chez eux lors de leur révolte.

"Voilà l'état des forces de nos ennemis. D'après cela, vous jugerez ce que nous pourrons faire. Alors même que je ferais marcher toute la colonie, nous ne pourrions pas nous promettre un heureux succès, et ce parti violent ne doit pas être pris légèrement.

"Je demande encore et toujours une augmentation de quatre compagnies.

"Je ferai néanmoins tout ce qui dépendra de moi pour faire harceler les Chickassas par nos sauvages. Mais il faut absolument faire un coup d'éclat, même pour maintenir les sauvages dans le devoir."

Le 9 septembre, il écrivait encore : "Les Chactas, malgré leurs promesses, ont admis des traiteurs anglais, par les menées du Soulier Rouge et de sa faction, car une partie des chefs n'approuve pas cette démarche. Cependant ces peuples sont si changeants, si inconstants, que l'on doit s'attendre à tout. Les partisans des Anglais veulent faire la traite avec nous et avec les Anglais pour leur plus grand avantage. Seulement, ils veulent que, pour cela, les Anglais leur fassent des présents. Ce qui n'est pas leur coutume, et ce qui leur serait très onéreux, vu la distance.

"Malgré tout, il est essentiel de faire attaquer sans délai les Chickassas, que les Anglais protègent, et pour lesquels ils s'efforcent d'obtenir la paix des Chactas. Aussi vais-je, dans une conjoncture aussi grave, préparer une expédition pour le mois de février prochain, coûte que coûte."

Mais quelques jours plus tard, le 16 du même mois, il

1735. écrivit : "Il ne paraît pas que les Anglais aient beaucoup à se louer de leur première traite avec les Chactas. Ce qu'il y a de certain, c'est que leur proposition de paix pour les Chickassas, n'est pas généralement goûtée, puisqu'il se forme des partis pour courir sur les Chickassas.

"Cependant, M. Diron d'Artaguette a pris l'alarme sur ces mouvements et l'a communiquée à tous les quartiers de son commandement, en rendant une ordonnance publiée à la paroisse, où il expose que les Anglais, en gagnant les Chactas comme ils l'avaient fait, n'avaient d'autre but que de s'emparer par leur moyen de la Mobile, et enjoint à tous les habitants de se tenir sur la défensive contre ces deux nations réunies ; de manière que personne ne sort plus dans ce canton que les armes à la main. Le bourgeois même de la Mobile ne va plus à la messe qu'avec son fusil. L'épouvante est générale. Cette démarche de M. d'Artaguette est donc bien inconsidérée.

"Je pense que M. Diron d'Artaguette affecte cette inquiétude pour prévenir le public contre mon gouvernement, car il n'est pas probable qu'il trouve le danger aussi pressant qu'il voudrait le faire croire. Parce que quelques Chactas ont introduit des Anglais dans la nation, elle n'est pas encore contre nous. A-t-elle accepté la proposition de s'accommoder avec les Chickassas? nos traiteurs ne sont-ils pas chez eux, et croit-on que quatre misérables traiteurs anglais soient capables de les faire renoncer aux avantages qu'ils trouvent dans notre parti ?

"L'alarme donnée par M. Diron d'Artaguette a été si grande dans le quartier de la Mobile, que les habitants se préparaient à se retirer à la Nouvelle-Orléans, lorsque je leur ai fait défendre d'abandonner leurs habitations, vu qu'il n'y avait rien à craindre.

"Arrivé à la Mobile, je n'ai pas cru devoir hésiter à

révoquer les ordres de M. Diron d'Artaguette, persuadé 1735. qu'il n'avait donné cette alarme que pour appuyer les mauvais raisonnements qu'il fait depuis long-temps sur ma façon de gouverner les sauvages.

"Pour autoriser cette première imprudence, M. Diron d'Artaguette en commit une autre, qui faillit nous brouiller avec les Chactas. Dans le temps qu'en exécution de ses ordres, toute la Mobile était en armes, plusieurs chefs de guerre, de ceux que j'avais fait inviter à courir sur les Chickassas, y vinrent pour faire raccommoder leurs armes. Ils se rendirent suivant leur coutume chez le commandant qui, ignorant ou feignant d'ignorer quelle conduite les sauvages avaient tenue avec les Anglais, leur fit des reproches sanglants sur ce qu'ils avaient été soufferts dans la nation, et leur dit que, regardant tous les Chactas comme des alliés des Anglais, il n'avait garde de faire raccommoder leurs armes, de crainte qu'ils ne s'en servissent contre nous. Puis, après quelques insultes sur leur lâcheté, il les renvoya sans même leur donner à manger. Ces chefs s'en retournèrent donc fort étonnés et également piqués de la mauvaise réception qu'ils avaient essuyée. Le rapport qu'ils en firent dans la nation y causa un grand mouvement et donna beaucoup d'inquiétude aux missionnaires et autres Français qui s'y trouvaient. Cependant le grand chef calma les esprits."

M. de Bienville termine en disant: "Un interlope de la Jamaïque s'était présenté, le 16 juillet, dans la baie de la Mobile, sous prétexte de réclamer un bateau arrêté l'an dernier, et avait mouillé à quatre lieues du fort. Le capitaine vint à terre montrer une procuration vraie ou fausse que M. Diron d'Artaguette m'envoya. Il n'en ordonna pas moins au capitaine de sortir de la baie. Sur ce que le capitaine n'obéissait pas à cette injonction, M. Diron d'Artaguette envoya un lieutenant, le sieur de Velles, dans une pirogue avec trente hommes

1735. pour s'emparer de l'interlope. M. de Velles y eut dix-sept hommes mis hors de combat et se retira. Sur ces entrefaites, M. Diron d'Artaguette reconnut sa faute et envoya M. de Bombelles avec vingt hommes renforcer le premier détachement, mais trop tard. Le mal était déjà fait, et l'interlope gagna le large."

On voit que Messieurs de Bienville et Diron d'Artataguette ne s'épargnaient pas les récriminations.

Quoique Bienville et le commissaire-ordonnateur Salmon, que l'on devait regarder comme des juges compétents de l'état du pays, puisqu'on les avait consultés sur l'opportunité d'y introduire un nouveau papier-monnaie, eussent, dans leur réponse, fait connaître la nécessité de différer de deux ans l'exécution de la mesure projetée, tout en faisant entendre indirectement qu'ils étaient opposés au système lui-même qu'ils n'osaient combattre ouvertement, le gouvernement français, au mois de septembre de cette année, ordonna l'émission de deux cent mille livres de papier-monnaie. C'était là le ballon d'essai. Les autres ne devaient pas se faire attendre.

1736. L'année 1736 s'ouvrit par une dépêche de Diron d'Artaguette, du 12 janvier, dans laquelle il annonçait que du Coder s'était échappé de chez les Chickassas, et dans laquelle il se plaignait de ce que Bienville suivait les traces de M. Périer, en imitant sa condescendance pour les sauvages, *qui obtenaient*, disait-il, *tout ce qu'ils voulaient et devenaient par suite de plus en plus arrogants.*

Diron d'Artaguette faisait injure à Bienville en le comparant au faible et cruel Périer. Ce dernier avait en effet cherché, d'abord, à gagner les sauvages par des caresses, des présents, et des concessions peut-être poussées trop loin. Mais lorsqu'il s'aperçut que ces moyens de séduction ne produisaient pas sur les Indiens l'effet désiré, il tomba dans l'excès contraire et brûla sans pitié ces malheureux, lorsqu'il ne les envoyait pas vendre comme esclaves dans les Antilles françaises.

Bienville ne fut jamais coupable de faiblesse ni de cruauté ; de tous les gouverneurs de la Louisiane, il est celui qui sut le mieux manier les nations indiennes et qui exerça le plus d'influence sur elles. Mais lorsqu'il revint de France pour remplacer Périer, il trouva que les Indiens, qu'il avait laissés amis des Français, ou du moins dans un état d'indifférence, étaient en guerre ouverte contre la colonie, ou dans une attitude menaçante. Après tant d'échecs honteux, le nom Français avait perdu de son prestige auprès des sauvages. Bienville pensa qu'il fallait remonter le moral de la colonie et faire impression sur les Indiens par quelque action d'éclat. Cela l'entraîna dans des guerres qui furent désastreuses et qui amenèrent encore une fois sa destitution.

Au commencement de l'année, M. de Bienville avait marché contre les Chickassas et n'avait fait qu'une campagne extrêmement malheureuse. M. Diron d'Artaguette, qui était devenu l'ennemi de Bienville, se hâta d'en donner avis au ministre.

"C'est avec une peine extrême, Monseigneur, écrivait-il le 9 juin, que je prends la liberté de vous marquer le mauvais succès de nos armes contre la nation des Chickassas. Notre armée, composée de plus de quinze cents hommes et commandée par M. de Bienville, a échoué, comme vous l'apprendrez par lui-même, à l'attaque du premier village qu'ils ont trouvé sur leur chemin. Ce village était défendu par trente ou quarante hommes retranchés dans un fort et dans plusieurs cabanes aux environs, également fortes, par lesquelles ils ont fait des décharges si à-propos, qu'ils nous ont mis environ cent hommes hors de combat. Ce qui a mis parmi nos gens un désordre si considérable, que M. de Bienville a été obligé de s'en revenir. Nous ne pouvons dire avoir tué un seul Chickassas, et, sans le secours de nos Chactas, plusieurs disent qu'il n'en serait pas échappé quatre pour nous porter la nouvelle de cette défaite."

1736. Il est facile de voir percer dans cette lettre toute l'hostilité dont Diron d'Artaguette était animé contre Bienville.

Voici maintenant la dépêche de Bienville lui-même sur cette campagne :

"Le retard des vaisseaux du roi, qui devaient me porter des mortiers, m'a fait perdre le mois de février tout entier. Le vaisseau qui arriva à la fin de février se trouva ne pas les avoir embarqués. Déplorable négligence !

"Cependant les choses étaient trop avancées pour reculer sans perdre la confiance des Chactas. Mais tout a tourné contre nous. A la Mobile, j'appris que les préparatifs dont j'étais convenu avec M. Salmon, avant mon départ de la Nouvelle-Orléans, languissaient, et que les voitures que j'avais demandées pour le mois d'octobre, n'avaient point été fournies par les entrepreneurs, le 15 janvier. Je partis sur le champ pour la capitale (Nouvelle-Orléans), malgré la rigueur de la saison. Je dépêchai en arrivant un second courrier à M. d'Artaguette, pour lui ordonner de retarder son départ des Illinois jusqu'à la fin d'avril.

"Je fis travailler avec plus de vivacité aux préparatifs, et lorsque je les vis au point où je voulais, je tirai des garnisons des Natchez, des Natchitoches et de la Balise tout ce que je pouvais tirer d'officiers et de soldats sans dégarnir ces postes. Je formai une compagnie de volontaires, composée de jeunes gens et de voyageurs qui se trouvaient à la Nouvelle-Orléans, et une autre compagnie de bourgeois non mariés. Je fis passer toutes nos forces à la Mobile, à mesure que les voitures étaient prêtes. Enfin, je me mis en route le 4 mars, après avoir envoyé par le bas du fleuve les grands bateaux chargés de vivres et d'ustensiles, et je ne laissai après moi que quatre compagnies françaises, que j'ordonnai à M. de Noyan de conduire à la Mobile, dès que le reste des voitures serait fini. Les troupes, contrariées par les vents, n'arrivèrent que le 22. Le 28, arriva un 1736. grand bateau chargé de riz, parti avant moi de la Nouvélle-Orléans, et lequel, par le mauvais temps, avait perdu la moitié de sa cargaison. Ce contre-temps m'obligea à faire plus de biscuit, pour remplacer ce riz; mais comme ce remplacement avait beaucoup retardé mon départ de la Mobile, j'envoyai des boulangers à notre nouvel établissement de Tombekbé, par les Chactas, et j'écrivis à M. de Lusser, qui y commandait, de faire des fours, et d'employer en biscuits toutes les farines qui lui restaient. Enfin, partis de la Mobile le 1er d'avril, nous arrivâmes le 23 à Tombekbé. Retardés par les courants et par des pluies très fréquentes, je n'avais garanti mes vivres que par miracle. Je fus même obligé en arrivant de faire travailler aux fours, parce que la terre du pays, trop grasse, se fendait au feu. M. de Lusser, après bien des épreuves, n'en avait qu'un qui fût en bon état. Nous en fîmes encore trois autres, en mêlant la terre avec de la marne et du sable. Mais tout cela ne put que fournir du pain frais pendant notre séjour et en donner pour trois en partant.

"En attendant l'arrivée des chefs chactas, qui devaient me joindre là, je fis la revue des troupes, dont l'état est ci-joint.

"Les troupes blanches se composaient de cinq cent quarante-quatre hommes, non compris les officiers.

"Les troupes noires étaient de quarante-cinq hommes commandés par des nègres libres.

"Le reste se composait d'Indiens. Parmi les principaux officiers, on comptait Messieurs Deléry, d'Hauterive, de Lusser, de Courtillas, Petit, Berthel, de Bombelles, Bénac, Leblanc, de Membrède, de Macarty, de St. Pierre, de Velles, de Bouillé, Des Marets, de Contre-Cœur, Populus de St. Protais, Pontalba, Vanderek, Montbrun, Noyan. A la tête des Suisses étaient du Parc et Volant. Montmolin en était le porte-drapeau.

1736. "Le détachement des habitants était commandé par Lesueur et St. Martin."

Ici Bienville entre dans de longs détails sur les difficultés qu'il eut à surmonter pour réunir les sauvages alliés, pour les contenir, pour calmer leurs défiances, pour satisfaire à leurs exigences, et pour les empêcher de déserter. Les obstacles qu'il eut à vaincre sur sa route, et l'extrême peine qu'il eut à transporter son matériel et ses vivres, sont longuement énumérés.

"Enfin, dit-il, le 22 mai, nous nous trouvâmes tous à neuf lieues des villages chickassas. Le 23, à la pointe du jour, je fis couper un nombre de pieux et tracer un petit fort qui fut élevé aussitôt pour la défense de nos voitures. Je tirai des compagnies une garnison de vingt hommes, pour y rester sous le commandement du sieur de Vanderek, avec le garde-magasin, les patrons des bateaux et quelques malades. J'eus le temps de remarquer, en voyant tous les Chactas réunis, qu'ils n'étaient pas venus en si grand nombre qu'ils l'avaient promis, et qu'ils n'étaient guère que six cents hommes. J'eus beaucoup de peine à en trouver une certaine quantité qui voulussent porter, en les payant, des sacs de poudre et de balles, que les nègres ne pouvaient prendre, s'étant déjà chargés d'autres choses.

"Le 24, après avoir fait prendre des vivres pour douze jours, je partis du fort dans l'après-midi, et fus camper le soir à deux lieues de là. Les pluies, dont j'avais tant été incommodé sur la rivière, ne me quittèrent point à terre. A peine étions-nous campés, que nous essuyâmes un violent orage, qui reprit plusieurs fois dans la nuit, et qui nous fit tout appréhender pour nos munitions et nos vivres. Nous fîmes cependant en sorte qu'ils ne furent pas mouillés.

"Le 25, nous eûmes à passer, dans l'espace de cinq petites lieues, trois ravines profondes où nous eûmes de l'eau jusqu'à la ceinture. Comme les bords en étaient couverts de cannes fort épaisses, j'avais envoyé devant 1736. à la découverte. Nous ne vîmes plus après cela qu'un pays le plus beau du monde et nous campâmes sur le bord d'une prairie à deux lieues des villages."

Bienville voulut alors contourner les villages des Chickassas pour aller attaquer le village des Natchez, qui était plus loin, parce qu'il les considérait comme les instigateurs de toutes les guerres que la colonie avait à soutenir. Mais les Chactas mirent tant de persistance à attaquer les villages qu'ils avaient en vue et qui contenaient, disaient-ils, beaucoup de vivres, ce dont ils manquaient complètement, que Bienville se vit obliger de céder.

"La prairie, dit-il, dans laquelle ces villages étaient situés, pouvait avoir deux lieues d'étendue. C'étaient trois petits villages établis triangulairement sur la crête d'un coteau, au bas duquel coulait un ruisseau presque à sec. Les Chactas me vinrent dire que je ne trouverais pas d'eau plus loin, et je fis défiler le long du petit bois qui terminait la prairie, pour gagner une petite hauteur où je fis faire halte pour manger. Il était alors plus de midi.

"Cependant les Chactas, qui voulaient, à quelque prix que ce fût, engager une action avec ces premiers villages, y furent escarmoucher, dès que nous fûmes entrés dans la prairie, afin d'attirer sur nous la défense de l'ennemi. Ce qui leur réussit ; de manière que la plupart des officiers se joignirent aux Chactas pour demander qu'on attaquât ces villages, dans lesquels ils ne croyaient pas qu'on dût trouver une grande résistance. Je me rendis donc, et je fis commander pour deux heures après-midi la compagnie des grenadiers, un piquet de quinze hommes de chacune des huit compagnies françaises, soixante Suisses et quarante-cinq hommes des volontaires et milices, sous les ordres de M. de Noyan.

"De l'endroit où nous étions arrêtés, à une portée de

1736. carabine des villages, nous y distinguâmes des Anglais, qui se donnaient de grands mouvements, pour préparer les Chickassas à soutenir notre attaque. Malgré l'irrégularité de cette conduite, comme à notre arrivée, ils avaient dans un des trois villages arboré un pavillon anglais pour se faire connaître, je recommandai au chevalier de Noyan d'empêcher qu'on les insultât, s'ils voulaient se retirer, et, pour leur en laisser le temps, je lui ordonnai d'attaquer d'abord le village opposé à celui du pavillon.

Cependant, le détachement commandé se mit en marche et gagna le coteau, à la faveur de quelques mantelets qui, à la vérité, ne servirent pas long-temps, parceque les nègres qui devaient les porter jusqu'à un certain endroit, ayant eu un des leurs tué et un autre blessé, jetèrent là les mantelets et s'enfuirent. En entrant dans le village, appelé Ackia, la tête de la colonne et les grenadiers, étant à découvert, furent fort maltraités. Le chevalier de Contre-Cœur y fut tué, et un nombre de soldats tués ou blessés. On prit cependant et l'on brûla les trois premières cabanes fortes et plusieurs petites qui les défendaient, mais quand il fut question de traverser de celles-ci à d'autres, le chevalier de Noyan s'aperçut qu'il n'avait presque avec lui que les officiers de la tête, quelques grenadiers et une douzaine de volontaires. La mort de M. de Lusser qui fut tué en traversant, aussi bien que celle du sergent des grenadiers et d'une partie de ses gens, avaient déjà effrayé les troupes. Les soldats se foulaient derrière les cabanes prises, sans que les officiers serre-files pussent les en détacher, de façon que les officiers de la tête furent presque tous mis hors de combat. En un instant, le chevalier de Noyan, M. d'Hauterive, capitaine des grenadiers, les sieurs de Velles, Grondel et Montbrun furent blessés. Ce fut en vain que le chevalier de Noyan, voulant conserver son terrain, envoya le

sieur de Juzan, son aide-major, pour tâcher de rame- 1736.
ner les soldats. Cet officier, ayant été tué auprès d'eux,
ne fit par sa mort qu'augmenter leur frayeur. Enfin la
blessure de M. de Noyan l'ayant obligé de se retirer
derrière une cabane, il me dépêcha mon secrétaire, qui
l'avait suivi, en lui ordonnant de me rendre compte de
l'état fâcheux où il se trouvait et de m'avertir que, si je
ne faisais sonner la retraite, ou n'envoyais des secours,
le reste des officiers subirait bientôt le sort des premiers ; que, pour lui, il ne voulait pas encore se faire
transporter, de crainte que le peu de gens qui restaient
ne prissent de là occasion de s'en aller à la débandade ;
qu'au reste, il y avait bien soixante ou soixante-dix
hommes tués ou blessés. Sur ce rapport et sur ce que
je voyais, d'où j'étais, plier les troupes tant françaises
que suisses, et encore parce que nous venions d'avoir
une alerte du côté de la grande prairie, où était situé
le gros des villages de la nation, et que nous étions tous
sous les armes, j'envoyai M. de Beauchamp avec quatre-vingts hommes pour faire faire la retraite et enlever
nos morts et blessés. Ce qui ne se fit pas sans perdre
encore quelques hommes. Le sieur Favrot y fut blessé.
Lorsque M. de Beauchamp arriva au lieu de l'attaque,
il n'y trouva presque plus de soldats. Les officiers, rassemblés et abandonnés, gardaient leur terrain. C'est-
à-dire qu'ils en étaient à la cabane la plus voisine du
fort. M. de Beauchamp les fit retirer, et se rendit au
camp en bon ordre, les ennemis n'ayant osé sortir pour
le charger. Il est vrai que les Chactas, qui jusque là
s'étaient tenus à couvert sur la rampe du coteau, attendant l'évènement, se levèrent alors et firent quelques
décharges. Ils eurent en cette occasion vingt-deux
hommes tués ou blessés. Ce qui dans la suite n'a pas
peu contribué à les dégoûter."

Ici, M. de Bienville annonce qu'il envoie un plan de
l'attaque, mais ce plan ne se retrouve pas.

1736. "Ce qu'on peut ajouter, continue-t-il, sur la façon de se fortifier de ces sauvages, c'est qu'après avoir entouré leurs cabanes de plusieurs rangs de gros pieux, ils creusent la terre en dedans pour s'y enfoncer jusqu'aux épaules et tirent par des meurtrières qu'ils font presque à fleur de terre, mais ils obtiennent encore plus d'avantage de la situation naturelle de leurs cabanes, qui sont séparées les unes des autres et dont les feux se croisent, que de tout ce que l'art anglais peut leur suggérer pour les rendre plus fortes. La couverture de ces cabanes est en bousillage de terre et de bois, à l'épreuve des flèches à feu et des grenades, de façon qu'il n'y a que la bombe qui puisse leur nuire. Or, nous n'avions ni canons, ni mortiers. Au reste, je ne doutai plus, en voyant le grand nombre de nos blessés, que je ne fusse obligé d'abandonner la partie par la difficulté de les transporter. En effet, il n'y avait pas d'autre parti à prendre. Je craignais que les Chactas, étant affamés, ne nous quittassent. Auquel cas, nous aurions été harcelés dans le bois et attaqués au passage des ravines, où nous aurions perdu bien du monde. Ce qui justifia ma crainte, c'est que, malgré tout ce que je pus leur dire, il fallut partager nos vivres avec eux pour leur faire promettre de venir avec nous.

"Le lendemain matin, 27 mai, je fis faire de petits brancards pour porter nos blessés, et, à une heure après midi, nous partîmes sur deux colonnes comme nous étions venus. Nos soldats, fatigués et chargés de leur bagage, eurent une peine infinie à porter les blessés et nous marchâmes jusqu'au soir pour aller coucher à une lieue et demie dans le bois. Cette marche lente acheva de dégoûter les Chactas. Le Soulier Rouge et quelques autres firent tout leur possible pour que leurs gens nous abandonnassent. Je n'oubliai rien pour rompre ce coup. Je parlai au grand chef des Chactas et à plusieurs autres, leur représentant que c'était pour leur complaire et les venger que j'avais frappé sur les Chic- 1736. kassas, mon dessein étant d'aller aux Natchez ; qu'ainsi ils ne devaient pas abandonner des gens qui avaient agi pour eux. Ils en convinrent assez, mais ils alléguaient que nos blessés retardaient trop notre marche. Sur quoi, j'avisai de leur proposer de les faire porter par leurs guerriers. Après bien des difficultés, ils s'accordèrent à en porter un par village. Alibamon Mengo donna l'exemple, en faisant porter mon neveu de Noyan par ses gens, et comme par là nous eûmes plus de monde à se relayer pour porter ceux que les Chactas ne prirent point, nous arrivâmes le 29 au Portage, ayant perdu en chemin deux hommes qui moururent de leurs blessures.

"Nous nous embarquâmes le même jour, et nous trouvâmes la rivière si basse, quoique nous n'eussions été que cinq jours dehors, que nous fûmes obligés de faire couper des bois et travailler en plusieurs endroits pour faire passage à nos voitures. Ce fut alors que je connus encore mieux que le parti que j'avais pris était le seul à prendre ; car si, en effet, nous avions encore été quatre jours absents, nous aurions peut-être été obligés de nous en aller par terre, et de brûler nos bateaux. J'arrivai à Tombekbé, le 2 juin. Je dépêchai aussitôt les blessés avec les chirurgiens, et en partant, le 3, j'y laissai M. de Berthel, capitaine, pour remplacer M. de Lusser, avec une garnison de trente Français et de vingt Suisses. Je lui laissai des vivres pour toute cette année, et des marchandises au magasin pour la traite. Je lui laissai aussi les marchés faits pour la construction du fort, avec ordre d'y faire travailler incessamment, sur le terrain que j'y avais fait tracer.

"Monseigneur aura vu, par cette relation d'une campagne la plus pénible du monde, que dans le dessein, dans l'exécution et dans la retraite, j'ai employé tous les moyens imaginables, et il aura aussi remarqué qu'après

1736. avoir essuyé dans les préparatifs une lenteur à laquelle je ne devais pas m'attendre, j'ai encore moins pu prévoir la lâcheté des troupes que j'avais sous mes ordres. Il est vrai qu'à considérer les recrues pitoyables de polissons qu'on envoie ici, on ne devrait jamais se flatter d'en faire des soldats. Ce qu'il y a de fâcheux, c'est d'être obligé, avec de pareilles troupes, de compromettre la gloire de la nation, et d'exposer des officiers à la nécessité de se faire tuer ou de se déshonorer. Les recrues venues par la Gironde sont encore pires que les précédentes. Il ne s'y trouve qu'un ou deux hommes au-dessus de cinq pieds. Le reste est au-dessous de quatre pieds dix pouces. Quant aux sentiments, on peut dire qu'il y en a, sur cinquante-deux qu'ils sont, plus de la moitié qui ont déjà passé par les verges pour vol. Enfin, ce sont des bouches inutiles, à charge à la colonie, et dont on ne tirera aucun service."

Dans cette campagne déplorable, la perte des Français se monta à huit ou neuf officiers et à cent vingt soldats. Ce que l'on peut reprocher à Bienville, c'est d'avoir entrepris cette expédition, lorsque, quelques mois auparavant, il disait : "*Alors même que je ferais marcher toute la colonie, nous ne pourrions pas nous promettre un heureux succès, et ce parti violent ne doit pas être pris légèrement.*" Puisqu'il pensait qu'il ne pouvait emporter les forts des sauvages qu'avec des mortiers, il ne devait pas en entreprendre le siége, lorsqu'on avait négligé de lui envoyer l'artillerie qu'il avait demandée et qu'il attendait. Quelque nécessité qu'il y eut de faire une action d'éclat pour intimider les sauvages, il était encore plus nécessaire de se garder contre tout échec, surtout après en avoir tant éprouvé.

La défaite de Bienville devant les forts des Chickassas avait été précédée par celle de d'Artaguette, neveu du commissaire-ordonnateur Diron d'Artaguette. Cette victoire avait encouragé les Chickassas, et leur

avait donné le nerf nécessaire pour faire une aussi 1736.
chaude réception à Bienville. Voici comment Bienville
raconte, en date du 28 juin, la défaite et la mort de
d'Artaguette, qu'il n'apprit qu'à son retour à la Mobile :

Depeche de Bienville.

"On rapporte si diversement, Monseigneur, les circonstances de la défaite du parti que M. d'Artaguette avait amené devant les Chickassas, que j'ai peine à concilier toutes les relations reçues à ce sujet, et que je me trouve assez embarrassé pour pouvoir en informer Votre Grandeur. Ce qu'il y a de positif, c'est que, sur les ordres que j'avais envoyés à cet officier de conduire aux Ecores à Prudhomme, tout ce qu'il pouvait tirer de Français et de sauvages du poste des Illinois sans le dégarnir, afin de faire la jonction des forces de ce quartier avec celles du bas de la colonie devant les Chickassas, où je comptais, en conséquence de ces ordres, me rendre vers la fin de mars, M. d'Artaguette se rendit aux Ecores à Prudhomme le 4 de mars, comme je l'apprends par une lettre de lui, que j'ai reçue depuis mon retour, par laquelle il m'informe qu'il a à sa suite trente soldats, cent voyageurs ou habitants, et presque tous les sauvages du village des Kaskaskias ; qu'il attend d'un jour à l'autre ceux des Cahokias et des Metchigamias, qui devaient venir sous la conduite du sieur de Montcherval, qui était allé les chercher dans leur hivernement ; que M. de Vincennes devait de même arriver au premier jour avec les sauvages de la rivière Ouabache et quarante Iroquois. Il ajoute, au reste, qu'il va envoyer des découvreurs aux Chickassas, pour savoir le temps de mon arrivée, comme je le lui avais recommandé, et que, pour être en état de m'attendre, il avait apporté de grandes provisions de vivres.

"Cependant, il paraît par les relations, que, peu de

1736. jours après que le renfort que M. de Vincennes lui amenait était arrivé, il s'était mis en route ; qu'à la vérité, il allait à petites journées, pour donner le temps à M. de Montcherval de le joindre, et pour attendre le sieur de Grand-Pré, qui devait lui amener tous les Arkansas, et qui lui avait même dépêché vingt-huit de ces sauvages, lesquels devaient revenir à un rendez-vous qui leur avait été donné, pour l'informer de l'arrivée de M. d'Artaguette aux Ecores à Prudhomme. Mais ces mêmes sauvages, ayant trouvé l'armée en marche, la suivirent, de façon que le sieur de Grand-Pré attendit leur retour inutilement.

"Les découvreurs, que M. d'Artaguette avait envoyés pour apprendre de mes nouvelles, revinrent, et lui rapportèrent qu'ils n'avaient vu aucun vestige de notre parti. Le lendemain duquel jour, M. d'Artaguette reçut, par les courriers qu'on lui avait dépêchés des Illinois, des lettres par lesquelles je lui donnais avis que le retardement du vaisseau du roi et des préparatifs nécessaires pour notre expédition, retarderait mon départ, et que je ne prévoyais pas pouvoir arriver devant les Chickassas avant la fin d'avril au plus tôt, lui enjoignant de prendre ses mesures là-dessus. A la réception de ces lettres, on assure que M. d'Artaguette assembla un conseil, composé des officiers qui marchaient sous ses ordres et des chefs des différentes nations qui étaient à sa suite ; que tous ces chefs sauvages, entr'autres ceux des Iroquois, lui représentèrent que les sauvages, n'ayant que très peu de vivres, se verraient forcés de le quitter, s'il attendait plus long-temps à attaquer l'ennemi ; ajoutant que les découvreurs qui étaient venus la veille rapportaient qu'au bout de la grande prairie des Chickassas, il y avait un village séparé des autres, où il n'y avait pas plus de trente cabanes, qui ne seraient pas difficiles à enlever ; qu'ils y trouveraient immanquablement des vivres, qui les mettraient en état d'attendre, à l'abri des

retranchements qu'ils feraient dans ce même village. 1736.
Presque tous les officiers furent du même avis, de manière qu'il fut résolu d'aller attaquer ce village. On marcha avec plus de précipitation que devant, sans être découvert, à ce qu'on prétend, et lorsque M. d'Artaguette fut arrivé à un quart de lieue de la prairie (ce fut le dimanche des Rameaux), il laissa tout le bagage à la garde d'un détachement de trente hommes, commandé par le sieur de Frontigny, enseigne en second, et prit la route du village, qu'il attaqua avec beaucoup de vigueur. Mais à peine l'affaire était-elle engagée, qu'il vit sortir d'une colline voisine quatre à cinq cents sauvages, qui étaient venus à la faveur d'un coteau au secours de ce village, et qui fondirent sur les assaillants avec une rapidité qui fit perdre courage aux Illinois et aux Miamis et leur fit prendre la fuite. M. d'Artaguette, se voyant ainsi abandonné de ces sauvages, qui faisaient la plus forte partie de sa petite armée, reprit le chemin de l'endroit où il avait laissé son bagage, afin d'empêcher, s'il était possible, que les munitions qu'il y avait apportées ne tombassent entre les mains des ennemis. On assure même que son intention était de mettre le feu à ses poudres, en cas qu'il ne pût les sauver. Il fut suivi avec tant d'acharnement par les Chickassas, que malgré la fermeté que témoignèrent en cette occasion tous les officiers, la plupart des soldats et une partie des habitants, et malgré la résistance opiniâtre que firent trente-huit Iroquois et vingt-huit Arkansas, qui de tous les sauvages étaient restés seuls avec les Français, M. d'Artaguette fut tué, ainsi que tous les autres officiers, à l'exception de trois qui furent pris, dont le sieur du Tisné et le père Sénac furent du nombre. Après quoi, les munitions et le bagage restèrent à la discrétion des ennemis, qui n'abandonnèrent la poursuite des fuyards qu'après leur avoir tué cinquante hommes et blessé plusieurs. Encore attribue-t-on leur retraite à un violent orage qui survint,

1736. mais tout le monde convient que, sans la fermeté des Iroquois et des Arkansas, il ne serait pas revenu un seul Français de cette malheureuse campagne. A deux journées des Chickassas, les débris de ce parti rencontrèrent le sieur de Montcherval, qui marchait sur les traces de M. d'Artaguette avec cent soixante-dix sauvages et quatorze Français, lequel, ayant rassemblé tous les fuyards, les ramena aux Illinois, après m'avoir envoyé des Ecores à Prudomme un courrier pour me donner avis de cette catastrophe.

"Quant au sieur de Grand-Pré, le courrier de M. de Montcherval le rencontra à la rivière à Margot avec tous les Arkansas. Il attendait le retour de ceux qu'il avait envoyés pour apprendre des nouvelles de M. d'Artaguette. Celles qu'il apprit le firent relâcher avec son parti.

"On m'assure qu'une femme tunicas, qui était esclave aux Chickassas, et qui s'était jetée entre les mains des Français pendant qu'ils étaient devant le village ennemi, assurait que les Chickassas, ayant eu avis que nous devions marcher contre eux, avaient appelé les Anglais à leur secours, et qu'il y en avait trente dispersés dans les différents villages, lorsque M. d'Artaguette y fut. J'ai appris par le sieur d'Herneville, qui commande aux Alibamons, que depuis ce temps-là, il s'y en était rendu quinze, qui y avaient conduit cent soixante chevaux chargés, et qu'ils avaient engagé quatre-vingts familles natchez, qui après leur révolte s'étaient retirées vers la Caroline, à venir se réunir à celles qui sont aux Chickassas; d'où il est aisé de juger que ces sauvages, ayant appris des prisonniers français qu'ils avaient faits dans le parti de M. d'Artaguette, et par mes lettres mêmes, qu'il avait sur lui quand il fut tué, que nous devions marcher contre eux en plus grand nombre, avaient pris toutes les mesures pour se mettre en état de défense; ainsi il n'est pas étonnant que nous ayons trouvé tant de résistance. Ce qui a détruit nos combinaisons, car 1736. nous comptions n'avoir affaire qu'à des sauvages, que nous connaissions braves à la vérité, mais incapables de se fortifier comme ils l'ont fait, et au point qu'il est comme impossible de les prendre sans artillerie."

Les forces des Français dans l'expédition de d'Artaguette étaient ainsi que suit : quarante et un hommes de troupes régulières, quatre-vingt-dix-neuf volontaires et milices. Total des Français, cent trente. Il y avait trente-huit Iroquois, trente-huit Arkansas, cent quatre-vingt-dix Illinois et Miamis. Total, trois cent soixante-six Indiens. En tout quatre cent quatre-vingt-seize hommes.

Ce sont les Illinois et les Miamis qui lâchèrent pied au premier feu. Ce qui rendit la lutte trop inégale. Les Français perdirent de quarante-deux à quarante-cinq hommes, dont les principaux sont : M. d'Artaguette, commandant ; M. de St.-Ange, premier lieutenant ; M. de Coulanges, enseigne ; la Gravière, dito ; de Courtigny, dito ; six cadets, officiers de milice ; des Essarts, capitaine ; Etienne Langlois, lieutenant, et Carrière Levieux, enseigne.

Parmi les prisonniers, il faut ajouter au père Sénac et au sieur du Tisné, officier d'infanterie, dont parle Bienville dans sa dépêche, le sieur Lalande, capitaine de milice, et cinq à six soldats.

Les Chickassas se rendirent maîtres de quatre cent cinquante livres de poudre, douze mille balles, onze chevaux, tous les vivres et toutes les hardes, enfin tout le bagage.

M. d'Artaguette ne mourut point sur le champ de bataille, comme le rapporte M. de Bienville. Blessé de trois coups de feu, il fut pris avec quelques-uns de ses officiers, blessés comme lui, avec le père Sénac, quelques soldats et habitants. Le tout, au nombre de dix-neuf. Une sauvagesse avoyelle, qui était esclave

1736. chez les Chickassas, s'étant sauvée, rapporta que M. d'Artaguette, le père Sénac et les autres prisonniers, au nombre de dix-sept, furent divisés en deux lots et brûlés vivants. Deux prisonniers furent épargnés pour les échanger contre un guerrier chickassas qui avait été fait prisonnier par M. de Bienville au commencement de la guerre. Ce guerrier avait été accusé d'être venu chez les Français sous des prétextes plausibles pour espionner. M. de Bienville consentit à l'échange proposé, d'abord pour sauver les deux Français, et ensuite pour en avoir des éclaircissements qui lui manquaient sur les Chickassas.

M. de Beauchamp, qui avait fait partie de l'expédition sous M. de Bienville, écrivit au ministre : "Pour venir à bout des Chickassas, il faut une escouade de mineurs, de travailleurs, de bombardiers, avec les outils et les instruments nécessaires pour déloger ces sauvages enterrés comme des blaireaux dans leurs cabanes, qui sont des espèces de fours. Lorsqu'on y met le feu, le chaume brûle, mais la maison ne brûle pas, étant faite en demi-cercle et d'un pied d'épaisseur de terre, par dessus comme par les côtés. De plus, ces cabanes fortes sont tellement disposées, qu'elles se défendent toutes. Ce n'est rien faire que d'en prendre trois ou quatre. Il faut tout prendre pour rester en sûreté. La terre étant facile à remuer dans le pays, les mineurs sont des plus nécessaires pour faire sortir ces sauvages de leurs cases, sans quoi l'on court risque de perdre beaucoup de monde."

Par un courrier de M. de la Buissonnière, qui avait remplacé M. d'Artaguette aux Illinois, M. de Bienville apprit au mois de septembre qu'un parti de quatre cents hommes, Chérokies et Chickassas, était venu s'établir et se fortifier sur l'Ohio à quatre-vingts lieues de son embouchure. Ces sauvages étaient venus avec des Anglais qui les dirigeaient, et dont le but était de nuire au commerce français, et d'occuper ce point pour gagner 1736. plus facilement les Indiens du Mississippi. M. de Bienville, aussitôt qu'il fut instruit de ce fait, chargea M. de la Buissonnière de faire harceler ces nouveau-venus, afin de les forcer à s'en retourner. D'un autre côté, les Iroquois qui s'étaient trouvés avec M. d'Artaguette, lors de sa défaite, avaient tellement excité à la vengeance tous les sauvages qu'ils avaient rencontrés sur leur chemin, que deux cents Hurons et Ouabaches se préparèrent à entrer sur les terres des Chickassas pour faire quelque coup. Tous les sauvages du Nord restèrent favorables aux Français malgré leurs revers.

Voici le tableau que fait Bienville de l'état de l'agriculture à la Louisiane en 1736 :

"Les habitants sont dégoûtés de faire du tabac à cause de la difficulté de compter sur une récolte sûre, tant par les pluies excessives que par la sécheresse du pays. On compte sur trente à trente-cinq milliers d'indigo, si la récolte est sans accident. Les habitants se portent à cette culture. On fait peu d'essais de vers à soie par ignorance, peu de coton par la difficulté de l'égrener, ou plutôt parce qu'on attend un plus gros profit de l'indigo ; peu de lin et de chanvre.

On fait de six à sept mille barrils de bray et de goudron. Mais il faudrait en trouver l'écoulement."

Le gouvernement avait senti qu'il fallait encourager le commerce au lieu de l'asservir à son plus cruel ennemi, le monopole, et afin d'atteindre ce but, l'ordonnance suivante fut rendue en date du 4 février 1737.

"Sa Majesté, voulant favoriser le cabotage qui se fait 1737. des îles du Vent à la Louisiane, et exciter de plus en plus ses sujets des colonies à le faire, a ordonné et ordonne qu'à commencer du 1er juillet de la présente année, les denrées du cru de la Louisiane, qui iront directement aux îles du Vent, seront exemptées, pendant

1737. dix années des droits d'entrée qui se perçoivent aux îles au profit du domaine d'Occident ; comme aussi, que les denrées des dites îles, qui seront destinées pour la Louisiane, seront pareillement déchargées de tous droits de sortie aux dites îles."

CHAPITRE XV.

FONDATION D'UN HOPITAL A LA NOUVELLE-ORLÉANS PAR UN MATELOT, NOMMÉ JEAN LOUIS.—EXPÉDITION DES FRANÇAIS SOUS LE COMMANDEMENT DE MESSIEURS DE BIENVILLE ET DE NOAILLES D'AIME CONTRE LES CHICKASSAS.

BIENVILLE pensait que la colonie ne serait jamais tranquille, tant que les Chickassas ne seraient pas réduits. Aussi, il sollicitait avec instance du gouvernement des forces suffisantes pour les soumettre. Il écrivait au ministre, le 28 février : 1737.

"Les Chickassas ne pourront être détruits, de la manière dont ils sont fortifiés, avec le secours et les instructions des Anglais, qu'avec des bombes de fort calibre et des mineurs. Il faut en envoyer. Les Anglais ont envoyé aux Chickassas plus de deux cents hommes et toute espèce de secours. Les Chactas sont bien disposés et font toujours quelques chevelures contre les Chickassas."

Les Chactas, dont les Français se plaignaient toujours, mais qui cependant leur avaient rendu de grands services depuis la fondation de la colonie, et qui les avaient accompagnés dans toutes leurs expéditions contre les autres nations indiennes, ne se bornèrent pas à enlever quelques chevelures aux Chickassas, comme le

1737. dit Bienville dans sa dépêche du mois de février. Ils entrèrent avec des forces considérables sur le territoire des Chickassas, et leur firent beaucoup de mal. Bienville, dans une dépêche du 5 septembre, rend compte de ces deux expéditions, dont le résultat démontre qu'ils faisaient de franc jeu la guerre aux ennemis de leurs alliés, les Français.

Tous les fondateurs d'hôpitaux, tous ceux qui deviennent les bienfaiteurs de l'humanité, par la création d'établissements utiles, méritent que l'on fasse mention honorable de leurs noms, et qu'on les cite comme des exemples à suivre. Ainsi, il est de toute justice de consigner ici l'humble nom de Jean Louis, ex-matelot de la compagnie des Indes, qui avait fait quelque petit commerce, et qui avait réussi à acquérir ce qu'on appelait alors dans le pays une fortune, pour un homme de sa classe. Il mourut, en consacrant toute sa fortune à la fondation d'un hôpital, suivant les dispositions de son testament olographe. Cette fortune se montait à environ dix mille livres. "Avec cela, dit Bienville, qui rapporte ce fait dans une de ses dépêches, on a acheté une maison de Mme Kolly, qui est dans un grand emplacement à l'extrémité de la ville. Elle a coûté 1,200 livres. Les réparations se sont montées à 2,500. Le reste fut employé à l'achat de lits, etc., moins une partie, qui est tenue en réserve."

1738. Comme illustration des mœurs du temps, il n'est peut-être pas déplacé de raconter que l'on trouve encore dans les archives du ministère de la marine, en France, les copies d'une énorme procédure faite en 1738, à la Louisiane, contre un nommé Labarre, qui s'était suicidé. On nomma un curateur au cadavre pour le défendre. Le procès fut instruit. Jugement fut prononcé, et le cadavre jeté à la voierie.

Le gouvernement français avait toujours eu beaucoup de peine à tenir au complet les troupes qu'il envoyait à la Louisiane. Les soldats désertaient constamment, et bientôt il ne restait plus que des cadres de compagnies. 1788. Bienville, dans une dépêche du 18 mars, se plaint beaucoup de toutes ces désertions, dans un moment où il avait besoin de toutes ses forces. "Beaucoup de Suisses surtout, dit-il, désertent à Pensacola, où les moines les protègent ouvertement, et le gouverneur en cachette. Mais comme les Espagnols manquent de vivres, j'ai recommandé à M. Diron d'Artaguette, de la Mobile, de ne pas leur en fournir, jusqu'à ce qu'ils consentent à nous rendre nos déserteurs.

"Il y a deux prisonniers français à la Caroline, le chevalier Duclos, qui était de la malheureuse expédition de d'Artaguette, et un soldat."

Le 12 avril suivant, il écrivait : "Trois autres Suisses ont déserté à Pensacola, où la disette est toujours très-grande. Le gouverneur m'a envoyé demander des vivres. J'ai refusé, à cause du refuge donné à nos déserteurs. Là-dessus, il me les a renvoyés. Il vient ici tous les jours des Espagnols que la faim chasse de Pensacola. Nous en avons déjà plus de trente, dont la pâleur est affreuse. Jamais on ne vit misère pareille."

Il est assez singulier que les soldats français et suisses aient déserté pour aller dans un endroit où l'on mourait de faim, et dont les habitants eux-mêmes fuyaient pour venir à la Louisiane chercher quelques moyens de subsistance.

Bienville et Salmon firent conjointement, cette année, un rapport fort intéressant sur les barres de sable qui obstruent les différentes entrées du Mississippi à son embouchure :

"Il se fait chaque jour, disent-ils, des changements au passage de la barre de la Balise et à l'embouchure du fleuve. On a remarqué que lorsque l'hiver n'a pas été long, et que le vent du Nord ne souffle pas beaucoup, ces changements deviennent plus sensibles, et qu'il s'y trouve moins d'eau.

1738. "Cela vient encore de ce qu'il y a deux passes, par où l'eau coule avec plus de rapidité que par celle qui conduit l'eau à la Balise.

"Le sieur Livaudais, capitaine de port, trouvait sur la barre, il y a environ dix années, jusqu'à environ seize pieds d'eau, mais elle s'est sensiblement engorgée. Il n'y en a trouvé dernièrement, au passage de l'Oroo, que onze pieds et demi.

"Cette diminution d'eau a causé beaucoup de difficulté, pour le passage de ce vaisseau, parce qu'il tire plus d'eau que ses devanciers. Il en est souvent résulté des frais et des avaries.

"Pour remédier à cet inconvénient, la compagnie des Indes avait pris le parti de faire fabriquer, il y a environ douze ans, des herses en fer que l'on traînait pour mouvoir le sable et la vase.

"Cet expédient avait un autre inconvénient. La vase s'en allant au courant, il ne restait que du sable qui formait un corps solide, lequel, par la succession des temps, aurait non seulement incommodé les vaisseaux, mais les aurait même arrêtés. De sorte que l'on prit le parti de ne plus se servir de ces herses.

"Comme la compagnie des Indes se servait de gros vaisseaux qui n'auraient pu passer sans être allégés, on prit le parti de laisser à la Balise une flûte qui recevait une partie de leur chargement, et l'endroit où séjournait cette flûte fut creusé insensiblement jusqu'à vingt-cinq pieds.

"Cette expérience les porta à penser que pour creuser entièrement la Balise, il conviendrait d'avoir dans la colonie un bâtiment qui tirât jusqu'à dix-huit pieds, dans la cale duquel on construirait des puits en maçonnerie que l'on remplirait d'eau par le moyen de pompes, pour le faire enfoncer davantage au besoin, et que l'on pourrait aussi alléger, en tirant de l'eau de ces puits, lorsque les circonstances le demanderaient. Ce bâtiment, montant et descendant sur la barre, creuserait un canal. Il est vrai que cela causerait beaucoup de dépense, mais l'utilité serait incalculable.

"Le sieur Livaudais, qui navigue depuis trente années, a été jusqu'à présent d'un grand service pour le passage des vaisseaux, et les a souvent par sa prudence préservés de bien des accidents. Après avoir servi quelques années sur les corsaires de St.-Malo, il a passé dans la colonie au service de la compagnie des Indes. Il a mérité et il serait convenable qu'on lui accordât un brevet d'enseigne."

Quant aux sauvages, Bienville écrivait en date du 26 et 28 avril:

"Les Illinois n'ont pas plus fait cette année que l'année dernière contre les Chickassas. Ils ont levé plusieurs partis qui sont tous revenus sans rien faire, sans même probablement avoir vu ni cherché les Chickassas. Je ne sais à quoi attribuer ce relâchement de leur part, si ce n'est à quelque mécontentement particulier que l'on croit qu'ils ont, au sujet de l'officier qui commande dans ce poste. Il faut des talents particuliers pour commander avec succès aux Illinois. Il faut de la complaisance et de l'affabilité pour les sauvages. Il faut être désintéressé et même généreux pour gagner les plus accrédités. Il faut enfin les aimer, ou du moins se plaire avec eux pour s'attirer leur confiance. Le gouvernement des habitants de ce quartier ne demande pas moins de talents. Ils ont presque tous été coureurs de bois. Ils conservent encore leur premier état d'indépendance qui les porterait facilement à la révolte, s'ils étaient aigris. Il leur faut un commandant qui soit doux, affable, en même temps équitable et désintéressé, qui sache se faire estimer et respecter, sans chercher à se faire craindre.

"Le Soulier Rouge a recommencé plus que jamais ses intrigues en faveur des Chickassas et des Anglais.

1738 M. Diron d'Artaguette ayant fait parmi les Chactas une distribution de présents dont ils n'ont pas été satisfaits, le Soulier Rouge a profité de ces dispositions d'esprit pour nous desservir. Il a dit que nous voulions détruire les Chickassas pour détruire ensuite les Chactas, et que ce que nous poursuivions, c'était l'extermination des sauvages. *La preuve, a-t-il ajouté, résulte d'un message envoyé par le chef français au chef anglais de la Caroline, priant celui-ci de ne point envoyer de secours aux Chickassas, afin de les détruire plus aisément. Une autre preuve résulte aussi de cette pratique des Français de faire détruire les nations indiennes les unes par les autres. Tandis que les Anglais sont nos véritables amis et sont plus riches et plus forts que les Français.*

"Sur ces entrefaites, arriva un Chactas fait esclave par un parti de Chickassas, racheté et renvoyé libre par un traiteur anglais, pour preuve de bonne amitié. Cet incident donna une grande force à l'éloquence britannique du Soulier Rouge.

"Je pense que les Chactas de l'Ouest, tout au moins, nous resteront fidèles. Cependant, on ne peut jamais avoir une grande confiance dans ces sauvages, qui sont tous cupides et inconstants.

"Il faudrait m'envoyer des forces suffisantes pour terminer cette guerre, dont dépend le sort de la colonie.

"Tous les magasins sont dégarnis. Ce qui nous force à refuser de traiter avec les Chickassas, pendant que les Anglais sont fournis de vivres pour plusieurs années et que leur approvisionnement est toujours considérable. Cet état de choses prête un appui immense aux intrigues des Anglais.

"J'aurais bien voulu frapper un coup décisif l'an dernier et lorsque les dispositions des Chactas étaient favorables, mais je ne l'ai pu, faute de forces suffisantes pour nous passer des Chactas, et même pour pouvoir les contenir, en cas de dispositions équivoques de leur part."

Le gouvernement français finit par accorder à Bienville ce qu'il avait demandé avec des instances si réitérées, c'est-à-dire, une augmentation de forces pour soumettre les Chickassas. Le ministre lui écrivit :

1738.

"Sa Majesté envoie à M. de Bienville de l'artillerie, des armes, munitions, vivres, marchandises, et sept cents hommes, y compris les recrues. Sa Majesté envoie aussi des bombardiers, canonniers et mineurs. Elle envoie le sieur de Noailles d'Aime, ancien lieutenant de vaisseau, pour le commandement des troupes détachées de la marine et des Suisses, désirant que le dit sieur de Noailles d'Aime ait pendant l'expédition le commandement, non-seulement de ces troupes, mais encore celui des troupes de la colonie et des milices sous les ordres de M. de Bienville, auquel Sa Majesté recommande de se concerter pour le service de ses troupes avec le sieur de Noailles, qui a les talents et l'expérience nécessaires pour le commandement.

"On fera une seconde expédition, si la chose est absolument utile à la colonie. Cependant il ne faudra pas la faire sans une nécessité réelle."

Cette dépêche devait nécessairement exciter très vivement la jalousie de Bienville. C'était lui dire qu'il n'avait pas les *talents et l'expérience nécessaires pour le commandement*, et qu'on lui envoyait un officier de mérite pour diriger l'expédition projetée, tout en lui conservant, à lui, Bienville, le commandement nominal. Il était clair que, si cette expédition réusissait, tout le crédit en reviendrait à M. de Noailles, et que le mauvais succès de Bienville, dans les expéditions précédentes, ne paraîtrait que sous des couleurs plus désavantageuses. Pour quiconque connaît l'espèce humaine, il était évident que cette expédition devait ne pas réussir, et en effet elle ne réussit point. Les demi-mesures n'ont jamais eu aucun bon résultat. Bienville était capable, ou il ne l'était pas,

1738. de conduire l'expédition. S'il l'était, il fallait avoir confiance en lui, et lui laisser les coudées franches. S'il ne l'était pas, il fallait lui ôter complètement le commandement. Mais lui laisser en apparence ce commandement, en froissant son amour-propre, en lui envoyant une espèce de Mentor, qu'il devait consulter pour les opérations militaires, c'était gratuitement faire une expérience dangereuse. La suite prouva qu'on avait pris un parti peu sage.

1739. L'année 1739 se passa en préparatifs pour la campagne qui devait écraser les Chickassas. M. de Bienville envoya le chevalier de Noyan, son neveu, chez les Chactas, pour s'en concilier le bon vouloir. Le 25 mars, il écrivait : "La mission de mon neveu de Noyan a fort bien réussi. Il est vrai que Soulier Rouge a persisté à demeurer favorable aux Anglais, mais il n'y a que lui et dix villages qu'il domine qui soient dans ces dispositions, tandis que les trente-deux autres sont pour nous, avec Alibamon Mengo et les autres chefs. Ceux-ci ont frappé sur les Chickassas. Ce qui a failli causer une guerre civile. Quelques coups ont même été échangés, mais pendant l'absence de Soulier Rouge, qui est allé aux établissements anglais de la Georgie, avec quatre-vingt-huit hommes, pour avoir la récompense de ses services. Tous les villages, sauf les dix du Soulier Rouge, ont fourni leur contingent pour marcher sur les Chickassas, qui ont perdu plusieurs hommes. Des traiteurs anglais ont aussi été pillés, blessés et mis en fuite. De sorte qu'il n'est pas possible que les Anglais s'exposent encore à venir chez une nation, dont la grande majorité leur est hostile et où son partisan n'a pas une grande influence après tout, d'après les derniers évènements."

Le 26 mai, il disait encore au ministre : "D'après les lettres que je reçois de M. Lesueur, qui commande à Tombekbé, les Chactas sont mieux disposés pour nous que jamais. Soulier Rouge lui-même est revenu fort 1739. mécontent de la Nouvelle-Georgie, où on a donné fort peu à ses compagnons de route et rien pour ceux qui sont demeurés dans leurs villages. Le Soulier Rouge a dit que si je voulais tout oublier, il serait notre plus dévoué partisan. Je le verrai venir. Il ne faut pas lui donner trop d'influence, de crainte qu'il ne s'en serve contre nous. Quoiqu'il en soit, la guerre est maintenant bien vive entre ces deux nations, et nous n'avons pas à craindre que les Chactas nous causent des embarras."

En effet, le Soulier Rouge était tout à fait revenu aux Français. Le 18 d'août, il avait pillé avec ses guerriers trois magasins anglais, et il était allé courir sur les Chickassas. Ainsi, toute la nation des Chactas s'était prononcée pour les Français. De ce côté là, il n'y avait donc plus d'inquiétude, et Bienville se trouvait placé dans la conjoncture la plus favorable pour en finir avec les Chickassas, en les écrasant. Aussi, fit-il ses préparatifs en conséquence. Il avait renoncé à attaquer les Chickassas par les lacs, comme par le passé. C'était cependant le chemin le plus court et le plus facile. Il n'en jugea pas moins convenable de s'en écarter, et il prit la résolution de remonter le fleuve jusqu'au point le plus rapproché des villages des Chickassas. Là, il avait donné rendez-vous à toutes les forces de la colonie et à toutes celles qui pourraient venir du Canada. De ce point, sur le fleuve, après jonction faite de tous les corps de l'armée, on devait marcher au travers des terres jusque chez les Chickassas. Ce qui avait décidé Bienville à choisir cette route, plus longue et moins connue que celle qu'il avait déjà prise, c'était sans doute la conviction où il était, qu'il lui serait plus facile de se procurer des vivres, en ne s'écartant pas trop des bords du fleuve. Depuis 1737, Bienville avait eu la précaution d'envoyer l'ingénieur Devergès étudier le terrain. Il paraît que Devergès, après en avoir pris connaissance, fit un rap-

1739. port favorable, puisque Bienville ne fit aucun changement à son premier plan. Il se trouvait, en 1739, à la tête de forces considérables, depuis l'arrivée des sept cents hommes que lui avait amenés M. de Noailles d'Aime. Il était d'ailleurs abondamment pourvu de munitions, de vivres, de bombardes et de canons. Le rendez-vous de l'armée était l'embouchure de la rivière à Margot, tout près du site où s'est élevée de nos jours la ville de Memphis, dans l'Etat du Tennessee. De Noyan, qui commandait l'avant-garde, y arriva vers le mois d'août. Peu après, M. de la Buissonnière, qui avait succédé au malheureux d'Artaguette dans le commandement du fort de Chartres, aux Illinois, arriva avec la garnison du fort, une partie des milices des Illinois, et environ deux cents Indiens. Une semaine après, Céleron et St. Laurent arrivèrent du Canada. Ils amenaient une compagnie de cadets de Québec et de Montréal, et un nombre assez considérable de sauvages du Nord. En attendant Bienville, ces troupes construisirent un fort à l'endroit où elles étaient campées, et l'appelèrent le fort de l'Assomption, parce qu'il fut achevé le jour que l'Eglise catholique célèbre cette fête.

Bienville menait avec lui seize cents Indiens et le reste des troupes. Lorsque l'armée fut entièrement réunie, elle se trouva composée d'environ douze cents blancs, et de près de deux mille quatre cents sauvages. Mais on perdit un temps considérable en délais inexplicables. Bienville ne rejoignit que le 12 novembre son avant-garde, qui était arrivée depuis le mois d'août au lieu où on lui avait prescrit de s'arrêter. Dans cet intervalle, il y avait eu une grande mortalité parmi les troupes, qui n'étaient pas acclimatées.

Enfin, le 12 novembre, toutes les forces de la colonie étaient réunies, et elles étaient assez considérables pour en finir à tout jamais avec les Chickassas. Mais, chose extraordinaire ! quoique l'ingénieur Devergès eût trouvé un chemin depuis deux ans, lorsque l'avant-garde était 1739. arrivée, le 4 août, le chemin trouvé n'existait plus, et le même ingénieur Devergès, M. Saucier, à qui l'on donne dans les dépêches le titre de dessinateur, et M. de Noyan se mirent de nouveau en quête d'un chemin. Chacun d'eux trouva un chemin différent, et chacun prétendit que le sien était le meilleur. Quoiqu'il en soit, il en résulte qu'il y avait trois chemins. Enfin, le 12 novembre, Bienville qui, en sa qualité de général en chef, était appelé à choisir entre les trois chemins, arriva sur les lieux. Il les trouva tous trois impraticables. Enfin, après avoir cherché encore, depuis le 12 novembre jusqu'au mois de janvier, l'ingénieur Broutin, suivant des indications données par le sieur de Noyan, neveu de Bienville, trouva sur les hauteurs un chemin qui fut reconnu pour bon. Ainsi, il fallut cinq mois pour en découvrir un praticable, et, par une fatale circonstance, il ne fut découvert que précisément au moment où les vivres étaient épuisés. Il fallut bien alors rétrograder, et c'est ce que l'on fit, sans que l'armée eût même mis le pied sur le territoire des Chickassas. Depuis le 12 novembre, époque à laquelle toute l'armée avait été réunie, elle resta immobile et sans rien faire jusqu'en février 1740. Ce ne fut qu'alors qu'il fut convoqué un conseil de guerre, composé de Bienville, de Noailles d'Aime, de Bellagues, du Teillay, de Longueil, de Noyan, de Gauvrit, d'Hauterive, Pépinet, et d'Aubigny. Il fut décidé par ce conseil que, vu l'état présent des choses, il était impossible de se rendre aux Chickassas, *sans compromettre les armes du roi*. L'on décida, en conséquence, qu'il fallait s'en retourner comme on s'en était venu. Ainsi finit cette campagne, pour laquelle le gouvernement français avait fait tant de dépenses, et sur laquelle il comptait avec raison pour l'extermination des Chickassas.

Ce qu'il y a de remarquable, c'est que, pendant que l'armée, sous le commandement de Messieurs de Bienville et de Noailles d'Aime, battait en retraite, M. de Céleron, qui était venu du Canada pour concourir à l'expédition, partit le 15 mars, avec sa compagnie de Canadiens, environ une centaine de Français, quatre à cinq cents Indiens qui s'étaient joints à lui, et marcha bravement contre les Chickassas. Ceux-ci, lorsqu'ils aperçurent M. de Céleron, se présentèrent à lui dans la posture la plus humble et lui demandèrent la paix avec d'instantes supplications. M. de Céleron la leur promit et envoya leurs chefs courir après M. de Bienville qui s'en allait. Bienville fit avec eux une sorte de traité de paix postiche, après qu'ils eurent livré quelques Natchez, et qu'ils eurent promis d'exterminer le reste de cette race malheureuse. Cependant, Bienville en leur accordant la paix en ce qui concernait les Français, leur déclara qu'il n'arrêterait pas les courses des Chactas contre eux et qu'il continuerait de payer aux Chactas les chevelures qu'ils enleveraient aux Chickassas, parce que les Chactas avaient contre eux de justes sujets de plainte, pour lesquels ils n'avaient pas encore obtenu de satisfaction.

M. de Céleron, avant de s'en retourner au Canada, rasa le fort de l'Assomption, qui, par conséquent, fut aussitôt détruit qu'élevé. Ce fut le seul officier qui rapporta quelque gloire de cette campagne, dont le résultat est loin de faire honneur à Bienville. Il est évident que Bienville le sentait lui-même. Car la manière vague et le ton embarrassé dont il rendit compte de cette expédition prouvent qu'il n'était pas à son aise sur ce terrain. Sa dépêche, qui est du 6 mai 1740, n'est qu'une mauvaise et boiteuse justification de sa conduite. Les excuses abondent sous sa plume, et l'on voit qu'il plaide une cause difficile à défendre.

Depeche de Bienville.

(Fragment.)

"Monseigneur aura su, par mes précédentes lettres, que, quelque diligence qu'on ait pu faire pour presser le départ des différents convois qui devaient composer notre petite armée, je ne pus partir d'ici (la Nouvelle-Orléans) que le 12 de septembre. Mais mes bateaux étant armés de soldats de la colonie accoutumés aux chaleurs et à la rame, je ne fus que deux mois en route, quoique j'eusse été obligé de me détourner, pour aller inviter les Arkansas à venir nous joindre à l'entrepôt de la rivière à Margot, où je me rendis le 12 novembre. J'appris avec satisfaction, en passant au fort St. François, que le transport des vivres et effets qui avaient été amassés était presque fini, et je donnai mes ordres pour faire passer par terre les bœufs que l'on y avait laissés jusque là, pour ménager le fourrage des environs de la rivière à Margot, qui était extrêmement rare, surtout dans une saison si avancée.

"Dès que je fus arrivé, mon premier soin fut de prendre connaissance de la qualité du chemin que le sieur Saucier avait découvert, et qui en effet se serait trouvé très praticable dans une autre saison; mais il se trouva alors si inondé par le débordement de plusieurs petites rivières, enflées par des pluies presque continuelles, que nous fûmes obligés d'en faire chercher un autre. J'envoyai le sieur Broutin, ingénieur, avec un détachement considérable de troupes et de volontaires pour reconnaître un terrain plus élevé, le long de la rivière à Margot, qui nous avait été indiqué par M. de Noyan. En effet, le sieur Broutin nous rapporta, à son retour, qu'il avait suivi jusqu'à près de vingt-trois lieues un terrain ferme et élevé, par lequel, sans beaucoup de travail, on pourrait pratiquer un chemin commode.

1740. "Les pluies, qui avaient rendu le premier chemin impraticable, avaient tellement rempli les bas-fonds que nos bestiaux avaient eu à traverser pour venir de St. François, qu'en huit jours de marche nous en avions perdu plus de la moitié. Le reste, au nombre de quatre-vingts bœufs et trente-quatre chevaux, était arrivé si exténué, que nous avions perdu l'espérance d'en tirer aucun service. Notre unique ressource était donc en l'arrivée de cent cinquante chevaux et cent bêtes à cornes que nous avions fait acheter, M. de Salmon et moi, aux Natchitoches, dont nous n'avions cependant aucune nouvelle, quoique nous eussions donné nos ordres pour les faire rendre à la fin de septembre au fort St. François. Ce ne fut qu'à la fin de janvier, que nous apprîmes que les bêtes à cornes s'étaient écartées et perdues à soixante-dix lieues des Natchitoches, et que les chevaux avaient péri dans la route, à la réserve de cinquante, qu'on avait été obligé d'abandonner au-delà de la rivière des Arkansas, dont le débordement avait rendu les approches inaccessibles. Cette nouvelle perte, qui nous mettait hors d'état de rien entreprendre dans un pays sans ressource comme celui-ci, me fit convoquer un conseil de guerre, composé des principaux officiers de chaque corps, dont le résultat fut : qu'étant dans l'impossibilité de mener l'artillerie nécessaire pour assurer le succès de l'expédition, il ne convenait point de compromettre la gloire des armes du roi en nous mettant au hasard d'un succès douteux.

"Je sens avec douleur que Monseigneur ne sera pas satisfait de cette entreprise qui a coûté tant de dépenses au roi, mais je me flatte en même temps qu'il voudra bien observer que je n'avais manqué à aucune précaution nécessaire pour rendre cette campagne aussi glorieuse que Sa Majesté avait lieu d'espérer. La jonction des différents secours que nous avions appelés, s'était faite à point, même les provisions de bouche avaient été amassées en plus grande abondance qu'il 1740. n'eût été nécessaire, si nous n'avions point trouvé d'obstacles. Soixante-cinq paires de bœufs et cinquante chevaux étaient rendus des Illinois à St. François, dès la fin de juillet. Deux cent cinquante chevaux et cent bêtes à cornes, achetés aux Natchitoches, devaient s'y rendre au mois de septembre. Des débordements de rivières, causés par les pluies de l'arrière-saison, ont renversé tous ces projets, en faisant périr tous nos bestiaux, et nous ont fait perdre le fruit de tant de dépenses et de tant de peines. Au reste, Monseigneur, si nous ne sommes pas sortis de cette affaire avec tout le succès qu'on avait droit de se promettre, la gloire des armes du roi n'en a pas souffert. Toutes les nations ont été frappées des préparatifs de notre campagne, et ont senti la supériorité de nos forces. Elles ont été témoins des démarches que les ennemis ont faites par crainte, pour obtenir la paix.

"Je pense même pouvoir avancer que, eu égard à la tranquillité de la colonie, les affaires sont en meilleur état que si nous eussions marché aux ennemis. Nous savons, de leur propre aveu, qu'ils observaient nos mouvements, dans le dessein d'abandonner leurs forts dès qu'ils auraient su notre marche, qu'il aurait été impossible de leur dérober, puisque nous avions à traverser, avec un gros train, un espace de trente-cinq à quarante lieues de bois. D'ailleurs, si d'un côté, pour assurer la navigation du fleuve, nous leur avons promis la paix de la part des nations du Nord, nous les tenons en échec du côté des Chactas, jusqu'à ce qu'il convienne à nos intérêts de leur accorder la paix générale. Ce que nous ne ferons qu'à condition qu'ils éloigneront pour toujours les Anglais de leur pays. Afin d'y parvenir plus promptement, je profiterai de l'indisposition où sont actuellement les Chactas à l'égard des Anglais, pour les exciter à troubler plus que jamais leur communication

1740. avec les Chickassas. La disette de marchandises, dans laquelle nous sommes presque toujours, ne m'a pas permis de faire aucune ouverture aux Chickassas sur l'éloignement des Anglais. Ils n'auraient pas manqué de me demander des traiteurs, que je n'aurais pas été en état de leur fournir. Ainsi, il est d'une conséquence infinie que nos magasins soient toujours abondamment munis de marchandises. C'est le seul moyen de maintenir les nations dans nos intérêts et de repousser avec avantage les attaques de nos voisins. Je ne pense donc pas qu'il convienne de travailler à l'accommodement des Chickassas avec les Chactas, jusqu'à ce que je sois parvenu à éloigner les Anglais, soit en les faisant inquiéter par les derniers, afin de les dégoûter du commerce des premiers, soit en obligeant les Chickassas à les chasser, pour obtenir la paix avec les Chactas. Ces Chickassas ne sont pas au reste en état de causer par eux-mêmes de l'inquiétude à la colonie. Nous savons, de leur propre aveu, qu'ils sont à peine trois cents hommes, et que leurs plus fameux guerriers ont péri par la guerre."

Personne ne sera de l'opinion de M. de Bienville, lorsqu'il dit : *Si nous ne sommes pas sortis de cette affaire avec tout le succès qu'on avait droit de se promettre, la gloire des armes du roi n'en a pas souffert.* Mais, lorsqu'après cette désastreuse expédition, dans laquelle cinq cents hommes avaient péri de maladies, il ajoute : *Les affaires sont en meilleur état que si on avait marché à l'ennemi,* on ne peut s'empêcher d'être étonné de la hardiesse d'une pareille assertion. Si la persuasion où il était, comme il le dit, que les Indiens auraient abandonné leurs forts, auraient fui à son approche, et que par conséquent on n'aurait rien gagné à aller jusqu'à eux, était une raison suffisante pour ne pas achever l'expédition, ce n'en était pas une moins bonne pour qu'elle ne fût pas entreprise. Quant aux autres obstacles dont parle

M. de Bienville, ils étaient de nature à être prévus, et 1740. l'on aurait dû y avoir pourvu avant le départ de l'armée. *Toutes les nations*, dit Bienville dans sa dépêche, *ont été frappées des préparatifs de notre campagne et ont senti la supériorité de nos forces.* Mais, plus ces forces étaient considérables, plus les préparatifs d'attaque avaient été grands, et plus les nations sauvages devaient être frappées de leur inutilité et de l'impuissance des Français. Plus grande aussi devait être la déconsidération, dans laquelle les avaient jetés tant de campagnes infructueuses, auxquelles cette dernière venait apporter son complément de honte et d'humiliation. On avait fait la paix, il est vrai, à la demande des Chickassas, mais ils n'avaient livré aucun otage et n'avaient donné pour garantie qu'une vaine promesse, qui pouvait être violée au gré du caprice ou de l'intérêt.

Pour juger correctement du sentiment qui avait été le mobile de la conduite de Bienville dans toute cette affaire, il suffit de se rappeler, qu'avant cette expédition, il n'avait cessé de représenter les Chickassas comme une nation extrêmement redoutable, avec laquelle il fallait en finir, et, en conséquence, il avait demandé à grands cris des armes et des troupes pour atteindre ce but désiré. Aussitôt après que l'expédition eut manqué, et sans que les Chickassas eussent éprouvé aucune perte importante depuis ses dernières dépêches, dans lesquelles il les représentait comme si dangereux, il écrit que *ces mêmes Chickassas ne sont pas en état de causer par eux-mêmes de l'inquiétude à la colonie et qu'ils sont à peine trois cents hommes.*

Le mot de l'énigme, c'était l'arrivée de M. de Noailles, que l'on avait envoyé, avait dit le ministre, comme *officier d'expérience et rempli de talents militaires*, pour suppléer à ce qui pouvait manquer à Bienville sous ce rapport, et avec lequel il était recommandé à Bienville de

1740. s'entendre en tout pour la conduite de l'expédition. De là, le mal, de là l'impossibilité où furent pendant cinq mois les coureurs de bois, les deux mille quatre cents Indiens, et les ingénieurs qui étaient avec Bienville, de découvrir un chemin qui conduisit chez les Chickassas. L'ingénieur Devergès, dans son rapport au ministre, tout en déclarant ne vouloir accuser personne, se plaint de jalousies, de piques, de conflits de pouvoir, et attribue à ces causes une partie de l'insuccès de cette expédition. C'était là, en effet, mettre le doigt sur la plaie.

Il résulte d'un tableau, signé Bienville et Salmon, sous la date du 15 juin, que la guerre des Chickassas avait coûté, du 1er janvier 1737 au 31 mai 1740, la somme de 1,088,383 livres. Quant aux dépenses courantes de la colonie, le budget se monta, pour 1740, à 310,000 liv.

La note suivante, sur quelques officiers de la colonie, à cette époque, a été fidèlement copiée dans les cartons du ministère de la marine, et offrira sans doute quelque intérêt à des familles louisianaises, qui y retrouveront les noms de leurs ancêtres.

Capitaines.

De Gauvrit. — Long-temps servi en France. Capitaine réformé. Passé en Louisiane en 1716. Fait chevalier de St. Louis en 1729. — 59 ans.

D'Hauterive. — Long-temps servi en France. Venu dans cette colonie en 1720 comme capitaine. Chevalier de St. Louis en 1736. — 52 ans.

De la Buissonnière. — Officier en France. Venu en la colonie en 1720 comme lieutenant. Fait capitaine en 1732. — 45 ans.

De Berthel. — Servi en France au régiment de Montmorency. Venu en 1732 comme capitaine. — 40 ans.

De Bénac. — Servi en France dans les gardes-du-corps. Chevalier de St. Louis en 1721. Capitaine en 1732. — 52 ans.

De Membrède.—Servi en France dans les gardes-du- 1740. corps. Capitaine en 1732.—32 ans.

Lesueur.—Il est dans la colonie depuis 1707. Capitaine en 1734.—44 ans.

De Blanc.—Servi très long-temps en France dans Royal-Marine comme lieutenant. Venu avec une compagnie dans cette colonie en 1719. Bon officier.— 57 ans.

De Macarty.—Venu en cette colonie en 1732. Aide-major de la Nouvelle-Orléans. Fait capitaine en 1735. —34 ans.

Benoist.—Venu en 1717 comme enseigne. Lieutenant en 1732 ; capitaine en 1737.—47 ans.

De Velles.—Servi cinq ans dans les mousquetaires. Venu en 1732 comme lieutenant. Capitaine en 1737.— 32 ans.

Le chevalier d'Orgon.—Venu en 1737 ; capitaine en 1739.—42 ans.

Lieutenants.

Duterpuis.—Venu en 1717 comme sergent. Officier en 1721. Lieutenant en 1732.—71 ans.

D'Herneuville. Venu en 1731.—29 ans.

Bonnille.—Fils d'un ancien officier. Venu avec son père en 1717.

Maret Dupuis.—Venu en 1717, comme cadet ; enseigne en 1721. Lieutenant en 1736.—44 ans.

De Grand-Pré.—Venu, en 1731, enseigne en second ; enseigne en pied en 1732. Lieutenant en 1737.— 46 ans.

Montcharuau.—Venu en 1732 comme enseigne. Lieutenant en 1737.—43 ans.

Maret de la Tour.—Est dans la colonie depuis 1717. —40 ans.

Favrot.—Venu, en 1732, enseigne en second. Lieutenant en 1737.—33 ans.

1740. Hazure.—Venu, en 1732, enseigne.—29 ans.

Vandereck.—Venu en 1731.—53 ans.

Mongrand.—Venu en 1737. Avec une expectative de lieutenance.

Enseignes en pied.

De Pontalba.—Venu, en 1732, avec une expectative d'enseigne en second. Mis en pied en 1737. A fort bien servi. Paraît être corrigé du goût trop marqué qu'il avait pour le commerce.—26 ans.

Le chevalier de la Houssaie.—Venu en 1731, cadet. Officier en 1733.—26 ans.

Mazan.—Fils d'un capitaine de galères. Venu en ce pays, en 1736, comme enseigne en second. Enseigne en pied en 1737.—25 ans.

Populus de St. Protais.—A servi cinq ans comme cadet dans la colonie. Enseigne en 1733.—28 ans.

La Gautray.—A servi dans les cadets de Rochefort. Venu en 1737.

Gouville.

Dupassage.

Chevalier de Macarty.

Chevalier de Villiers.

Guérin de la Martillière.—Servi dans ce pays cinq ans, cadet. Enseigne en second en 1735. En pied en 1739.—24 ans.

Soullègre.—Venu l'an dernier comme enseigne en pied, sortant des cadets de Rochefort.

Enseignes en second.

Ducoder.—Servi en ce pays cinq ans comme cadet. Enseigne en 1734.

Macdenot.—Servi deux ans en ce pays. Enseigne en 1735.

Trudeau.—Cadet dans les troupes pendant quatre ans. Enseigne en 1737.—26 ans.

Boissy.—Servi dix-sept ans, cadet dans les compagnies. Enseigne en 1737.—47 ans. 1740.

Porneuf.—Servi en Canada comme cadet. Venu aux Illinois avec une lettre d'enseigne.—23 ans.

Lusser.—Enseigne en 1736, en considération des services de feu son père, tué par les Chickassas.—17 ans.

Le Peltier.—Venu du Canada aux Illinois avec une lettre d'enseigne, il y a dix-huit mois. Pauvre sujet.—24 ans.

Voisin.—Fils d'un marchand de ce pays. A reçu en 1737 une lettre d'enseigne. Bon sujet.—23 ans.

Le Grand.—Venu du Canada aux Illinois comme enseigne, il y a dix-huit mois.—Pauvre sujet.

Du Plessy.—Servi pendant trois ans comme cadet. Enseigne en 1738.—24 ans. Il est sage et sert bien.

Rouville.—Cadet au Canada cinq ans. Venu dernièrement comme enseigne.

OFFICIERS RÉFORMES.

Capitaines.

D'Arensbourg.—Capitaine.—Sert en cette colonie depuis 1721, et commande aux Allemands. Excellent sujet.—45 ans.

Lieutenants.

St. Ange fils.—Commande au Ouabache depuis quatre ans. Bon sujet.—39 ans.

Taillefer.—Venu en 1737 comme lieutenant réformé.

Chevalier de Taillefer.—Même service que son frère.

Dombourg.—Venu il y a un an dans la colonie, où il avait déjà servi dans la troupe d'ouvriers suisses.

Lavergne.—Il n'y a qu'un an qu'il est dans la colonie, où il avait déjà servi. Sage et fort actif.

Monbereau.—Arrivé depuis un an.

Cadets à aiguillettes.

1740. La Perlière.—26 ans.

Des Essarts.—Sert depuis quatre ans.

Le Corbier.—Ex-page de la vénerie.—Sert depuis trois ans. Sage.—22 ans.

Ballet, l'aîné.—Venu il y a deux ans.—22 ans.

De Gruize.—Servi en France.—23 ans. Venu depuis un an.

Montreuil.—Servi dans les cadets à Metz. Venu il y a un an. Sage, exact à son service.—23 ans.

La Bèche.—Servi dans les cadets en France.—22 ans.

Marigny de Mandeville.—Fils d'un ancien capitaine du pays. Il sert depuis quatre ans avec application. Sage.—21 ans.

Tersigny.—Venu il y a un an.—25 ans.

Massé.—Fils d'un lieutenant réformé tué par les Natchez.—Il sert depuis sept ans.—20 ans.

Trudeau.—Fils d'un conseiller.—18 ans.

15 juin 1740.

BIENVILLE.

CHAPITRE XVI.

DISETTE AFFREUSE.—MÉMOIRE SUR LE CIRIER.—BIENVILLE DEMANDE EN VAIN L'ÉTABLISSEMENT D'UN COLLÉGE.—IL DONNE SA DÉMISSION, QUI EST ACCEPTÉE.—LE MARQUIS DE VAUDREUIL EST NOMMÉ GOUVERNEUR DE LA LOUISIANE.

L'ANNÉE 1741 fut très malheureuse pour les colons, comme on le verra par les dépêches qui sont ici transcrites. La colonie souffrit beaucoup des suites d'un des ouragans les plus violents qui aient jamais eu lieu dans ce pays, et qui avait éclaté le 11 septembre de l'année précédente. La disette devint affreuse. Dans une dépêche du 25 février, datée de la Mobile, M. de Beauchamp dépeint ainsi l'état de la colonie:

1741.

"Monseigneur, depuis ma dernière lettre, du 21 mai, les sauvages Chactas ont été en gros parti, d'environ mille à douze cents hommes, à la fin d'août, pour couper les maïs des Chickassas, mais ils n'ont pas fait grand dégât. A leur retour, ils ont essuyé comme nous un ouragan si violent, que leurs vivres, aussi bien que les nôtres, ont été presque tous perdus. Nous avons senti cet ouragan plus fortement qu'eux, étant plus près de la mer, de cinquante à soixante lieues. Ce coup de vent a été si violent, qu'il a renversé ici plusieurs maisons, entr'autres, celle que M. Bizoton avait fait construire sur la levée, pour servir de magasin et de refuge

1741. pour les matelots. Malheureusement, toutes les farines et subsistances de la garnison étaient dedans. J'ai été obligé de faire commander toute la garnison, pour aller le long de la côte pêcher les barils, dont partie étaient défoncés. Sans cette pêche aux barils, nous aurions risqué de mourir de faim, n'ayant aucune ressource, puisqu'il ne restait que six ou huit barils de farine dans le magasin du fort.

"Ce coup de vent était si furieux, que s'il avait continué quarante-huit heures, comme font pour l'ordinaire tous les ouragans, nous aurions été inondés; mais, par bonheur, il n'a soufflé que douze heures, et avec tant de force, que la moitié de l'île Dauphine a été emportée, et que plus de trois cents bêtes à cornes ont été noyées dans cette île. Nous en avons perdu une plus grande quantité, le long de la côte et aux Pascagoulas. Ce qui dérange extrêmement les pauvres habitants de ce quartier.

"Un effet presque incroyable de la force du vent, c'est qu'il y avait un canon de quatre livres de balle, qui était couché sur le sable, devant le corps de garde de l'île Dauphine. Le vent l'a poussé à dix-huit pieds de l'endroit où il était. Ce qui a été attesté par tous les gens de l'île.

"Ce coup de vent prit le 11 septembre, et cessa vers midi, n'ayant duré que douze heures. Mais quoique sa durée n'ait pas été longue, il a causé bien du ravage. Tous les vivres et voitures ont été jetés à la côte; notre levée, qui était en très bon état, est maintenant délabrée. Pour surcroît de malheur, il revint, le 18, un autre ouragan, qui a achevé de perdre le reste des vivres que le premier avait trop endommagés. Ce dernier, qui était du N. N. E., accompagné de grandes pluies, a fait déborder toutes les rivières, qui ont ravagé et détruit presque toutes les plantations des sauvages, depuis la Caroline jusqu'ici. Ce qui nous oblige de faire venir des Alibamons des vivres pour quatre-vingt-quatorze personnes. Le premier ouragan était de la partie de l'E. S. E. Heureusement qu'il n'a pas passé à la Nouvelle-Orléans, où la récolte s'est trouvée assez abondante. Sans ce secours, toute la colonie se serait trouvée dans une disette effroyable, et nous aurions été hors d'état de faire des présents aux Chactas, auxquels il en était dû depuis deux ans.

Une dépêche de M. de Loubois, lieutenant de roi, en date du 7 mars, ne confirme que trop ce que dit Beauchamp, relativement à la triste situation de la colonie: "L'état actuel de la colonie, dit-il, ne saurait être plus critique, outre qu'elle manque absolument de tout, et que les denrées du pays y sont d'une rareté et d'une cherté excessives. Deux ouragans consécutifs, qui ont eu lieu le 11 et le 18 septembre, ont si fort maltraité la Balise, qu'il n'y a pas actuellement un canon monté. Le port et la batterie ont été emportés et renversés, les magasins et les maisons, qui y étaient, fort endommagés, de manière que ce poste est entièrement hors de défense, et serait enlevé par quatre chaloupes, sans qu'on pût les en empêcher. Le seul bateau qui nous restait y a péri par ce coup de vent. Heureusement, M. de Membrède, qui y commande, avait eu la précaution de faire mettre à terre les marchandises dont il était chargé, de sorte qu'il n'y a eu de perdu que le bâtiment, le capitaine, un pilotin et quatre nègres du roi. On soupçonne que ce bâtiment a été jeté à la baie de St. Bernard, où un bateau venu de St. Domingue croit l'avoir vu échoué. Cette tempête s'est fait sentir avec la même violence à Biloxi, dans la rivière des Pascagoulas, à la Mobile, aux Alibamons, et même jusqu'à Tombekbé, quoique situé dans une aire de vent bien différente. Cet ouragan n'a pas laissé que de causer un dommage considérable dans tous les endroits où il a passé. Aussi, la disette est très grande. Une barrique de vin se vend 500 livres argent

1741. d'Espagne, et 800 livres en monnaie de la colonie, le reste à proportion. De la farine, il n'y en pas du tout, à aucun prix.

"La guerre des Chactas et des Chickassas va son train. Mais notre fort de la Mobile tombe en ruines."

Le 22 mai, Bienville et Salmon rendirent une ordonnance qui portait que, pour éviter les fraudes dans tous les envois de tabac à faire en France, les habitants auraient à composer leurs envois d'un tiers au moins de feuilles de première coupe, d'une moitié de celles de la seconde, et d'un sixième au plus de celles de la troisième ; que ces trois différentes sortes de tabac, après avoir été visitées par les personnes préposées à cet effet, seraient mises séparément en boucaut, afin que l'on pût connaître plus aisément si ces proportions étaient fidèlement observées. Il fut aussi ordonné qu'à l'avenir chaque fabricant de tabac serait tenu d'avoir une étampe particulière, dont le modèle devait être déposé au greffe du conseil.

Le 18 juillet, M. de Loubois écrivait au ministre : "La plupart des postes éloignés ont été si mal traités par les deux ouragans de l'année précédente, qu'ils n'ont recueilli aucune espèce de grains, de façon qu'ils ont été contraints de tirer leur subsistance des environs de la Nouvelle-Orléans, qui ont eu bien de la peine à leur en fournir jusqu'à présent. Ce qui a occasionné l'extrême rareté des denrées et leur extrême cherté. Il y a actuellement plusieurs familles réduites à la dernière misère, et leurs chefs ne savent pas le matin, quand ils se lèvent, où trouver un morceau de pain pour donner à leurs enfants. Heureusement, la récolte prochaine donne de grandes espérances.

"Le 29 du mois de mai dernier, les Natchez et les Chickassas, à ce que l'on soupçonne, ont enlevé, à la Pointe-Coupée, un jeune blanc de dix ans, une négresse et trois négrillons.

"Ces mêmes Natchez, l'automne dernier, avaient atta- 1741. qué, à trente lieues dans le Ouabache, vingt-quatre chasseurs, traiteurs français, ou canadiens, dont seize sont restés morts sur le champ de bataille, avec une femme et une jeune fille. La première mériterait place dans l'histoire, pour avoir encouragé les siens pendant tout le combat, risqué plusieurs fois sa vie, en allant prendre et couper les cornes à poudre de ceux qui étaient tués, pour la partager entre ceux qui étaient en état de se défendre. Malheureusement pour les Français, le mauvais temps les avait jetés dans un petit bayou, où ils étaient à découvert de la tête aux pieds, et les ennemis, au nombre de cent quarante, qui les suivaient depuis long-temps, s'étaient saisis de la hauteur qui était boisée et fourrée. Cependant, malgré cette grande inégalité de forces et de lieux, ils se sont défendus jusqu'à six heures entières; mais enfin, les huit qui restaient, voyant qu'ils ne pouvaient plus soutenir la gageure, allèrent tête baissée sur les barbares, et se firent faire place les armes à la main. Il y en eut cinq de blessés et trois qui ont échappé sains et saufs. Je suis très mortifié, pour la tranquillité de ce malheureux pays, de ne m'être pas trompé sur le jugement que j'avais porté de la dernière paix."

On voit que les officiers de la colonie avaient jugé à sa valeur la paix illusoire que Bienville avait faite. Pour ce qui concernait les Français, elle n'était que nominale, et, quant aux Chactas, les Chickassas leur tenaient tête, et ne paraissaient pas être disposés à leur donner satisfaction sur les griefs dont M. de Bienville s'était plaint en leur nom. Pendant tout le cours de l'année, il y avait eu entre les Chactas et les Chickassas des combats partiels, dans lesquels les premiers avaient toujours eu l'avantage. Bienville écrivit à ce sujet, "qu'il voyait avec plaisir que les Chactas s'aguerrissaient, et qu'ils ne craignaient plus d'attaquer leurs an-

1741. ciens ennemis. Il ajouta qu'il avait appris avec satisfaction que les Chickassas étaient tellement harcelés, qu'ils se disposaient à émigrer chez les Anglais de la Caroline.

Les établissements de la Balise ayant été presque détruits par les ouragans du 11 et du 18 septembre, il fallut songer à les refaire. L'ingénieur Devergès porta le devis estimatif à 454,974 livres, et encore tout n'y était-il pas compris. Bienville annonça au ministre qu'il avait donné, par adjudication, les ouvrages les plus pressés au sieur Dubreuil, le seul, dit-il, qui fut en état de suivre une pareille entreprise. Ces ouvrages, ainsi adjugés, devaient se monter à 297,382 livres, 10 sous.

Le 31 octobre, le conseil d'Etat eut la sagesse de proroger, pour dix années, l'exemption de tous droits d'entrée et de sortie, accordée par l'arrêt du 30 septembre 1732, sur les marchandises que l'on portait à la Louisiane et sur les denrées qui en venaient. C'était là persévérer dans cette bonne voie, dans laquelle on n'était entré que trop tard.

Le budget de la colonie se monta cette année à 319,411 livres.

On ne lira peut-être pas sans intérêt le détail des salaires de quelques officiers publics, à cette époque reculée.

De Bienville, gouverneur	12,000 liv.
Son secrétaire	1,200 "
Salmon, commissaire-ordonnateur . .	8,000 "
Son commis	1,200 "
De Noyan, lieutenant de roi.	2,400 "
D'Hauterive, major de la Nouvelle-Orléans.	1,200 "
De Bellisle, aide-major	1,080 "
Bobé Desclozeau, contrôleur	1,800 "
Le Breton, écrivain principal	1,000 "

1742. Le gouvernement français avait été justement mécontent du résultat de la dernière campagne contre les Chickassas et avait adressé à Bienville des reproches très vifs à ce sujet. Après les avoir réitérés dans une dépêche du 19 janvier, le ministre continue en ces termes : "Il m'est au surplus revenu que vous avez permis à deux familles établies dans la colonie de passer à St. Domingue par le navire Triton, et non-seulement vous ne m'avez pas informé des raisons qui ont pu vous déterminer à leur en accorder la permission, mais vous ne m'avez pas même rendu compte de leur départ. Vous devez sentir qu'indépendamment du préjudice que la désertion des habitants cause à la colonie, leur éloignement ne peut que contribuer à décourager ceux qui restent. C'est pour cette raison que Sa Majesté vous défend de permettre à aucun habitant de quitter la colonie, sans avoir reçu des ordres sur cela. C'est à quoi vous aurez pour agréable de vous conformer. Vous m'informerez aussi des raisons qui vous ont engagé à permettre aux deux familles de passer à St. Domingue.

"La proposition que vous avez faite de permettre aux habitants de la Martinique, qui voudraient transporter leurs établissements à la Louisiane, d'y passer avec leurs nègres et leurs effets, demande d'être examinée et je verrai ce qu'il convient de faire à cet égard."

Profondément touché du blâme dont il était l'objet, Bienville demanda à être remplacé et sa demande fut accueillie.

Le 18 février, il écrivit au ministre relativement aux Indiens : "La course, que sept à huit cents Chactas ont faite pendant l'été dernier sur les Chickassas, a eu plus de succès que celles des années précédentes. Ils ont ravagé une grande partie des vivres des ennemis et sont revenus au commencement d'octobre avec six chevelures d'hommes, dix prisonniers et plus de quatre-vingts chevaux, après en avoir tué plus de cent.

1742. "Depuis ce temps, les Chactas ont continué de tenir des partis en campagne. Je compte que pendant l'année dernière ils ont tué cinquante-quatre hommes. Je tiens les Anglais en échec, en maintenant une bonne intelligence avec tous les autres sauvages.

"Soulier Rouge, qui peut faire tant de bien ou tant de mal, est complètement revenu aux Français. Seul, à la tête de ses sujets, il est allé frapper sur les Chickassas. Il a rapporté beaucoup de chevelures, a fait onze prisonniers et a enlevé quatre-vingts chevaux.

"M. de Loubois devant être chargé par intérim du gouvernement de la colonie, en attendant l'arrivée du gouverneur qu'il plaira à la cour de nommer, j'ai jugé convenable de lui laisser faire la distribution des présents de cette année, afin de lui donner connaissance, avant mon départ, de cette partie de son commandement qui n'est pas la moins difficile, et pour cet effet, je lui ai dressé un mémoire instructif sur le traitement qu'il convenait de faire à chaque village, à chaque chef et même à chaque guerrier, suivant ce que chacun d'eux avait mérité dans le courant de l'année. Je lui recommandai de réhabiliter le Soulier Rouge en lui rendant les présents et les autres marques de distinction attachés à la médaille dont il est décoré. M. de Loubois m'a mandé en réponse que ce sauvage avait été enchanté de ce retour et lui avait promis authentiquement, en présence des autres chefs, qu'il serait aussi zélé pour nos intérêts qu'il l'avait été pour ceux des Anglais ; qu'il abjurait non-seulement tout commerce avec eux, mais qu'il voulait même nous convaincre sous peu, par quelque action d'éclat, qu'il était leur ennemi juré.

"J'ai cru, Monseigneur, que le plus sûr moyen d'assurer, avant mon départ, la tranquillité de cette colonie, était de réunir tous les chefs de cette nation dans un même esprit d'attachement pour nous. J'ai la satisfaction d'y avoir réussi, et en pratiquant les moyens 1742. dont je me suis servi pour les ménager, il sera aisé de les maintenir dans ces dispositions.

"Quant aux Chickassas, j'ai déjà eu l'honneur de mander à Votre Grandeur qu'il ne serait pas d'une bonne politique de les réconcilier avec les Chactas. Le caractère de tous les sauvages en général demande à être toujours occupé de quelque guerre, et ils pourraient bien nous inquiéter s'ils étaient trop tranquilles. Enfin, l'affaiblissement mutuel des nations belligérantes est le plus grand avantage que nous puissions retirer des dépenses que ces guerres occasionnent.

"Les Chickassas d'ailleurs, séparés des Natchez, dont la retraite chez les Chérokis se confirme tous les jours par les prisonniers, ne sont plus en état de nous causer beaucoup d'inquiétude, et pour peu que l'on entretienne les Chactas dans les dispositions où ils sont, de les harceler jusqu'à ce qu'ils les aient contraints d'abandonner leur pays, la colonie sera bientôt délivrée de cette nation inquiète. Les derniers prisonniers ont rapporté aux Chactas que les Anglais, harcelés par leurs courses fréquentes et ruinés par la perte de leurs chevaux, pressaient tous les jours nos ennemis de se retirer dans la Caroline, à l'exemple de plusieurs de leurs familles, qui y avaient trouvé un asile tranquille, et que les Chickassas ne refusaient de se rendre à ces sollicitations, que par attachement pour le magnifique et fertile pays qu'ils habitent.

"Le sieur Lesueur, capitaine, à qui je laisse depuis trois ans le commandement de Tombekbé, parce qu'il entend mieux qu'un autre le gouvernement des Chactas, dont il sait parfaitement la langue, me mande que cette nation se disposait à mettre le mois prochain sept à huit cents hommes en campagne pour aller enlever les chevaux des Chickassas et des Anglais dans les plaines, et qu'ils lui avaient promis de faire un autre

1742. armement au mois de septembre prochain, plus fort que celui-ci, pour ravager leurs vivres ; que dans cet intervalle, ils tiendraient toujours de nombreux partis dans leur pays de chasse et sur le chemin des Anglais; enfin, qu'ils étaient résolus de leur faire abandonner le pays."

L'arbre qu'on appelle à la Louisiane le cirier, et qui y est si commun, avait attiré l'attention du gouvernement. En réponse aux renseignements qui avaient été demandés à ce sujet, Bienville et Salmon écrivaient, le 24 mars :

"Il n'est pas douteux que, si l'arbrisseau qui porte une graine dont on tire la cire était cultivé, on en tirerait un avantage considérable, mais la colonie n'a point été assez peuplée jusqu'à présent, pour qu'on ait pu s'attacher à cette culture. Les habitants voisins des cantons où croît cet arbrisseau en tirent de la cire pour leur usage. M. Salmon avait envoyé à Votre Grandeur, peu de temps après son arrivée en ce pays, un pain de cette cire. Depuis ce temps-là, il n'en a point entendu parler. A la fin de novembre dernier, étant à la concession d'Asfeld, il fit ramasser environ cinquante livres de graines. Il la fit fondre, et il en a tiré environ un sixième. Elle se blanchit comme la cire jaune, en la faisant fondre, et la versant sur un moule pour la mettre en *rippes*, et l'exposant ensuite à la rosée. Une bougie de cette cire, du poids de 2 onces 6 gros, dure sept heures, et mêlée moitié de suif, elle dure six heures. Il ne sera facile de juger du produit que cette culture pourra donner, que dans quelques années, si les habitants en font des plantations. C'est à quoi nous les engageons de notre mieux. Quelques-uns des principaux nous ont promis qu'ils en feraient un essai, lorsque la saison sera venue d'en transplanter. Le sieur Prat doit envoyer à Monseigneur un mémoire à ce sujet."

Extrait du Memoire de Prat. 1742.

1°. "Les sauvages Chaouachas appelaient cet arbrisseau *anemiche*.

2°. "Il croît le plus volontiers dans les lieux bas, humides, qui se trouvent noyés une partie de l'année, et dont la terre est grasse, noire et légère. On en trouve néanmoins d'assez beaux dans les terres un peu élevées, où l'eau ne séjourne jamais.

3°. "Si l'on plante des drageons d'un ou de deux ans, qui se trouvent en assez grand nombre au pied de tous les vieux arbres, on peut se promettre qu'ils rapporteront du fruit (en petite quantité) au bout de quatre ans. J'en ai vu ici deux pieds, l'un stérile, l'autre fertile, qui avaient été plantés dans le coin d'un jardin, et qui ont poussé des fleurs au commencement de la troisième année, quoique fort négligés; et l'espèce fertile a donné des fruits sur la fin de la même année. Ces rejetons pouvaient avoir deux ans, lorsqu'ils ont été tirés des bois pour être plantés.

4°. "On peut avoir six livres de graines par pied d'arbre.

5°. "On n'a jusqu'à présent planté que des rejetons. On n'a essayé ni de la bouture ni de la marcote. On en a semé, mais les graines n'ont pas levé.

6°. "A l'égard du caractère de cette plante, celui qu'en donne Linnæus, sous le nom de *Myrica*, page 302, dans la 22me classe, qu'il appelle Dioecia, m'a paru convenir à notre arbrisseau. Il cite Tournefort, qui en a donné un mémoire à l'Académie en 1706, tome 3, sous le nom de *Gale*. Linnæus a raison de dire que ce genre a beaucoup d'affinité avec le pistachier ou térébinthe. En suivant aussi le système de Tournefort, il doit être placé à la 3me section de la 18me classe, avec le térébinthe et le lentisque."

1742. Extrait du Mémoire de M. Alexandre, Botaniste.

"C'est un arbrisseau toujours vert, qui vient naturellement presque dans tous les endroits tempérés de l'Amérique septentrionale, comme à la Floride, à la Louisiane, à la Caroline, etc. Il croît en buisson à la hauteur d'environ douze à quinze pieds au plus, ayant le port de l'olivier ou du myrthe, dont il a aussi à peu près l'odeur. Son tronc est le plus souvent tortu, et recouvert d'une écorce mince, assez unie, et de couleur cendrée extérieurement, verte en dessous. Son bois est d'un blanc très clair, médiocrement dur, cassant, et n'ayant que très peu de moelle. Ses rameaux sont droits, branchus, garnis de feuilles disposées alternativement jusqu'aux extrémités des plus petites branches. Elles sont étroites et assez irrégulières, d'environ deux, trois à quatre pouces, larges d'environ trois à quatre lignes vers les deux tiers ou les trois quarts de leur longueur, allant toujours en diminuant jusqu'à l'endroit des tiges et des branches d'où elles prennent naissance, s'y terminant par des queues très courtes et peu distinguées. Le reste de leur partie supérieure finit en pointes, le plus souvent tronquées en manière de sabre, luisantes en dessus, plus ternes en dessous, et comme légèrement et irrégulièrement ondées et dentelées en leurs bords. Ses fleurs naissent le long et autour des petites branches et dans les aisselles des feuilles. Ce sont des manières de petits chatons en épi, longs d'environ deux à trois lignes au plus ; dans cette espèce-ci, ces chatons sont des petits bouquets pyramidaux de fleurs, à étamines de figure conique, disposées alternativement le long et autour d'une espèce de poinçon, lequel leur sert comme de centre commun. Chacune de ces fleurs, examinées avec la loupe, paraît d'une structure particulière. Leur partie inférieure est creusée en cuilleron, et semble leur tenir lieu de calice, du fonds duquel s'élance le pistil, surmonté de trois 1742. filets d'étamines en manière d'aigrette, chargés à leurs extrémités de deux sommets en bourses membraneuses à peu près ovales, lesquels s'ouvrent dans leur partie antérieure en deux coques qui se renversent sur les côtés par une espèce de ressort, en forme de charnières, et laissent échapper une très grande quantité de poussière jaune très fine. Lorsque ces fleurs sont passées, elles laissent entrevoir le pistil, lequel n'est autre chose que l'embryon du fruit encore à demi-enveloppé du calice en manière d'écaille, et encore surmonté des filets d'étamines en façon d'aigrettes. Ce pistil grossissant ensuite, devient une petite baie sèche, recouverte d'une peau mince et chagrinée, des porosités de laquelle transpire une substance bitumineuse luisante et d'un vert jaune-lait au commencement, mais qui devient, lorsque les baies ont acquis leur parfaite maturité, tout-à-fait crystaline, presque blanche ou cendrée, et dont toute la superficie extérieure est couverte par petits grains crystalins disposés en écaille. Sous l'enveloppe de cette peau chagrine, est un petit noyau ligneux, qui renferme une semence ronde qui se sépare en deux lobes. Lorsque cette graine est parfaitement mûre, elle n'excède guère la grosseur d'un grain de coriandre, et cette substance bitumineuse qui la recouvre n'est autre chose qu'une véritable espèce de cire végétale, de la nature de celle des abeilles, et qui n'en diffère qu'en ce qu'elle est beaucoup plus sèche et friable, et d'une odeur balsamique très agréable.

"Toutes les fois que j'ai été à portée d'examiner ces arbrisseaux, j'en ai toujours reconnu trois espèces très distinctes en apparence, savoir : celle, ci-dessus désignée, dont les chatons sont beaucoup plus courts et dont les fleurs nouent presque en même temps qu'elles s'épanouissent. Des deux autres espèces l'une n'est différente de la première qu'en ce que ses chatons sont

1742. plus longs, tombent sans nouer et ne donnent aucun fruit. Enfin la troisième n'est différente de cette seconde qu'en ce que les feuilles sont plus courtes, d'un vert plus clair, moins étroites dans leur partie inférieure, et dont les dentelures sont plus régulières et plus près les unes des autres. Je ne voudrais pourtant pas encore assurer que ce ne fût une variété de la seconde espèce. Ils fleurissent en février et mars, et leurs graines sont parfaitement mûres et en état d'être cueillies, depuis le mois de novembre jusqu'en janvier au plus tard. Puis, elles se dépouillent de leur cire, de sorte qu'il ne reste plus que le noyau.

"Ils croissent naturellement presque dans toutes sortes de terrains, de quelque nature qu'ils soient. Ils naissent néanmoins d'une plus belle venue et montent à la hauteur d'environ douze à quinze pieds dans les basfonds sablonneux et humides de la côte maritime de la Louisiane, où il se trouve une espèce de terreau de bois et de feuilles pourries, comme à Barataria, etc. On en voit aussi en grande quantité et des plus grands sur toutes les terres du Mississippi. J'ai même rencontré plusieurs de ces arbrisseaux, qui avaient pris naissance dans de vieux troncs d'arbres pourris qui allaient en dérive sur le fleuve, et ces arbrisseaux parviennent à leur plus grande hauteur, qui est douze à quinze pieds, dans l'espace de huit à dix ans. Il en croît aussi dans les pinières sablonneuses, mais ils sont beaucoup plus petits.

"La culture en est certaine, quand on voudra s'en donner la peine.

"Le rendement en est encore incertain. Les épreuves n'ont pas été considérables; puis il faudrait tenir compte du plus ou moins de sécheresse au temps de la récolte, de la nature du terrain plus ou moins couvert, du degré de nourriture de la graine, etc. De sorte que bien qu'on ait obtenu quelquefois en cire le quart du poids des graines, il ne faut pas compter sur plus d'un 1742. septième ou d'un neuvième ; terme moyen, un huitième. Ils viennent de graines et de bouture."

Ces détails sur le cirier de la Louisiane ne sont pas dépourvus d'intérêt, et peuvent même être de quelque utilité, si plus tard on cherchait à tirer parti de cet arbrisseau.

Le 26 mars, Bienville écrivit au ministre au sujet de sa retraite, qu'il avait demandée : "Si le succès avait toujours répondu à mon application aux affaires de ce gouvernement, et à mon zèle pour le service du roi, je lui aurais volontiers consacré le reste de mes jours, mais une espèce de fatalité, attachée depuis quelque temps à traverser la plupart de mes projets les mieux concertés, m'a souvent fait perdre les fruits de mes travaux et peut-être une partie de la confiance de Votre Grandeur. Je n'ai donc pas cru devoir me roidir plus long-temps contre ma mauvaise fortune. Je souhaite que l'officier qui sera choisi pour me remplacer soit plus heureux que moi. Je vais donner toute mon attention, pendant le reste de mon séjour ici, à aplanir les difficultés attachées à la place que je lui remettrai, et je peux me flatter de lui laisser les affaires en meilleur ordre qu'elles n'ont jamais été.

"Je suis trop vrai pour assurer que la paix avec les Chickassas soit exactement observée par toute la nation. Nous apprenons, par les prisonniers que les Chactas font sur eux, que quelques villages, séduits par les traiteurs anglais, s'opposaient aux dispositions des autres à exécuter les conditions du traité, mais leur parti est désormais trop faible pour inquiéter la colonie. D'ailleurs, jamais nos alliés n'ont été si bien disposés et n'ont agi si efficacement pour réduire cette nation rebelle, et il n'est pas douteux qu'avec un peu d'attention à ménager ces dispositions, on n'en vienne bientôt à bout."

1742. Quoique gouvernant le pays par intérim, et attendant son successeur, Bienville ne s'occupait pas moins, avec activité, de tout ce qui pouvait contribuer à la prospérité de la colonie. Ainsi, le 15 juin, il mandait au gouvernement français, conjointement avec Salmon : "Il y a long-temps que les habitants de la Louisiane font des représentations sur la nécessité d'y établir un collége pour l'éducation de leurs enfants. Touchés, de leur côté, des avantages d'un pareil établissement, ils ont proposé aux jésuites d'y pourvoir, mais ces religieux s'en sont défendus faute de logement et de sujets. Il serait cependant essentiel qu'il put y en avoir un pour les humanités seulement, la géométrie, la géographie, le pilotage, etc. Les enfants apprendraient d'ailleurs leur religion, qui est la base des mœurs. Les parents ne voient que trop combien les jeunes gens, élevés dans la mollesse et l'oisiveté, se trouvent dans la suite peu utiles, et combien ceux des habitants, qui sont en état d'envoyer leurs enfants en France pour leur procurer de l'éducation, consomment de bien à cette occasion. Il est même à craindre qu'il n'arrive de là que la plupart de ces sortes de jeunes gens, dégoûtés du pays, n'y reviennent que pour recueillir les biens que leurs parents leur auront laissés.

"Plusieurs personnes de la Vera-Cruz voudraient qu'il y eut un collége ici pour y envoyer leurs enfants."

Cette demande de Bienville et Salmon, au sujet de l'établissement d'un collége, fut écartée, sous le prétexte que la colonie était encore trop peu importante.

Sur ces entrefaites, quelques Anglais avaient été trouvés dans les limites de la Louisiane et faits prisonniers par le sieur Populus de St. Protais, officier dans les troupes de la colonie, qui se rendait aux Illinois. On en avait référé au conseil, qui les condamna à trois et cinq ans de prison, suivant la plus ou moins grande culpabilité que l'on attribua aux desseins de chacun d'eux. Le jugement reposa sur la présomption que des 1742. Anglais ne pouvaient être venus dans la colonie qu'avec de mauvaises intentions, puisque les deux nations étaient en guerre.

Cinq autres Anglais furent trouvés dans de petis canots d'écorce, à trente lieues des Natchez. Il paraît qu'ils avaient été envoyés de la Virginie, en découverte. Bienville écrit sur leur compte, en date du 30 juillet, "Ils seront jugés, et je tâcherai qu'ils aillent aux mines du Nouveau Mexique."

Les Français étaient alors dans un état d'intelligence parfaite avec les Espagnols. Car, en date du 17 juin, Bienville avait écrit au ministre, que l'*audiencia real* du Mexique, qui gouvernait ce pays par intérim, sachant que les Anglais, sous les ordres de l'amiral Vernon, projetaient une attaque contre Vera-Cruz, lui avait envoyé demander six canons du calibre de dix-huit, et qu'il avait accordé ce secours, de concert avec le commissaire-ordonnateur, Salmon.

Le budget de la colonie fut cette année de 322,629 livres.

Le marquis de Vaudreuil, fils d'un ancien gouverneur du Canada, fut nommé à la place de Bienville. En attendant son successeur, Bienville, voyant qu'il avait toujours mal réussi lorsqu'il avait mis les forces de la colonie en mouvement contre les Chickassas, se borna à faire harceler cette nation et à la faire massacrer en détail par les Chactas.

"Au mois de septembre dernier, écrivait-il, les Chactas ont fait une course sur les Chickassas, dans laquelle course ils ont ravagé plus d'une lieue de campagne de blé, tué six hommes et fait treize prisonniers.

"Un autre parti, composé de cinq hommes seulement, a enlevé, à la porte des villages des Chickassas, cinq esclaves qu'ils ont emmenés en vie.

"Un troisième parti, composé de soixante hommes,

1742. après avoir visité inutilement tous les cantons de chasse des Chickassas, a trouvé une route nouvellement frayée du côté de la Caroline. L'ayant suivie, il est arrivé à un campement de Chickassas, qu'il n'a pu enlever, mais auquel il a tué beaucoup de monde et fait vingt prisonniers. De ceux-ci, ils ont appris que ce parti se composait de quarante familles se rendant à la Caroline, pour s'éloigner le plus possible des Français; que beaucoup d'autres familles les avaient précédées, et que le restant de la nation ne tarderait pas à les suivre.

"Ainsi, j'aurai la satisfaction de remettre à M. de Vaudreuil la colonie dans un état parfait de tranquillité. La seule querelle qui soit à craindre, est celle des Chactas et des Abékas, qui était terminée, lorsque de jeunes guerriers abékas, ayant rencontré deux Chactas à la chasse, les ont attirés dans leur camp, sous prétexte de les y faire reposer, et les ont assassinés. J'espère cependant arrêter les suites de cette trahison, en gagnant du temps et en faisant entendre aux Chactas que le plus pressé est d'en finir avec les Chickassas."

1743. Le nouveau gouverneur, le marquis de Vaudreuil, arriva à la Louisiane, le 10 mai 1743, et Bienville partit pour rentrer en France. Il ne devait plus revenir dans la colonie, dont il était l'un des fondateurs, et dans laquelle il avait passé quarante-quatre ans, toujours en remplissant différentes fonctions publiques, sauf les intervalles des courts voyages qu'il avait faits en France. Il était venu à la Louisiane à l'âge de dix-huit ans, et il partit à l'âge de soixante-deux ans, en emportant les regrets, l'estime et l'affection de tous les colons, qui l'appelaient le père de la colonie. A cette époque, le commerce de la Louisiane, dégagé des entraves du monopole, commençait à prospérer, et était alimenté par des récoltes abondantes de riz, de tabac et d'indigo. De tous les gouverneurs de la Louisiane, Bienville en avait certainement été le plus habile, et était l'homme qui lui avait rendu le plus de services. La colonie était en 1743, quelque sorte sa création, et il est naturel de supposer qu'il éprouvait pour elle un attachement paternel. Mais peut-être ce sentiment lui fit-il voir d'un œil jaloux toute administration qui n'était pas la sienne, et chercha-t-il à l'entraver, si ce n'est par des actes patents, du moins par un refus de coopération, ou par un mauvais vouloir qui ne manqua pas d'exercer une grande influence sur ses nombreux partisans, et de les porter à organiser un système d'opposition, fatal aux intérêts du pays. Toutes les apparences, tout un concours de circonstances malheureuses pour la mémoire de Bienville, donnent à penser que ce fut par sa faute, que ne réussit point la dernière expédition contre les Chickassas, sous le commandement de M. de Noailles, qui avait été envoyé exprès de France pour la diriger. M. de Bienville, ne sachant comment se présenter sous un jour favorable et comment lutter contre les préventions qui militaient de toutes parts contre lui, était obligé, comme on le voit, par sa dépêche du 26 mars, d'avoir recours à la *futalité* et de s'en prendre à elle, en lui attribuant ses malheurs. Quoiqu'il en soit, Bienville n'en est pas moins un des caractères les plus saillants et les plus honorables des premiers temps historiques de la Louisiane.

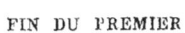

FIN DU PREMIER VOLUME.

www.ingramcontent.com/pod-product-compliance
Lightning Source LLC
Chambersburg PA
CBHW071907230426
43671CB00010B/1505